U0685119

中国高职院校治理现代化报告

（2024）

北京财贸职业学院
高等职业教育治理体系建设发展联盟　编著
浙江纺织服装职业技术学院

中国商务出版社
·北京·

图书在版编目（CIP）数据

中国高职院校治理现代化报告. 2024 / 北京财贸职业学院，高等职业教育治理体系建设发展联盟，浙江纺织服装职业技术学院编著. -- 北京 ：中国商务出版社，2025. 5. -- ISBN 978-7-5103-5718-3

Ⅰ. G718. 5

中国国家版本馆 CIP 数据核字第 2025CU9563 号

中国高职院校治理现代化报告（2024）

北京财贸职业学院
高等职业教育治理体系建设发展联盟 **编著**
浙江纺织服装职业技术学院

出版发行：中国商务出版社有限公司

地　　址：北京市东城区安定门外大街东后巷 28 号　邮　　编：100710

网　　址：http://www.cctpress.com

联系电话：010—64515150（发行部）　010—64212247（总编室）

　　　　　010—64515164（事业部）　010—64248236（印制部）

责任编辑：及晓颖

排　　版：北京天逸合文化有限公司

印　　刷：北京九州迅驰传媒文化有限公司

开　　本：787 毫米×1092 毫米　1/16　　**插　　页**：1

印　　张：32. 75　　字　　数：581 千字

版　　次：2025 年 5 月第 1 版　　印　　次：2025 年 5 月第 1 次印刷

书　　号：ISBN 978-7-5103-5718-3

定　　价：98. 00 元

广西职业技术学院
重庆电力高等专科学校
云南国土资源职业学院
云南机电职业技术学院
新疆轻工职业技术学院
天津渤海职业技术学院
天津工业职业学院
山西机电职业技术学院
无锡城市职业技术学院
义乌工商职业技术学院
浙江工业职业技术学院
杭州职业技术学院
聊城职业技术学院
驻马店职业技术学院
湖北工业职业技术学院
佛山职业技术学院
广东机电职业技术学院
广西工业职业技术学院
贵州水利水电职业技术学院
北京劳动保障职业学院
北京经济管理职业学院
沧州职业技术学院
长春职业技术学院
上海城建职业学院
广西交通职业技术学院
重庆工商职业学院
重庆安全技术职业学院
西安铁路职业技术学院
北京财贸职业学院
北京工业职业技术学院
山西工程科技职业大学
苏州经贸职业技术学院
金华职业技术学院
济宁职业技术学院
山东药品食品职业学院
青岛酒店管理职业技术学院
莱芜职业技术学院
广州番禺职业技术学院
江苏金智教育信息股份有限公司
北京久其软件股份有限公司

前言

高职院校治理现代化，是高职院校高质量发展的重要内容和推动高等职业教育现代化的根本要求，是实现国家治理体系和治理能力现代化的迫切需要。《教育强国建设规划纲要（2024—2035）》强调要加快建设现代职业教育体系，着力培养大国工匠、能工巧匠和高技能人才。高职院校治理现代化被赋予新的时代内涵，并将在教育强国战略的引领下迈向更高水平。

北京财贸职业学院作为全国首批高职“双高计划”建设单位，始终致力于提升学校治理现代化水平。2020年11月，学校牵头成立了高等职业教育治理体系建设发展联盟并担任理事长单位，目前共有成员220余家。联盟成立四年多来，积极推进高职院校治理体系建设并为高职院校搭建共同交流展示平台，促进资源共享、互学互鉴，共同推动高职教育治理理论与实践创新发展。2022年，牵头出版了国内首部关于高职院校治理现代化的专项报告《中国高职院校治理现代化报告（2022）》。2024年，学校再次牵头联合高等职业教育治理体系建设发展联盟成员单位，对高职院校最新推进治理现代化进程中所形成的典型经验与特色做法进行全面梳理与总结，形成《中国高职院校治理现代化报告（2024）》。

报告聚焦高职院校以高效能治理赋能学校高质量发展，致力于全方位呈现高职院校治理现代化的最新成果。报告总体分为上下两篇，上篇为理论篇——高职院校治理现代化及评价研究；下篇为实践篇——高职院校治理现代化典型案例。上篇共包含两章：第一章介绍中国式高职院校治理现代化。从中国式高职治理现代化的内涵要义、中国式高职院校治理现代化的核心要素、中国式高职治理现代化助力加快培育新质生产力等三方面对高职院校治理现代化进行展开论述。第二章是高职院校治理现代化评价。

在充分考虑治理的多个维度和不同层面下，围绕治理理念现代化、治理体系现代化和治理能力现代化等三个维度设计了涵盖15个一级指标、36个二级指标以及105个主要观测点的高职院校评价指标体系，期待为中国高职院校治理效能评价提供了可借鉴、可复制、可参考的经验。下篇为高职院校治理现代化典型案例展示，从党建引领、依法治校、管理改革、质量保障、数字治理、多元治理、专业群治理、师资队伍建设等八方面共精选94所高职院校治理现代化典型案例，同时也有两个企业深度参与高职院校治理现代化案例入选。

报告具有两个鲜明的特色：第一，构建基于中国高职院校治理现状的评价指标体系。重点考察高职院校在治理理念、治理结构、治理机制、治理方式、治理效能等方面能否有效地推动高职院校高质量发展。第二，立足于中国本土化视角。报告立足于中国本土化视角，基于教育强国建设背景，展示并分析高职院校在治理理念、治理体系、治理能力等三方面的特色经验和具体做法。从8个视角系统展示并剖析近百所高职院校提升学校治理水平的经验与成效，形成覆盖省域差异、办学类型、不同改革重点的特色案例，坚定道路自信、制度自信和文化自信。

《中国高职院校治理现代化报告（2024）》是集体智慧的结晶，报告的策划与组织编写由北京财贸职业学院牵头负责，全国94所高职院校和2家企业的同仁参与编制。编写工作还得到了多方面的支持，衷心感谢浙江纺织职业技术学院及高等职业教育治理体系建设发展联盟相关院校的鼎力支持，感谢中国商务出版社编辑们的辛苦付出。

报告坚守初心，持续推广中国高职院校治理现代化的特色经验，希望报告的出版能够给教育行政部门提供参考，为职业教育办学者提供经验借鉴。在加快建设教育强国建设背景下，以治理现代化赋能高职院校高质量发展，以高职院校治理现代化全面服务中国式现代化建设。由于受研究视角和文本数据的局限及编写时间紧促的制约，本报告的疏漏和不足在所难免，不妥之处敬请广大读者批评指正。

目录

理论篇
高职院校治理现代化及评价研究

实践篇
高职院校治理现代化典型案例

附　录

理论篇

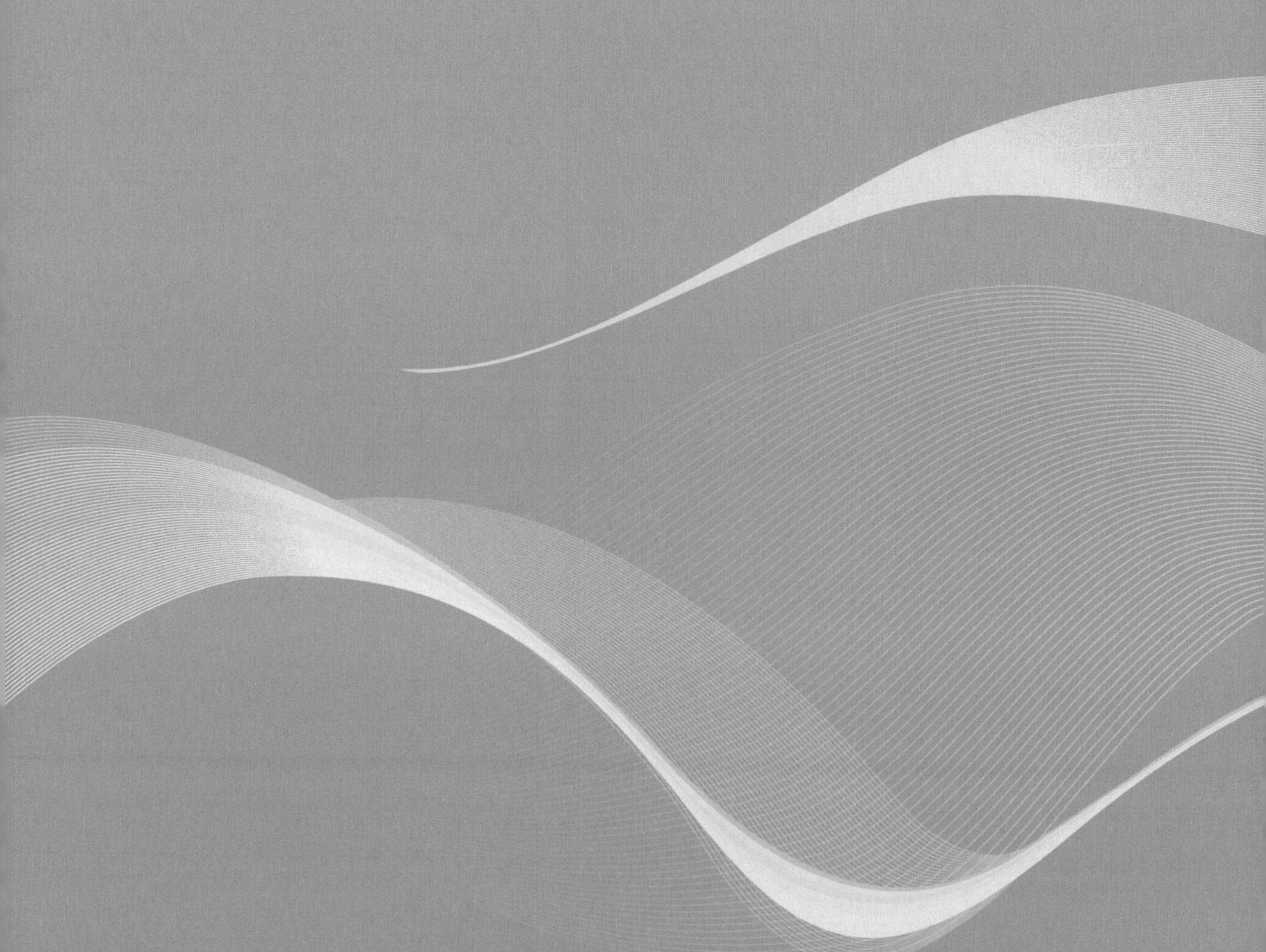

第一章　中国式高职院校治理现代化

自 2013 年党的十八届三中全会提出“坚持和完善中国特色社会主义制度、推进国家治理体系和治理能力现代化”这一全面深化改革总目标开始，各领域包括职业教育领域在内都明确了实现治理体系和治理能力现代化这一战略任务，我国高职教育领域的治理现代化建设日益成为关注的焦点。2024 年 7 月，党的二十届三中全会提出“进一步全面深化改革的总目标是继续完善和发展中国特色社会主义制度，推进国家治理体系和治理能力现代化”。作为国家治理现代化的重要组成部分和积极推动力量，高职院校治理现代化是落实国家治理现代化在教育领域的生动实践。作为构建现代职业教育治理体系的重要内容，高职院校治理是推进现代职业教育治理改革的关键部分。中国式高职院校治理现代化，作为推进国家治理体系现代化在教育领域的具体实践，既体现了落实国家治理体系现代化的教育实践要求，又反映了建设新时代教育强国战略的迫切需求，契合高等职业教育高质量发展的现实需要，以及实现高等职业教育国际化发展的全球视野等时代诉求。中国式高职治理现代化作为国家治理体系现代化不可或缺的组成部分，是中国共产党将马克思主义原理与中国高职教育发展实际相结合，在紧密联系中国国情和中国共产党在各个时期总任务的基础上开展的中国特色社会主义高职教育建设实践，其现代化的程度既彰显了现代化的一般特征，又体现了中国特色社会主义制度的优越性，是国家治理现代化在高职教育治理领域的根本体现。

一、中国式高职院校治理现代化的内涵要义

现代化是人类社会历史发展进步的必然结果，也是人类社会由传统社会迈向现代社会过渡的历史进程。教育现代化是指与教育形态变迁相伴的教育现代性不断增长和实现的过程。教育治理现代化是教育现代化的重要内容，包含学校治理现代化。在教育的不同发展阶段，治理现代化具有不同的内涵。中共中央、国务院印发的《中国教育

现代化2035》中明确指出：“优先发展教育，大力推进教育理念、体系、制度、内容、方法、治理现代化，着力提高教育质量。”习近平总书记强调，我们要建设的教育强国，是中国特色社会主义教育强国，必须以坚持党对教育事业的全面领导为根本保证，以立德树人为根本任务，以为党育人、为国育才为根本目标，以服务中华民族伟大复兴为重要使命，以教育理念、体系、制度、内容、方法、治理现代化为基本路径，以支撑引领中国式现代化为核心功能，最终是办好人民满意的教育。教育治理现代化作为一种独立概念使用，专门为解决教育发展过程中遇到的制度障碍、利益冲突、权力矛盾等所提出来的进步理念。

中国式、融通式、融合式高质量现代职业教育体系重心整体上移是以中国式现代化推进强国建设的必然要求。中国式高职院校治理现代化理应顺应高等教育高质量发展趋势和时代潮流，契合国家治理体系现代化在教育领域的实践探索。中国式高职院校治理现代化是高等教育高质量发展的时代呼声，也是建设教育强国的时代诉求。

截至2024年6月20日，全国高职院校共有1611所，占全国高等学校总量的52%。高职院校治理现代化是教育治理现代化的重要组成部分，更是推动高职院校高质量发展的关键环节。高职院校治理现代化有着丰富的内涵，部分学者对高职院校治理现代化的内涵进行了研究。高职院校治理能力现代化表现为治理主体的多元化、治理制度的体系化、治理方式的民主化、治理手段的统筹化以及治理环境的协同化（雷世平和姜群英，2015）。钱兴成（2022）认为高职院校治理现代化是推进治理理念现代化、主体多元化、制度体系化、方式民主化、手段数字化和环境协作化的过程。王绽蕊（2020）认为，高职院校治理现代化的重点是推动利益相关者广泛参与，治理信息透明对称，决策、执行和监督者职权清晰，决策、执行和监督活动规则合理化。杨虹（2022）认为，高职院校治理现代化主要体现在利益相关者深度参与、内外主体关系融洽、多重网络单层次作用机制和治理体系有序运转等方面。陈寿根等（2023）认为，高职院校治理现代化应当是治理理念、治理体制、治理机制、治理文化、治理平台，以及在此基础上形成的治理效能的现代化。刘晓和童小晨（2023）高职院校治理现代化是在顺应我国全面现代化进程的需求下，各相关利益主体（包括政府、高职院校、行业、企业、学生、教师等）以促进高职院校发展建设为共同目标，根据高职院校章程制度明晰权责关系，通过多向度的权力互动，借助最新的技术手段，让各利益主体实质性参与高职院校治理，进而形成多元民主共治格局的动态发展过程。

本报告认为，高职院校治理现代化应当是由高职院校治理理念现代化、高职院校治理体系现代化和高职院校治理能力现代化“三位一体”组成的。目标是“实现办学能力高水平和产教融合高质量”，核心是构建适应高职院校新质生产力发展要求的新型生产关系。

二、中国式高职院校治理现代化的核心要素

中国式高职院校治理现代化的核心要素是高职院校治理理念现代化、治理体系现代化和治理能力现代化，旨在优化构建适应高职院校新质教育生产力发展要求的“改革—治理”新型内部治理框架。

（一）治理理念现代化

高职院校治理理念体现了高职院校在治理过程中应具备的先进思维和创新精神，是提升高职院校内部治理的先导。基于高职院校治理的要素和特点，我们把党的全面领导作为治理的原理念，把法治、共治、善治、智治作为高职院校内部治理的 4 大核心理念。

中国的高校根植于中国特色社会主义制度，必须坚定不移地贯彻党的教育方针，这是中国办好教育和做好高校教育治理的根本遵循。因此，应该在坚持党的全面领导这一根本原则和治理原理念的基础上，再来探讨其他 4 个核心理念。

法治、共治、善治、智治作为高职院校内部治理的核心理念，分别从制度保障、主体协同、效能提升和技术赋能 4 个维度构建了高职院校治理现代化的理论框架与实践路径。法治为基，通过制度规范明确权责边界，为共治、善治、智治提供合法性框架。共治为体，以多元主体协同破解“行政化”痼疾，激活治理内生动力。善治为魂，以效能提升与文化凝聚实现治理目标的价值升华。智治为用，以技术手段优化流程、增强决策科学性，支撑前三者的落地实施。

1. 党的全面领导

党的全面领导是治理的根本遵循。2022 年新修订的《中华人民共和国职业教育法》指出：“职业教育必须坚持中国共产党的领导，坚持社会主义办学方向，贯彻国家的教育方针。公办职业学校实行中国共产党职业学校基层组织领导的校长负责制，中国共产党职业学校基层组织按照中国共产党章程和有关规定，全面领导学校工作，支持校长独立负责地行使职权。”新时期，高职院校要坚持不懈地用习近平新时代中国特色社会主义思想铸魂育人，健全专业群思政育人体系和德智体美劳全面培养体系，塑造立德树人新格局。把党的领导贯彻到学校建设全过程，促进党建与育人深度融合。创新校企党支部联建机制，发挥“双带头人”示范引领作用，增强基层党组织育人功能。

2. 法治

法治是治理的根基与规范。法治强调以制度化和法律化为核心，为高职院校治理提供合法性基础与行为边界。在党建引领与章程统领下，高职院校通过强化党委领导下的校长负责制，将党的意志融入治理框架，确保办学方向与国家战略一致。程序正义与风险防控方面，法治要求决策过程遵循法定程序，通过重大决策风险评估、合法性审查等机制，规避政策执行偏差。同时，依法治校需平衡行政权力与学术权力，通过学术委员会、专业建设委员会等组织保障学术自治。

3. 共治

共治是治理的主体协同。共治强调多元利益相关者的平等参与，打破传统“一元管理”模式，形成协同治理格局与校内外主体协同机制。高职院校通过搭建理事会、职教联盟等平台，整合政府、行业、企业资源。师生参与民主化，治理还需回应师生诉求，推动决策透明化。

4. 善治

善治是治理的目标导向。善治以效能优化为核心，追求治理的公平性、回应性与可持续性。在质量保障与动态改进方面，通过内部质量诊断与考核体系实现目标管理。善治需依托文化软环境，实现文化浸润与品牌塑造。

5. 智治

智治是治理的技术赋能。智治以数字化转型为支撑，推动治理精准化与智能化。借助数据驱动的决策支持，通过数据中台和业务中台整合多源信息实现多跨场景应用创新，让技术服务于具体治理场景。

（二）治理体系现代化

构建现代化的治理体系是提升高职院校内部治理的根本路径，实现治理主体、体制机制、技术手段等治理各要素的系统运行提升。

1. 章程统领的制度体系

章程统领的制度体系主要包括章程统领的根本制度（党委领导制度、理事会章程）、基本制度（教学管理制度、学生管理制度、校企合作制度、教师发展制度等）以及专项制度（项目化教学规范、技术成果转化办法、企业兼职教师管理细则）。构建章程统领的制度体系是高职院校治理现代化的核心工程，需遵循“章程为纲、分层递进、动态优化”原则。通过系统化制度体系建设，最终形成具有职业教育类型特征的“宪法—法律—法规”式制度生态，为中国特色职业教育发展提供坚实制度保障。章程是高校的“宪章”，上承国家法律法规，下启内部各项规章制度。高职院校要坚持以章程为核心推进高职院校治理体系和治理能力建设。章程作为高校的“基本法”，是高职院校的法治基础。完善以章程为核心的制度体系，是高职院校依法治理和依法治校的基本方略，也是确保高职院校平稳运行的基础保障。要逐步形成以章程为引领，以各项配套制度为支撑，与现代职业教育类型特征相匹配的制度体系，力争实现全面性、系统性与整体性。

2. 灵活高效的组织体系

灵活高效的组织体系主要体现在高职院校内部机构设置是否健全；组织结构应扁平、灵活、高效；设有适应专业建设和发展的专业协作组织，设有科研、教研、人才培养等协作组织。二级管理制度健全，二级单位设置合理，责权关系自主、明晰。建立对各级组织的全面考核。

3. 多方参与的民主体系

提升治理能力的核心在于构建合理的职业教育治理结构，使各治理主体各在其位、各司其职、协调互动，以“民主化”为中心抓手，促进构建现代职业教育治理体系。完善高职院校内部治理结构需要处理政治权力、行政权力、学术权力、民主管理和监督权力的关系。一是扩大二级学院办学自主权，赋予二级学院在课程设置、招生就业、人才招聘等方面一定的自主管理权，激活二级学院办学活力。二是设立校级学术委员会，并积极筹建校级专业建设委员会和教材选用委员会，指导和促进专业建设和教学改革。学术委员会是现代大学制度的重要组成部分，高校内部治理要求学术委员会充分发挥在学科建设、学术评价、学术发展和学风建设等方面上的重要作用，真正担负起学术决策与学术治理的使命。三是完善教职工代表大会，推进教职工民主决策、民主管理和民主监督，发扬教职工的主人翁精神，充分调动广大教职工民主参与的积极性。四是建立和完善学生代表大会，积极推进学生通过学代会、社团活动、网络平台、座谈会等各种方式参与学校治理。

4. 共商共治的生态体系

产教融合是高职院校治理的主要生态体系。要逐步建立以“多元主体协同、资源互通共享、利益风险共担”为核心，通过制度创新、机制优化和技术赋能构建的高职院校治理新模式。主要包括理事会建设，职教集团建设，市域产教联合体建设，行业产教融合共同体建设，以及行业、企业、社区、校友等参与治理，校企合作典型生产实践项目建设等情况。当前，职业教育办学主体由“单一”转向“多元”，更加注重社会力量参与。高职院校在健全外部治理机制的过程中需坚持多方协同，深化产教融合，推进政行企校多元协同育人，坚持共商共治、共享共赢原则。产教融合、校企合作是职业教育的办学特色。高职院校创新治理体系，应引入社会力量办学，提高校企合作质量，服务地方经济发展。高职院校应完善多元化社会监督机制，鼓励政府、行业企业、家长等广泛参与学校监督，加大督查和问责力度，规范办学行为。完善人才培养质量评价指标体系，建立第三方评价机制，为相关行政部门制定政策和高职院校教学提供准确的参考信息。

5. 科学决策的智慧体系

高职院校科学决策的智慧体系是依托大数据、人工智能等技术构建的综合性决策支持系统，旨在通过数据整合、分析和应用，优化教育管理流程、提升人才培养质量。基于物联网、云计算等技术，构建“高速互联、全面感知、快速运算”的智慧校园环境。利用大数据挖掘和学习分析技术，对教学行为、学生画像、资源使用等数据进行深度分析。搭建职业教育大数据共享平台，整合校内外数据资源，包括行业企业需求数据、校本教学数据、社会服务数据等，打破“信息孤岛”。校本决策支持平台方面，构建涵盖教学管理、招生就业、资源调配等模块的决策系统。数据治理方面，推进数据标准化与质量控制，建立统一的数据采集标准与质量评估体系，确保数据的真实性、完整性和一致性。数据安全与隐私保护方面，通过权限分级、数据脱敏等技术手段，保障敏感数据的安全性，同时遵循伦理规范，避免数据滥用。如此，高职院校可实现从“经验驱动”到“数据驱动”的决策转型，全面提升教育管理与服务效能，赋能高素质技术技能人才培养。

6. 职教特色的文化体系

高职院校职教特色的文化体系是以职业性、实践性和产教融合为核心，融合行业精神、工匠文化、校企协同等要素构建的育人生态。这一体系旨在培养具有专业技能、职业素养和文化底蕴的高素质技术技能人才。高职院校文化体系的独特性在于其“职教基因”与“高校属性”的双重特质。在职业导向性上，文化体系以服务区域产业需求为导向，强调职业精神、职业道德与职业能力的融合。在产教融合性上，通过校企协同开发课程、共建产业学院等载体，将产业标准转化为教学标准。在实践创新性上，文化体系注重通过技能竞赛、创新创业项目等实践活动培养学生解决实际问题的能力。

7. 多元协同的质量体系

建立高职院校质量体系的核心在于整合政府、行业、企业、学校、师生等多元主体的资源与诉求，通过制度设计、技术赋能和动态反馈实现高职教育质量的持续改进。要建立监控体系，进行质量评价和自我改进机制。建立健全教学质量管理体系，完善专业群建设指导委员会；完善人才培养方案制订、教学运行、考核评价等制度体系；建立目标导向、持续改进的专业群内部质量保证体系，围绕教学关键要素，系统推进管理体系变革。

（三）治理能力现代化

提升治理能力是高职院校内部治理现代化的核心要义，是办学治校成效的全面呈现。高职院校治理能力现代化需以政治领导力、制度执行力、基层组织力、队伍胜任力、资源整合力、文化感召力、风险防控力等 7 个关键能力为突破点，持续深化改革，激发办学活力。

1. 夯实政治领导力

2022 年 5 月 1 日起施行的新修订《中华人民共和国职业教育法》明确指出，职业教育必须坚持中国共产党的领导。在职业教育办学实践中，要始终坚持和完善党委领导下的校长负责制，落实管党治党、办学治校的主体责任，包括确定方向、管大局、作决策、抓班子、带队伍、保落实等职责。同时，坚持校党委全面领导学校工作，支持校长依法行使行政权力和履行“一岗双责”，保证教学、科研、行政管理等各项任务的完成。建立健全党委统一领导、党政分工合作、协调运行的工作机制，不断提高贯彻新发展理念、构建新发展格局的能力和水平，为实现职业教育内涵式发展、学校事业高质量发展提供根本保障。

夯实政治领导力，加强高职院校领导班子建设，强调汇聚发展合力。坚持民主集中制，严格执行“三重一大”决策制度和党委全委会、常委会议事规则、校长办公会议事规则，全面贯彻党的教育方针，落实立德树人根本任务，把党的领导贯穿办学治校、教书育人全过程。完善二级学院党组织会议制度和党政联席会议制度，提高议事决策水平和科学管理能力。系统提升班子的政治力、学习力、战斗力和服务力，抓实班子理论学习中心组学习，开展上台讲思想政治课活动，建立健全班子成员联系师生制度、校院领导担任班主任制度，增强领导班子整体功能。加强校党委对学校中心工作、重点工作的系统谋划和统筹调度，完善领导机制，增强班子合力，切实发挥好带动学校发展的“火车头”作用。

2. 抓实制度执行力

法治是国家治理体系现代化的基石。牢固树立法治思维，践行法治理念，全面深化依法治校，把依法治理作为学校治理的基本理念和基本方式，落实以学校章程为核心的依法治校制度体系。坚持制度先行，建立完善以章程为统领，覆盖高职院校党建思政、专业建设、实习实训、校企合作、“双师型”教师队伍建设、社会服务等方面的制度体系，尤其要构建校企协同制度矩阵，创新柔性治理机制。增强制度执行力，提高用制度管人、管事、管权的能力，让制度“落地生根”。深化机构改革，推进校院两级管理体制改革，放权强院，实现部门运转效能最大化，提升二级学院治理能力和水平。在制定重大规划、重要措施时，依法依规履行员工参与、专家论证、合法性审查、集体讨论决定等程序，加强合法性、可行性论证，建立依法管理、自主办学、民主监督、社会参与的现代学校制度。

3. 筑牢基层组织力

加强基层组织治理是高职院校治理现代化的重要内容，是激发学校办学活力、提升办学绩效的关键所在。扁平化的组织结构是高职院校校院关系的基本走向。加强二级学院的权力运行制约与监督，建立二级学院的权力负面清单制度，完善二级学院党政联席会议制度、教代会制度，夯实党组织建设基础，组建二级学院专业群建设委员会和二级学院学术委员会。高职院校通过整合部门职能、精减人员编制、简化决策流程，提高办学效率；通过建立跨部门协作机制，实现各部门之间的信息共享和协同工作，增强学校治理的系统性、整体性、协同性；通过建立科学的管理体制，提高决策效果；通过数字化管理，实现数据共享和信息透明，提升决策的科学性和准确性。

创新高职院校组织生活形式，拓展组织阵地，依托学校重大项目，探索在创新团队、技能大赛、实习实践等领域设置功能型党组织和教研团队，构建多层次、多渠道的党员经常性学习教育体系，充分发挥党员先锋模范作用，深入实施教师党支部书记“双带头人”培育工程，守正创新推进学校治理能力现代化。

4. 优化队伍胜任力

建立符合高职院校治理特点和办学规律的干部选拔任用机制，推进干部队伍革命化、年轻化、知识化、专业化，靶向提升干部治理能力。坚持党管干部原则和新时代好干部标准，树立正确的选人用人导向，始终将政治标准放在首位，把制度执行力和治理能力作为干部选拔任用的重要依据，注重在一线工作中选拔使用干部，加强对优秀年轻干部的培养，着力强化思想淬炼、政治历练、实践锻炼、专业训练。结合职业教育特点，加强干部教育培训，提升干部专业素养和育人能力，培养一批既掌握职业教育理论、熟知职业教育规律，又善于管理、德才兼备的专家型管理干部，不断提升学校管理水平。

高职院校还要科学谋划专任教师、专技人员和工勤人员岗位分类体系、考核评价体系、绩效分配体系和职称评审体系改革，进一步关心关爱人才，积极营造人才发展的良好氛围。加强人才队伍建设，健全引才、聚才、用才制度体系，明确职责分工、做好专题研究，形成纵向联动、横向协同、齐抓共管的人才工作合力，实现专业建设与团队发展一体化推进，为优秀人才脱颖而出搭建平台。坚持激励导向，建立“能者上，庸者下，劣者汰”的岗位聘用机制和教师绩效工资分配制度，使教师收入与岗位职责、工作业绩、实际贡献紧密联系，让教师安心从教、热心从教。

5. 强化资源整合力

资源整合力本质上是一种“教育生产力”。高职院校资源整合力的核心在于通过系统性策略，将校内外分散的资源转化为教育服务能力和办学竞争优势。通过系统化整合，高职院校可实现资源使用效益最大化，为培养高素质技术技能人才提供物质基础。

加强有形资源整合。对校内实训基地进行集约化改造（如“跨专业共享型实训中心”），整合校外校企共建生产性实训基地等物理空间资源，搭建设备共享平台，推行“设备银行”模式等设备资源整合方式。优化无形资源整合。建设专业教学资源库，开发“课程包”等知识资源；联合龙头企业申报省级/国家级产教融合项目，共建产业学院等品牌资源。

加大人力资源整合力度。组建“双师型”混编教学团队（学校教师+企业工程师）建立“产业教授”流动站（企业技术骨干定期驻校）。用好学生资源和校友资源。创新金融资源整合。引入社会资本共建二级学院开展混合所有制办学，探索校友捐赠+企业冠名赞助形式的教育基金会运作模式。

6. 形成文化感召力

办学文化具有指导和引领作用。坚定文化自信，坚持文化赋能、文化育人，着力打造学校品牌特色。高职院校文化感召力的本质是用职业文化重塑教育生态，要在“传统与创新”“学校与企业”“技能与人文”之间找到平衡点，最终实现“润物无声”的文化育人效果。高职院校要以增强校园文化内涵为抓手，以促进学生健康发展为目标，全力推进校园文化建设，提升校园文化育人功能。坚持正确价值导向，利用好校园新媒体矩阵，充分发挥宣传阵地作用，讲好新时代中国故事，在凝聚师生、引领社会上发挥应有作用。以师生需求为导向，持续加大高品质文体服务供给，丰富师生精神文化生活，做到统一思想、统一意志、统一行动，文化赋能学校现代治理体系构建。

7. 提升风险防控力

高职院校的风险防控要坚持“技防+人防+制防”相结合，通过精准识别、科学评估、智能响应，构建与学校高质量发展相匹配的覆盖全场景、全流程，动态响应、协同联动的韧性治理防控体系。将政治与意识形态安全放在首位，健全教材、课堂、讲座的意识形态审查机制和网络舆情监测体系，加强宗教渗透防范。持续关注教学与学术风险，聚焦学术不端防控、教学质量风险、专业预警机制和实习实训安全。强化学生管理风险防控，加大心理危机干预力度，做好实习纠纷预防及校园欺凌、诈骗行为防控。关注校企合作风险，健全合同法律风险审查机制，关注产业学院运营风险，加大技术泄密防范力度。加强网络与数据安全防控，防范财务、招标采购与廉政风险。

三、中国式高职治理现代化助力加快培育新质生产力

生产力决定生产关系，生产关系反作用于生产力。新质生产力作为一种先进生产力质态，具有高科技、高效能、高质量特征，必然产生也必然要求形成与其质态和特征相适应的生产关系。发展新质生产力，必须进一步全面深化改革，形成与之相适应的新型生产关系。这种新型生产关系的形成，是发展命题、创新命题，同时也是重要的改革议题，必然要求深入推进体制机制变革。站在中国式现代化和以新质生产力推动高质量发展的新征程上，需要深化体制机制改革，不断塑造适应新质生产力发展的新型生产关系形态。

（一）新质生产力的背景、内涵与意义

1. 新质生产力的提出背景

党的十八大以来，我们全面贯彻新发展理念，不断深化对我国经济发展阶段性特征和规律的认识，更加强调发展的高质量，党的十九大报告宣告“我国经济已由高速增长阶段转向高质量发展阶段”，党的二十大报告强调“高质量发展是全面建设社会主义现代化国家的首要任务”。新时代以来，党中央作出一系列重大决策部署，推动高质量发展成为全党全社会的共识和自觉行动，高质量发展成为主旋律。

但与此同时，制约我国高质量发展的因素还大量存在。从外部环境看，世界百年未有之大变局全方位、深层次加速演进，当前人类社会的生产力系统正处在科技创新更加密集、新兴产业蓬勃兴起、产业格局重新塑造的重要时期。从内在条件看，新质生产力的提出是我国经济转型升级的内在需求。我国一些领域关键核心技术受制于人的局面尚未根本改变，城乡区域发展和收入分配差距依然较大，掣肘经济社会高质量发展。同时，传统的粗放型增长方式难以为继，要向集约型、绿色型、创新型增长方式转变，这一转型升级的过程需要新质生产力的支撑和推动。新质生产力不仅能够提高生产效率和质量，而且推动产业的深度融合和转型升级，为中国经济的转型升级提供重要支撑和保障。高质量发展需要新的生产力理论来指导，而新质生产力已经在实

践中形成并展示出对高质量发展的强劲推动力和支撑力。

面对新一轮科技革命和产业变革、大国之间竞争加剧以及我国经济发展方式转型等重大挑战，在当下形成的历史性交汇，习近平总书记在新时代推动东北全面振兴座谈会上强调："积极培育新能源、新材料、先进制造、电子信息等战略性新兴产业，积极培育未来产业，加快形成新质生产力，增强发展新动能。"随后在听取黑龙江省委和省政府工作汇报时，习近平总书记再次强调："整合科技创新资源，引领发展战略性新兴产业和未来产业，加快形成新质生产力。"在 2023 年 12 月的中央经济工作会议上，习近平总书记再次提出："要以科技创新推动产业创新，特别是以颠覆性技术和前沿技术催生新产业、新模式、新动能，发展新质生产力。"2024 年 7 月 18 日，中国共产党第二十届中央委员会第三次全体会议通过的《中共中央关于进一步全面深化改革　推进中国式现代化的决定》中提出要"健全因地制宜发展新质生产力体制机制""健全相关规则和政策，加快形成同新质生产力更相适应的生产关系，促进各类先进生产要素向发展新质生产力集聚，大幅提升全要素生产率"。

2. 新质生产力的内涵

就新质生产力的内涵而言，新质生产力是具有新质特征的生产力，强调技术的新颖性和先进性，以最新的科技成果为基础，通过技术革新推动生产力飞跃；强调结构的优化和升级，要求对传统产业结构进行深度调整，实现产业的高端化、智能化和绿色化；强调发展模式的创新和转变，倡导创新驱动、绿色低碳、循环经济等新型发展模式，实现经济社会的可持续发展。概言之，"新质生产力是创新起主导作用，摆脱传统经济增长方式、生产力发展路径，具有高科技、高效能、高质量特征，符合新发展理念的先进生产力质态。它由技术革命性突破、生产要素创新性配置、产业深度转型升级而催生，以劳动者、劳动资料、劳动对象及其优化组合的跃升为基本内涵，以全要素生产率大幅提升为核心标志，特点是创新，关键在质优，本质是先进生产力"。

学术界也对新质生产力的内涵进行了多方探讨。蒋永穆、乔张媛（2024）认为，可以将新质生产力分为"新""质""力"三个部分来理解。其中"新"展现为新要素、新技术、新产业；"质"体现为高质量、多质性、双质效；"力"表现为数字、协作、绿色、蓝色和开放五大生产力。韩喜平、马丽娟（2024）将新质生产力分为"新""质""生产力"三个部分。其中，"新"指的是新性质、新特征、新功能、新领域和新规律；"质"指的是现代化人才、人工智能与自动化和海量的数据及信息；"生产力"指的是社会发展中最活跃、最革命的因素，也是社会发展的决定性力量，并指出新质生产力是贯穿中国式现代化的脉络。翟青、曹守新（2024）将新质生产力分为"新质"

和“生产力”两个部分，认为“新质”与“旧质”是相对的，再结合马克思关于生产力的定义，认为新质生产力是物质生产力与精神生产力、改造自然与社会进步协调一致的多维突破。周文和许凌云（2023）认为准确理解新质生产力的内涵特征，需要从“新”和“质”两个方面进行把握。所谓“新”，是指新质生产力不同于一般意义上的传统生产力，是实现关键性颠覆性技术突破而产生的生产力，是以新技术、新经济、新业态为主要内涵的生产力。所谓“质”，是强调在坚持创新驱动本质的基础上，通过关键性技术和颠覆性技术的突破，为生产力发展提供更强劲的创新驱动力。

3. 发展新质生产力的重要意义

习近平总书记明确指出，发展新质生产力是推动高质量发展的内在要求和重要着力点。必须从全面建成社会主义现代化强国的战略要求出发，深刻理解高质量发展与新质生产力的内在逻辑关系，深刻认识发展新质生产力对实现高质量发展和中国式现代化的重大意义。

党的十八大以来，在习近平新时代中国特色社会主义思想特别是习近平经济思想指引下，中国经济发展成功进入新时代。新时代中国的社会主要矛盾已经转化为人民日益增长的美好生活需要和不平衡不充分的发展之间的矛盾，如何解决“发展不平衡不充分”这个主要矛盾的主要方面，就成为新时代党和国家经济工作的主线和核心任务。与此同时，世界百年未有之大变局不断向纵深演进，中国面临的外部压力、风险挑战和不确定性日益突出。为此，以习近平同志为核心的党中央提出了推动高质量发展的重大命题和战略部署。实现高质量发展就是要推动中国经济不断向形态更高级、分工更复杂、结构更合理的阶段演化，从高速增长转向中高速增长，经济发展方式从规模速度型粗放增长转向质量效率型集约增长，经济结构从增量扩能为主转向调整存量、做优增量并存的深度调整，经济发展动力从传统增长点转向新的增长点。关于高质量发展的核心要义，习近平总书记明确指出，“高质量发展，就是能够很好满足人民日益增长的美好生活需要的发展，是体现新发展理念的发展，是创新成为第一动力、协调成为内生特点、绿色成为普遍形态、开放成为必由之路、共享成为根本目的的发展”。在阐述新质生产力的核心要义时，习近平总书记进一步明确指出，新质生产力是“符合新发展理念的先进生产力质态”。深刻认识发展新质生产力对于推动高质量发展的重大意义，必须以新发展理念为统领，深刻理解高质量发展与新质生产力之间的逻辑关系。

从推动高质量发展到加快发展新质生产力，在指导思想上是一以贯之的，即无论是推动高质量发展还是加快发展新质生产力，从根本上来说，都必须全面深入贯彻新发展理念。新发展理念是习近平经济思想的主要内容，是指导中国新时代改革开放和发展的总方针。只有进一步深刻认识新发展理念和全面深入贯彻新发展理念的重大意义，才能深刻理解新质生产力与高质量发展的内在逻辑关系和加快发展新质生产力对实现高质量发展的重大战略意义。从提出推动高质量发展到提出新质生产力理论，是发展理论的进一步发展和深化，即新质生产力理论进一步深刻揭示了高质量发展的底层逻辑和核心支撑力量，深刻揭示了经济发展与生产力发展之间的辩证关系，更加凸显了发展新质生产力对实现高质量发展的根本支撑地位和作用，从而更加彰显了马克思主义理论底色，更加鲜明地昭示了对人类社会发展基本规律的遵循。

（二）新质生产力与职业教育的相关研究

1. 职业教育新质生产力的内涵

新质生产力是以科技创新为主导，实现关键性、颠覆性技术突破的生产力，在理论上继承和发展了马克思生产力理论，本质上是社会生产力的一次重大跃升。而职业教育成功孕育出大批兼具精湛专业技能与扎实实践经验的劳动力，持续向各行各业输送其迫切需要的高素质技术技能型人才，有力驱动了国家经济转型与社会发展。当前，我国正处于产业结构深度调整、创新驱动发展的关键时期，职业教育新质生产力顺势而生。职业教育新质生产力是以“新”提“质”、以“质”催“新”的高效能职业教育生产力质态，旨在培养具备高技能、创新思维和跨界整合能力的新型劳动者，对于我国产业结构升级、科技进步及创新进程具有重要影响。

（1）职业教育新质生产力是以培养创新性高技能人才为核心的生产力。创新性高技能人才不仅具备深厚的专业技能，还是具有创新思维、问题解决能力和持续学习能力的高级专门人才。这类人才能够将理论知识与实践操作紧密结合，面对职场中的复杂问题，能够灵活运用专业知识，提出创新性的解决方案，推动行业进步和社会发展。职业教育新质生产力的核心在于培养创新性高技能人才，培养出既能满足当前市场需求，又能引领未来产业发展的高技能人才，从而推动经济社会的高质量发展。这一概念强调职业教育不再是简单的技能传授，而是深度融合创新思维、实践能力与职业道德教育，以适应快速变化的技术环境与社会需求。职业教育新质生产力有利于促进知识再生产升级，是新质生产力形成的关键要素和积极变量。实施职业教育新质生产力不仅能够满足未来教育质量要求，还满足产业界对高技能人才的需求，更重要的是为学生个人发展提供了广阔的空间，促进了经济社会的持续创新与高质量发展，成为推动产业升级、经济结构优化和社会进步的关键力量。

（2）职业教育新质生产力是以实现高效能产教深度融合为特征的生产力。职业教育新质生产力是教育领域与经济社会发展深度融合的产物，其特征在于实现高效能产教深度融合。这种深度融合旨在将创新主体有机结合，促进创新驱动力，进一步影响新质生产力的生成，引领职业教育新质生产力的发展。一是通过教育与产业界的紧密合作，培养既具备扎实专业技能又富于创新精神的应用型人才，使职业教育逐步成为推动产业升级、促进社会进步的关键力量，从而推动经济社会的高质量发展。这种深度融合使人才培养更加贴合产业发展的实际需求，缩短了人才从学校到职场的距离，提高了人才的适应性和竞争力。二是着力推动职业教育与产业界在课程内容、教学手段、实践平台及师资建设等多维度展开深度协作与一体化发展。学校与企业携手共建共享实习实训基地，同时，企业深度介入教学流程，使教育过程与生产过程紧密结合，让教育投入直接转化为产业的生产力。

（3）职业教育新质生产力是以采用先进性教学培养模式为手段的生产力。职业教育新质生产力，作为推动经济社会高质量发展的重要引擎，其手段在于采用先进性教学培养模式，培养具备高技能、创新精神和适应力的新型人才。与传统教育模式相比，职业教育新质生产力更加注重实践能力的培养和创新思维的激发，摒弃了单一的、理论化的教学方式，转而采用多元化的、贴近实际工作场景的教学方法，如情境模拟、项目制教学、问题导向学习等。这些先进的教学培养模式能够更有效地提升学生的专业技能和实际应用能力，使他们更好地适应社会发展的需求。先进性教学培养模式不仅是知识的传授，更是产业技能的培养和创新能力的提升，既可以提升教育质量与效率，又能为社会输送一大批具备工匠精神与创新力的高素质技能人才，为经济社会的高质量发展注入了强劲动力，实现教育与社会经济发展的良性互动，为国家的产业升级、创新能力和国际竞争力提升作出了重要贡献。

（4）职业教育新质生产力是以培育高质量发展型社会人才为目标的生产力。职业教育新质生产力，作为一种前瞻性的教育理念与实践模式，其目标在于培育高质量发展型社会人才，即具备高度专业技能、创新精神、社会责任感和持续学习能力的新型人才。一是职业教育新质生产力强调“高质量”。职业教育通过与业界及企业的深度交融，精确对应产业发展之需，确保人才培养与行业标准、企业需求紧密相连，培养出既具备扎实专业技能又拥有良好职业素养的高素质技术技能人才。同时重视启迪学生的创新思辨、团队协作与问题解决能力，使其能够适应未来复杂多变的工作环境，成为推动经济社会发展的生力军，使职业教育培养的人才资源能够迅速转化为社会生产力，助推产业结构迈向高端化、加速技术创新进程及增强经济增长动力。二是职业教育新质生产力强调了人才的“发展型”。这意味着职业教育不仅关注短期的技能训练，更着眼于培养具有长远发展潜力、能够适应不断变化的市场需求和产业格局的高质量人才。这种发展性体现在职业教育课程体系的实时革新、教学手法的创新尝试，以及对学生毕生学习能力的塑造诸方面。

2. 职业教育与新质生产力的耦合逻辑

随着科技的迅猛发展和产业的持续升级，新质生产力作为驱动社会进步的关键力量，对职业教育提出了新的挑战和需求。反过来，职业教育的创新和发展也为新质生产力的发展提供了重要的人才支撑和知识基础。也就是说，职业教育与新质生产力之间形成了一种双向的互构关系，具体体现在以下几个方面。

（1）技术创新与人才需求的循环驱动。随着全球经济进入以知识和技术为主导的新阶段，新质生产力成为推动经济社会发展的关键力量。在这一过程中，技术创新促使产业结构和职业形态发生根本性变化，进而使得对人才的需求也随之发生转变；而职业教育将培养高素质技术技能人才作为逻辑出发点与落脚点，从而适应技术创新带来的新挑战，并通过智力支持促进技术的持续进步。

（2）产业与教育的互动合作。产教融合是衡量职业教育改革成效的重要标志，是实现教育链、产业链、供应链、人才链与价值链有机衔接的重要举措。产教融合旨在强化教育体系与产业界的联系，实现资源共享与优势互补。这种融合不仅有利于提升教育质量和培养实用型人才，也对加速技术应用、推动技术创新和促进产业升级具有重要意义。在新质生产力背景下，产教通过多个层面的互动和合作，形成了一种促进技术应用和技术创新的强大动力。

（3）知识与技能的双向补充。在职业教育领域，理论知识与实践技能的结合体现了知识与技能双向补充的深层逻辑，是实现教育目标、促进学生全面发展的重要途径。基于新质生产力的发展背景，理论知识和实践技能的双向补充不仅有助于学生形成系统的专业理解，也为其终身学习和职业发展奠定了坚实基础。

（4）社会需求与职教供给的动态平衡。发展新质生产力所引发的社会需求，对职业教育人才供给提出了更高的要求。职业教育通过培养高素质人才，不断适应新质生产力发展的社会需求。首先，职业教育通过更新教育内容，引入新技术、新方法，不仅能为学生提供获取知识和技能的平台，更能为社会提供适应新质生产力要求、驱动产业发展、推动技术创新的重要人力资源。其次，职业教育不仅仅是职业技能的传授，更包括批判性思维、创新意识、终身学习能力等方面的培养。由此确保职业教育培养的新型人才不仅能够在当前的职业岗位上表现优秀，还能够在应对新质生产力发展带来变化和挑战时持续学习和动态适应。最后，职业教育通过提供多样化的教育路径和机会，帮助不同背景、不同能力的学生找到适合自己的发展道路、实现个人价值，进而促进社会的公平和谐发展。

3. 新质生产力赋能职业教育

科技进步与社会发展并驾齐驱，新质生产力的理念逐步深入人心。这不仅仅代表着生产力的创新与发展，更折射出社会对人才需求的深刻变革，从而塑造了职业教育的方向与目标。新质生产力对劳动者的技能和综合素养提出了更高要求，同时强调创新意识和能力的培养。因此，新质生产力成为推动职业教育发展的强大动力，引导职业教育迈向高质量的发展道路。

（1）新质生产力推动职业教育数字化转型升级。为建立全民终身学习的社会，必须积极推进教育的数字化进程。数字化在职业教育领域具有显著的核心价值，能够推动教育从传统的规模化、标准化模式向个性化教育转变。充分利用数字化工具和手段，能够提高学生综合素质评价的准确性和可信度，进而培养出具备深度数字化思维和数据驱动能力的高素质技术技能人才。这将为社会经济的持续发展提供有力的人才支撑和智力保障。

在职业教育向数字化转型的进程中，新质生产力扮演了举足轻重的角色。它不仅为职业教育注入了新的活力，更推动了数字化转型的步伐，显著提升了教育质量和效率。新质生产力通过优化教育资源配置，提高了教育产出的效益，并进一步推动了教育创新和人才培养模式的变革。在数字化时代的大背景下，新质生产力已成为推动职业教育发展的核心力量，对于提升教育现代化水平具有至关重要的作用。随着新质生产力的不断进步，职业教育数字化将迎来更加广阔的发展空间和前所未有的机遇。为了更好地应对新质生产力的挑战，职业教育必须积极拥抱数字化转型，并致力于加强教师和学生的数字化素养和能力的培养，以满足未来社会的需求。

（2）新质生产力推动职业教育人才培养模式改革。随着科技的不断进步和产业结构的升级，新质生产力在经济发展中的地位越来越重要。新质生产力的发展对职业教育人才培养模式提出了新的要求。传统的职业教育人才培养模式已经无法满足当前社会经济发展的需要，因此，必须探索新的职业教育人才培养模式，以适应新质生产力的发展。首先，新质生产力的发展需要更多具有创新能力和实践能力的技能型人才。职业教育应注重培养学生的创新思维和动手能力，使他们能够适应新技术、新工艺、新设备的需求，提高他们的就业竞争力和职业发展潜力。其次，新质生产力的发展要求职业教育教学内容更加注重应用性和创新性。传统的职业教育教学过于注重理论知识的传授，而忽视了实践应用和创新能力的培养。因此，职业教育应该加强实践教学，注重培养学生的实践能力和创新精神，使他们能够更好地适应企业和市场的需求。同时，新质生产力的发展还要求职业教育教学方法更加灵活多样，注重学生的主动性。传统的职业教育教学方法往往以教师为中心，学生被动接受知识，缺乏主动性和参与性。因此，职业教育应该注重学生的主动性和参与性，采用更加灵活多样的教学方法，如案例分析、小组讨论、项目合作等，以提高教学效果和学生的学习体验。为了满足新质生产力发展过程中对职业教育人才能力提出的新要求，需要从多方面进行人才培养模式改革。

第二章　高职院校治理现代化评价

自实施“双高计划”以来，“提升学校治理水平”成为中国特色高水平高职学校重要的改革发展任务。党的二十大报告提到“治理”这一词汇的频次共为 50 次。习近平总书记在中共中央政治局第五次集体学习时强调建设教育强国的论述中指出，要以教育理念、体系、制度、内容、方法、治理现代化为基本路径实现教育强国，支撑引领中国式现代化。

2023 年，我国高等教育毛入学率创历史新高，达到 60. 2%。截至 2024 年 6 月 20 日本科层次职业院校有 51 所，高职（专科）院校 1560 所，占比超过高等学校总量的 50%。推进高职院校治理现代化是其高质量发展的治本之策，良好的治理模式是高职院校迈向现代化建设的实践要求。当前难点在于，如何构建高职院校治理现代化评价体系以评估其治理现代化水平。

《深化新时代教育评价改革总体方案》《国家职业教育改革实施方案》均强调了“评价”和“标准”的重要性。它们不仅是教育工作的“指挥棒”，也是推动教育事业健康发展的关键因素。对于判断和衡量高职院校治理现代化的实现程度，以及治理现代化体系是否“完善”而言，一种科学、高效、全面的评价指标体系至关重要。目前，学术界尚未就此达成普遍共识，这正凸显了构建评价指标体系的紧迫性和重要性。评价体系的建立不仅可以帮助高职院校发现治理中存在的问题和不足，而且能够指导院校及时进行调整和改进，从而提升治理的效率和效果。通过构建科学、系统的评价体系，高职院校可以明确治理的目标和标准，加速推进高职院校治理现代化建设的进程。

一、评价的作用和意义

（一）指标评价的作用

指标评价在各个领域中都扮演着至关重要的角色，其作用和意义体现在多个方面。

一是量化表现。指标评价能够将抽象或复杂的现象、过程或成果转化为具体、可量化的数据或数值。这种量化过程使评估对象的表现更加直观、清晰，便于理解和比较。二是监控与反馈。通过定期收集和分析指标数据，可以对系统、项目或个人的运行状态进行实时监控。这有助于及时发现潜在问题、风险与不足，为决策提供及时的反馈信息，从而采取相应的调整措施。三是评估效果。在政策实施、项目管理、产品开发等场景中，指标评价是衡量成效的重要手段。通过对比实施前后的指标变化，可以客观地评估措施的有效性，为后续的优化和改进提供依据。四是激励与导向。合理的指标评价体系能够激发组织成员的积极性和创造力，引导他们朝着既定的目标努力。同时，指标也具有一定的导向作用，能够促使资源向更高效、更关键的领域配置。五是比较与竞争。在市场竞争、行业排名等场合，指标评价为不同主体之间统一的标准。通过对比各自的指标表现，可以明确自身的优势和劣势，进而制定更具针对性的竞争策略。六是促进透明与公正。指标评价要求数据公开、透明，这有助于减少信息不对称和暗箱操作。在公共管理、社会服务等领域，指标评价还能够提升决策过程的公正性和透明度，增强公众对政府和组织的信任。七是支持决策制定。指标评价为决策者提供了丰富的信息和数据支持。通过深入分析指标数据，决策者可以更加准确地把握问题的本质和关键要素，从而制定出更加科学、合理的决策方案。综上，指标评价在提升管理效率、优化资源配置、促进竞争与合作、增强公信力等方面都具有重要的作用和意义。因此，在各个领域中都非常重视指标评价体系的建设和应用。

（二）构建完善的评价指标体系是高职院校治理现代化的关键

在当前职业教育高质量发展的背景下，高职院校治理现代化建设显得尤为重要。然而，一个不容忽视的现状是，高职院校在治理现代化进程中尚缺乏一套系统完善的评价指标体系来为其保驾护航。这不仅影响了对治理效果的准确评估，也制约了治理体系的持续优化与提升。

1. 治理体系的科学完善是基础

高职院校治理体系是一个多维度、复杂庞大的系统，涵盖了治理目标、治理主体、治理手段、治理机制、治理效果及监测评估等多个关键环节。面对快速发展的职业教育需求，进一步科学完善治理体系成为首要任务。具体而言，需要梳理和精练出契合高职院校特点、精简有效的评价指标体系。这一体系能够全面反映高职院校的治理状况，为治理实践提供明确的方向和依据。

2. 治理路径的清晰优化是关键

在完善治理体系的基础上，高职院校还需进一步变革治理手段和方法，优化治理路径。这包括设计科学合理的治理框架，实现治理效果的可衡量、可比较、可视化及可交流。通过优化治理路径，可以促进学校内部机制体制的高效有序运行，增强整体治理的协调性、系统性和融合性，为高职院校的长远发展奠定坚实基础。

3. 治理评价的迫切需求与现状

值得注意的是，当前不少高职院校对于自身的治理体系是否完善存在疑虑。同时，学术界针对高职院校治理评价问题的研究也尚未达成共识。这种现状反映了高职院校对治理评价的迫切需求。构建科学化、规范化的评价指标体系，不仅能够解决高职院校在治理评价方面的困惑，还能够为治理实践提供有力的支持和指导。

4. 评价指标体系的重要性

构建系统完善的评价指标体系是推动高职院校治理现代化的客观要求。它不仅有助于引领、调节和改进高职院校的治理实践，还能够为职业教育的高质量发展提供重要保障。通过评价指标体系的规范与指导，高职院校可以更加清晰地认识到自身在治理方面存在的问题和不足，从而有针对性地采取措施并加以改进。同时，这一举措也是建设教育强国的基本路径之一，对于提升我国职业教育的整体水平和国际竞争力具有重要意义。

构建系统完善的评价指标体系是推动高职院校治理现代化的关键所在。它不仅能够促进治理理念的更新、治理体系的重构和治理方式的优化，还能够实现治理效果的可测可控。因此，高职院校应高度重视评价指标体系的构建，加强相关研究和探索，为职业教育高质量发展贡献智慧和力量。

（三）高职院校治理现代化评价的意义

高职院校治理现代化评价在完善治理体系、提升治理能力、促进内涵式发展、服务国家重大发展战略以及提升社会认可度等方面具有重要作用和意义。

1. 推动高职院校治理体系完善

明确治理方向。通过治理现代化评价，高职院校可以明确自身在治理体系方面存在的不足和具有的优势，从而有针对性地完善治理结构，提升治理效能。

促进制度创新。治理现代化评价过程中会涉及对高职院校各项制度的审视，这有助于发现制度漏洞和不合理之处，进而推动制度创新，为高职院校的持续发展提供制度保障。

2. 提升高职院校治理能力

增强治理效能。治理现代化评价关注高职院校在资源配置、决策执行、监督反馈等方面的能力，通过评价可以找出治理效能低下的原因，并采取措施加以改进。

培养高素质治理人才。治理现代化评价过程也是对高职院校治理人员能力和素质的一次检验，有助于高职院校发掘并培养具备现代治理理念和能力的高素质治理人才。

3. 促进高职院校内涵式发展

提高教学质量。治理现代化评价关注高职院校的教学质量，通过评价可以推动高职院校强化教学管理，提高教学水平，为社会培养更多高素质技术技能人才。

推动产教融合。治理现代化评价过程中会关注高职院校与产业界的合作情况，有助于推动高职院校深化产教融合，加强与企业的合作，提升人才培养的针对性和实用性。

4. 服务国家重大发展战略

支撑产业升级。高职院校治理现代化评价有助于推动高职院校更好地服务国家产业升级和经济转型，为经济社会发展提供有力的人才支撑和智力支持。

助力乡村振兴。通过治理现代化评价，高职院校可以更加精准地对接乡村振兴等国家战略需求，为农村地区培养更多实用型、技能型人才，助力乡村振兴战略的深入实施。

5. 提升社会认可度

增强社会信任。高职院校治理现代化评价结果公开透明，有助于提升社会对高职院校的信任度和认可度，为高职院校的招生、就业等工作创造更加有利的社会环境。

树立品牌形象。通过治理现代化评价，高职院校可以展示自身在治理方面的优势和成果，树立良好的品牌形象，提升在高等教育领域的竞争力和影响力。

二、评价指标体系构建的研究基础

（一）高职院校治理现代化理论内涵

有学者认为，国家治理现代化既包括治理体系现代化，又包括治理能力现代化。高职院校治理现代化是指为促进高职院校高质量发展，各高职院校的多元利益主体围绕特定的治理目标，通过相互之间的互动、协调与合作，最终达成增进公共利益的一系列治理行动及其过程。

1. 从不同理论视角看高职院校治理现代化

（1）利益相关者视角。利益相关者是指团体或个人与组织之间存在着直接或间接的利益关系，他们的行为和决策都可能对组织的运作和发展产生显著的影响。有学者认为，高职院校治理是在面对利益主体多元化、所有权与管理权分离的情况下，协调各方利益、降低治理成本、提高办学效益的一系列制度安排。强调通过制度安排、协同运行和体系优化等方式，实现高职院校治理的效益最大化。

（2）整体性视角。整体性治理在高职院校中聚焦于协调和整合，其核心目的在于提升决策执行的效果和品质。高职院校实施整体性治理的目标在于协同一致，通过促进不同治理主体间的互动合作与整体性管理机制，确保各方对学校的决策目标有清晰且一致的理解，实现功能的融合和层级的统一，从而推动高职院校达到善治状态，确保学校的整体运行更加高效、有序。

（3）协同治理视角。协同治理聚焦于治理主体之间的相互作用和关系，它关注的是不同主体为实现共同目标而采取的协同行动。协同治理的过程，本质上是一个持续探索和精练治理结构以达最优状态的过程。在这一过程中，各个利益相关方建立在相互信任和尊重的基础上，通过多元化的竞争与紧密的合作产生协同效应，实现整体利益最大化，进而推动整个治理体系的和谐高效运转。这种效应体现了协同治理在整合各方资源、优化资源配置、提升治理效能方面的独特优势。

（4）共同体理论视角。共同体理论将治理的核心视为一种集体行动，其精髓在于多元主体的共同参与。这种治理模式的基石是共同体理念，即强调共同的价值观、目标和责任。陈正江和周建松指出，共同体理念是治理的出发点，教师、学生、校友发挥重要作用。

2. 从多维治理要素看高职院校治理现代化

学者们从治理要素和特征的角度提出了不同见解。俞可平认为“合法性、法治、透明性、责任性、回应性、有效性、参与、稳定、廉洁和公正”是善治的十大要素；眭依凡认为“效率性、民主性、整体性和法治性”是大学善治的原则；刘晓、童小晨认为“效能、民主、法治、透明、责权”是高职院校治理现代化的五个要素；杨宜认为高职院校治理体系的建设具有“法治性、系统性、民主性、生态性和发展性”五大要素；孙翠香认为职业教育治理既含静态特征，又含动态特征，其要素为“理念、规范、法规、制度、互动（协商）、行动、运行、实施”等。汪燕、李慧玲等认为信息化、智能化是重要治理手段。梁克东认为，高职院校治理现代化需要培育自觉自行的内部质量保障新文化。

（二）高职院校治理现代化实践特征

根据对全国 197 所高职“双高”院校 2023 年质量年报等文本进行词频分析，剔除一些非相关词后，排在前 30 项的治理高频词汇为“党委、制度、体系、建设、内部、质量、委员会、完善、章程、学术、改革、教育、发展、专业、教学、二级、评价、绩效、诊改、参与、创新、民主、结构、依法、理事会、组织、两级、教职工、学生、多元”。

全国高职“双高”院校在建设治理体系方面呈现出四大共性特征和七大建设路径。共性特征表现为：一是持续加强党建引领；二是完善以章程为核心的制度体系；三是不断优化内部治理结构；四是健全外部治理机制，促进多元主体参与。建设路径表现在：第一，推进依法治校，构建以章程统领的制度体系；第二，加强质量评价，健全多元协同的质量体系；第三，深入二级管理，优化灵活高效的组织体系；第四，改革内部结构，完善多方参与的民主体系；第五，整合外部资源，营造共商共治的生态体系；第六，升级数字治理，打造科学决策的智慧体系；第七，推动文化建设，彰显职教特色的文化体系。

（三）高职院校治理现代化评价研究

一是关于评价指标体系研究。钱兴成认为，高职院校治理现代化是推进治理理念现代化、主体多元化、制度体系化、方式民主化、手段数字化和环境协作化的过程。雷世平等认为，评价高职院校治理能力现代化需要定性与定量指标有机结合，提出了主体多元化、制度体系化、方式民主化、手段统筹化、环境协同化五个维度。韩连权基于协商治理的理论视域，提出治理理念、治理主体、治理结构、治理机制、治理效果五个维度进行评价。朱明苑、胡新岗提出了党建引领、治理文化、治理架构、财务和人事改革、内部质量保证体系、信息化治理水平、办学满意度七个维度。陈寿根、许明、尚阳阳提出治理理念、治理体制、治理机制、治理文化、治理平台和治理效能六个维度。

二是在评价方式方面。目前普遍存在的问题是院校内部治理以政治监督和行政手段为主，缺少独立的第三方客观评价。杨明特别强调了第三方评价应在推进教育治理现代化中发挥重要作用。政府应退出服务性评价领域，学校应积极建立与第三方评价机构的协作关系。肖凤翔、肖艳婷、于晨建议立足“制度+技术”创新，组建高职教育集团，构建基于数据的治理评价指标体系，完善第三方治理评估机制。

综上，目前存在两个主要问题：一是现有研究还未形成具有实效性的院校治理评价标准和评价工具，因此可操作性不强；二是当前我国现代化发展阶段出现了新形势和新特征，反映中国式现代化内容和特点的院校治理能力内涵分析尚显不足。针对高职院校的治理现状，应切实以实际情况为出发点，将规范化、精细化和科学化作为核心指导原则，同时聚焦高职院校、政府以及社会等关键主体，持续优化相关制度体系，逐步打造出一套高效且符合现代化标准的高职院校治理评价指标体系。这一体系需全面反映治理的成效，为高职院校的持续发展和质量提升提供有力保障。

三、评价指标体系构建的原则、方法与过程

（一）构建原则

1. 坚持系统性原则

在构建高职院校治理现代化评价指标体系时，必须坚定不移地坚持系统性原则。该体系应当是一个全面、完整且协调的系统，能够系统地反映和精准评价治理体系中各个要素的特征和状况，并且能够全面把握高职院校治理的各个方面，确保治理活动的有序进行和持续优化。同时，系统性原则也要求在构建评价指标体系时，充分考虑各要素之间的相互关系和影响，确保各项指标之间有机统一。这样才能更加准确地评估高职院校治理的成效。

2. 坚持发展性原则

坚持发展性原则强调不仅要准确反映我国高职院校治理现代化的当前发展实际与现状，还要前瞻性地考虑其未来的发展趋势。同时，需要结合学校分类发展的考核现实，以及政策环境的发展变化，动态地完善和优化评价体系。首先，确保每一项指标都能真实反映现阶段治理成效与存在问题。其次，评价指标体系应能够预见性地反映高职院校应对改革发展的趋势，为高职院校的未来发展提供指导。最后，不同类型的高职院校在治理上有着不同的特点和需求，评价指标体系应能够体现这种差异性，确保评价结果的公正性和有效性。

3. 遵循科学性原则

在构建高职院校治理现代化评价指标体系时，必须严格遵循科学性原则，确保每个评价指标都能够客观、真实地反映高职院校治理现代化的核心属性和职业教育特色。

要以事实为依据，避免主观臆断和偏见，确保评价指标的客观性。深入调研高职院校治理的实际情况，理解其运行机制和内在逻辑，从而制定出能够准确衡量治理成效的指标。采用科学的研究和评价方法，确保每个评价指标都能够客观、真实地反映高职院校治理现代化的核心属性和特点。

4. 体现可操作性原则

可操作性原则要求评价指标体系具备高度的可测量性和可衡量性，以确保评价工作的有效实施。首先，可操作性原则要求评价指标的设定必须紧密贴合政策导向，确保体系内容与各级政策要求相契合。这样不仅可以确保评价工作的合规性，还能够引导高职院校在治理现代化建设中更好地贯彻政策精神，推动治理体系的持续优化。其次，评价指标应具有明确的量化标准或定性描述，以便评价者能够依据这些标准或描述对高职院校的治理现代化建设进行客观、准确的评价。此外，还要考虑数据的可获取性和处理难度，确保评价工作能够顺利进行。

（二）研究方法与过程

1. 研究方法

在深入探讨高职院校治理现代化评价指标体系的构建过程中，采用了多种研究方法，对指标选取进行全面而深入的理解。

文献研究与文本分析法。通过对理论文献和政策文件的系统梳理，揭示治理现代化的理论基础和政策导向，进而提炼出其核心要素。文献研究有助于理解治理现代化的历史演变和现状，为指标的选取提供坚实的理论支撑。借助 Python 数据挖掘技术进行文本分析，以全国 197 所“双高计划”建设高职院校的中期绩效评价报告以及 2023 年度高等职业教育质量年报为主要研究资料，运用文本挖掘算法提取高职院校治理现代化的高频词和核心要素。这一方法能够量化地分析文本数据，发现隐藏在大量文本中的关键信息和趋势。

案例研究。为进一步深化研究高职院校治理现代化的实践与理论之间的关联，选取高等职业教育治理体系建设发展联盟院校中的 90 多个治理典型案例，通过深入分析这些案例的背景、实施过程、治理成效以及存在的问题，获得了关于治理现代化实践的直观认识和宝贵经验。

访谈法。对不同类型的院校、社会组织和企业开展现场调研或电话访谈，通过深入交流，获得关于治理现代化的第一手资料。这些访谈内容不仅帮助笔者验证了文献研究和文本分析的结果，还提供了许多新的思考角度和研究方向。

这些研究方法的综合应用为评价指标体系的构建提供了有力的支持和指导。

2. 构建过程

高职院校治理现代化评价指标体系的构建过程经历了四个阶段。

第一步，针对高职院校治理问题进行理论研究，提炼了高职院校治理现代化的核心要素，确定了指标体系的三个评价维度和主要指标要素。

第二步，进行第一轮专家访谈，以现场研讨与线上访谈相结合的形式，对各级指标及观测点进行逐一研讨，细化并完善指标体系层次和主要观测点，构建指标体系框架初稿。本轮参与研讨的专家共有 20 人，涵盖 14 所高职院校。

第三步，进行第二轮专家调研，将完善后的指标框架以邮件形式发送给每位专家，专家背对背对二级指标重要程度进行打分。本轮选取的专家共有 20 人，来自 17 所不同的高职院校，其中正高职称 4 人，副高职称 16 人，问卷均有效。

第四步，根据专家打分，按照指标的不同重要性进行权重计算，对一级指标进行赋权，形成评价指标体系。

四、评价指标体系的内容

高职院校治理现代化评价，是对高职院校在治理过程中实现现代化的程度和效果进行评估和判断。这个过程主要考察高职院校在治理理念、治理结构、治理机制、治理方式、治理效能等方面是否与现代高等教育的要求相适应，以及是否能够有效推动高职院校的高质量发展（见表 2-1）。

（一）指标选取

通过理论研究、政策研究、案例分析等，采用 Python 数据挖掘技术进行文本分析，提取高职院校治理现代化高频词和核心要素，结合高职院校治理现代化的理论内涵和多维治理要素作为指标选取的主要内容。

在构建评价指标体系时，笔者充分考虑了高职院校治理体系建设的多维性。将制度体系、组织体系、民主体系、生态体系、智慧体系、文化体系、质量体系这七大建设路径作为指标体系的一级核心指标。这些指标不仅涵盖了治理现代化的各方面，也体现了高职院校治理体系建设的全面性和系统性。

在评价指标的设计上，注重质性与量化指标的结合。一级指标主要侧重于概念性要素的描述，旨在从宏观层面把握治理现代化的总体要求和方向；二级指标则更加具体和细化，包含了要素性和类别性指标，旨在从微观层面衡量治理现代化的实际成效和水平。每个二级指标设置主要的观测点，从指标可操作化的角度出发，对二级指标进行了具体内容评价。

（二）评价内容

在精心设计和构建高职院校治理现代化的评价指标体系时，要充分考虑治理的多个维度和不同层面。评价指标体系涵盖了 15 个一级指标、36 个二级指标以及 105 个主要观测点，具体内容见表 2-1。评价指标体系主要围绕治理理念现代化、治理体系现代化和治理能力现代化这三个维度展开，三者相互关联、相互促进，共同构成了高职院校治理现代化全面且完整的评价指标体系。

1. 治理理念现代化维度

治理理念现代化体现了高职院校在治理过程中应具备的先进思维和创新精神，是推动治理体系和治理能力现代化的先导。它要求高职院校在治理过程中坚持社会主义办学方向，坚持党的领导，坚持以学生为中心、以质量为根本，注重内涵式发展，不断创新治理模式，提升治理效能。基于高职院校治理的要素和高职院校的特点，把党的全面领导、法治、共治、善治、智治作为彰显治理理念现代化的 5 个一级指标。本维度包含 9 个二级指标和 21 个主要观测点。

2. 治理体系现代化维度

治理体系现代化是基于高职院校治理现代化的建设路径，实现治理主体、体制机制、技术手段等治理各要素的系统运行提升。本维度包含制度体系、组织体系、民主体系、生态体系、智慧体系、文化体系、质量体系 7 个一级指标，19 个二级指标和 53 个主要观测点。

3. 治理能力现代化维度

治理能力现代化是高职院校治理现代化的最终体现，是办学治校育人效果和质量提升的全面呈现。通过评价改革、制度和文化供给，实现关键办学能力提升和资源优化，满足利益相关者期望与学校高质量发展诉求，促进治理现代化可持续发展。本维度包含效能提升、素养提升和特色发展 3 个一级指标、8 个二级指标和 31 个主要观测点。

表 2-1 高职院校治理现代化评价指标体系

维度	权重（%）	一级指标	权重（%）	二级指标	主要观测点	
理念现代化	35	党的全面领导	8	党建引领	1	健全党对职业教育全面领导的体制机制
					2	落实党委领导的校长负责制
					3	体现落实立德树人根本任务
					4	提升学校思想政治工作质量
		法治	7	法治思维	1	法治工作列为学校长期发展战略和年度计划
					2	有专门的法治工作方案
				依法治校	1	设立专门的法治工作机构
					2	开展师生法治教育
					3	依法治校水平不断提升
		共治	6	多元参与	1	多元主体参与学校治理
					2	规划或章程中体现共同治理的理念
				民主合作	1	健全与各主体的沟通渠道
					2	建立民主监督机制
		善治	7	办学理念	1	办学理念先进，办学目标和定位准确
					2	体现服务区域经济社会发展和服务学生全面发展
				治理体系	1	治理体系清晰，结构完善
					2	良好的治理文化氛围
		智治	7	数字思维	1	详细的数字化建设规划
					2	信息和数据安全
				科学决策	1	智慧决策体系建设
					2	数字治理机制建设
体系现代化	45	制度体系	7	章程	1	章程公开
					2	章程的宣传和培训
					3	有解释章程的程序
				制度	1	制度完备与健康
					2	制度发布层次清晰，分类科学
					3	制度废、改、立、释、施及时
					4	设有规范性文件信息化管理平台
				执行与监督	1	制度的执行应严格、公正
					2	内控与风险评估机制健全

续 表

维度	权重（%）	一级指标	权重（%）	二级指标	主要观测点	
		组织体系	7	机构设置	1	机构设置方案健全
					2	组织结构应扁平、灵活、高效
				协作组织	1	设有适应专业建设和发展的专业协作组织
					2	设有科研、教研、人才培养等协作组织
				二级管理	1	二级管理制度健全
					2	二级单位责权关系自主、明晰程度
				组织考核	1	建立对各级组织的全面考核
		民主体系	6	参与渠道	1	发挥教代会、工代会、学代会等多元民主治理机制
					2	发挥学术委员会、专业建设指导委员会、教学工作委员会、教材选用委员会等专家治理机制
				参与机制	1	学校重大事项通过教代会、工代会表决
					2	师生参与的程度与效果
				信息公开	1	有专门平台，信息公开、财务公开全面及时情况
		生态体系	6	产教融合	1	理事会建设情况
					2	职教集团建设情况
					3	打造市域产教联合体建设情况
					4	成立行业产教融合共同体情况
					5	行业、企业、社区、校友等参与治理情况
					6	开放型区域产教融合实践中心建设情况
					7	校企合作典型生产实践项目建设情况
				校园生态	1	校园生态环境建设
					2	生态文明教育
					3	生态治理机制
		智慧体系	6	基础设施	1	数字化基础设施建设
					2	职业教育信息化标杆学校建设情况
				数字服务与应用	1	“一站式”办公服务平台建设
					2	专业教学资源库建设
					3	精品在线开放课程建设
					4	虚拟仿真实训基地建设
		文化体系	6	文化氛围	1	校园文化氛围
					2	特色文化活动

续 表

维度	权重（%）	一级指标	权重（%）	二级指标		主要观测点
				建设成效	1	校园文化景观
					2	治理特色品牌
					3	取得的成效或荣誉
		质量体系	7	监控体系	1	内部质量保证体系
					2	全程数字化质量监控
					3	内部审核
				质量评价	1	教学质量评价
					2	学生学习质量评价
					3	实践教学质量评价
					4	社会评价及第三方评价
				改进机制	1	教学质量改进
					2	学生学习质量改进
					3	实践教学质量改进
					4	持续改进
能力现代化	20	效能提升	7	关键办学能力	1	核心专业（“金专”）建设
					2	核心课程（“金课”）建设
					3	师资队伍（“金师”）建设
					4	实践基地（“金地”）建设
					5	优质教材（“金教材”）建设
					6	国际化建设
					7	资源优化
				行政效能	1	政策执行效率
					2	资源配置效率
					3	服务效率
				利益相关者满意度	1	在校生满意度
					2	毕业生满意度
					3	教职工满意度
					4	用人单位满意度
					5	家长满意度
				社会影响力	1	学校获奖情况
					2	师生获奖情况
					3	标准引领
					4	国家级职业教育类奖项

续 表

维度	权重（%）	一级指标	权重（%）	二级指标	主要观测点	
		素养提升	7	领导干部治理能力	1	战略规划能力
					2	决策能力
					3	团队领导能力
					4	数字化能力
				教职员工治理能力	1	专业素养
					2	教育教学能力
					3	数字化素养
					4	服务意识
				学生治理能力	1	自我管理能力
					2	团队协作能力
					3	社会责任感
		特色发展	6	结合学校自身发展特点和学校实际，自选1个特色指标	1	自行设计确定相对应的观测点及评价标准和计分办法

高职院校治理现代化建设是一个持续改革的过程，趋于标准化、制度化和规范化，构建科学、规范的评价指标体系是推动高职院校治理现代化的客观要求。评价指标体系的构建可以作为高职院校治理工作的参照依据。通过评价监督和指导，高职院校可以不断优化治理策略和方法，提升治理的效率和效果，这有助于高职院校更好地履行教育职责、承担社会责任，为教育强国建设贡献力量。

实践篇

高职院校治理现代化典型案例

党建引领

在我国高等职业教育蓬勃发展的当下，高职院校内部治理水平的提升成为推动教育质量提升、实现可持续发展的关键。党建工作作为高职院校各项工作的重要引领，对于构建科学、高效的内部治理体系具有不可替代的作用。以党建为引领，能够确保高职院校始终坚持社会主义办学方向，落实立德树人根本任务，整合各方资源，协调各方关系，为培养德智体美劳全面发展的高素质技术技能人才奠定坚实基础。

党建工作为高职院校立德树人提供了强大的思想保障和精神动力。以党建为引领，能够加强思想政治教育，将社会主义核心价值观融入教育教学和管理服务各环节，引导学生树立正确的世界观、人生观、价值观。党组织通过开展各类主题教育、推进思政课程改革等举措，既可以提升学生的思想政治素养，又能够培养学生的职业道德和工匠精神，使学生不仅具备扎实的专业技能，还拥有高尚的道德品质和社会责任感。

党建工作能够有效整合学校内部各方资源，协调不同部门、不同群体之间的关系。党组织通过发挥战斗堡垒作用和党员的先锋模范作用，激发广大教职工的工作积极性和创造力，形成推动学校发展的强大合力。在学校重大项目建设、教学改革、科研创新等工作中，党员干部带头冲锋，引领全体教职工共同努力，为学校发展贡献力量。

在高职院校治理现代化的进程中，党建引领发挥着至关重要的作用。强化党的全面领导，能够确保高职院校沿着正确的政治方向，并通过具体的制度设计和实践活动，增强学校的组织力和凝聚力。本部分案例充分展示了党建工作在引领高职院校治理现代化进程中的核心作用，通过具体实例体现出各院校如何借助党建工作促进教育创新和管理效能的提升，其扎实的工作举措和丰富的实践经验主要体现在以下 7 个方面：一是注重加强党的全面领导。各高职院校坚持党委领导下的校长负责制，发挥党组织的领导核心和政治核心作用，完善决策机制，强化政治引领与思想引领，确保学校发展的正确政治方向。二是注重制度建设的规范化。高职院校普遍重视制度建设，通过完善制度体系来规范各项管理活动，有效提升了治理效率和质量。三是注重加强基层党组织建设。坚持标准化、规范化建设，创新工作机制，强化政治功能，打造党支部品牌，充分发挥基层党组织战斗堡垒作用。四是注重思想政治工作模式创新。构建大思政工作格局，强化思政课程建设，深化课程思政改革，利用网络平台拓展新阵地，深入开展主题教育，增强师生的政治认同和思想引领。五是注重文化建设的多样化。强化校园文化建设，注重将工匠精神等文化元素融入教育全过程，通过文化育人增强学生的身份认同和价值观引导。六是推动课程思政建设。将思想政治教育融入专业课程教学全过程，是党建引领教学工作的重要切入点。案例院校鼓励党员教师带头开展课程思政教学改革，深入挖掘专业课程中的思政元素，如在工科专业课程中融入工匠精神、创新精神，在文科专业课程中融入家国情怀、法治观念等。通过定期开展课程思政教学研讨活动、举办课程思政教学比赛等方式，提升教师的课程思政教学能力，使专业课程与思政课程同向同行，形成协同育人效应。七是助力教学质量提升。党组织要引导教师积极参与教学改革与创新，鼓励党员教师在教学方法、教学模式等方面进行探索实践。例如，开展基于项目式、案例式、探究式的教学方法改革，推动线上线下混合式教学模式应用。同时，建立党员教师与青年教师的“一对一”帮扶机制，帮助青年教师提升教学水平。通过设立教学质量优秀奖、教学成果奖等奖励制度，激励教师不断提高教学质量，以党建引领推动教学工作高质量发展。

这些案例实践经验表明党建工作在高职院校治理现代化进程中具有以下几个特点：一是突出党建工作系统性。党建引领不仅仅局限于政治教育，而是全面融入学校的人才培养、科研创新、社会服务等各个方面，形成了系统的育人体系和治理机制。党建与各项业务深度融合，使党建成果能够转化为推动学校各项事业发展的强大动力。二是突出党建工作创新性。各院校在党建引领下，勇于探索新的教育模式和管理机制，如通过数字化、信息化手段，推动教育教学和管理的现代化。三是突出党建工作实效性。党建引领的各项措施都紧密结合学校的实际需求，注重实效，确保政策和措施能够转化为推动学校发展的实际成效。四是突出党建工作人本性。坚持以人为本，聚焦人才培养，关注学生的全面发展，不断优化育人环境，提升学生的综合素质和专业技能。

这些案例为当前和未来高职院校治理现代化提供了可借鉴的典型经验，生动展示了党建工作在推进高职院校治理现代化中的重要作用，集中呈现了新时代中国特色高等职业院校党建工作取得的显著发展成就，为未来高职院校治理现代化提供了重要借鉴和启示。

新时代，高职院校要充分认识党建工作在内部治理中的重要地位和作用，正视存在的问题并采取有效措施加以解决。通过推动党建与业务深度融合、强化党组织领导核心作用、充分发挥党员先锋模范作用等，不断完善内部治理体系，提高内部治理能力，为高等职业教育事业的发展、培养高素质技术技能人才提供坚实保障。只有这样，高职院校才能在激烈的竞争中立于不败之地，为国家和社会培养更多优秀的建设者和接班人。

认真落实党建“六个过硬”以“领航工程”建设推动高质量发展

天津商务职业学院

天津商务职业学院党委坚持以习近平新时代中国特色社会主义思想为指导，切实履行全面从严治党主体责任，坚持和加强党对教育事业的全面领导，以“六个过硬”为目标，深入贯彻新时代党的建设总要求和新时代党的组织路线，认真履行管党治党、办学治校的政治责任，推动党的建设与事业发展深度融合，坚持把党建引领贯穿到立德树人过程中，形成党委统一领导、党委职能部门各司其职、党总支着力落实、各党支部具体实施的党建工作体系，以高质量的党建引领推动学校为党育人、为国育才，实现高质量发展。

一、以政治建设为统领全面加强党的建设

聚焦政治建设，自觉在思想上、政治上、行动上同以习近平同志为核心的党中央保持高度一致，把习近平新时代中国特色社会主义思想融入学校工作全过程的各方面。高质量开展“迎盛会、铸忠诚、强担当、创业绩”主题学习宣传教育实践活动，学习贯彻习近平新时代中国特色社会主义思想主题教育。聚焦素质提升，以加强师德师风建设为根本，以打造“学习型、创新型、服务型、育人型”队伍为目标，加强干部队伍、师资队伍的管理、培养和监督。聚焦责任落实，坚持和完善党委领导下的校长负责制，健全校院两级议事决策规则，学校党委、党总支、党支部切实履行好党建工作主体责任。建立学校领导班子成员联系指导教学单位制度、中层干部联系师生和党支部制度，加大基层服务和指导力度。学校驻蓟州区工作队入选市教委“产学研融合打造新样板，教育文化赋能乡村振兴”典型案例。聚焦作风建设，建立基层党建调研制度，设立党建调研成果奖。两年来，针对基层党建面临的难点、堵点问题，共形成调研成果80篇，并推动调研成果转化运用。常态化开展“我为师生办实事”活动，为师生办实事解难题185件。深入推进党风廉政建设和反腐败工作，严格贯彻落实中央八

项规定及其实施细则精神，持之以恒正风肃纪，有效克服形式主义、官僚主义。深化新时代廉洁文化建设，创建廉洁文化宣传阵地，打造具有商务特色的廉洁文化教育品牌并在全市范围宣传推广。

二、以引领力提升为基础的党的思想建设

坚持用习近平新时代中国特色社会主义思想武装头脑，指导实践，加强思想政治引领，筑牢意识形态主阵地，完善大学生思想政治教育机制体制，坚持和巩固马克思主义在意识形态领域的指导地位，落实立德树人根本任务。两年来，学校以多种形式开展习近平新时代中国特色社会主义思想、党的二十大精神教育培训，创新形式，充实载体，发挥党委理论学习中心组的“旗舰”作用，加强对二级理论中心组的学习指导，实现各级党组织和党员干部学习的全面覆盖。共组织各类宣讲 330 场，受众达 17842 人次，其中 1 人获评“天津市基层理论宣讲先进个人”。坚持党管意识形态原则，牢牢掌握意识形态工作的领导权和话语权，定期听取汇报，精准研判形势并进行决策部署，不断完善意识形态工作责任制。筑牢意识形态主阵地，强化正面宣传，164 篇报道被央视新闻、新华社、《天津日报》、《天津教育报》等省市级以上媒体刊登。加强思政课程和课程思政建设，成立马克思主义学院，充分发挥思想政治理论课主渠道作用，全面提升思政课教师开展主流意识形态教育的意识和能力，获“大思政课”综合改革示范校创建资格，建成网络思政名师工作室，获评市级“思想政治课示范课堂”。发挥“课程思政”和“思政课程”协同作用，实现公共基础课程、专业教育课程、实践实训课程全覆盖。

三、以组织力提升为重点的党的基层组织建设

突出政治功能，以提升组织力为重点，构建党建工作科学体系，两年来，陆续出台《中共天津商务职业学院委员会关于加强党的政治建设实施方案》《中共天津商务职业学院委员会基层党建工作考核实施办法（修订）》《天津商务职业学院党员干部政治言行规范》《中共天津商务职业学院委员会后进党支部常态帮扶机制实施意见（试行）》等制度文件 14 部，切实将党建工作成果转化为制度安排和工作部署，不断推动和规范基层党组织建设。积极开展“双带头人”教师党支部书记工作室创建培育工作，建立健全符合学校实际、兼顾专业特点、可示范可推广的“双带头人”教师党支部书记培育工作机制。持续开展“两优一先”评选表彰活动，选树典型，充分发挥榜样的引领示范作用。每年评选表彰的各类优秀教师中。党员比例达到 80%，发挥党员在教书育

人、教学科研、管理服务等各项工作中的示范引领作用。推进校内党建工作示范点建设，常态化开展“创最佳党日”、党员先锋岗、“一支部一品牌”创建等活动。

四、以“五育并举”为导向的育人体系建设

加强党委把方向、管大局、做决策、保落实的体制机制建设。召开思政工作会议、组织工作会议、人才工作会议，强化党的政治引领、思想引领、制度引领和作风引领，充分发挥党组织领导核心和政治核心作用，认真履行管党治党、办学治校主体责任。整合协同学校各项教育工作及各类育人元素，全面实施“三全育人”工程，通过创新德育评价机制、推进劳动育人、校园文化育人等形式，扎实推动“五育”并举，切实引导学生坚定理想信念、厚植爱国情怀、培养奋斗精神、增强综合素质。学校承办并参加首届世界职业院校技能大赛跨境电商、中华茶艺赛项，获得跨境电商赛项金牌（第一名），中华茶艺赛项优胜奖 2 项（前两名）；举办美育成果展示活动，美育案例《以文入美　融专于美　训美融合》入选教育部美育典型案例；2 门专业课程分别被天津市认定为劳动教育示范课程和劳动教育精品课程；学生荣获天津市“悦读之星”读书演讲大赛三等奖、天津市手语诵读大赛三等奖；学生获评“全国见义勇为模范”、天津市“大学生自强之星”“中国大学生自强之星”奖学金、天津最美大学生士兵等荣誉称号；在第三届中国大学生长短兵锦标赛取得 4 枚金牌、2 枚银牌和 3 枚铜牌，实现国赛金牌零的突破；在天津市第十五届运动会（大学生组）上获得 10 金 10 银 4 铜的好成绩，女子、男子足球队获历史性双冠，凸显系统性育人成效。

五、以服务国家战略为牵引的国际化办学体系建设

学校坚持在服务中求支持，在贡献中求发展。以服务国家战略的重点项目为载体，积极响应共建“一带一路”倡议。与摩洛哥阿伊阿萨尼Ⅰ应用技术学院建成全国第 20 个鲁班工坊，开发两门国际课程资源，实现与摩洛哥跨境电商专业建设和人才培养共享中国优质的职教方案，工坊师生获首届世界职业技能大赛跨境电商赛项金奖，工坊建设成果在世界职业教育产教融合博览会上展出。学校与泰国博仁大学联合开展中外合作办学项目，已成功获批教育部立项，成为天津市唯一举办中外合作办学项目的职业院校。国际学生教育工作特色鲜明，是目前天津市唯一具有港澳台招生资质的高职院校，蝉联“海上丝路”项目天津市高职院校招生人数和奖学金规模“双第一”。

六、以产教融合为核心的人才培养模式建设

打造以党建为引领的多元人才培养模式，确保立德树人取得成效。以现代服务业、文创产业、商贸服务业等为主线，建成华商文化体验与职业技能演练中心，人工智能与科技艺术协同创新中心，京津冀数字金融产教融合联盟，全国数字技术创新产教融合共同体。提升学校创新创业工作质效，学校在市级“互联网+”创新创业大赛中获银奖 4 项。与京东、阿里巴巴等知名跨境电商企业共建实训基地，携手携程集团共建携程文旅产业学院，与万豪集团共建现代酒店产业学院，与中国对外贸易经济合作企业协会共建天津跨境电商综合试验区示范性产业学院。推动落实“1. 5+0. 5+1”人才培养模式，通过不断深化校企合作，拓宽就业渠道，联系走访用人单位 600 余家，开拓岗位 6138 个，学校 2022 届、2023 届毕业去向落实率、签约率在全市高校名列前茅。

（执笔人：于莉　张瑞）

“六维同育”共筑新时代育人之路

内蒙古电子信息职业技术学院

内蒙古电子信息职业技术学院以习近平新时代中国特色社会主义思想为指导，全面贯彻落实全国高校思想政治工作会议和全国教育大会等重要会议精神，坚持“立德树人”根本任务，紧紧围绕“为谁培养人、培养什么样的人、怎样培养人”这一核心问题，以培养“德技双馨”人才为建设目标，构建“一体化”育人协作联动机制，统筹课上课下、线上线下、校内校外育人资源，构建“六维”协同的育人体系，制措施、建制度、解难题，形成了“三全育人”新格局。

一、主要做法

（一）政治引领，完善“一体化”育人新机制

加强顶层设计，完善育人机制。成立“三全育人”工作领导小组，建立党委统一领导，宣传部牵头抓总，马克思主义教学部、教务处、学生工作处、团委和二级学院通力协作，家庭、企业等多元参与的育人协作联动机制，建立学生教育管理服务“3+1”工作线（见图1），构建“三全育人”“生态圈”。

（二）课上课下，构建“主渠道”育人新模式

（1）构建“思政课+通识课+专业课”的“一体两翼”课程体系（见图2），推动思政课程与课程思政同向共行协同育人。以思政课程为主体发挥育人主渠道作用，启动特色精品思想政治理论课程建设项目，聚焦建设高质量教材、高水平教学资源、高标准示范课堂、高效率工作机制，推进思想政治理论课程建设。建立理论教育、国情区情社情校情教育和职业伦理教育“三位一体”的辅助教学内容体系，编写思想政治理论课校本辅助教学资源。建强思想政治理论课教师队伍，制定《思想政治理论课教

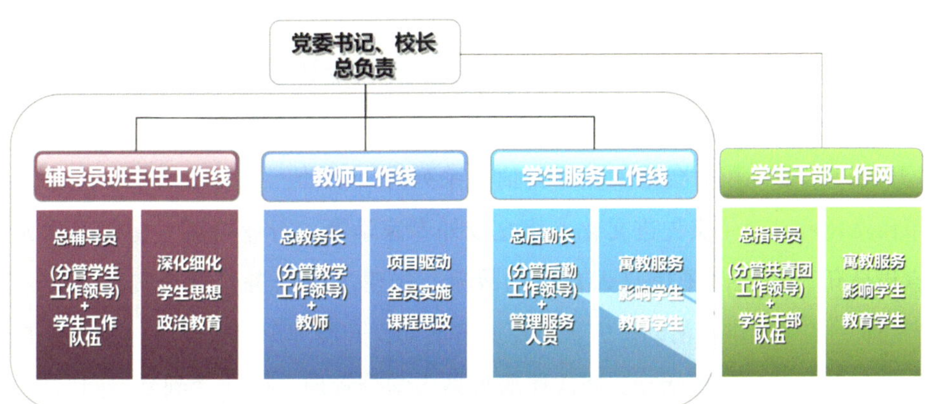

图 1　学生教育管理服务“3+1”工作线

师任职资格标准与选聘办法》，通过“青蓝工程”、思政教师专项培训等方式，开展教师思想政治教育、学术交流培训。引进对分课堂教学法，实施概述、专题和拓展“三部曲”教学模式，提升课堂育人效果。以“通识课+专业课”为“两翼”实现课程思政同频共振育人效果。制定《课程思政建设工作方案》，深度挖掘“两翼”课程中承载的思政元素，实现与思政课程有机融合，形成协同育人效应。以“三个引领”为抓手，实现思政课程与课程思政同向共行协同育人。师资引领，打造由思政教师、专业课程教师、公共基础课教师、行业企业技能大师和辅导员组成的课程思政教学团队，分层落实课程思政建设任务，提高团队的育人能力；模式引领，探索“四模块、四对接、三阶段”（四模块：“四史”“文化”“工匠”“法规”，四对接：引入—四史、知识—文化、技能—工匠、评价—法规”，三阶段：课前启化、课中内化、课后转化）课程思政培养模式，提升教学效果；教材引领，把专业知识与思政元素有机融合，建设新形

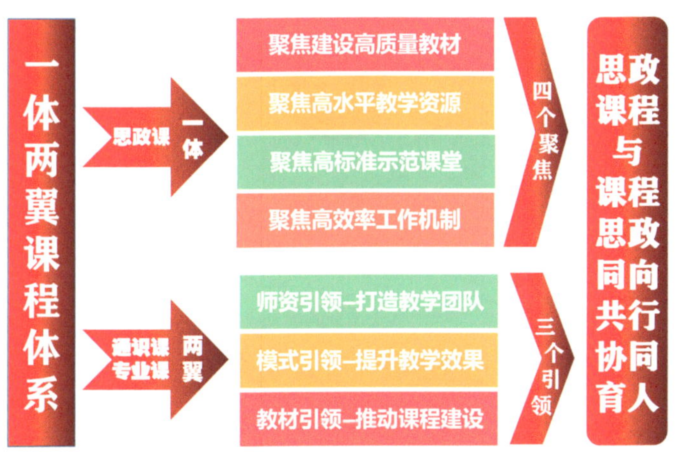

图 2　“一体两翼”课程体系

态一体化教材，推动专业课程思政建设。

（2）构建“讲堂+活动”的第二讲堂，打造多维立体的课下育人模式（见图3）。开设“四史一观三文化”为主的第二讲堂。以讲座和报告会形式组织“电子信息大讲堂”，开展“四史”和社会主义核心价值观系列宣讲活动，大力弘扬中华优秀传统文化、革命文化和社会主义先进文化。建立校外专家学者、行业精英、榜样人物为主讲人的宣讲队伍，讲述电子信息人自己的故事。构建志愿服务、社会实践、文体竞技“三位一体”的第二讲堂活动。完善志愿服务活动，开展理论宣讲、家电维修、直播带货、无人机航拍与植保等活动，将志愿服务纳入学分管理，推动“到梦空间”“志愿北疆”等信息化平台在学生中全覆盖。完善社会实践活动，打造“三下乡”“返家乡”“智慧助老”等社会实践育人品牌，探索实施“探七彩乡村振兴路”体悟模式实践，引导学生深入农村牧区，深刻领会党的富民政策。以“三节三月”为依托，开展文体竞技活动，组织“阳光常跑”、专项体育比赛、课外学术科技作品竞赛等活动，教育学生走下网络、走出宿舍、走进操场。

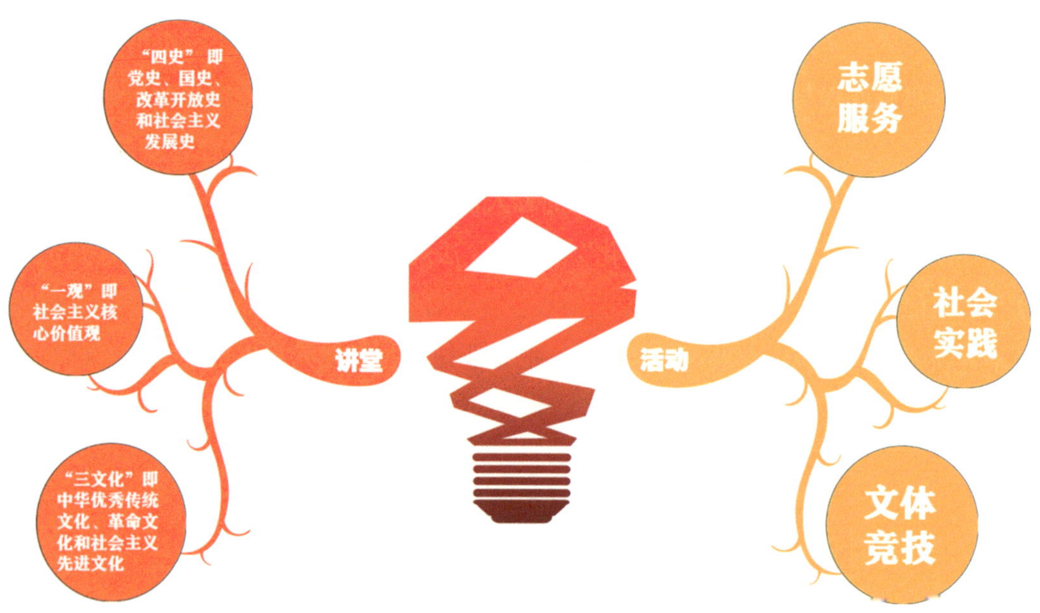

图3　多维立体的课下育人模式

（三）线上线下，打造“同场域”育人新局面

（1）丰富线上资源、占领阵地为“育人”助力护航。利用“一微一网三栏四平台”，打造“互联网+主题教育”“互联网+知识竞赛”“互联网+生活指南”“互联网+校

园游览”线上育人资源（见图4），充分发挥校园网络文化“培根铸魂、启智润心”的积极作用，为“育人”助力护航。依托“互联网+主题教育”开展线上红色文化宣传教育活动、追寻革命先辈足迹活动、“时代楷模”、心理健康教育等系列活动，在多样的红色基因传承中，让革命精神散发出新的时代光芒；依托“互联网+知识竞赛”开展“四史”“铸牢中华民族共同体意识”“意识形态专题”等知识竞赛、演讲，做好筑牢国家统一、民族团结、社会稳定等育魂工作；依托“互联网+生活指南”在“抖音”“易班”“职教云”“习讯云”等平台以线上直播、短视频、网络课程等形式开展形式多样的网络活动，占领网络这个战略“新阵地”、创新宣传思想工作“新话语”、运用宣传思想工作“新方法”；依托“互联网+校园游览”开展云赏校园、网络校园开放日直播等活动，展示丰富多彩的校园文化生活与专业建设情况，使网络育人工作对青年学生产生持久而深入的吸引力、影响力，从而营造校园网络文化育人的良好氛围，提升文化育人实效。

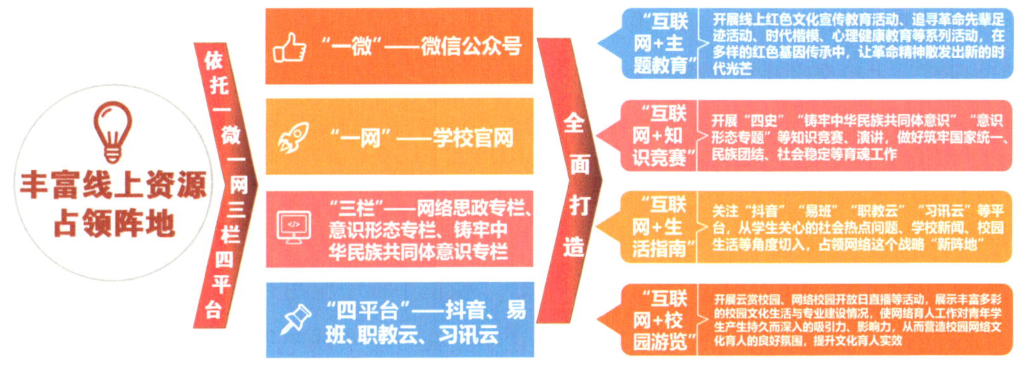

图4 线上育人资源

（2）丰富线下活动，优化环境为“育人”提格增色。“造廊+建馆+修园+设场”，优化校园文化环境为育人培根铸魂。造廊壮志，在教学区建设“专业建设”长廊和习近平“金句”长廊，帮助学生树立智造强国，成才报国志向；建馆明史，修缮校史馆，打造新生入学教育和思想政治教育的重要场所；建成内电信院无线电博物馆，生动讲述我国无线电发展的历史，培养学生精益求精、追求卓越的品质；修园铸魂，在实训楼前修建“IT文化公园”和“青植园”，将劳动教育有机融入人才培养方案，将服务性劳动与弘扬技能有机结合，构建尊重知识、尊重劳动、尊重技术、尊重创造、尊重学生的精神文化；设场匠心，打造红色文化广场，成为行走的“红色课堂”，持续探索内蒙古革命文化、工业文化、产业精神与高职校园文化的最佳契合点，突出家国情怀和职业精神养成，传承和弘扬工匠精神（见图5）。

图5　线下育人环境

（四）校内校外，构建“沉浸式”育人新生态

（1）整合校内资源，促进学生成长。发挥“名师工作室”示范引领作用。建成2个自治区级思想政治工作名师工作室和1个职工创新工作室。以工作室为载体，开展理论研究，主持全区高校思想政治工作精品项目和教育科学规划课题；创新实践做法，开设“润心大讲堂”，推出系列心理微课作品；培养优秀团队，承担辅导员班主任国培项目，培育优秀思想政治育人工作团队；打造工作品牌，把工作室建成辅导员班主任风采展示的窗口和创新育人理念的前沿阵地。创新“工匠工坊”人才培养模式。建成“大数据分析应用开发”“云计算运维与开发”“微信小程序应用开发”等3个专业工匠工坊，推动“五对接”，实现“三融合”，让学生在劳动实践中巩固专业思想、砥砺敬业精神、磨砺坚强意志，培养高素质技术技能人才。提升实习实训基地实践育人功能。依托“无人机产业学院”“大数据人工智能实训基地”等98个校内实习实训基地，实施“生师融一、教服融合、书证融通”三贯通工程（见图6）。

（2）依托校外平台，提升育人成效。推动“校政企”三方平台协作育人。设立和林格尔新区分校办事处，依托和林新区微软功夫国际孵化基地、科大讯飞人工智能实训基地与华为ICT学院，融入“创业者”育人思路，实施“小班化”专业实践教学，开展创新创业全方位合作，引导学生以创业者的姿态步入社会。推动“园区型”校企深度合作育人。依托一区（和林格尔新校区）三园（金桥电子商务产业园、新城区创新创业产业园、五原县电子商务产业区），与内蒙古TCL公司、内蒙古创维公司、百世物流科技（中国）有限公司共建校外实训基地和新工科ICT人才培养基地，实施“一专一名企、一生一专项”产教融合实践模式，文化互融，建立和完善“知行”文化特

图6 校内育人阵地

色鲜明的专业课程体系，实现教学过程与生产过程对接、专业课程内容与职业标准对接，形成跨界互动、协同育人格局。信息赋能，增强信息技术对人才培养和文化建设的支撑力、推动力和引领力，建设善教乐学之家、产教融合之园（见图7）。

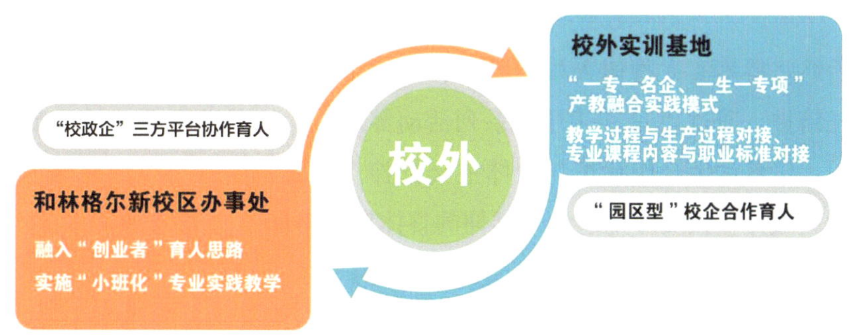

图7 校外育人平台

二、特色创新

（一）三线一网，多头联动

建立党委统一领导，宣传部牵头抓总，马克思主义教学部、教务处、学生工作处、团委和二级学院通力协作，家庭、企业等多元参与的育人协作联动机制，以及由辅导员班主任工作线、教师工作线、学生服务工作线、学生干部工作网组成的学生教育管理服务“3+1”工作线。

（二）六维同育，多措并举

构建课上课下、线上线下、校内校外、六维、同育的“三全育人”格局。通过课上课下协同，打通一二课堂，细化学生分类培养，让学生“学起来”；通过线上线下联动，抢占思政阵地，营造良好学习氛围，让学生“动起来”；通过校内校外协作，整合各方资源，促进学生成长成才，让学生“牛起来”。

（三）用活资源，场馆育人

建成集党史学习教育、校园文化熏陶、专业文化学习、社会文化传承四大功能于一身的内蒙古唯一一家无线电博物馆。通过馆藏展品，将党的光辉历史、艰苦奋斗和无私奉献的电子精神、电子信息类专业建设史、无线电技术发展史展示得栩栩如生，在历史的传承与讲述中发挥育人功能。

三、育人成效

（一）德育为先，促进学生成长

学校始终坚持落实立德树人根本任务，坚持工学结合、德技并修，大力弘扬劳模精神、工匠精神，通过“三节三月”系列活动等形式，培养学生良好的政治理论素养和道德情操，培养学生合作意识与集体主义精神。形成了以思想政治教育为重点、校园文化活动为载体、人文环境建设为延伸的整体育人格局。

（二）培养卓越，激发创新潜力

学校以培养卓越工程师人才为目标，着力培养高素质人才。现有创新发展行动计划国家级骨干专业 3 个，央财支持建设专业 1 个，悉尼协议范式建设专业 4 个，自治区级品牌专业 10 个，累计培养毕业生近 7 万人，完成社会培训人员近 3 万人，职业技能鉴定人员近 2.5 万人。

（三）协同育人，实现双赢局面

学校搭建校企共育人才培养平台，学生累计荣获国家级竞赛奖励近百项。获得国赛一等奖 5 项，二等奖 21 项，三等奖 35 项；自治区赛一等奖 45 项，二等奖 61 项，三等奖 89 项。

（执笔人：刘建英　郑凤　施柏铨）

“五轮递进、五权协同” 推动学校从能治到善治

江西外语外贸职业学院

学校坚持党委领导下的校长负责制，探索出建章立制、综合改革、内控管理、多元共治、智慧治理“五轮递进”的善治路径，推动形成决策权、行政权、学术权、民主权、监督权“五权协同”的治理模式，建构“党委领导、校长负责、专家治学、民主管理、企业参与、社会监督”的治理结构，大力推进学校治理体系和治理能力现代化。

一、主要做法

（一）建章立制促规范

完善以章程为核心的制度体系建设，规范执行党委领导下的校长负责制，全面开展“废、改、立”工作，构建起“章程—学校基本制度—部门规章制度—内部管理制度”4个层面的制度体系，形成以章程为统领，涵盖11个方面、185个制度的《学院制度汇编》，为学校规范管理提供坚实制度支撑。

（二）综合改革激活力

将综合改革作为推进学校治理现代化的关键举措，以教育评价改革为抓手，大力推进教师、学生等评价体制机制改革，改革职称评聘制度，修订《绩效工资实施方案》，大力激发干事创业活力。制定《学校校院二级管理实施办法》，从专业设置、教学运行等方面下放二级机构自主权，推动管理重心下移。2个案例入选江西省教育评价改革优秀案例（江西省唯一2次入选的高职院校），为高职院校改革提供示范。

（三）内控管理提质量

扎实推进内部质量保证体系建设，建成内部质量保证信息化平台，通过考核和奖惩激励，推进各项工作改革创新、内涵发展，凝练出“特色立校、质量强校、管理兴校”的特色质量文化，学校顺利通过省级内部质量保证体系诊改复核，2 篇教学诊改案例入选职教诊改典型案例，彰显学校质量管控成效。

（四）多元共治重协同

创新学校治理模式，探索政、行、企、校多主体育人，成立学校理事会，依托学校职教集团，有效将政府、行业企业资源引进到学校，深入推进现代学徒制、订单培养等模式，提升育人实效。发挥教代会、学代会、工会等监督作用，健全信息公开机制，保障师生参与学校管理，凝聚治理合力。

（五）智慧治理优服务

完善基础信息数据库系统及各类信息应用系统，建设统一的教学、科研、财务、人力资源等数据共享平台，打造学院高品质办学形象。建成“一站式”办事大厅，提升内部运转效率。“双高”建设以来，学校文件年均减少 25%，会议年均减少 34%，“一站式”办事大厅提供 100 余项服务事项，使用人数超过 98%，为师生提供便捷高效服务。

二、主要成效

（一）规章制度完备，治理体系促发展

通过制定并完善各项规章制度，优化调整机构设置，学校形成了系统完备、科学规范、运行有效的制度体系，办学治校水平大大提升。学校被评为国家优质专科高等职业院校、中国特色高水平专业群建设单位、全国创新创业典型经验高校。多次获评江西省文明校园、江西省平安校园、江西省直机关文明单位等荣誉。连续五年，中共江西外语外贸职业学院委员会获省商务厅先进基层党组织。2021 年，在武书连中国高职高专综合实力排行榜居江西省第 1 位；在广州日报数据和数字化研究院 2022 年全国高职高专院校 200 强排行榜中，学校居全国第 67 位、江西省第 3 位；在金平果 2022—2023 年中国高职高专院校竞争力排行榜中，学校居全国第 146 位、江西省第 4 位。

（二）多元协调育人，人才培养见实效

学校牵头成立江西国际商务职业教育集团以来，不断探索政、行、企、校多主体育人模式加强与成员单位的沟通交流，有效将政府、行业企业资源引入学校，在学生人才培养方案制定、课程教学内容改革、教材开发、师资队伍建设、学生实训实践以及就业创业等方面提供了丰富的资源，为人才培养奠定了坚实的基础。通过校企共建人才培养基地，共建创新创业孵化基地，深入推进现代学徒制，订单培养等模式，全面提升了学生的实践操作能力、创新创业能力、就业竞争能力以及综合能力，进一步拓宽了学生的成长成才渠道。近 4 年来，学校毕业生就业率均在 90%左右，用人单位对毕业生满意度均超 96%，毕业生月收入均在 4000 元以上。经过十年的探索与实践，集团成功入选国家示范性职业教育集团（联盟）立项建设单位，获批教育部第三批现代学徒制试点单位，并于 2021 年顺利通过验收。

（三）管理重心下移，内部运转显高效

学校在认真落实《学校校院二级管理实施办法》的基础上，积极推动学校智慧校园平台建设，借助信息化手段，充分激发和调动二级部门主动性和积极性，提升了学校管理服务水平，充分保障二级学院自主权，大大提升了学校行政管理效率，办学活力尽显。学校 2023 年入选教育部职业院校数字校园建设试点校建设单位以及全国职业教育信息化标杆校立项建设单位。

（四）优化治理环境，师资队伍结硕果

学校坚持正确的选人用人导向，大力选拔德才兼备、忠诚担当的优秀干部。近年来，不断优化师资队伍结构，面向社会招聘高层次人才 127 人，现有博士 31 人（含在读博士 13 人）。建立正向激励体系，修订《学院专业技术资格评审工作方案》，印发《学院第二轮专业技术岗位聘用工作方案》，完成了职称自主评审工作和第二轮专业技术岗位聘任工作，一大批教师专业技术职务或资格得以提升。修订《江西外语外贸职业学院绩效工资实施方案》，更好地发挥绩效工资的激励导向作用，充分激发广大教职工工作的积极性和创造性。师资队伍建设成效显著，获批全国教育系统先进集体（电子商务）1 个，国家职业教育教师教学创新团队 1 个，全国报关专业优秀教学团队 1 个，江西省首批职业院校教师教学创新团队 3 个，课程思政教学研究示范中心建设培育单位 1 个；建成江西省教育系统名师工作室 2 个，江西省职业院校校企合作“双师

型”名师工作室2个，江西省高校辅导员名师工作室1个；入选全国优秀教师1人，全国报关教学名师1人，全国报关中青年骨干教师1人，全国高校辅导员年度人物提名1人，全国技术能手1人，全省模范教师1人，全省高校十大“最美辅导员”1人，二级教授1人，江西省百千万人才工程人选1人，青年井冈学者1人，江西省“新时代学生心中的好老师”2人，百名优秀思想政治教师1人，江西省高校“最美辅导员”2人，江西省课程思政教学名师6人。

（执笔人：周少良　简悦）

“五链驱动”赋能新时代高职强校建设

烟台职业学院

职业教育高质量发展迎来前所未有的良好机遇，也承担起新的使命。如何答好“强国建设、职教何为”时代课题，烟台职业学院通过办学实践，明确了“五链驱动”的办学思路，构建起全链条改革发展新生态，不断赋能新时代高职强校建设。

一、延伸教育链，驱动提升办学层次

学校秉持职业教育“大有可为”的理念，抢抓国家职业教育改革和发展的重大历史机遇，荣获“国家示范性骨干高职院校”“国家优质高职院校”“中国特色高水平高职学校和专业建设计划项目单位”等荣誉称号，以雄厚的办学实力跻身国家高职院校前列。

（一）持续深耕专业建设

学校紧密对接山东省新旧动能转换国家战略和烟台市制造业强市战略，以模具设计与制造国家高水平专业群建设为引领，建成国家和省级重点专业 31 个，形成了以先进制造业和现代服务业为主要服务方向、涵盖区域主要产业和产业集群的科学合理的专业体系。

（二）不断深化教学改革

依托“双高计划”建设任务，学校深化教育教学改革，在质量工程项目建设上不断提级进位，技能大赛、“三教”改革、创新创业等方面共形成标志性成果 805 项，其中国家级成果 231 项、省级成果 574 项，以“优秀”等级通过中期绩效评价，构建起了高质量发展的新格局。

（三）着力提升办学层次

学校将“升格本科”纳入“十四五”发展规划，列入学校未来“六个走在前”目标的首位。当前，学校在巩固现有“3+2”对口贯通分段培养专业已有成效的基础上，对照《本科层次职业学校设置标准（试行）》要求，全力开展升本建设工作。硬件设施不断完善、师资水平大力提升、科研能力全面提高，夯实了开展升本工作的底气。

二、服务产业链，驱动推进产教融合

学校始终坚持与地方经济相融共生，念好产教“融”字诀，筑牢发展共同体。

（一）与园区共建，搭起高端“融”平台

坚决落实“一体两翼”职业教育改革举措，在充分发挥政府部门统筹、产业聚合、企业牵引、学校主体作用的基础上，发起成立了烟台黄渤海新区产教联合体、烟台市服务外包产教融合共同体。在这里，产业园区、职业学校、科研院所、行业企业互补互融、共生共长，有效地推动各类教育要素、产业要素和科技创新要素开放重组、融合汇聚，走出“政校行企研”协同、“城产教科创”融合的办学之路。

（二）与企业共赢，培育高端“融”项目

瞄准烟台市重点产业链“链主”和骨干企业，与中国化工行业标杆企业万华化学集团股份有限公司共建“万华产业学院”；依托中国工业互联网研究院，与腾讯云共建“烟台工业互联网产业学院”。与西门子股份公司、美国罗克韦尔自动化有限公司等国际知名跨国公司共建优质合作项目。一汽大众、烟台中集来福士海洋工程有限公司、烟台张裕集团有限公司等知名企业成为学校的紧密合作伙伴，学校被授予“山东省校企一体化合作办学示范校”称号。

（三）与项目共进，提升高端“融”成效

投资1.68亿元建成国家“十三五”产教融合工程实训基地，实现了“产学研创用”五位一体的发展目标。引进ABB等合作项目，被确定为全国工业机器人领域职业教育项目合作院校，凭借在该领域的突出贡献，学校入选中国高职院校“智能机器人专业群国际影响力”榜单及恰佩克奖“中国高校产教融合”榜单。通过推动学校专业与重点园区、重点企业、重点项目的全覆盖对接，毕业生区域主导产业就业比例达

到68.3%。

三、畅通人才链，驱动完善供给体系

学校坚持科学育人理念、厚植人文底蕴，将“为地方培养更多留得住、用得上的高素质技术技能人才”作为使命和责任。建校20多年来，从烟台职业学院走出了“全国技术能手”姚海锦、“中央企业技术能手”高林、中国科学院研究所工程师刘寒等技术行业领军人才和企业骨干，受到了用人单位的一致好评。

（一）坚持价值引领，思政育人有高度

浇花浇根，育人育心。学校积极构建“大思政”育人格局，通过建设思政“金课”、成立“数字马院”等方式，将家国情怀、社会责任、职业素养等思政元素融入日常教学，让思政育人变得更加温暖鲜活。同时，创新育人方式，推出一系列契合“00后”大学生特点、充满人文情怀的思政活动。具有代表性的是，学校通过舞台剧的艺术形式对《国家相册》微纪录片进行深度再创作。“舞台上的思政课”激发了师生的爱国情、强国志、报国行，入选山东省教育部门“致敬品牌·献礼二十大”品牌活动。

（二）坚持守正创新，文化育人有深度

以文化人，润物无声。学校有连续被评为15年“省级文明单位”、4年被评为“省级文明校园”的深厚基础，以争创“全国文明校园”为目标，积极繁荣校园文化。以主题活动、社会实践活动、聘任劳模担任思政导师为路径，通过社会主义先进文化引领、红色革命文化打底、中华优秀传统文化浸润、企业文化涵养，将中华优秀传统文化浸润校园的每个角落，形成“凝聚、规范、日新、自强、引领、责任、祥和”的“七星文化”校园文化品牌、“七彩假期”志愿服务品牌、“绿色校园”节能品牌等，建设充满活力的青春校园、书香校园、美丽校园、节约型校园。

（三）坚持主动靠前，服务育人有温度

学校认真落实就业“一把手”工程，领导班子成员定期开展“访企拓岗”行动，深入企业为学生“代言”，向企业“问需”；通过举办校企对接会等方式，加强与本地企业对话沟通，为大学生实现人生价值铺路搭桥，力争实现毕业生就业留烟率达到50%，成为支撑烟台市产业及经济社会发展的重要增长极。

四、深化创新链，驱动强化研发能力

学校按照“项目+平台+团队”一体化思路，在科技创新领域不断取得突破，以雄厚实力入选高职高专科研能力排行榜。

（一）建设高标准科研平台

通过成立烟职京航大学科技园、教育部门共建协同创新中心、山东省高等学校工程技术研发中心、校级研究所等，构建多维度、立体化的技术技能创新服务平台，集中开展技术攻关、横向研发与创新服务。其中，聚焦大健康领域建设的“基于食疗的慢性病防控服务平台”，获得烟台市校地融合发展专项资金支持，致力于改善大众健康，研发创新餐饮产品 58 个、保健功能食品 24 个，实现产值上亿元。

（二）组建高层次创新团队

大力实施人才强校战略，强化高层次人才“引、育、用、服”，加大博士引进力度，不断吸引具有影响力的优秀人才、领军人才、拔尖人才或团队到校就职。实施博士“领衔工程”，成立 13 个博士科研团队，将地方应用技术性研究作为主攻方向，创新成果的实用性不断提高。成立半岛智库，“全国优秀教师”“山东省教学名师”等一批优秀的教师齐聚于此，围绕绿色低碳、数字经济等领域，开展智库咨询、标准研制、项目策划等工作。

（三）产出高质量项目成果

依托科研平台和团队资源优势，主动融入企业的生产研发环节，以破解“卡脖子”技术问题为目标，开展科研攻关。由学校与企业共同研发的“一种锅炉烟气的除尘消白余热回收节能减排系统”，使 1 台 1000MW 锅炉的热泵系统每年可节约标准煤近 18 万吨，减排二氧化碳 45 万吨、二氧化硫 1500 吨。近年来，学校立项国家和省级重点课题 6 项，获得各项专利授权 500 余项，年均技术服务及科技成果转化额超过 1500 万元。

五、优化价值链，驱动做好社会服务

学校不断优化社会服务模式，变被动为主动、化等待为上门、改单一为多样，服务“菜单”内容日渐丰富，拥有国家、省、市级多项培训品牌，每年受益人数超过 10 万人。

（一）由泛到精，树立优质服务品牌

以提升质量作为开展培训工作的生命线，推动培训项目从有到优、从优到精。牵头组建烟台市服务外包职教集团，成为全国首批示范性职业教育集团培育单位。在山东省创建烟台工匠学院并组建烟台工匠孵化联盟，推动区域共享工匠资源、共办技能竞赛、共育工匠梯队。学校主动服务乡村振兴，入选“山东省乡村振兴示范性职业院校”。紧盯重点产业需求，通过工业机器人等 20 个培训项目，不断做大紧缺型技能人才“蓄水池”。

（二）由点到面，形成立体服务格局

探索构建起“校园小工匠、学校带头工匠、市级工匠、齐鲁工匠、大国工匠”的五级“金字塔式”工匠人才培育体系，覆盖所有系部、专业和师生，培养国家和省市级工匠、技师 29 名。根据“1+X”证书制度试点、现代学徒制、“金蓝领”、社区服务等不同项目确定培训内容，做到精准面向每个群体，推动“技能培训+学历提升”“社区教育+老年教育”一体化发展。

（三）由内到外，创新海外服务模式

学校主动服务共建“一带一路”倡议，与德国手工业行会合作，建成山东省“德国手工业行会培训考试认证基地”；成立“中巴国际学院”，为巴基斯坦培养电气自动化专业人才；组织教师赴尼泊尔开展技术工人培训等。随着学校国际办学“提档进位、扩容升级”工程的实施，中外合作机构、海外分校、“中文+职业”培训项目的不断增多，学校将以更加自信的姿态面向国际职业教育讲好中国故事，讲好“烟职故事”。

“笃志前行，虽远必达。”烟台职业学院将继续通过“五链驱动”赋能强校建设，积极探索本科层次职业教育，高质量完成国家“双高”建设任务，在深化现代职业教育体系建设改革的征程中，不断向更高水平、更高质量迈进。

（执笔人：陈新姿　刘世梅）

旗帜领航融合登高　党建赋能治理增效

郑州电力高等专科学校

郑州电力高等专科学校注重加强党对学校工作的全面领导，创新构建“一核三层四领五抓全融”党的全面领导工作体系（“一核”：坚持党总揽全局、协调各方的领导核心地位；“三层”：把握好党委领导下的校长负责制根本制度、立德树人根本任务、全面从严治党根本保证“三个层面”；“四领”：推进政治统领、思想提领、精神引领、文化导领“四个建设”；“五抓”：抓基础建制度、抓班子做表率、抓支部保落实、抓两头促中间、抓特色铸品牌；“全融”：将党的建设全面融入办学治校和人才培养全过程），由此形成了以高水平党建引领高质量发展的良好路径。郑州电力高等专科学校获批全国党建工作标杆院系（全国百强）2 个、全国党建工作样板支部 1 个，荣获河南省党建工作示范高校创建培育单位，获批 2 个省级党建工作标杆院系、4 个省级党建样板支部，河南省高校智慧党建工作试点单位，是央企办学中唯一获得全国党建工作标杆院系、样板支部的高等学校，为职业院校治理在强化党的领导、推进党建全融入人才培养工作等方面积累了典型经验。

一、具体做法

（一）紧扣“一核六过硬”，以坚强领导劲风领航

健全运行机制。完善民主决策机制，修订学校章程，完善党委会、校长办公会议事规则和“三重一大”决策事项清单。建立合法审核机制，在全省高校率先实行将重大决策事项全部纳入合法合规性审核，建立重大决策合法合规审核机制。坚持协调沟通机制，建立“领导班子一周一碰头、中心工作一事一研讨、党建专题一月一研究、学校发展一学期一务虚”的沟通机制，统筹党建与学校重点工作同部署。深化党建融合机制，修订党建与思想政治工作考核办法，将考核结果同绩效管理挂钩，实现党建

与业务工作同考核。

锤炼过硬队伍。坚持分类培养，打造“五强”中层领导人员队伍，选拔“五务”党员干部充实思政人员队伍，培养“五有”“双带头人”队伍。突出政治素质，“五察五重”考察干部情况，建立领导人员政治素质档案，建设“四优五过硬”干部队伍。注重墩苗历练成长，实施“中层领导人员履职能力提升行动”，选拔多名干部到教育部、教育厅、国网公司特高压建设项目及产教融合企业挂职挂岗锻炼。拓宽职业发展，创新领导职务、职员职级、专家人才三条并行互通的职业成长通道，构建人才梯队，建设“双师”队伍。

（二）深化“三进六协同”，以创新理论武装头脑

“大先生”正言正道。设立学“习”微书斋，创新理论教学体系，荣获河南省“建党 100 年”微党课比赛特等奖、省级课程思政教学研究示范中心，入选全国高职院校思想政治工作创新示范案例 50 强。

“六协同”聚力凝心。创新“五个一”学习模式，党委书记、校长上好党课、形势与政策课，党史学习教育成果先后 7 次被列入省教育厅、国网河南省电力公司《党史学习教育简报》。

（三）聚焦“四抓四引领”，以坚守阵地培根铸魂

政治引领落责任。建立意识形态工作分析研判制度，完善情况通报及协同处置机制，挂牌成立国网河南省电力公司思想政治工作研究中心，承接国资委、国家电网有限公司思政工作及管理创新研究项目。

思想引领抓教育。抓好“双防”工作，转化信教学生 58 人，做到教育转化“双清零”。荣获“百年党史知识竞赛”一等奖，河南省大学生宗教理论知识竞赛一等奖、优秀组织奖，入选河南省高校优秀学生工作品牌 2 项。

舆论引领善宣传。规范宣传报道，荣获河南省高校宣传工作示范单位、新媒体工作先进集体，官方微信获评河南省高职院校微信传播力五强。央视新闻频道、教育频道及《人民日报》《光明日报》《中国教育报》等多家主流媒体对学校进行了宣传报道。

价值引领润文化。凝练“三创一迁”、宛西办学和新时代“两越”匠心精神，入选全国高职院校工业文化研究及工匠精神传承经典案例，全省高校网络文化建设精品项目，获评河南省“文明校园”、国网河南省电力公司“文明单位（标兵）”、河南省“大美学工”十佳优秀学生工作先进单位。

（四）突出“三基四赋能”，以夯基充电蓄势前行

“三基建设”强堡垒。在基层组织建设上下功夫，选优配齐党支部书记，修订《党建与思想政治工作量化考核细则》，将党建考核结果按30%比重纳入年度综合绩效。在基层组织运行上下功夫，建立二级管理考核评价体系，完善学校党政联席会议事规则，建设教师党支部书记“双带头人”工作室。在基层管理规范上下功夫，实施“党员+”积分管理，建设“一室一栏一群”，规范“三本六盒一证”，立项河南省教育系统党建创新项目1项，入选河南省高校智慧党建工作试点单位，“两化一创”典型经验在全省高校组织部长会议上交流推广；成功获批全国党建工作标杆院系1个、全国党建工作样板支部1个、省级党建工作样板支部2个、国家电网有限公司电网先锋党支部1个。

“融合融入”添动能。党建项目牵引赋能，探索党建项目牵动引领机制，将党建工作以“项目揭榜制”“清单制”形式，组织党员认领任务，压实工作责任。党建工作诊改赋能，创新党建质量诊改工作，运用学校诊改工作管理系统和党建信息综合管理系统，构建党建工作“一体化”工作运行机制。党建联创协同赋能，各基层党支部先后与河南省教育厅职成教处党支部、郑州煤矿机械集团股份有限公司第二党支部等30余家企事业单位基层党组织结对共建，融创工作经验形成专报呈送省委领导，并获中国电力企业管理党建创新优秀实践论文。党建融合增值赋能，牵头组建能源动力与材料河南职业教育骨干集团、河南电力职业教育集团；服务“职教高地”，挂牌成立全国电力职业教育教学指导委员会秘书处办公室、河南省教育厅提质培优办公室；服务“技能河南”，5年来累计完成社会培训100万人·天、培训收入超3亿元，获评国家电网有限公司“职业教育和技能人才队伍建设先进集体”荣誉称号。

（五）强化“三带三提升”，以实干作风善作善成

“三带头”标杆示范。领导干部带头，实施卓越党建“十大工程”，获得河南省“脱贫攻坚社会扶贫先进个人”、河南省“防汛救灾优秀志愿服务工作者”。教师党员带领，在各级各项表彰奖励共产党员占比90%以上，2名教师荣获国家电网有限公司“优秀共产党员”、3名教师获得河南省“五一劳动奖章”。在郑州“7·20”特大暴雨灾害抢险中荣获省直“防汛救灾优秀志愿服务组织”。学生党员带动，在各类学生技能竞赛中获得国家级奖项18项，在创新创业竞赛中获得国家级奖项54项，2名学生党员获评“中国大学生自强之星”，1名学生党员入围“出彩河南人”，1名学生党员入选河南省首届“三好学生标兵”。学校荣获团中央全国大中专志愿者暑期“三下乡”社会

实践活动优秀单位。

“三提升”效应倍增。能力作风大提升，以“能力作风建设年”活动为契机，以四个清单为抓手，全面升级党员干部能力，服务师生水平明显增强。师德师风大提升，完善“六位一体”的师德建设长效机制，顺利完成河南省“三全育人”综合改革试点任务，获评河南省高校黄大年式教师团队。优良学风大提升，“八率”促学，创建学风建设“大数据”，加强典型选树宣传，开展“三抓一创”“三进一促”“三评一树”主题教育，引导学生从“要我学”变为“我要学”。

（六）构筑“五线六清风”，以自我革命“赶考”兼程

筑牢“五道防线”。划定责任“边线”，推行主体权责清单管理机制，建立党委主体责任清单、纪委监督责任清单、部门岗位廉政风险清单。强化思想“防线”，坚持教育为先、预防为主，发布廉洁提醒，上好廉政党课，用“身边事”教育“身边人”，教育覆盖面100%。严格制度“红线”，常态化开展“靠企吃企”“化公为私”等专项治理，堵住“四风”漏洞。严明纪律“底线”，开展内部巡察、工作督查，切实做到真管真严、敢管敢严、长管长严。严格问责“高线”，动真碰硬，综合运用监督执纪问责四种形态，始终保持利剑高悬、震慑常在。

维护“清风生态”。推进廉洁文化进校园，创建郑州市首批“零酒驾”示范单位。开展毕业生廉洁教育活动，《廉洁文化护航毕业生扬帆起航》在《人民日报》网络客户端发布，连续多年被国网河南省电力公司评定为党风廉政建设和纪委书记履职考核“双优秀”。

二、取得实效

（一）“清单化”明责履职，压实责任当好“领头羊”

郑州电力高等专科学校根据基层党建责任落实过程中遇到的问题类别、内容、表现形式，清晰标定党建工作的清单，使各级党组织和党员更加明确各自的工作重点和目标任务，促使各责任主体补短板、强弱项。近3年，明确党委权责清单69项、党总支督办清单274项、党支部问题销号清单700余项，党委统一领导、党建部门牵头协调，党支部组织落实、有关主体积极履责的工作格局逐渐形成，将基层党组织锻造成坚强战斗堡垒，各项事业均取得历史突破。历经5年的攻坚和沉淀，学校在全国1500余所高职院校中排名由456位提升至178位，实现了近300位的跃升，是全国所有电力

类职业院校排名最高的院校；生源质量连年提升，骨干专业录取分数线均在本科线以上，录取分数线在省内同类院校排名前三。5年来毕业生就业率均在98%以上，连续三年毕业生就业率保持全省第一。

（二）“项目化”权责分解，精耕细作管好“责任田”

郑州电力高等专科学校坚持业务发展“出题”，双带头人“领题”，党建工作“破题”。在全国党建工作标杆院系、全国党建工作样板支部的示范引领下，形成了比学赶超奋勇争先的良性氛围，运用一系列形式丰富、行之有效的载体，解决了各个责任主体“想抓不会抓”的问题，激活职工队伍能力提升的“一池春水”，有力推动了各项事业稳步向前。深入推进产教融合，助力国网河南省电力公司获批河南省产教融合型示范企业，支撑公司企业税收优惠政策落地，近2年为公司抵免各项附加费用达1.2亿元。作为河南电力公司技术技能培训基地，培训量达5万人·天，是河南省120多所职业院校中培训规模最大的职业院校，在河南职业教育领域成为举办职业教育的样板。

（三）“标杆化”党建打造，提质增效吹响“冲锋号”

郑州电力高等专科学校笃行党建与业务互促互进，把党建“软指标”转化为“硬任务”，围绕中心，服务大局，党的领导和党的建设不仅融入中心工作全过程，党支部的战斗堡垒作用和党员先锋模范作用也发挥在人才培养的各环节。创建了“电力丝路学院”品牌，先后在尼泊尔、巴基斯坦、蒙古建设“电力丝路学院”，成立电力丝路学院联盟，当选中非（南）职业教育合作联盟副理事长单位、全球工匠联盟（亚太区）常务理事单位、中国—东盟职业教育联合会框架体系中国—印度尼西亚职业教育产教联盟副理事长单位。服务“区域经济、技能河南”建设，学校牵头组建了河南电力职教集团和河南能源动力与材料职教集团（全省20个职业教育骨干集团之一），同时是国网公司承接的国家9大技能证书专业标准的制定者，开展职业技能等级评价，4000人获得中级工、高级工职业技能等级证书。开展教育部“1+X”证书认证考核，2258人获得中、高级证书，推动职业教育改革创新发展，助力技能河南建设。

（执笔人：李海勇）

“一核心两协同 三融合 六体系”“三全育人”模式构建与实践

河南工业职业技术学院

河南工业职业技术学院坚守为党育人、为国育才使命，聚焦立德树人根本任务，推进课程思政和思政课程同向同行，推动行业文化、职业文化、志愿文化融入人才培养全过程，持续加强“三全育人”保障体系建设，开展了富有职教特色的“三全育人”实践探索与创新，构建了“一核心、两协同、三融合、六体系”“三全育人”培养模式，书写了新时代职业教育立德树人的新答卷。

一、基本概况

河南工业职业技术学院成立于1973年，先后隶属于原国家第五机械工业部、兵器工业部、机械工业委员会、机械电子工业部、中国兵器工业总公司、河南省人民政府，现为省教育厅直属高职院校。建校50年来，学校始终坚持立足河南、面向全国、依托军工、服务社会，实现了从全国重点中专，到河南省示范性高等职业院校，再到国家骨干高职院校、教育部首批现代学徒制试点单位、国家优质专科高等职业院校、全国职业院校教学诊断与改进工作试点院校、“中国特色高水平高职学校和专业建设计划”建设单位的跨越式发展。学校荣获全国职业教育先进单位、全国就业先进单位、黄炎培职业教育优秀学校奖、国家技能人才培育突出贡献奖、全国职业院校实习管理50强、教学资源50强等荣誉，在高质量发展的新征程上取得了突出办学成绩。

二、主要做法

（一）聚焦立德树人，推进“大思政”工作体系建设

学校始终把立德树人作为根本任务，大力开展筑梦工程、立德工程、平安工程、修身工程、导航工程，形成体系健全、协同高效的思想政治工作体系。

（1）坚持政治引领，实施以理想信念教育为核心的筑梦工程。学校成立习近平新时代中国特色社会主义思想教师宣讲团，在学生中巡回宣讲 50 余次，发放宣传资料 1 万多份；开展主题教育座谈会、主题演讲、手抄报评比、书画大赛、朗诵大赛等活动，培养学生爱国主义情感，增强学生对中华民族伟大复兴的信心。

（2）强化价值引领，实施以社会主义核心价值观教育为主的立德工程。广泛开展学习《新时代爱国主义教育实施纲要》教育活动，推动社会主义核心价值观入脑入心，增强学生对中国特色社会主义道路自信、理论自信、制度自信、文化自信。

（3）打造和谐校园，实施以心理健康和安全教育为主的平安工程。开设大学生心理健康教育公共课，为学生及时提供心理咨询服务，开展心理微电影创作大赛、心理素质拓展、心理知识竞赛等系列活动，促进学生身心健康发展；开展反传销、反电信网络诈骗等教育活动，举办安全法制教育讲座，提高学生安全防范能力；开展“把灾难当教材　与祖国共成长”主题教育，强化生命教育，打造平安校园。

（4）健全服务体系，实施以日常行为养成教育为主的修身工程。持续开展以“学习文明礼仪，规范日常行为，争做文明学生”为主题，以“让文明成为一种习惯”为目标的文明行为教育活动，学生做到举止文明、课堂文明、宿舍文明、就餐文明等具体要求，文明修身，把学生培养成了讲文明、讲礼貌、懂礼仪的新时代大学生。

（5）培育创新精神，实施以学业、职业、就业、创业教育为主的导航工程。以大学生职业生涯规划与实践等课程为基础，对学生进行了学业、职业、就业、创业教育，培养学生良好的职业能力与素质。以岗位认知、职业认知、模拟招聘等大赛为抓手，帮助广大学生树立正确的学业观、职业观、就业观，切实提高了学生爱岗敬业、吃苦耐劳的职业素质和敢于创先的创业意识，为学生成长成才保驾护航。

（二）聚焦协同育人，推进课程思政与思政课程同向同行

学校聚焦“三全育人”的核心要素，全面推进课程思政和思政课程改革，推动课程思政与思政课程协同发力、同向同行，构建全方位协同育人机制。

（1）建好“主渠道”，持续加强思政课程建设。以教学内容为重点，及时将党的创新理论最新成果、国家的大政方针、社会热点等内容有机融入思政课堂教学中。例如，以开展党史学习教育为契机，召开了“‘四史’融入思想政治理论课教学”座谈会；党的二十大召开之后，组织教师进行多次集体培训和学习研讨，保证教学内容的及时更新。近年来，思政课教师围绕教育教学改革立项省级教改项目 15 项、校级教改项目 28 项。以练兵比武技能大赛为抓手，着力打造思政课“金课”，提升思政课教师教育

教学能力。组织教师参加河南省级教师教学能力比赛，获得一等奖1项、二等奖2项；参加全省高校思想政治理论课示范“金课”评选活动，荣获一等奖2项；参加河南省高校思政课“大比武”活动，获得特等奖1项、二等奖1项、三等奖1项。以“行走的思政课堂”为依托，探索提升实践教学质量，建设长征红二十五军独树战役纪念馆、唐河革命烈士纪念馆等一系列红色实践教育基地，开展“‘红色探访’追寻红色足迹”“‘红色课程’深化课程育人”等活动，凝练形成了具有可示范、可推广的先进经验，这些特色做法被人民网、光明网、学习强国平台等近20家媒体报道。

（2）疏通“微循环”，深入推进课程思政改革。学校聚合校内外各类育人资源，组建“专业教师+思政理论课教师+学生思想政治辅导员+班主任”“四位一体、跨域融合”的教学创新团队，打造育人共同体，实现育人主体、时间、空间三个维度的有效协同，让思政教育贯穿课上课下，实现课程教育与日常教育的有机衔接，形成育人合力。选聘优秀思政理论课教师、学生思想政治辅导员、班主任参与课程思政建设，明确课程负责人及课程共建人职责，定期开展有针对性的思政工作研讨和实践经验交流，积极推动课堂“主渠道”延伸覆盖到各班级，融入学生学习生活各方面。根据课程思政教学改革和育人成效，对优秀教学团队进行立项支持，优先安排团队教师到高校研修、考察、访问，调动教师在思想政治理论课和课程思政教学改革中的积极性，充分发挥团队在课程思政建设中的带头作用。进一步强化教师的育人意识和育人能力，确保课程思政建设落地落实、见功见效。

（3）实现“双进路”，推进课程思政与思政课程同向同行、协同发力。学校出台《关于加强课程思政建设工作的意见》《加强课程思政建设实施方案》要求，构建思想政治理论课、通识课程、专业课程和实践类课程四位一体的思政教育课程体系，结对指导其他学科专业教师深入挖掘专业课程内容中的思政元素，建立实施思政课教师与专业课教师多层次合作教学研究机制。学校2门课程被确定为国家级课程思政示范课程，16门课程被评为河南省首批职业教育与继续教育课程思政示范课程，学校课程思政教学研究中心被评为河南省首批职业教育与继续教育课程思政研究示范中心。

（三）聚焦文化融合，打造“三全育人”特色品牌

学校弘扬传承军工办学传统，结合职业教育类型特色，将军工文化、工匠文化、雷锋文化融入人才培养全过程，打造一批独具特色的品牌育人项目，形成了职业特色的“三全育人”工作新格局。

（1）与行业文化相融合，培养“忠毅、严细、精优”的军工精神。学校开设“军

工文化”必修课，举办军工系统先进事迹报告会、参观国防科工业成就图片展览，深入军工企业走访调研，军工精神价值体系已深深融入学生心中。“培育军工特色文化，打造军工育人品牌”被确定为“河南省高校校园文化特色品牌重点建设项目”，荣获教育部第八届校园文化优秀奖，学校被授予首批全国国防科技工业军工文化教育基地。

（2）与工匠文化相融合，锻造德技并修的工匠精神。组织大国工匠进校园、劳模进校园等系列宣讲活动，组织学生参加各类职业技能大赛，并以技能大赛为载体，培育学生工匠精神，使其渗透于教育教学各环节。2019—2021 年学生参加全国职业院校技能大赛获奖数量位居全国第 11、河南省第一，2022 年获奖数量位居全国第七、河南省第一，以赛促教、以赛促学成绩显著。

（3）与志愿文化相融合，培育新时代雷锋精神。学校成立“邓州编外雷锋团河南工院大学生雷锋营”，与邓州编外雷锋团共建了大学生雷锋精神教育基地，号召学生加入学雷锋志愿服务行列，自觉践行雷锋精神和志愿精神。在新冠肺炎疫情防控期间，学校 200 余名学生主动参与到所在村镇、社区的疫情防控志愿服务工作，受到社区和政府好评。学校大学生雷锋营荣获共青团河南省委“绿风尚青年环保先锋”称号、共青团南阳市委第二届“南阳青年五四奖章集体”，学校被评为“学雷锋标兵单位”。

（四）聚焦机制创新，形成“三全育人”六大保障体系

学校坚持以生为本的理念，建立健全思想引领、实践成长、服务管理、疏导帮扶、质量保证、考核评价等六大体系，完善“三全育人”保障机制，不断提升育人成效。

（1）加强教育引导，建立思想引领体系。学校坚持把习近平新时代中国特色社会主义思想融入“三全育人”全过程，推动习近平新时代中国特色社会主义思想进教材、进课堂、进头脑，加强理想信念教育、爱国主义教育和社会主义核心价值观教育，开展学习“四史”主题教育及“讲个故事给党听”“青春寄语党”“重走长征路”等系列主题教育，让校园主旋律更加响亮，正能量不断集聚。大力弘扬军工精神、工匠精神和雷锋精神，开展先进典型选树和宣传活动推介，发挥先进模范引领带动作用。学校以“文明校园”建设为抓手，常态化开展“六个文明”创建活动，做好校园文明行为养成教育，促进学生文明素质全面提升。

（2）强化德技并修，构建实践成长体系。学校建立国家、省、校三级职业技能竞赛体系，通过全员参与、以岗定课、因材施教，创建一条融合“岗位需求、课程体系、技能竞赛、证书考试”于一体的技能人才培养模式。2022 年全国职业院校技能大赛，获得一等奖 3 项、二等奖 4 项、三等奖 4 项，获奖数量位居全省第一。学校积极开展暑

期“三下乡”社会实践、“返家乡”志愿服务、“第二课堂”社团实践等活动，全面提升学生的综合素质和社会服务能力。学校依托大学生创新工作站、创新创业中心等实训基地，举办“SYB”创业培训班、大学生创业训练营等活动，组织学生参与创新创业、挑战杯、发明杯等大赛，提高学生创新创业的能力。2019 年，学校大学生创新创业中心成功入选第六批河南省大学生创新创业实践示范基地。

（3）坚持以人为本，健全服务管理体系。学校建立“一站式”学生事务服务中心，围绕学生的学习生活、教育管理、素质拓展、权益维护等各种需求，提供了便捷、优质的“一站式”综合事务服务。学校成立宿管中心，通过提供人性化宿舍管理，不断改善公寓住宿环境，定期开展“文明宿舍”创建活动，为全校学生营造了整洁、安全、文明、和谐的生活氛围。2019 年度获得河南省高等学校标准化示范学生公寓荣誉称号。学校重视校园文化建设，举办社会主义核心价值观宣讲会、青春校园舞蹈大赛、学生书画摄影大赛等系列校园文化活动，组织开展健身操、八段锦、篮球赛等“悦动青春 逐梦工院”等系列文体活动，不断促进大学生思想升华、境界提升、体质增强、健康成长。

（4）突出扶危济困，搭建疏导帮扶体系。构建学校、院（系）、班级三级大学生心理健康教育工作体系，创新开展心理咨询辅导，每年为学生提供心理咨询服务 1200 余人次，新冠疫情期间编制《新冠肺炎心理指导手册》，发布心理防护科普知识 20 余篇，成功为 60 余人次提供了心理援助服务。同时，学校利用微信、微博主动宣传国家资助政策 40 余次，及时为 3451 名学生发放国家助学金 569.415 万元，对家庭经济困难学生给予临时性资助。举办诚信校园行资助知识大赛，开展冬季送温暖活动，落实毕业生求职补贴，印发了致扶贫学生“一封信”，对身体残疾、心理问题、学业困难等学生进行了一对一精准帮扶。2021 年荣获河南省大学生“诚信校园行”资助知识大赛二等奖。

（5）强化数字赋能，完善质量保证体系。学校作为全国高等职业院校教学工作诊断与改进首批试点院校，充分利用智慧校园平台，分别从思想道德素质、科学文化素质、身心健康素质、职业技能及创新创业能力 5 个维度，以及课堂活动参与率、到课率等 53 个指标，对学生的发展进行全面监测。同时，实施平台数据实时更新、预警，实现学生随时了解自我成长现状，并进行自我管理、自我改进。通过构建学生质量保证体系，促进了学生人才培养质量不断提升。

（6）树立正确导向，健全考核评价体系。学校坚持贯通第一课堂与第二课堂，把指导学生课外学习、竞赛展演、社会实践、心理辅导等第二课堂育人工作实效，作为强化教书育人贡献考察的重要导向。突出育人在教师专业技术职称评价中的地位，激发教师积极参与“三全育人”的创建，完善教师评价机制。学校将教材建设、精品课程建设等纳入教学评价体系，将学生的思想成长、知识获得和能力提升作为评价教学质量的关键要素，深化教学评价机制改革。将“三全育人”的要求和成效融入专业评价体系，优化思政专业评价的指标设计、制度安排和结果运用，完善专业评价机制。

三、治理成效

学校通过构建“一二三六”育人模式，开创了“三全育人”新格局，人才培养质量不断提升，“三全育人”品牌培育成效显著，社会影响力和美誉度持续增强，为学校高质量发展打下了坚实的基础。

（一）人才培养质量不断提升

通过构建“三全育人”工作体系，学校人才培养质量不断提升，取得了优异的成绩。学校立项建设 11 门国家级精品在线开放课，数量位居全国首位，荣获河南省高等教育教学成果奖 12 项，其中特等奖 1 项、一等奖 5 项。学生在全国职业院校技能大赛中荣获一等奖 3 项、二等奖 4 项、三等奖 5 项，位居全国第七、全省第一；学生在第八届“互联网+”大学生创新创业大赛获银奖 2 项、省级奖项 33 项。其中 2 个工作室入选全国高校优秀辅导员工作室建设典型案例，1 名同学荣获共青团中央“全国大学生自强之星”，1 名同学荣获河南省最美大学生优秀奖。

（二）“三全育人”品牌培育成效显著

通过构建“三全育人”工作体系，推进思政课程和课程思政同向同行，以思政品牌为抓手，将社会主义核心价值观贯穿于人才培养全过程，取得了良好的效果。学校成功申报第三批全国高校“一站式”学生社区综合管理模式建设试点单位，入选教育部职业院校推进“三全育人”工作学校典型案例。“红色军工文化铸魂育人工程”入选教育部高校思想政治工作精品项目；“军工文化”荣获教育部 2021 年职业院校校园文化建设“一校一品”学校称号；“红色记忆工作坊”入选河南省高等学校思想政治工作优秀品牌；学校荣获 2022 年河南省“大美学工”十佳优秀学生工作先进单位、2021 年河南省“大美学工”十佳优秀学生工作品牌。学校 6 支社会实践团队受到团中央表彰，荣获全国“三下乡”社会实践优秀单位。

（三）学校影响力显著增强

通过构建“三全育人”工作体系，学校在“第七届黄炎培职业教育奖”评选中荣获“优秀学校”，摘取了职业教育领域的最高桂冠；连续两年在《中国职业教育质量年度报告》中荣获“高职院校资源建设优势学校”“高职院校服务贡献典型学校”“高职院校学生发展指数100所优秀院校”“高职院校教师发展指数100所优秀院校”。2023年金平果中国高职高专院校综合竞争力排行榜位居全国第44名。

面对新时代的机遇和挑战，河南工业职业技术学院将坚持为党育人、为国育人的初心使命，守正创新，勇毅前行，持续深化“三全育人”改革，不断提升学校现代治理体系和治理能力现代化水平，为书写中国式现代化的崭新篇章贡献职教力量。

（执笔人：马小兵　郭闯　李小硕）

坚持高质量特色发展　勇担现代职教改革新使命

武汉软件工程职业学院

2023年是贯彻党的二十大精神的开局之年，是实施“十四五”规划承上启下的关键一年。学校深入学习贯彻党的二十大精神，扎实开展学习贯彻习近平新时代中国特色社会主义思想主题教育，落实国家职业教育改革政策，坚持特色发展，勇担职教使命，努力实现高水平高质量跨越式发展，为加快建设教育强国贡献武软力量。

一、基本概况

武汉软件工程职业学院是由武汉市人民政府主办，面向全国招生的全日制综合性高职院校，与武汉开放大学、武汉社区教育指导中心实行“一套人马、三块牌子”的管理模式。学校办学历史最早可以追溯到1951年，发展高职教育已有20余年。学校地处武汉光谷，占地面积近千亩，现有教职工1093人，全日制在校生近17000人。武汉软件工程职业学院是国家骨干（示范）高职院校、全国优质专科高职院校、全国示范性软件职业技术学院，是湖北省“双高校立项建设单位”（A档），办学水平和人才培养质量在全省高职领域名列前茅。

学校立足光谷，服务湖北武汉，围绕立德树人根本任务，坚持产教融合、校企合作，培养面向企业、面向基层，实践能力强，具有创新精神和社会责任感的高素质技术技能人才。学校始终坚持以服务区域经济发展为己任，在武汉加快构建现代职业教育体系，建设职业教育强市进程中贡献中坚力量。近年来，全校上下牢记教育使命，对标提质培优行动计划，聚焦“双高”计划，高扬干事激情，不断开创学校改革发展新局面，实现高水平高质量跨越式发展，办学水平和综合实力位居省内高职院校前列，跻身全国高职院校第一方阵。

二、主要做法

（一）党建引领，全面落实立德树人根本任务

1. 以高质量党建统领高质量发展

学校党委加强党的政治建设，坚持社会主义办学方向，全面贯彻党的教育方针，落实立德树人根本任务，教育引导师生深刻领悟“两个确立”的决定性意义，进一步增强“四个意识”、坚定“四个自信”、做到“两个维护”。履行全面从严治党主体责任，确保党委履行好“把方向、管大局、作决策、抓班子、保落实”的领导职责，将党的领导贯穿于深化改革、人才培养、社会服务等各方面。

2. 落实立德树人根本任务

加强基层党建和思想政治体制机制创新，获批教育部“一站式”学生社区自主试点 A 类高校，走在全省高校前列。建成 9 个“一站式”学生社区育人服务中心、9 个育人服务点，覆盖全校 18 栋宿舍楼，辐射 3909 间学生宿舍。

建成红色教育基地、社会实践基地 24 个，成立 10 个名班主任工作室。举办校园开放日、“秀湖之约”等活动。成立课程思政教学研究中心，开展课程思政工作坊，建成 30 门课程思政示范课，其中 2 门被评为省级示范课。建设数智美育中心，开设“非遗传承”等选修课；开展高雅艺术进校园活动；承办市第十一届运动会羽毛球比赛、少数民族运动会；承办全省青年职业技能大赛，4 名学子获“全国青年岗位能手”称号。

（二）提质培优，推进职业教育高质量发展

1. 对接产业，打造高水平专业群

以省级高水平专业群为引领，构建学校“3+3+3”专业群发展格局，推进“一群、一库、一院、多平台”建设，促进专业群建设与产业协同发展。软件技术专业群、工业机器人技术专业群新建工程实践中心 6 个，建成大数据培训基地 1 个，建设名师工作室 1 个。“大数据技术”国家级教学资源库通过教育部验收，1 个案例入选教育部产教融合典型案例，1 个专业入围工信部产教融合建设试点，2 个专业群核心专业为首批对接服务湖北现代产业集群发展重点专业，4 个专业为市属高校重点发展专业。

2. 产教融合，构筑校企命运共同体

建立省级职教集团 7 个、特色产业学院 6 个，完成鲲鹏产业学院、烽火产业学院、华中数控产业学院、数字工匠产业学院二期建设。优化 5 个协同创新中心运行机制。

近年来，对接“光芯屏端网”万亿产业体系，共建77个校外实训基地。产教融合经验入选教育部“2021年产教融合校企合作典型案例”。与新华三、华为等头部企业合作开展职工基本素质和能力提升培训73项，服务33848人次；共建教师企业实践流动站30个，提供岗位69个。

3. 多措并举，建强高质量师资队伍

学校实施人才强校战略，坚持引培结合、德能并重、梯次发展，着力打造数量充足、结构合理、素质优良的“四有”好教师队伍。建立健全专业技术职务评聘办法、突出贡献奖奖励、绩效工资分配、各类岗位绩效考核等办法，形成多劳多得、优绩优酬的绩效分配模式。优化晋升通道，在编外合同聘用制人员中首次试行职员职级制度，畅通其发展通道，营造良好发展环境。

4. 创新驱动，服务区域经济社会发展

开展各类非学历教育培训服务近30万人次。打造技术技能创新服务平台11个；培育校级以上科技创新团队13个，市级以上课题立项17项；服务中小微企业102家，帮助企业取得经济效益701万元。服务全民终身学习。学历继续教育招生22366人；开展“幸福生活大讲堂”89讲，直接受众30849人次；实施新洲区“农村村级班子培养工程”；在来凤县开办乡村振兴培训班；在武昌区南湖分校开展国家级社区教育基地建设。

（三）深化改革，着力提升学校治理现代化水平

1. 全面深化教育教学改革

构建“数字素养+专业知识+专业技能+创新能力”岗课赛证课程体系。建设高水平课程193门；开发出版新形态教材54本，立项72本，入选首批“十四五”职业教育国家规划教材7本；智慧职教平台上线专业群课程资源库8个，开设课程总数2233门，师生注册人数位列湖北省前列。获批36个“X证书”试点，建有44个考核站点，覆盖45个专业。参与制定5个“1+X”证书标准，制定“1+X”证书学习成果转换办法。学生获省级以上技能竞赛奖1035项，成绩位居全省前列。立项课堂革命教学改革项目30个，评选优秀教学案例14个；实施模块化教学改革，立项教改项目32项；9个专创融合项目通过验收。

2. 加强治理体系和治理能力建设

以章程为核心，提升学校治理能力和体系建设。启动新一轮制度的“废、改、立”。召开教代会、学代会；修订学术委员会章程；调整内设机构，推进二级单位管理

改革。成立质量保证委员会，完善 11 个质量标准及操作手册。实行校、院两级教学督导管理，优化学生信息员工作，形成质量改进闭环。公开发布高等职业教育质量年报和毕业生就业质量年报，接受社会监督。

3. 加快推进职业教育数字化

学校制定完善的数字化转型规划和路线图，明确转型目标、任务和时间表，校本数据中心、云计算中心、数据共享交换中心等不断迭代升级，完善“数字武软”的时代内涵。

近年来，学校依托国家数字化学习资源中心武汉研发基地的资源优势，大力进行课程对接产业升级的数字化改造及配套教材建设，连续 7 年被评为国家数字化学习资源中心优秀分中心；学校承建的武汉终身学习网注册用户数超过 20 万，共有课程资源超万门，为社会提供了优质数字化教育资源。完成《学校“十四五”信息化专项规划》《提质培优信息化行动计划》，加强校园主干网改造及 F5G 全光网建设；完成校本数据中心、“一站式”服务大厅等支撑平台一期建设；实施智慧教室建设；推进在线学习、在线实训、在线竞赛，完善数字化学习系统。

4. 提升对外合作水平，赋能职教出海

服务共建“一带一路”倡议，不断深化务实合作。2022 届毕业生赴俄罗斯弗拉基米尔国立大学留学 39 人；启动中德先进职业教育合作项目，招收学生 31 名，完成中德师资培训 28 人次；与芬兰萨塔昆塔应用科技大学合作建设“人工智能实验室”。分别与泰国素可泰职业学院、格乐大学签约，并被授予“中文+职业技能”项目示范校称号；海外分院“中文+大数据”培训顺利开班。与烽火通信共建“武软烽火学院海外培训中心（印度尼西亚）”；举办“乍得电信通讯发展研修班”；与意大利知名企业筹建柯马学院。

5. 聚力提高人才培养质量

对接产业行业职业岗位需求，构建开放互通育训结合、双元育人工学结合、四链融通专创融合的人才培养格局。学校文理科招生录取分数线连续五年稳居全省前三，总体招生计划规模、计划完成率、报到率均居全省同类院校前列。在 2018—2022 年全国普通高校大学生竞赛（高职）榜单中，学校位列全国第七、湖北省第一。

三、治理成效

（一）办学提升，教学质量提升

积极对接湖北“51020”现代产业集群，紧密对接武汉“965”现代产业体系，重

点围绕“光芯屏端网”新一代信息技术、高端装备、商贸物流、数字创意等产业板块布局，专业与产业契合度高，适应性强。

学校汇聚资源培养职教名师、大城工匠，为产业发展提供人才支撑。教师获省市级教学成果奖 11 项，在市级以上竞赛中获奖百余项；全国道德模范董明再获全国自强模范殊荣，王勇获“全国技术能手”，2 名教师连获市五项技能竞赛状元，仅武汉市智能制造公共实训平台培养出 26 名省级技术能手。

（二）服务社会，育人成效凸显

提供优质人才服务。2023 届毕业生毕业去向落实率 97.59%，升学率为 37.04%、居湖北省高职院校首位。毕业生中涌现出感动中国年度人物、“时代楷模”汪勇，参与上海技物所“天问一号”火星试验队的万文智，入职中国工程物理研究院的程龙等一批优秀人才。

提供优质技术服务。学校地处光谷腹地，毗邻“国之重器一条街”，对接“光芯屏端网”万亿产业体系，共建 77 个校外实训基地。着力构建“四方联动、三级响应、双主体融合”育人模式，牵头成立“武汉 · 中国光谷”产教联合体，构建产教融合命运共同体。

提供优质社会服务。形成四级社区教育办学网络，广泛开展各类社会培训，年服务逾 400 万人次，市民培训覆盖率达 50%；高质量承接国培项目，获省教育厅好评；承办全国职业院校技能大赛、“湖北工匠杯”等多个赛事，多次获评优秀。

（三）特色鲜明，社会影响显著

1. 服务光谷，“数字工匠”成为学校人才培养显性标签

以“数字工匠”作为学校人才培养显性标签，践行“专数融合、区校联动、四创结合”创新型数字工匠培养模式，构建“标准构建+路径提供+能力培养+创新引领”创新型数字工匠培养产教协作网络，首创“专创+课创+科创+赛创”结合新模式。《长江日报》以《武软工院产教融合锻造大国工匠》《武软十年，为产业前沿输出五万数字工匠》等为题，整版报道学校数字工匠培养经验，引起社会强烈反响。

2. 职教出海，响应共建“一带一路”倡议，担当职教新使命

依托产业学院在新一代信息通信领域的专业优势，积极响应共建“一带一路”倡议，向印度尼西亚、乍得等国家提供 5G 新技术培训，输出通信技能与技术标准，为职业教育的国际化发展、职业教育服务“一带一路”共建国家建设添砖加瓦。

3. 职教助农，数字援疆，谱写职教服务新篇章

对口帮扶廖家坝村和刘湾村，通过电商赋能乡村振兴。援建培训教室，培训村民电商操作技能，打造“凤凰（刘湾）在线”，采用数字人直播新形式，实现农产品销售额 33 万余元。援助新疆博尔塔纳职业学院建成实训基地，4000 余名师生接受学校专业训练，学校学生连续获得自治区职业技能大赛一等奖，谱写职教服务新篇章。

（执笔人：张进　吴思曼）

“四强化”促“四推动”实现党建与业务工作高质量融合

顺德职业技术学院

坚持和加强党对职业院校工作的全面领导，是新时代中国高等职业教育高质量发展的有力保障和成功经验。党的十八大以来，以习近平同志为核心的党中央高度重视高校党的建设和思想政治工作，立足新时代新征程，顺德职业技术学院党委加强党对学校工作的全面领导，进一步提高党委“把方向、管大局、做决策、抓班子、带队伍、保落实”的能力，把党的全面领导体现在办学治校各领域、教育教学各环节、人才培养各方面，党建引领成效凸显、组织战斗力充分发挥、立德树人硕果累累、安全发展平稳运行。

一、基本概况

顺德职业技术学院成立于1999年，坐落于粤港澳大湾区腹地、制造业重镇佛山顺德。学校先后以“优秀”成绩通过教育部人才培养工作水平评估，被确定为国家重点培育高等职业院校立项建设单位、首批“国家示范性高等职业院校建设计划”骨干高职院校建设单位；中国特色高水平高职学校和专业建设计划B档建设单位。近年来，学校全面贯彻落实党的教育方针，强化政治建设、组织建设、立德树人、纪律建设，推动引领有行动、队伍发展有支撑、思政育人有抓手、警示监督有成效，推动学校事业高发展画出了一条全面攀升的奋进之线。

二、主要做法

（一）强化政治建设，推动政治引领有方向

1. 坚持抓好制度建设，强化政治统领

学校修订《顺德职业技术学院党委理论学习中心组学习制度》《党委中心组理论学

习计划》等规范性文件，严格贯彻落实“第一议题”制度，党委年均开展专题学习五十余次。党委印发《关于确定每周三下午为基层党建和政治理论学习专门时间的通知》，将每周三下午作为固定的基层党建和政治理论学习时间，做到“四个保证”，即保证学习时间、保证学习内容、保证参加人员、保证学习效果。

2. 坚持意识形态工作责任制，强化政治安全

学校制定《政治安全意识形态安全专项工作方案》，签署《安全责任书》，强化“一岗双责”。加强意识形态阵地建设，加强“两微一端”、校报等各类媒体、社科论坛、课堂教学、教材使用、外教管理等阵地的管控，建好、管好、用好校内各类宣传思想阵地。每季度召开政治安全与意识形态安全工作会议，做好舆情研判和工作部署，定期分析研判意识形态领域情况，及时分析倾向性、苗头性问题，积极稳妥处置突发事件。

3. 坚持政治理论学习，强化政治信仰

以强化创新理论武装为抓手，扎实开展系列主题教育，成立师生学习教育理论宣讲团，抓好学生红色理论社团“习新社”建设，依托“党史理论学习长廊”，构建“虚拟+”仿真体验式学习教育环境，形成“中心组带头学、党支部跟进学、教职工分享学、学生全员学”的“四学”模式，推动理论学习多样化、创新化、制度化。党史学习教育典型案例“百年党史铸辉煌，‘六百’工程育新人”获省级一等奖，师生获省讲党史优质课展示活动一等奖等奖项 4 项。

（二）强化组织建设，推动队伍发展有支撑

1. 履行主体责任，激发治理活力

学校以章程为基础，明确党委会议、校长办公会议的功能定位、议决范围、议事规则和决策程序，重构校学术委员会组织体系和运行机制，研制机关工作规程和二级单位治理规程，积极探索构建职教本科基础性支撑性制度。学校政治权力、行政权力、学术权力逐步厘清、协调互补，以党委领导、校长负责、教授治学、民主管理、社会参与、依法治校为核心的现代大学制度体系初步构建。

2. 以群建支部，强化战斗堡垒

在全国高职院校首创“功能型党支部”，依托专业群、重大项目组、科研平台、社团组织、学生公寓等组织设置“功能型”党组织，功能型党支部不收缴党费、不转接党组织关系、不发展党员，党员组织关系隶属于原支部，党员参加双重组织生活，实现党建与专业群建设、学生管理工作双促进。将党建考核纳入学校 KPI 考核体系，二

级学院院长与总支书记交叉任职，充分发挥基层党组织的政治核心作用，落实“一岗双责”。

3. 发挥示范作用，树立正面典型

开展“我是党员，我做表率”的“亮身份做表率”立足岗位做贡献活动。实施教师党支部书记“双带头人”工程，全校24个教师党支部实现“双带头人”全覆盖。马克思主义学院党支部立足立德树人主阵地，实施“党建+红色”特色典型示范创建活动。能源与汽车工程学院立足绿色能源与新发展理念，实施“党建+绿色”特色典型示范创建活动，两个支部均获“全国党建工作样板支部”。

（三）强化立德树人，推动思政育人有抓手

1. 狠抓教学改革，推动思政课程提质增效

在全国高职院校中率先下发《思想政治理论课创新创优实施意见》，在发展规划、经费投入、资源使用中优先保证思政课建设。依托省思政课“名师工作室”和省高校“八个相统一”思政课建设示范点单位，开展教研教改探索。其教学改革成果“高职思政课‘四析四讲四融合’教育教学模式的构建与实践”获2022年全国教育教学成果二等奖。

2. 开展“思政第一课”，强化思政铸魂育人

开展“党委书记、校长上思政第一课”活动，从政治和全局高度加强思想政治教育工作。在新冠疫情防控期间，学校以疫情防控为教科书，精心推出云端思政课，组织全校上万名师生聆听“全国大学生同上一堂疫情防控思政大课”，持续为学生准备了形式多样的“思政套餐”，获《人民日报》《中国青年报》等媒体宣传报道。

3. 利用易班平台，拓展网络育人新空间

利用易班等新媒体平台，打造以学业、创业为着力点，坚持线上、线下相结合，形成“2+2”特色工作模式。易班优课“党史学习教育”总活跃度全国排名第一，获全国高职院校网络思政工作创新示范案例50强，《“关爱留守儿童振兴美丽乡村”实践育人项目》入选“灯塔工程”青年大学生思想引领精品项目。出品《端午高歌颂红旗》快闪视频荣登“学习强国”“广东学工”等平台，双指数每日排名稳居全省第一名、每月排名全国前20名。

4. 以党建带团建，推进青年思政全覆盖

围绕思政育人出台深化学生会改革实施方案，学校成立第一个大学生红色政治理论学习型社团“习新社”。开展大学生暑期三下乡活动，被评为“省级重点实践团

队”,“党员筑梦实践队”被教育部、团中央、中宣部等五部委授予“全国优秀服务队”。开展“青年大学习”网上主题团课学习,“青年大学习”网上主题团课共开办四季(56)期,累计参与团员人数达45万人次,平均每期超8000名团员参与。

(四)强化纪律建设,推动执纪监督有成效

1. 落实巡察整改任务,推进“清廉顺职”建设

高质量完成巡察反馈问题整改,出台(修订)涉及学校管理、教学、实验实训、校企合作等方面的制度64项,提升学校管理规范化水平。以《坚持“四个到位”高质量完成巡察整改任务》为主题的总结报告,对学校整改工作中的做法、经验、取得的成效进行了全面总结,被作为市委巡察专报予以介绍表扬。

2. 聚焦重点领域监督,加强廉政风险防控

每年组织签订部门党风廉政目标管理责任书,构建一级抓一级、层层抓落实的责任体系。每年参与重点岗位人员约谈、重点项目提前介入跟踪监督、招投标重大项目现场监督,干部人事换届选举、双代会代表换届选举、招生录取、职称评审等监督工作。让党员、干部知敬畏、存戒惧、守底线,习惯在受监督和约束的环境中生活工作。

3. 构建内控监督体系,全面提升监督质效

成立学校内部控制领导小组,规范内部权力运用,提高内部治理水平。制定《顺德职业技术学院内部控制制度》,启动项目管理内控平台立项,探索构建项目“全生命周期”的内控监督体系。加强项目管理监督,落实供应商接洽报备制度。

三、治理成效

(一)党建引领成效凸显

通过党建引领,学校各项事业发展特别是学校“双高”建设和提质培优行动计划任务取得显著成效,学校美誉度和影响力持续加强。学校顺利通过“双高”中期绩效评价,并获得优秀等级,先后获得“全国职业教育先进单位”“全国节约型公共机构示范单位”“全国公共机构能效领跑者”“全国绿化模范单位”“首批全国职业院校数字校园建设实验校”等荣誉称号,多次入选全国高等职业院校“服务贡献50强”“教学资源50强”“创新创业示范校50强”。

(二)组织战斗力充分发挥

近三年,学校在省委教育工委组织的党委书记抓基层党建述职评议中,在全省150

多所公办院校中均位列前三，获得“优秀”等次。学校有 2 个基层党支部获评“全国党建工作样本支部”，1 个基层党支部获评“全国高校双带头人教师党支部书记工作室”，拥有国家级技能大师工作室 2 个、国家级“双师型”教师培养培训基地 7 个，建设国家级教学团队 2 个、省级教学团队 11 个、国家级“万人计划”教学名师 1 人，国家教学名师 2 人、全国技术能手 1 人。

（三）立德树人硕果累累

学校深入推进思政课程和课程思政同向同行，构建“三全育人”工作格局。学生荣获德国红点奖等国际性技能大赛奖项 20 个，各级各类全国性专业技能竞赛总成绩位居全国同类院校前列。学生梁荣浩获得全国技术能手、第一届全国技能大赛珠宝加工项目金牌、广东青年五四奖章等多项荣誉，被中宣部和教育部表彰为全国“最美大学生”，是 10 名上榜学子中唯一一位来自职业院校的学生，也是广东省唯一入选者。学校连续多年普通高考录取分数高出全省二本院校，每年毕业生供不应求，初次就业率连续多年高于 98%，获评全国职业院校就业竞争力示范校。

（执笔人：万力　李云政）

党建引领学院高质量发展的创新实践

重庆水利电力职业技术学院

加强党对教育工作的全面领导，是办好人民满意教育的根本保证。习近平总书记强调，学校党组织要把抓好学校党建工作作为办学治校的基本功。学校党委始终坚持以习近平新时代中国特色社会主义思想为指导，认真贯彻落实新时代党的建设总要求，以打造新时代“红岩先锋”变革型组织为抓手，创新实践“五个一”党建工作法，真正让党建引领作用、支部战斗堡垒作用和党员先锋模范作用得到充分发挥。

一、练内功，建好一个班子

俗话说“火车跑得快，全靠车头带”。学校党委苦练内功，党委的凝聚力、行政的公信力、班子的战斗力大幅提升。

（一）抓班子整体功能，形成合力

一是严格执行党委领导下的校长负责制。出台了《加强领导班子建设的意见》，组织修订完善党委会、院长办公会议事规则。严格按照党委领导下的校长负责制和议事规则领导学院的工作。二是认真执行民主集中制，坚持个人服从组织，少数服从多数，下级服从上级。三是按照有利于工作开展的原则，合理调整班子成员分工，充分发挥班子集体领导作用，保证民主、依法、科学决策，形成整体合力，有效推动学校发展。

（二）不断强化班子成员政治意识

通过中心组学习等方式，不断强化班子成员政治意识、大局意识、核心意识、看齐意识，严守党的政治纪律和政治规矩，始终在思想上、政治上、行动上同党中央保持高度一致，做政治上的“明白人”。

（三）明确班子成员党建工作责任

认真贯彻市委《落实全面从严治党责任实施办法（试行)》，牢固树立“不抓党建是失职，抓得不紧不严、效果不好是不称职”的理念，坚持“围绕发展抓党建，抓好党建促发展”的工作思路，进一步细化实化班子成员党建工作责任，把握管党治党要求，形成了一级抓一级，层层抓落实的党建工作格局。

（四）提升班子成员党建工作领导能力

一是不断强化班子成员抓党建工作是党员领导干部领导能力重要体现的意识。二是通过学习提升班子成员抓党建工作的意识。认真学习贯彻习近平总书记系列重要讲话精神，深入领会贯彻中央及上级路线、方针和政策要求，结合学校发展实际，齐心协力谋划学院发展。三是通过培训提升抓党建工作的能力和水平。积极争取参加国家教育行政学院、市委党校等主题班培训。工作再忙，时间再紧，我们都想办法让班子成员参加。通过培训，班子成员无论在党建工作意识还是能力水平上都有明显提升。

（五）加强班子成员之间的团结互信

一是加强了班子成员维护班子团结的意识。二是明确定班子成员相处原则：其一，不因工作影响个人感情。强调一起工作是缘分，面对工作中的矛盾和分歧，严格按照工作制度、规则和程序处理，避免转化为个人矛盾，损害团结氛围。其二，不因个人关系影响工作原则。工作原则必须坚持，不能受个人关系的影响。其三，制定《院级领导定期谈心交流制度》，通过谈心谈话活动，增进班子成员之间的沟通与了解。形成政治上相互信任、工作上相互支持、情感上相互尊重、生活上相互关心的工作氛围和同志关系。

二、重培养，建强一支队伍

人才是第一资源，是事业兴旺发达的保证。学校党委强化干部培养，干部职工能力素质不断提升、干事创业积极性不断增强。一是强化党性锻炼。采取党委会第一议题及时学、专题培训系统学、组织生活常态学、线上线下联动学、研究阐释深入学、个人自主分散学等多种方式开展学习。2022 年以来召开党委会、党委理论学习中心组学习会 18 次，举办习近平新时代中国特色社会主义思想和党的二十大精神专题培训 9 次，征集理论研究阐释文章 237 篇。先后集结编印《我的育人经》《奋进新征程》等 10

余万字的文集，较好地将理论学习转化为推进学校发展的实际能力。二是强化业务培训。制定《党建能力提升三年培训计划》和分年度计划，出台《关于加强干部队伍能力提升的三年行动计划》，加大干部培训力度，每年假期举办中层干部读书班。2022 年以来开展党务工作培训 420 余人次，组织教职工参加各类能力提升培训 800 余人次。三是强化干部选用。严格按照习近平总书记“二十字”好干部标准，把握依事择人、人岗相适的原则，较好地营造了“组织关心干部、干部关心工作”的良好氛围。2022 年以来，选拔任用了 11 名优秀中层干部。选派 8 名干部到乡村振兴一线磨砺锻炼，还派干部到水利部、市级机关、四川省河长办等单位顶岗锻炼。四是强化师资建设。大力实施学历提升计划、职称助推计划、名师培养计划等。2022 年以来培养和引进高层次人才 10 名、总数达到 150 余人，“双师型”教师达到 268 名，师资队伍年龄、学历、职称结构更加优化，师生比、高层次人才比更加合理。五是强化监督考核。坚持严管就是厚爱，制定出台《效能问责办法》，严格执纪问责，对于干部身上出现的苗头性、倾向性问题，及时批评教育，防止疏于管理、疏于监督，把小毛病演化成大问题。修订完善干部考核办法，按照目标硬化、指标量化、操作易化的原则，加强对干部的考核，以考核促进干部能力提升、担好职责。严格执纪问责，坚持处理问责就是保护、就是爱护。2022 年受到执纪问责的干部职工 35 人次。达到了执纪问责一人、教育警示一片的效果。六是为干部撑腰鼓劲。严格按照习近平总书记提出的“三个区分开来”的原则，进一步建立健全容错纠错机制，旗帜鲜明地为敢于担当、踏实干事、不谋私利的干部撑腰鼓劲。真正帮助干部吸取教训、改进提高，让他们放下包袱、大胆工作，努力营造良好的干事创业氛围。

三、强组织，夯实一个基础

学校党委坚持大抓基层，推动支部建设进一步规范化，党组织细胞活力进一步激发。健全完善基层组织。坚持重心下移，将党支部设置在处室、教研室和学生寝室。选优配强基层党建工作队伍，实现党支部书记、教研室主任、专业带头人“三任一肩挑”达 100%。积极打造“五型”党支部。结合打造新时代红岩先锋变革型组织，开展学习型、开放型、创新型、服务型、效能型“五型党支部”创建活动，2023 年打造“五型党支部”建设单位 11 个、培育单位 9 个。推行规范化建设。出台《加强基层党组织建设的实施意见》《二级学院党政联席会制度》《党员发展实施细则》等，严格党内组织生活，规范党员发展工作，近三年培养入党积极分子 1900 余人，发展党员 600 余人。

四、兴文化，唱响一个品牌

以文化人、以文育人，是加强高校思想政治工作的重要举措。学校党委突出水电特色，不断提升水文化影响力和育人效果。挖掘水文化育人思想。深入挖掘诸子百家论水哲学中“善德行”的育人思想，中国古代治水实践中“重疏导”的育人思想，中国现代治水实践中“励拼搏”的育人思想，将其与社会主义核心价值观有机融合，启智润心，使价值塑造、知识传授和技能培养深度融合。践行水文化育人理念。创新构建了“上善若水　智水润心”的水文化育人理念，发扬上善若水的尚德精神，培养学生高尚品德；发扬智者乐水的求知精神，培养学生高超技能；发扬善利万物的利物精神，培养学生奉献担当；发扬清正如水的廉洁精神，培养学生清正自律；发扬海纳百川的包容精神，培养学生博大胸怀。创新水文化育人路径。创新探索“境—堂—戏”水文化育人改革与实践，以“三境育心”（文化育人境界、境域、镜像）打造育人大环境，以“三堂增智”（智水课堂、上善讲堂、江河学堂）重构育人大课堂，以“三戏促行”（地域文化、历史文化、行业文化）编演育人大戏剧；搭建水文化“一会一刊一论坛”（重庆市水文化研究会、《巴渝水文化》期刊、巴渝水文化论坛）科研平台和“一站一联盟”（河小青志愿服务工作站、川渝水文化教育推广联盟）的社会实践平台，为学院党建思政工作提供了强有力的支撑。

五、办实事，凝聚一个合力

“人心齐，泰山移”。学校党委践行为民办实事宗旨，师生获得感、满足感、幸福感进一步增强，学校凝聚力进一步提升。用发展凝聚人心。坚持用发展的眼光看待问题，用发展的思维来解决问题。将学校存在的问题归结为发展中的“阵痛”，强调只有发展才有出路。紧密结合高职院校发展规律和学校实际，理清发展思路，明确发展重点，找准发展路径，切实将学校教职工的心思和精力都凝聚到学校发展上来。争取发展机遇。主动向上级部门汇报办学情况，为学校争资立项、机构编制、人才引进、职务晋升、职称评定等工作争取更大支持，为学校发展创造了良好外部环境。抢抓重庆事业单位内设机构和岗位设置调整的机遇，新增内设机构 6 个，处级岗位 27 个，总数达到 79 个，增幅 52%；增加高级职称岗位 41 个，达到 122 个，增幅 51%。为广大教职工发展争取了晋升空间，为学校发展增添了后劲。积极争取绩效工资增长，稳步提升教职工的待遇，充分调动干事创业的积极性。积极解忧纾困。坚持以师生为本，把师生在学习生活工作中的困难问题作为学校的大事来办，坚持凡是对学校发展有利、对广大师生发展有利的事情，都要尽心尽力办好；凡是对学校发展有利、对广大师生有利的政策，都要积极努力争取。对师生反映的合理诉求，能解决的限时办结，一时解决不了的创造条件解决。真正把好事办好，把实事办实。近三年常态化、清单化解决师生实际问题 300 余个。营造和谐氛围。建立领导班子定期调研工作机制，设立领导班子信箱，召开师生代表座谈会、务虚会，发放调查问卷，畅通职工信访反映渠道。建立定期慰问机制，每年元旦、春节期间，由党委班子成员带队，走访慰问一线职工和退休教师。建立联系交友制度，校领导与 35 名党外代表人士联系交友，常态化开展大走访大谈心活动。关心职工心理健康，积极开展文娱活动，丰富职工业余生活。同时，建立健全师生矛盾纠纷排查化解机制，营造和谐稳定的校园氛围。

通过不断加强党的建设，“三个作用”进一步得到发挥。第一，党建引领发展作用进一步发挥。近年来，学校获批国家样板支部培育单位、国家级高技能人才培训基地、全国水情教育基地、水文化育人“一校一品”示范学校、全国普通高校思想政治工作精品项目、重庆市大中小学思政课一体化共同体建设成员单位；入选全国创新创业典型案例 100 强；获批市级“双高”院校建设单位，在市级“双高”中期绩效评估会上作交流发言，真正让党建工作为业务工作引领方向、激发动力、提供保障。第二，支部战斗堡垒作用进一步发挥。在产教融合、校企合作、人才培养、专业建设、技能竞赛、“双高”院校建设、疫情防控等重大任务中，各支部带头攻坚、勇争先锋，特别是在 2022 年“10・24”新冠疫情应急处置中，各支部真正展现出“一个支部就是一个堡垒”的强大力量。第三，党员先锋模范作用进一步发挥。近年来，在校教师参加全国职业院校教师教学能力大赛，获一等奖并进入全国 20 强；指导学生参加全国职业院校技能大赛，获国家级奖 8 项、居全国第 35 位。“水工建筑物”入选国家课程思政示范课程，获国家级课程思政教学团队 1 个、国家级课程思政教学名师 8 人。此外，涌现出重庆市教书育人楷模、五一劳动奖章、优秀教师、教学名师近 30 人。水利部“双师型”教师、职教新星、职教名师等 43 人，创建国家级教学团队 1 个、重庆市高校黄大年式教师团队 1 个，党员在教学科研等方面的模范带动作用得到生动体现。

下一步，我们将认真学习兄弟院校的经验作法，扎实开展学习贯彻习近平新时代中国特色社会主义思想主题教育，积极打造新时代“红岩先锋”变革型组织，以更严的标准、更细的措施、更实的作风，不断提升党建工作水平，以高质量党建推动学校高质量发展！

（执笔人：陈邦尚　李鸿　石必安）

构建“1244”党建工作体系领航事业高质量发展

重庆电子工程职业学院

重庆电子工程职业学院党委牢固树立大抓基层的鲜明导向，把抓好党建工作作为办学治校的基本功，把抓好思政工作作为各项工作的生命线，以提升政治领导力、提升思想引领力、提升基层组织力、提升师生号召力为抓手，实践探索形成“1244”高质量党建工作体系，推动党建工作与学校事业深度融合发展，带领学校相继迈上“国家示范校”“国家优质校”“国家双高校”三个相互衔接、层层递进的大台阶，以生动实践诠释着习近平总书记提出的“以高质量党建推动高质量发展”的指示要求。

一、以“四大路径”增效，全面提升政治领导力

学校党委以政治学习、政治把关、政治执行、政治责任为路径全面加强政治建设，近五年来，市管领导班子年度考核均被评为“优秀”等次，全面从严治党均为“好”的最高等次，2022 年被市委组织部给予“嘉奖”。

（一）抓实政治学习

严格落实政治学习制度，印发《二级单位党组织政治理论学习巡听旁听办法》，执行校院两级班子成员指导支部主题党日任务清单。丰富政治学习内容，实时更新跟进学习习近平总书记最新重要讲话、重要指示批示精神。严把政治学习质量，实施“五学一落实”，坚持各级领导班子“率先学”、中心组“专题学”、党组织书记“辅导学”、师生员工“全员学”、畅通渠道“分层学”和明确任务“落实做”，做到学习有研讨发言、有工作思考。

（二）抓牢政治把关

严把办学治校方向，严格落实学校章程，完善内部治理体系，结合高职院校办学

特色不断探索跨界治理模式。坚决落实学校重大决策、评优评选、干部考核等工作政治标准，干部提拔、教师引进、职称职务晋升、课程建设、教材选用、学术活动等工作必有政治把关，切实强化政治功能，履行政治责任。

（三）抓实政治执行

严格落实基层党建工作责任制，意识形态工作责任制和党风廉政建设责任制，常态化开展意识形态工作研判和“以案四说”“以案四改”警示教育。严格执行民主集中制，坚持集体领导、分工负责，在班子建设、重要干部任免、重要人才使用等方面实行科学决策、民主决策、依法决策。

（四）压实政治责任

构建完善学校全面从严治党的分解、落实、报告、督查、追究五大机制，形成推动管党治党、办学治校主体责任落实的“闭合回路”。全面开展部门廉政风险排查防控、年度审计和意识形态工作研判等，定期报告落实主体责任和履行党建工作情况，在全市高校率先实施专职组织员、行政督导员制度，定期通报作风效能检查、党建与思政工作督查等情况。

二、以“四维协同”培优，全面提升思想引领力

学校党委通过抓好顶层设计、抓住育人关键、创新育人形式等重点举措，提升思政育人质量，形成了课堂教学、课外活动、实践教学、网络教学于一体的“四维协同”育人格局。

（一）抓顶层设计，大思政体系全面聚焦“三全育人”

制定《“大思政”教育工作责任清单》，推进落实“党委引领、行政施行、团学跟进，宣传督导、教务总牵、院系落地、质量诊改，教师协同、教改推动、职评激励”的十步思政改革运行机制，实现全员、全程、全方位育人。

（二）抓育人关键，“思政课程”与“课程思政”协同育人

建立“1+3+4+N”思政课程群，创新实施“2+3+X+N”课程思政示范课和专业思政示范点教改示范项目，以课程思政教学研究中心、教师工作坊等有效载体为抓手，把课程思政作为一项基本教育教学制度，落实在专业人才培养方案、课程体系、体美

劳育和教师职称评审等人才培养链条和院校治理各环节。

（三）创新育人形式，深化师生政治认同

创新五育融合育人模式，持续深化“大专业进、小专业出”专业群个性化人才培养模式改革，满足学生个性化成长的需求；构建重电“1+8+N”劳动教育课程及实践体系，高质量打造“重电百工学堂”，增设“分众快乐技能体育”，打造“重电足球”等优势特色项目，满足学生综合素养提升的需求。

三、以“四好工程”提质，全面提升基层组织力

学校党委以抓好“领头雁”工程、“标准化”建设体系、“四位一体”组织体系和党建工作品牌为抓手，深化“建设党委好班子、打造总支好品牌、培育支部好典型、选塑党员好榜样”四好工程，抓好经常、打牢基础。

（一）抓“领头雁”工程

以二级机构和干部集中调整为契机，优化完善组织建制，按照“双高双强”标准配优配强党组织书记；实施《“双带头人”教师党支部书记培育管理办法》，在全市高校率先开展党支部书记素质能力大赛，以赛促训、以赛促改、以赛促绩。

（二）抓“标准化”建设体系

突出政治建设标准化，梳理下发各级党组织工作职责、党务公开范围、政治把关内容、议事决策程序。突出组织建设标准化，在组织设置、人员配备、运行机制、阵地建设等方面推进标准化建设。突出党员教育管理标准化，加大对党员发展的监督检查力度，减少、消除入党动机功利化现象。

（三）实施“四抓四破”

坚持目标导向和问题导向，探索实施抓工作机制、责任落实、平台载体、融合创新的“四抓四破”工作举措，不断健全完善学校党委、院系党组织、基层党支部和党员“四位一体”组织体系，抓住关键环节，破解重点难题，形成了横到底、纵到边、全覆盖工作格局。

（四）实施基层党建活力提升计划

建立项目申报机制，设立基层党建品牌项目、党组织生活示范项目、党员教育特

色项目，推行组织生活观摩活动和支部工作法、基层党组织特色经验交流会，推动形成“一院一品牌”“一支部一特色”的基层党建生态。

四、以“四大战略”赋能，全面提升师生号召力

学校党委坚持抓班子、带队伍，强机制、建高地，通过实施“四大战略”，实现了从国家“示范校”到“优质校”再到“双高校”内涵式高质量发展。

（一）实施“机制活校”战略

按照“学院办学校”的思路，深化以群建院改革，积极打造校院两级内部治理新格局。创新拟定发展性工作指标和年度核心工作指标，提升校属各部门工作效能与质量。实施绩效改革，淡化身份，分类考核，以岗定酬，激发了干部职工干事创业激情。近五年，学校在各类第三方评价中位列全国高职院校第一方阵，2023 年，在武书连中国高职高专排行榜中位列全国第 3。

（二）实施“人才强校”战略

坚持党管人才，创新实施“212”人才引育工程，持续优化“334”教师分类发展机制。实施“三百”人才计划、“青苗行动”、“桥梁工程”，推行“访问工程师”“翔跃人才培育支持计划”，深入推进“破壁行动”“培引并举”，持续打造高水平团队和领军人才。近五年，自主培养国家“万人计划”教学名师 2 名、享受国务院政府特殊津贴专家 7 名，省部级以上杰出人才 100 余人。

（三）实施“文化兴校”战略

传承电子信息办学特色，将中华优秀传统文化、校本校友文化、行业企业文化等文化资源与社会主义核心价值观教育实践充分融合，沉淀形成以红色为底色、以匠心为特色的“智信”育人文化体系。近五年，学校成功获批市级“青马工程”教学基地、市级“三全育人”综合试点改革高校，成功入选教育部“三全育人”典型学校案例。

（四）实施“特色立校”战略

主动适应经济发展和产业升级，重构信息安全技术应用等突出大数据智能化特色的 14 个专业群，开设专业与全市“33618”现代制造业集群高度契合，对接率达到

97.14%。建有国家级高水平专业群2个、市级高水平专业群2个、区域领先专业群5个、重庆特色专业群5个。近五年，学生获国家级技能竞赛奖项345项。其中一等奖和金牌96项。近三届毕业生去向落实率位居重庆市高校首位，就业典型经验被央视《焦点访谈》和中国教育电视台多次专题报道。

（执笔人：疏勤　何晓庆　陈洲）

传承文化基因　推动文旅人才培养深度融合

重庆旅游职业学院

重庆旅游职业学院扎根渝东南办学，多年来致力于民族文化的传承创新。学校深入贯彻落实《关于实施中华优秀传统文化传承发展工程的意见》，以民族文化传承创新与专业内涵建设的融合为抓手，构建民族工艺、非遗食品制作技艺、民族传统体育、民族表演艺术、民族文化大讲堂五个特色模块，形成“协同、多元、开放”的文化育人实践体系，实现民族文化传承创新与文旅人才培养的深度融合，生动地展示文化育人的时代性、实践性和创新性。

一、基于产教融合的民族工艺传习创新

学校在深化民族传统技艺、工艺美术品设计等专业内涵实践中，构建基于产教融合的民族工艺传习创新模块。按照大师工作室、实训室、研发室“三室一体”的模式，打造教学实训、应用研究、文化传承、社会服务“四维协同”的多功能、开放式民族工艺传习创新中心。该中心面积 3700 平方米，设有刺绣、织锦、扎染、蜡染、陶艺等 11 个民族工艺传习室，以及 1 个文旅商品创意设计室。

该中心全职聘任 9 位国家级、重庆市级非遗代表性传承人、工艺美术大师、首席技能大师组成大师团队，同时聘请多所高校、多家企业的 10 余名专家、技术人才组成创意设计团队。

该中心面向民族传统技艺、工艺美术品设计等专业开设必修课，同时面向全校所有专业开设选修课，实现民族工艺特色课程“应修必修，人人可选”，累计培养了 30 名传承人，留存近 100 项传统工艺绝技绝活。

该中心以旅游商品研发为重点方向，申报受理近 100 项知识产权，授权近 40 项，孵化出旅游商品推广运营基地（大学生创新创业基地）1 个，国家 5A 旅游级景区旅游商品推广基地 1 个；面向中小学生开展研学旅行 2000 余人次，开展社会培训 2 万余

人次。

该中心是首批“全国脱贫攻坚考察点”的考察基地之一，获批民族特色工艺品技术协同创新中心、重庆非物质文化遗产研究基地、重庆工艺美术大师传承创新基地。

二、基于现代学徒制的非遗食品制作技艺传习创新

学校在深化烹饪工艺与营养、中西式面点、西式烹饪工艺等专业内涵建设的实践中，构建基于现代学徒制的非遗食品制作技艺传习创新模块。

学校打造教学实训、应用研究、文化传承、社会服务“四维协同”的多功能、开放式非遗食品制作技艺传习创新中心，面积近5000平方米。中心建有大师工作室、非遗食品研发室，建有肉制品类、豆乳类、发酵类等10个非遗食品制作技艺传习工坊，涵盖50多项非遗食品制作技艺。

该中心聘请国家级、重庆市级非遗传承人和技能大师执教，通过“一线三链”的动态传习，实现了从“个体传承”到“群体传承”的转变，培养非遗新生代传人。学生开发的“武陵风情宴”“盛唐茶宴”“土家印象”等项目，荣获全国职业技能大赛二等奖和三等奖共5项。

该中心通过对22项市级和100多项县级饮食非遗的挖掘与解构、文化甄别与归元，重点选择土家油茶汤、渣海椒、绿豆粉、黔江鸡杂等近10项名录，提取非遗技艺的核心价值，按照国家和地方标准，制作了《渣海椒传统制作标准》《绿豆粉传统制作标准》等30项行业标准。与行业企业共同开发的“小南海十三碗”“边城宴”“巴渝山水宴”“八大军区军旅宴”等50多项单项菜品，并推广到100多家企业。

三、基于竞技运动的民族传统体育训练

学校在深化大学体育教学改革实践中，探索基于竞技运动的民族传统体育训练模块。学院获批“全国少数民族体育训练基地”，全职引进全国民族传统体育竞技比赛冠军和顶尖水平的运动员驻校执教。组建木球、陀螺、蹴球、射弩等民族传统体育单项运动俱乐部，开展竞技训练，同时面向全校开设选修课，累计参训、选课人数达5000余人次。

2016年，基地成功承办首届“民体杯全国陀螺比赛”。2015年、2019年两次加入重庆市代表团参加第十届、第十一届全国少数民族传统体育运动会，获得一等奖1项、二等奖2项、三等奖4项。代表重庆市先后参加“民体杯”全国赛、全国邀请赛10余次，获得一等奖11项、二等奖6项、三等奖7项。其中，2020年参加“民体杯”全国

陀螺比赛，一举囊括 6 枚金牌。

四、基于社团活动的民族表演艺术展演

学校在深化音乐表演、舞蹈表演、空中乘务、学前教育等专业内涵建设实践中，打造基于社团活动的民族表演艺术展演模块。

学校聘请 8 位民族乐器演奏大师组建“民族器乐演奏团”，开设民族乐器演奏技艺必修课和选修课，编创、展演各类民族经典曲目。

与重庆市民族歌舞团、黔江旅投紧密合作，组建“民族舞蹈表演团”，在校园、景区，以及“中国武陵山民族文化节”“全国民族地区优秀剧目展演”等活动中，在《濯水谣》等节目中，在全国和重庆市技能大赛上，尽情地展现“土家摆手舞”等民族舞蹈的文化魅力。

学生参加音乐、舞蹈类职业技能竞赛，获得国家级奖励 2 项，重庆市级奖励 3 项。

五、基于通识教育的民族文化大讲堂

学校在深化大学生思政课程改革实践中，构建基于通识教育的民族文化大讲堂模块。成立民族文化研究中心，组建民族文化研究团队，主持实施民族文化研究课题 80 余项，着力于民族文化资源的挖掘、整理。先后出版重庆市民族文化系列丛书 7 部，开发民族文化特色教材 10 余本，开设民族文化通识课程 34 门。邀请市内外文化名家进校园，举办“弘扬中华优秀传统文化十二讲”，涵盖中华文明的秦汉雄风、盛唐气象、孔子的仁学及建功立业抱负、中国的音乐和舞蹈艺术、“吃在中国”的多民族饮食文化等内容。

重庆旅游职业学院坚持坚定的文化立场、真切的教育情怀、生动的育人实践，努力探索民族文化传承范式，大胆创新文化育人模式，将民族文化传承创新与文旅人才培养深度融合，彰显出鲜明的人才培养特色。面向未来，重庆旅游职业学院将继续在民族文化的沃土中滋养家国情怀，在文化自信中筑根育魂。

（执笔人：张志敏）

“三全”班会筑金课，“校地”合力育匠才

——成都工贸职业技术学院（成都市技师学院）大思政教育治理体系建设探索与实践

成都工贸职业技术学院

成都工贸职业技术学院（成都市技师学院）在“三全班会”大思政教育治理体系建设中的探索与实践中，通过“三全班会”构建特色金课，借助校地合力培育匠才，从多方面入手完善思政教育体系，强化学校大思政教育的实效性、针对性、精准性和专业性，探索出一套可推广、可借鉴的职业院校大思政教育治理模式，在技能青年的综合素质提升、安全教育资源整合及校地合作协同育人等方面取得了显著成果。

一、实施背景

成都工贸职业技术学院与成都市技师学院实行“一套班子、两块牌子”的双轨运行办学模式，学校坚持探索技能人才“职技融通”长学制培养路径。学校是国家高技能人才培养示范基地、国家级校企协同就业创业创新示范实践基地、国家级智能制造生产性实训基地、国家级工业互联网产业示范基地、四川省“双高计划”培育单位和专业群建设单位。

学校始终坚持以习近平新时代中国特色社会主义思想为指导，深入学习贯彻党的二十大精神和习近平总书记关于教育工作的重要论述，坚持把立德树人作为中心环节，打破“校园围墙”，拓展“行走中的大思政课堂”，把思想政治工作贯穿高技能人才培养的教育教学和社会实践全过程，实现全程育人、全方位育人，把劳模精神、劳动精神、工匠精神纳入职业院校大思政教育工作体系，创新构建“覆盖每一位学生、每一名教职员工、每一个方位领域、每一个流程环节、每一个属地主管单位”的“三全育人”支撑体系，强化思想政治引领，着力培养坚定不移听党话跟党走的高素质产业工人生力军。在全国教育大会、四川省教育大会胜利召开，以及《中共中央　国务院关于深化产业工人队伍建设改革的意见》最新发布的背景下，学校务实针对当前职业院校大思政教育碎片性、思政课程理论性、班会团课随意性、教育主体单一性、学习主

体倦怠性等迫切问题，以教育部“一站式”学生社区综合管理模式建设试点高校、教育部全国急救教育试点学校、四川省“三全育人”综合改革试点校、四川省职业院校“三全育人”典型学校建设为重要平台，充分挖掘激发校地协同育人潜力活力，打造“三全育人”特色主题金课，建设“三全育人”主题班会资源库，构建校地、校院双联共建“三全班会”校地特色共育模式，全面推进学校“大思政”教育治理体系建设。

二、主要做法

（一）拟准痛点堵点清单，破解“三全育人”动态难题

在实际的学生工作过程中，我们常常会遇到一些痛点和难点：一线辅导员、班主任事务性工作繁重，辅导员专业化职业化建设需要有力抓手；主题班会和早晚自习的内容质量和学习效果亟待提升，学生的学习兴趣不高，师生教学相长互动性不强；安全教育虽常抓不懈但专业化和精准性亟待提升，尤其是电信诈骗上当受骗和参与帮信等安全事件仍然屡禁不绝。这背后折射出学生日常思政教育工作内容不专、资源不足、设计不精、手段不新、话术不准、实效不强等问题。为了解决这些难题，通过校地校院广泛调研，梳理问题，形成清单，共研对策，标本兼治。

（二）建设班会课资源库，打造“三全育人”特色金课

按照教育部“三全育人”优化内容供给、改进工作方法、创新工作载体的建设要求，以“三全育人”综合改革试点建设学校为重要平台，以所在属地为“行走的思政大课堂”，以主题班会、团日活动、早晚自习为重要载体，以辅导员班主任队伍和属地共建单位师资队伍为核心力量，针对学生日常思政教育工作中普遍存在的内容不专、资源不足、设计不精、手段不新、话术不准、实效不强等现实问题，将学校“三全育人”整体内容进行划分并将之主题化、项目化、课程化，分别纳入思政引领、工匠素养、安全教育三大模块，通过校地、校院双联共建，校内牵头单位揭榜挂帅，采用课程标准化建设、资源个性化共享模式，逐步实现“三全班会”主题话术专业、宣教效果走心。

（三）四动齐驱提质增效，激活“三全育人”最大合力

将“三全育人”整体内容呈现为项目化主题体系，划分为思政引领、工匠素养、安全教育三个课程模块，构建以主题班会课为主要载体的“三全育人”课程体系。“三

全班会”大思政教育治理体系建设以四动齐驱提质增效，具体分为四个步骤：一是坚持常态化调研，动态化形成基于调研、破解难题的特色主题课程项目清单，构建模块课程体系；二是面向校内二级学院和校区开展“揭榜挂帅”，征集主题课程牵头建设单位，采取课程标准化建设和资源个性化共享模式，最大限度激活课程资源库建设和使用效率；三是邀请属地行业主管部门深度合作，结合政策法规和专项任务目标要求，共建课程，共育学生；四是协同校内力量，每门主题课程至少有一个的学校业务主管或业务相关职能部门（可精准到科室）参与共建。

（四）揭榜挂帅校地共建，培育“三全育人”校地金师

构建“三全班会”育人模式，即建设“辅导员（班主任）主导、专业教师融入共建、行政队伍参与共管、学生主体作用发挥、属地部门人员协同共融”的全员参与，“课前准备、课中实施、课后延伸”的全过程贯穿，“内容全面、形式多样、专业精准”的全方位覆盖的“三全班会”大思政教育体系。三个模块课程建设周期设计为 1.5 年（三个学期分三批建设）。针对首批“安全教育主题”模块 10 门课程项目清单，通过“揭榜挂帅”、校地联动确定 8 个二级学院和校区担任牵头建设单位，成都市郫都区委政法委、成都市郫都区人力资源和社会保障局、成都市郫都区红光街道办、成都市公安局郫都分局政治安全保卫大队、反诈中心、思源派出所、成都市郫都区消防救援大队等 8 个属地行业主管部门、部分校内职能部门参与共建，充分发挥校地育人队伍在主题班会的策划、内容设计、教学实施等环节中的重要作用，打造一批优质的“三全育人”主题班会金课资源，选拔培育一批优秀的校地金师队伍。

三、成果成效

（一）素养提升：校地共育促进学生全面发展

一是理想信念更加坚定。通过校地共建“三全班会”大思政教育体系建设与实施运行，学生对马克思主义的信仰、对中国特色社会主义的信念、对中华民族伟大复兴中国梦的信心更加坚定。二是安全技能显著提高。学生通过参与校地共建的安全教育金课，对安全问题有了更专业更深刻的认识，掌握了更多的安全技能，如危险水域识别准确率达 95%以上，通过救护员持证培训的学生共 632 人；在网络安全方面，学生对网络诈骗风险识别能力显著提升。目前建成包含“防电信诈骗”“禁毒防艾”“防溺水”“消防安全”“交通安全”“心理健康”“红十字应急救护”等 10 门安全教育班会 40

余课时课程资源。三是工匠精神深入人心。在金课打造和匠才培育过程中，工匠精神得到了务实践行和充分彰显，工匠精神传承成效显著。学生在学习和实践中，逐渐形成执着专注、精益求精、一丝不苟、追求卓越的学习和工作态度，为成为未来工匠奠定了坚实的品质基础。

（二）资源整合：校地优势互补丰富安全教育内涵

一是校地双方的资源得到了有效的融合。学校的教育师资队伍，他们在安全教育理论知识方面有着深入的研究和丰富的教学经验，而属地单位则能提供专业真实的场景教育资源，这种整合使得安全教育不再局限于书本和课堂的理论讲解，而是让学生能够体验真实的安全知识应用场景，提高应对危险的实际能力。二是课程内容得到极大丰富。校地共建促使双方将各自的优势资源转化为课程内容。例如，地方社区的安全管理案例被纳入课程教学案例库，学校的教育教学成果也能及时应用到地方的安全宣传教育工作中。目前已搜集建设视频、微课等安全教育课程资源 30 余个，学生参与满意度在 90%以上。

（三）主体协同：校地多方联动构建全员育人格局

一是全员育人的氛围更加浓厚。辅导员（班主任）、专业教师、管理人员、学生主体以及属地力量形成了一个庞大的育人团队，各方人员协同合作，各方在大思政教育工作中各司其职、相互配合，共同推动技能人才思政教育的发展。二是育人主体之间的沟通和协作机制更加完善。通过校地共建，建立了定期的沟通会议、信息共享平台等。例如，学校可以及时向地方反馈学生在安全教育方面的需求和问题，地方也能将社会上最新的安全动态和需求告知学校，以便学校调整教学内容和方式，及时更新补充“三全班会”课程资源，这种协同机制提高了育人的效率和质量。

四、经验总结

（一）凝聚共识，创新“三全育人”新机制

一是通过政行企家校的多方协同，从课堂教学延展到课外活动，从职院校园延展到社会课堂，共同构建起一个全方位、全过程、全员参与的育人新格局，让每一位技能青年都能在成长成才的道路上得到全面的关怀和指导，促进职院学生德智体美劳的全面发展。二是通过学校教育科研、文化氛围、实践场地等资源建设，与属地部门丰

富的政策、信息、手段等资源有机融合，实现资源共享优势互补，为高技能人才成长成才提供更专业、精准的服务和更广阔的发展平台。

（二）特色共建，打造“三全育人”新场景

一是以“班会”为切入点，协同打造第一批“三全育人”金课。充分发挥班会课的灵活性和长效性，辅导员和班主任根据当下的社会热点、学生的思想动态随时遴选主题或调整内容，及时引导学生进行正确的价值判断。二是融入“地方特色”，增强课程的亲和力与吸引力。地方特色元素的引入为学校大思政教育提供了丰富的素材和实践平台，更利于培养出具有地方情怀和社会责任感的人才，鼓励职院学子在毕业后积极投身地方产业建设和社会发展。

（三）共享共赢，书写“三全育人”新范式

一是通过校地搭建共享平台，整合资源，共享成果，提高效率，提升实效，破解难题，为学生创造更多展示自我、锻炼技能的机会。二是通过加强与政府、企业、社会组织的合作与交流，共同推动职业教育事业的高质量发展。同时，注重总结经验教训，不断完善和优化“三全班会”大思政教育治理实践模式和路径，打造职业教育“三全育人”新范式。

五、推广应用

本案例中“三全育人”特色金课建设的相关做法，已面向全校推广，通过属地共建部门在当地院校推广，并在中国职业技术教育学会主办的 2024 年职业院校班主任、辅导员心理健康教育专题培训会上，面向全国 100 多所职业院校进行交流推广。

（执笔人：杜洁　唐颖彦　刘万龙）

锚定“六大工程”，落实“六项任务”，以党建引领推动学校治理能力现代化

宁夏工商职业技术学院

中国特色社会主义的最基本特征是党的领导，党建引领是办好中国特色社会主义大学的核心，更是学校发展的政治保障。宁夏工商职业技术学院始终紧紧围绕党的领导，以科学化和规范化为目标，以改革创新为动力，加强思想引领、组织队伍建设、制度保障，构建高效运行、科学合理的高校党建体系，为推进学校治理体系现代化始终在正确的轨道上提供方向上的指引。

一、基本概况

宁夏工商职业技术学院以习近平新时代中国特色社会主义思想为指导，坚持和加强党的领导，将党委领导体制落实到学校内部治理体系完善和治理能力建设进程中，切实承担起管党治党、办学治校的主体责任，以党建质量提升行动为引领，锚定“领航、铸魂、品牌、提质、育才、清风”六大工程，全面落实六项建设任务，聚焦学校高质量发展目标和任务路径，确保办学方向行稳致远。

二、具体做法和主要成效

（一）具体做法

1. 坚持以政治建设为统领，“领航”工程再提升

学校坚持把党的政治建设摆在首位，坚持和完善党委领导下的校长负责制，严格执行民主集中制，充分发挥党委领导班子在学校改革发展中的领导作用。党委领导班子成员严格落实党委会“第一议题”和“首学”制度，带头参加专题轮训、专题读书班，撰写学习心得，带头到理论学习包抓部门宣讲。严格落实党委意识形态工作责任制，认真贯彻党中央重要决策部署和自治区党委、政府重要工作安排，把推动落实的

工作思路、工作部署、对策举措自觉同党的政治路线对标对表，及时校准偏差，为学校科学高质量发展提供坚强政治保证。

2. 坚持以思想建设为根基，“铸魂”工程再强化

学校始终把马克思主义作为强党立校的根本指导思想，用习近平新时代中国特色社会主义思想武装全党，以理想信念教育为核心，以培育和践行社会主义核心价值观为主线，全面提升思想政治工作质量。抓好党委理论中心组学习会、教职工理论学习、辅导员沙龙和业余党校教育活动。建成宁夏首个“习近平新时代中国特色社会主义思想大讲堂”，学党史展厅暨思政课实践教学中心 1 所，开展常态化解说宣讲 100 余场，覆盖师生 10000 余人次。制定“大思政”工作联席会议制度，进一步强化学校思政工作体系清单任务的落实力度，持续构建“大思政”工作格局。抓好“三全育人”综合改革试点建设，抓实“七进一交友”、党员联系班级制度落实，提升学生思想政治工作质量。修订二级学院党总支理论学习中心组学习制度、教职工政治理论学习制度，提升校院两级学习实效。

3. 坚持以组织建设为抓手，“品牌”工程再升级

学校贯彻落实新时代党的组织路线，全面提升党的组织领导力，引领学校高水平专业群建设和教育教学事业提质增效。严格落实基层党组织党建责任制，加强党组织对教学科研管理和人才队伍建设的政治把关。抓好基层党组织“双带头人”队伍建设，创新基层党组织活动，凝练“1457”的工作模式和“1+N”党建品牌集群特色。深化基层党建品牌创建，确定两批次共 9 个“一院一品”文化品牌培育项目，实现“一支部一品牌”。推进党建工作与业务工作深度融合，形成多个典型特色案例。严把党员入口关，加大在优秀中青年骨干教师、留学归国人员和学生群体中发展培养党员力度。

4. 坚持建立健全体制机制，“提质”工程再细化

学校坚持和完善党委领导下的校长负责制，完善党委主体责任和党委书记第一责任的工作机制，积极发挥党委领导核心作用，压实党委把方向、管大局、保落实责任。深化二级学院党组织领导下的院长负责制试点工作，推进建立“强校促院”等管理制度。严格执行党委会、院长办公会、党政联席会等议事决策规则，确保科学民主决策。完善“三重一大”集体决策制度，坚持党委始终把方向、带队伍、谋发展。2022 年，学校党委完善“三定”方案，启动实施制度“废改立”工作，截至目前，共废止、修订、新立各项制度 159 项，形成了系统集成、协同高效的大学治理体系。完善党的宣传工作制度，巩固壮大主流思想阵地，不断拓展工商学院精神与文化内涵，着力讲好工商学院故事，提升学校的知名度和美誉度。全面加强党对统战、工会、共青团、妇

联等群团组织的领导，积极凝聚各方力量和智慧，形成学校高质量发展的强大合力。

5. 坚持好干部标准，“育才”工程再发力

学校突出政治标准，严把干部选拔政治关、品行关、作风关、廉洁关。改进干部推荐考察方式，提高选人用人公信力和认可度。修订学校中层干部考核评价办法，切实解决干与不干、干多干少、干好干坏一个样的问题，营造积极干事的氛围。创新干部教育培训模式，多渠道多方式培养干部。大力发现培养选拔优秀年轻干部，推进干部到校外单位借调、挂职和交流等工作。截至目前，累计培训 981 人次。

6. 坚持全面从严管党治党，“清风”工程再深化

学校落实全面从严治党主体责任与监督责任，压实管党治党责任，做到决心不变、力度不减、尺度不松，把“严”的主基调、“实”的硬措施贯穿学校改革发展始终，以更大气力推进党风廉政建设和反腐败斗争。强化党的政治监督，建立健全贯彻党中央重大决策部署和自治区党委、自治区教育厅重要工作安排的督查问责机制，强化对贯彻新发展理念、构建新发展格局、推动高质量发展等决策部署落实情况的监督检查。推进政治生态分析评估和党风廉政建设分析研判机制，深化完善党风廉政建设检查考核制度，建立健全多渠道收集问题线索的工作机制。

（二）主要成效

1. 党建引领高质量发展成效更加显著

学校切实把习近平总书记关于教育的重要论述作为根本遵循。坚持强化党对学校上下的政治思想领导和理论武装，持续巩固党在学校意识形态工作中的领导主导地位，加强党对团组织建设的领导管理和群团组织跟党走的教育引导，实现党的全面领导在学校的有效贯彻，实现以党建带动学校发展，逐步形成党组织统一领导、群团密切配合，党团共育新人的良好格局。学校被教育部确定为“国家优质职业院校”“中国特色高水平高职院校和专业群建设单位”，并在“双高计划”中期绩效评价获教育部“优秀”等次。2023 年 1 月，教育部批准同意学校在“十四五”期间申报职业本科院校，为推动学校向更高质量发展创造全新的历史性机遇。

2. 培根铸魂育人成效更加显著

学校切实把落实立德树人的根本任务作为立身之本。抓好习近平新时代中国特色社会主义思想宣讲主阵地建设，提升思想政治教育主渠道整体功能。完善“三全育人”工作体系，构建全员育人合力系统、全过程育人评测机制、“学校+家庭+企业”全方位育人联动体系，打造宁夏高校学习贯彻习近平新时代中国特色社会主义思想的典型样

本。学校成功立项省级“三全育人”综合改革试点高校，立项课程思政精品项目121门（其中省级4门）、“十四五”思政名师工作室1个、“三进”精品课程23门；培育出自治区级思政教学名师2人，获自治区级“高校辅导员年度人物”“大学生年度人物”各1人。2022年，学生荣获全国职业院校技能大赛（高职组）“化工生产技术”一等奖；荣获国家级大赛奖项15项，自治区级94项，学生“创新创业”比赛获奖数量，在全国高职院校中位列第三。

3. 基层党组织战斗堡垒作用更加显著

学校切实把加强党的建设作为根本保证。以新时代党的建设总要求为指针，对标学校各级党组织“四个过硬”“五个到位”“七个有力”和师生党员成为先锋模范要求，突出全面从严治党重点任务，培育建成自治区级五星级党组织4个、全国高校党建样板支部2个，成功立项自治区教育系统“对标争先”计划项目4个，成为宁夏首个立项2个教育部党建项目的高校。实现学校党的建设与教育教学工作深度融合，推动教育教学改革、落实立德树人根本任务、实现办学目标、激发干部队伍活力、团结带动师生，为学校发展凝聚强大力量。

（执笔人：薛新巧　杨理　申抒然）

依法治校

依法治校作为高职院校治理现代化的核心策略，通过建立完善的法治环境，保证学校决策和管理过程符合法律规范，从而提升治理成效。这不仅有助于规范学校的内部管理，保障师生合法权益，还能有效预防和解决学校运营中可能出现的各种法律风险，为学校的稳定发展提供坚强的法治保障。

本部分案例呈现出我国高职院校在新时期依法治校方面的主要经验：一是加强党的全面领导。坚持党委领导下的校长负责制，发挥党组织的领导核心和政治核心作用，完善决策机制，强化政治引领。二是健全法治工作机制。成立法治领导小组，设立法治办公室，实行法律顾问制度，组建法治工作队伍，健全工作机制，保障依法治校落地见效。三是完善法治制度体系。以章程为统领，构建规范化、系统化、科学化的制度体系，健全决策机制、民主管理机制、风险防控机制等，优化内部治理结构。四是强化法治宣传教育。利用网络平台打造法治空间，通过课堂教学、讲座报告、主题实践等多种方式，增强全员法治意识，营造浓厚法治文化氛围。

这些案例同时呈现了高职院校依法治校工作的主要特点：首先，顶层设计清晰明确。依法治校与党建深度融合，服务大局，发挥政治功能和引领作用。通过制定和完善章程，确保学校治理的法治化和规范化。其次，制度建设全面系统。构建系统、科学、合理的规章制度体系，实现制度化、规范化、程序化治理，不仅包括决策机制、风险管理，还涉及提供关于师生权益保护和法律的服务。再次，法治文化广泛普及。通过法治教育和宣传，提高全校师生的法律意识和法治素养。最后，法治实践深入推进。强化法治工作数字化、信息化建设，依托数字校园、智慧校园建设提升依法治校工作质量与效率。

另外，从下述案例可以明显看出，各高职院校在内部治理进程中已逐步从“人治”

走向“法治”，这是高等职业教育现代化转型的必然要求与时代选择。案例院校依法治校基本逻辑遵从以下几方面。

第一，章程为基。案例院校均提到了“章程”在依法治校中的重要作用，章程是现代大学治理的根基与灵魂。制度以章程为载体，决定了高职院校在内部治理过程中的基本规范和目标路径。在高职院校教育改革的大背景下，章程赋予了高职院校内部治理改革的合理性与合法性。对于高职院校治理而言，章程的重要性在于其是高职院校管理者、教师、学生等相关利益者关于权、责、利的基础配置，章程建立过程本身就是对高职院校内部权、责、利的二次划分。通过章程能够提升学校依法治校的效率，降低学校在治理过程中的执行成本。时代洪流滚滚向前，章程作为学校改革与发展的产物，我们既要拥护章程的权威性，也要对章程及时进行废、改、立，以适应社会发展变革。

第二，文化为本。通过阅读下述案例，我们可喜地看到，许多学校已将法治精神融进学校依法治校建构中，法治精神与法治理念已成为学校精神文化的重要组成部分。在高职院校的长期办学过程中，精神文化早已成为学校最具典型意义的个性特征与精神风貌。学校的精神文化是学校办学历史与办学特色的积累和沉淀，是体现每所学校办学理念的独特之处，将法治精神与法治理念融入学校的精神文化中，能够对法治文化进行传承。在法治文化繁荣并序的治理环境中，法治文化已经成为学校依法治校过程中最强大与最重要的内驱力。

第三，民主管理。归根到底，高职院校期望形成依法治校的良性治理氛围需要在体制机制上形成较好的民主管理格局，学校依法治校工作的有效开展离不开较为完善和稳定的管理体制，而民主化的管理体制正是高职院校未来治理模式的最终指引和方向。学校应正确处理好党委领导、院长负责、教授治学、民主管理几大关系，协调好学校内部的政治权力、学术权力与行政权力三者间的关系，尊重党委在学校领导与依法治校过程中的核心地位，坚持协商一致原则，坚持依法治校。下述案例充分体现了章程为基、文化为根、民主管理为基础保障的“三位一体”内部治理模式。

这些案例对高职院校治理现代化实践颇具指导意义。展示了高职院校通过依法治校可有效提升内部管理的科学性和规范性，为学校的稳定和发展提供了可靠保障。同时，还有助于推动学校治理体系和治理能力的现代化，为我国高等职业教育的改革和发展提供了有益的经验和模式。

构建“五位一体”依法治理工作新格局

枣庄职业学院

枣庄职业学院深入学习贯彻习近平法治思想，全面落实教育部《关于进一步加强高等学校法治工作的意见》、山东省教育厅《关于加强高等学校法治工作的实施意见》要求，出台《关于加强法治工作的实施方案》，健全体制机制、建立制度体系、完善治理机构、健全风险防控、推进法治教育，有效提高了治理效能，构建了“五位一体”依法治理工作新格局。

一、健全体制机制，确保工作落地见效

从健全领导机制入手，成立以党委书记、院长任组长的法治工作领导小组，明确法治工作的第一责任人，并指定 1 名院级领导分管法治工作，全面加强学院党委对法治工作的领导。从健全机构队伍着力，调整内设机构，独立设置法治工作办公室，配备专职法治工作人员 3 人；印发《总法律顾问制度实施办法（试行）》，实施总法律顾问负责制，聘任总法律顾问 1 名。同时，组建由专职法治工作人员、校内专家、专业律师构成的法治工作组，聘任法治副院长 4 人、法治辅导员 4 人，加强法治工作队伍建设，提升法治工作能力水平，成功入选山东省依法治理学校改革试点。

二、以章程为统领，建立完备科学制度体系

修订《枣庄职业学院章程》，健全完善了以学院章程为核心的制度体系，新增配套制度 42 项、废止 35 项，全面梳理清理各类规章制度；编制印发《枣庄职业学院规章制度汇编》，按照效力层级、业务领域细分 13 类 115 项，规范校内制度建设；实施流程改造，编制工作流程 83 项。出台《规章制定程序规定》，对规章制度的制定、修改、废止、清理、合法审查以及监督执行等工作进行规范；建立制度废改立程序，定期对规章制度进行清理，对暂行或试行的制度在三年内完成修订工作。将章程纳入教职工入职、

学生入学培训“第一课”“必修课”，推动师生广泛知晓并自觉遵守章程和规章制度。

三、完善治理机构，提升治理能效

一是决策执行监督机制。修订了党委会议议事规则、院长办公会议议事规则，健全决策咨询机制。出台《“三重一大”事项监督办法》，建立办公室、纪委办公室、质量管理办公室督查督办机制。二是民主管理体制。建立了职代会、团代会、学生会等民主管理组织和机制，保障师生知情权、参与权、表达权和监督权，全面提升民主管理水平。设立信息公开专题网站和招投标专题网站，强化重点领域、关键环节的信息公开力度，全面落实信息公开制度，接受师生和社会监督，保障师生员工、社会公众的知情权。三是学术管理体制。调整完善了专业建设指导委员会、专业（群）建设委员会，组建了教材选用委员会，提升学术治理水平。四是社会参与体制。成立枣庄职业学院理事会，发挥其咨询、协商、议事和监督职能作用，促进社会参与学校办学和管理。五是校系（院）二级管理体制。印发了《第三聘期专业技术岗位、工勤技能岗位设置与评聘工作实施办法》《校系（院）两级财务管理体制改革试行意见》，建立以人事和财务二级管理制度为核心，人事权、资源配置权和事务处置权统分结合的校系二级管理体制，推进管理重心下移。1 项成果入选全国高等职业院校治理体系建设优秀案例 50 强，学院在全国职业院校校长治理能力提升专题研讨班校本实践论坛作了案例分享。

四、健全风险防控体系，维护校园和谐稳定

印发《合同管理办法》《专项资金内部审计办法》《内部审计工作办法》《科学研究经费审计实施办法》，加大重要规范性文件的合法性审查力度，严格校内采购、基建、科研等重大经济合同审核。建立纠纷解决机制，搭建“一站式”服务、“早知早办、一网通办”信息化服务平台，建设诉求调处中心、信访接待中心、学生服务中心，有效解决师生诉求和纠纷。加强法律意见书审核，在学院法律服务工作流程中增设总法律顾问审核环节，由总法律顾问对各法律顾问提供的法律意见进行复核，切实提高法律顾问工作质量。建立校方责任险、意外事故伤害险等保险制度，形成师生人身伤害事故纠纷的预防、处置和风险分担机制。

五、强化育人功能，推进法治教育全员覆盖

坚持“三个纳入”，将法治教育纳入党委理论中心组学习，每年至少安排 1 次以法治为主题的学习；纳入教职工理论学习，纳入学生班团课主题，每年至少开展 1 次学

法用法学习活动。以宪法为核心，以民法典为重点，在“12·4”国家宪法日、民法典颁布等重要时间节点，开展国家安全教育日法治宣传、“美好生活 法典相伴”主题普法宣传等活动，制作微电影作品；联合公安、司法、消防、卫生等部门，开展“远离毒品、拒绝邪教”“不贪小利、抵制网络诈骗”等法治教育报告和主题实践活动；开设“思想道德修养与法律基础”等思政课程，利用校园广播和电视台、院报以及宣传栏等渠道定期开展法治宣传，将法治精神、思维和方法落实到教育、管理和服务的各环节。印发《师德师风考核暂行办法》，设立师德考核负面清单，建立教师师德档案，1 名教师入选教育部全国师德师风委员会委员。创建“枫桥式警务室”，建设防控智能化 App 系统，筑牢校园安全网络。建设德廉教育馆，开设德廉讲堂，打造德廉教育文化，为培养“什么样的人”这一时代大考作答。

（执笔人：韩超 周勇 孙洪庆）

六维协同探索职业院校依法治校新模式

日照职业技术学院

日照职业技术学院深入学习贯彻习近平法治思想和习近平总书记关于教育的重要论述，把依法治理作为学校治理的基本理念和基本方式，融入办学治校的全过程，通过完善规章制度、健全内部治理、保护师生权益、做好风险防控、开展法治教育、规范法律文书等方面的工作，学校内部治理更加规范精细，管理水平显著提高，民主管理、科学管理、决策机制更加健全。学校通过法治建设成效提升学校治理体系和治理能力现代化水平，推动学校各项事业高质量发展。

一、系统谋划、协调推进，强化组织领导

学校坚持党委统一领导，将法治建设纳入党委会、院长办公会议事范围，定期听取学校法治工作情况汇报。成立由党委书记、院长任组长的依法治校工作领导小组，统一部署和协调推进依法治校工作。实行综合管理、分类归口、分级负责的法治工作管理体制。将依法治校纳入学校“十四五”发展规划，对治理结构、制度规范、工作机制等作出全局性、战略性、前瞻性部署。出台《日照职业技术学院关于加强法治工作的实施方案》(日职院办字〔2021〕22 号)，明确责任分工，挂图作战、挂牌督战。将法治建设纳入年度工作计划，发布年度法治工作要点，年底召开推进依法治校工作会议，总结经验、查摆问题、部署任务。

二、发扬民主、科学决策，优化治理结构

学校出台《“三重一大”集体决策制度实施办法》(日职党发〔2021〕14 号)，修订《党委会和院长办公会议事规则》(日职院办字〔2021〕21 号)，落实师生参与、专家论证、合法审查、集体讨论等工作要求，不断提升决策的科学化、民主化、法治化水平。成立学术委员会、教学指导委员会和教材审定委员会，明确职责权限和议事规

则，不断完善学术管理体系和组织架构。成立政府、行业、企事业单位参加的理事会，充分发挥咨询、协商、议事和监督作用。不断完善校系两级教代会制度，强化教职工民主参与；创新开展教职工代表“定向询政”制度和常态化意见建议征集制度，保障教职工参与学校决策、行使民主管理和监督权。推进学代会、团代会等学生组织建设，深化“一心双环”团学组织格局，开展社团建团、公寓建团、工作室建团和网络建团。围绕干部人事、资金运行、物资采购、职称评聘、评优树先、招生就业等关键环节和重点领域，制定信息公开清单，健全公开机制。

三、建章立制、防控风险，夯实制度保障

学校根据职业教育发展变化，修订完善《学院章程》，出台《规范性文件管理办法》，健全合法性审查和定期清理长效机制，构建涵盖“学校章程、基本制度、工作制度、部门规章”四个层级的制度体系。加强制度建设，推进制定废改立工作，研究编制了学校《规章制度汇编》，通过“废、改、立”共汇编现行使用规章制度 156 项，进一步厘清了学校各项工作规范和流程，为开展各项教育教学工作提供了依据，有力推进了学校制度建设。制定《合同管理办法》和《印鉴管理办法》，建立线上审批系统，实现全流程管理。全覆盖开展“法治体检”，无死角梳理法律风险清单，明确处置主体、责任和措施。建立法律文书清单制度，梳理规章制度建设、合同协议审查、师生权益保护、涉法诉讼案件处理、法律顾问等 5 类常用文书清单，实现法律文书“横向到边”“纵向到底”。

四、专兼结合、配强队伍，凝聚工作力量

学校办公室作为法治工作的职能部门，承担法治工作领导小组办公室的职责，配备专职工作人员，明确各单位 1 名法治工作负责人和 1 名法治工作联络员。出台《总法律顾问制度实施办法（试行）》（日职党发〔2021〕31 号），实行总法律顾问负责制。聘任总法律顾问 1 人，法律顾问 3 人，外聘执业律师 1 人，成立法律顾问工作组。法律顾问列席学校决策性会议，并独立发表法律意见，为学校涉法议题决策、规章制度及合同审查、涉诉案件论证等提供专业法律意见，有效提高了学校依法治校工作质量和水平。将法治工作所需经费纳入学校经费预算，每年单列专项经费确保法治工作运转。建立专兼结合的普法师资队伍，配足配齐法治课教师和法治辅导员队伍。

五、畅通渠道、搭建平台，维护师生权益

学校完善师生权益保护救济机制，及时受理师生和社会公众对学校章程执行情况的监督和投诉，严格履行依法调查事实、收集证据等程序，对于涉及师生重大利益的

处理或者处分决定，建立听证制度。建立第三方调解制度和校方责任险、学校安全综合险、意外事故伤害险等保险制度，形成师生人身伤害事故纠纷的预防、处置和风险分担机制。建立法律顾问咨询机制，开通免费法律咨询服务，面向全体师生提供“线上+线下”法律咨询服务，将每周二定为线下法律顾问日，接待师生现场咨询，其他时间师生员工可通过电话、微信、邮件等方式进行线上咨询，已帮助50多名师生员工解决了生活和工作中遇到的教育培训合同纠纷、交通事故损害赔偿纠纷、劳动争议纠纷、房屋租赁合同纠纷等问题。

六、紧扣重点、创新方法，增强宣传教育

学校以宪法为核心，以民法典和新修订的职业教育法为重点，面向全体师生，通过线上、线下相结合的方式，全面加强法治教育宣传工作。将以法治为主题的内容纳入学校党委理论学习中心组学习，领导干部带头学法用法；组织党员教师利用主题党日活动，学习研读《中华人民共和国民法典》《中华人民共和国职业教育法》等法治文件；通过职业教育活动周学习贯彻新职业教育法，开展新职业教育法普法工作；开展以课堂教学为主渠道、课内课外相结合的普法教育模式，将宪法教育和社会主义法治理念全面融入思政课等课程中；健全学生法治实践机制，融合知识闯关、演讲比赛、微信答题竞赛、海报设计、科普展览等形式，激发学生参与活动的热情；开展法治主题活动，在“国家宪法日”开展宪法相关主题班团会教育活动，加强校园法治文化建设，用好“学宪法　讲宪法”“学党史　普法治”“法治进校园”报告讲座等活动，确保法治教育全覆盖、有实效，引导学生知法、懂法、守法；建设视频普法宣教园地，把普法教育融入校园一草一木，融入学生一言一行，每周发布一期普法视频，服务学生成长成才，聚焦校园生活，打造“小Y普法”系列普法微剧、普法小品、普法漫画等一系列法治文化作品，浸润学生的法治素养。积极同日照市司法局对接，成功申报山东省法治联络点，探索打造高校法治教育宣传基地。

在学校法治工作领导小组办公室的领导下，秉承现代法治精神，深入推进我校民主法治建设并取得一定成效。学校将法治建设融入学校工作，治理水平显著提升，相继荣获全国高职院校“实习管理50强”“学生管理50强”“治理体系建设优秀案例50强（2020）”。

（执笔人：毛怀东　王宗琛　杜文龙）

创新评价制度建设　绘制校园法治新图景

湖南高速铁路职业技术学院

一、基本概况

依法治校是推进学校治理体系和治理能力现代化的基本方式，也是坚持和发展中国特色社会主义大学的本质要求和重要保障。新时代高校法治校园建设要以习近平法治思想为引领，加强党对依法治校工作的全面领导，落实以学校章程为核心的制度体系，提升法治意识、能力与水平，多渠道开展法治宣传教育，深入开展依法治校理论研究，加强依法治校过程监督，积极营造依法治教、依法办学、依法治校的氛围，全面推进高校治理体系和治理能力现代化。

湖南高速铁路职业技术学院认真贯彻落实习近平总书记关于教育的重要论述和全国教育大会精神，深入落实《教育部关于进一步加强高等学校法治工作的意见》的部署要求，制定了《法治校园建设规划（2021—2025 年）》。学校以《湖南高速铁路职业技术学院章程》为统领，革新评价制度、完善评价标准，用法治思维推动教育评价改革，让工作质量“有标准”，工作评价“有指标”；以党建引领为根本，健全依法治校工作机制；以民主管理为基础，推进治理能力现代化；以服务师生为宗旨，健全师生权益保护体系；以平安校园为抓手，强化风险防控体系；以宪法教育为核心，树牢法治宣传教育体系，着力打造“法治学校”，全面推进依法治教、依法办学、依法治校，实现办学质量与法治水平双提升。

二、主要措施

作为新时代教育评价改革综合试点学院，学校精心谋划绘制“施工图”，打造“实景图”，全面依法推进评价改革，引领法治校园新风尚，重视运用法治思维和法治方式推动教育评价改革。

（一）立制先行于法有据

严格依照《湖南高速铁路职业技术学院章程》《湖南高速铁路职业技术学院规范性文件、各类合同合法性审查暂行管理办法》等文件规定建章立制，从教师教学能力、学生综合素质、产教融合校企合作质量、就业创业高质量发展、选人用人、科研、平安建设 7 个方面完成了《“三全育人”综合改革建设方案》《学生德智体美劳全面发展过程性评价办法》《学生德智体美劳全面发展过程性评价标准》《行政管理人员聘期考核制度（试行）》《教师聘期考核制度》等系列评价改革制度的废立改，推动学校教育教学管理等多方面评价制度的改革，确保评价制度合法合规，做到“凡改必有据，凡评必依据”。

（二）标准科学良法善治

以各层级评价标准为准绳，规范评价流程，提高评价信度。学生评价方面，从“五纵五衡”共 238 个指标对学生综合素质进行立体式评价，进一步优化学生多元评价标准；教育教学方面，建立“四维四类四链”评价指挥棒助力教师成长；校企合作方面，实施“四位一体”多元评价，凸显国际合作办学特色；就业创业高质量发展方面，创新性提出“一人工作理念”，形成“一四三五”模式，赋能就业率领跑全省；选人用人方面，采取“菜单式”评价，赋能选人用人“人岗相适　能上能下　可高可低”；科研评价改革实行分类评价，营造科研“你追我赶”新局面；将平安校园建设任务摆在首位，贯穿部门工作全过程，夯实工作基础，筑牢依法治校基座。

（三）过程规范严肃公正

健全完善学院章程，强化制度执行，构建科学完备的内部规章制度；坚持以师生为本，形成依法依规、协同联动、师生积极参与的治理体系；完善学校法律风险防控体系，加强校院领导干部及法治工作机构人员的法治教育培训，持续提升师生法治素养。建立评价监督机制、明确惩处措施、完善救济程序，注重评价程序的公开透明，确保评价过程的严肃性和规范性，各项评价工作依照程序合规推进。

（四）全员遵循巩固成果

一方面，加强宣传教育培训，强化师生对评价改革目标、程序、标准、结果应用的认识，提升师生了解制度、遵循制度、应用制度的法治素养，增强其意识；另一方面，依照改革方案开展评价实施，强化运用评价结果充分做实改革工作，确保制度顺利实施。凭借完备的评价制度、科学的评价标准、规范的评价过程、公正的评价结果，以法治方式和法治思维推动教育评价改革工作，法治理念贯穿评价改革工作全阶段，学院管理制度化、规范化、法治化迈上新台阶。

三、工作成效

法治是最好的教育环境，学校以教育评价系统性改革为切入点，不断推动依法治校走深做实。学院推进评价改革有实效，依法治校显成效。

（一）评价制度体系不断健全

出台评价改革制度文件23个，更新修订配套制度、规范性文件34个，基本形成涵盖教师教学能力、学生综合素质、产教融合校企合作质量、就业创业高质量发展、选人用人、科研、平安建设7个方面的制度规范体系，使评价工作有章可循、有据可查。

（二）评价监督体系不断强化

建立了评价监督常态化机制，评价工作的校内师生满意度达98.96%，师生学校阳光服务中心接到评价相关工作投诉量下降16.4个百分点，依照评价监督制度之规定处理投诉案例40余件，处理结果受到师生高度认可。

（三）评价工作实效不断提升

科学公正、风清气正的评价生态激发了师生干事创业的热情，教育评价的引导、激励作用不断加强。学生综合素质方面，在新的评价体系下学生由单一发展转变为德智体美劳多元发展，综合素质显著提升。处分率从0.14%下降到0.04%；学生体测合格率由88.49%提高到92.15%，学生日均劳动时间由近30分钟提升至37分钟；学生综合素质评价改革案例入选省级典型案例；在2023年国铁集团开展高职毕业生质量评价中，学院在全国近200所高职院校中综合排名第九。近两年来，学生获国家职业技能竞赛一等奖10项，2024年世界职业院校技能大赛斩获3金1银，取得好成绩。教育教学方面，教师队伍素质也在新的评价标准引领下取得新突破，2023年，“楚怡杯”湖南省职业院校教师职业能力竞赛教学能力比赛中，学校获奖率达90%；各类项目申报立项数均创新高，同比增长21%。校企合作方面，实现校企高质量合作，学院牵头申报的市域产教联合体被推荐至教育部，相关工作纳入衡阳市政府工作报告；立项七大类23个省级职教重点任务项目，被认定为湖南省具有国际影响力的职业教育标准、资源、装备共6项，学校获评湖南省具有较高国际化水平的职业学校建设单位。就业创业方面，2022届毕业生就业率达97.90%、2023届毕业生就业率达98.38%，同比增长0.48%。2021年、2023年连续被评为省就业创业“一把手”工程优秀单位。选人用人方面，育才、引才、用才成效显著。2023年获评“芙蓉名师”1人、“楚怡名师”1人、立项“楚怡”教师教学创新团队1个、名师工作室3个、教学名师2人；2024年获评“楚怡名师”1人、立项“楚怡”教师教学创新团队2个、名师工作室3个、教学名师1人；提拔重用干部60人、调整干部74人。全年育才、引才、用才投诉率为零。科研业绩方面，全面激发了学校科研人员的创新活力。2023年，学校成功立项全国教育科学规划课题1项，省市两级项目数均创新高。平安校园建设取得新突破，近年来学校安全零事故，获得衡阳市平安建设优秀单位、“十大平安”创建示范先进单位、安全生产和消防工作先进单位等诸多荣誉称号。

（执笔人：唐钧山　陈红　汤成林）

贯彻新《职业教育法》，推进依法治校 提升内部治理体系，促进职业院校高质量发展

长江职业学院

贯彻落实新《中华人民共和国职业教育法》是推进深化职业教育依法治教、依法办学，夯实现代职业教育体系法治基础，推进治理体系和治理能力现代化，是职业教育高质量发展的必然要求。长江职业学院坚持以习近平新时代中国特色社会主义思想为指导，认真学习宣传贯彻习近平法治思想，深入贯彻落实《中华人民共和国职业教育法》，坚持依法办学、依法治校，不断完善现代大学制度体系，优化学校内部治理结构，规范办学行为，提升依法办学治校能力，促进学校高质量发展。2022 年荣获“全国高等职业院校治理体系建设典型案例”50 强，连续十届获省级文明单位（校园）荣誉称号，连续八届获厅直系统“平安建设优胜单位”荣誉称号。

一、高瞻远瞩，规划顶层设计

（一）加强顶层设计

（1）加强组织领导。按照全面依法治校的工作新要求，学校成立了以党委书记、校长为组长，副校长为副组长，校内各单位党政负责人为组员的依法治校工作领导小组，统筹协调全面依法治校工作。

（2）强化责任落实。坚持将依法治校工作列入学校党委年度重点事项清单，定期研究和部署法治工作，运用法治思维和法治方式推动学校发展、化解矛盾、维护稳定、应对风险能力。

（3）完善法治体系。按照《2022 年度省属高校高质量发展综合绩效考核细则》，结合考核反馈意见，针对法治建设中存在的工作短板和薄弱环节，研究制定整改措施，明确整改落实责任，进一步健全完善法治工作体系。

（二）全面深入学习习近平法治思想

（1）建立党委中心组学法制度。将学习贯彻习近平法治思想作为一项重大政治任务，列入党委理论中心组年度学习计划，丰富学习形式与内容。

（2）建立重大决策前学法制度。坚持党委、行政在重大决策前专题学法，凡是涉及选人用人、招标采购、基本建设和师生切实利益等重大问题，先行学习相关法律法规，然后再作决策。

（3）建立学法用法培训制度。以中层干部为重点，将学法用法作为任职培训重要内容，把遵守法律、依法办事作为考察干部重要依据，提高学校依法决策、民主管理和监督水平，让法治思维深入人心。

（三）加强法治队伍建设

建立法律顾问制度，组建法律顾问团队，聘请第三方法律事务机构指导和参与学校法治工作，为学校大额合同、工程合同签订前的调查论证、合法性审查、风险评估以及决策程序等提供专业法律意见。

二、建章立制，夯实基础保障

（一）健全科学民主决策机制

（1）完善党委领导班子议事决策机制。修订完善《中共长江职业学院委员会会议事规则》《长江职业学院校长办公会议事规则》等制度，充分发挥党委领导核心作用，保证校长依法独立负责地行使职权。

（2）规范决策程序。建立“三重一大”决策事项清单，明确决策事项 29 项，凡涉及重大事项均须提交党委会、校长办公会审定，坚持集体讨论决定，严格落实“一把手末位表态”机制，确保决策科学民主、程序规范。

（3）加强决策执行力建设。建立决策预研、前置机制，对重点热点难点问题进行专项研究，将调查研究、专题预研作为重大决策必经环节，提高决策的科学性与可执行性。

（二）完善民主管理机制

（1）健全教学委员会、学术委员会制度。充分发挥其在教学管理、学科建设、学术评价、学术发展等事项上的重要作用。

（2）落实教职工代表大会、工会会员代表大会、学生代表大会等制度。凡涉及学校和师生重大利益的决策中充分发扬民主，广泛听取意见，完善群众参与、专家咨询和集体决策相结合的决策机制。

（3）建立月度校务会议、校情通报会等制度。为师生员工参与学校民主管理创造条件，通过聚焦学校改革发展的重点、热点问题开展定期通报，为提高学校事务决策的民主科学性发挥了积极作用。

（三）健全民主监督机制

（1）加强权力运行制约和监督。深化纪检监察体制改革，实现党内监督全覆盖、对公职人员监察全覆盖，推进主体责任和监督责任一体落实，党内监督和外部监督相结合，构建起党委全面监督、纪委专责监督、党的工作部门职能监督、党的基层组织日常监督、党员民主监督的党内监督体系，形成了贯通协同、相互制约、全面覆盖的大监督格局。

（2）建立党务政务信息公开机制。实现信息公开规范化、制度化，充分发挥信息公开对依法治校、改进工作作风、提高管理服务水平的促进作用，有效保障社会公众和师生的知情权、参与权和监督权。撰写《长江职业学院 2022—2023 学年度信息公开工作报告》，及时更新学校信息公开网站。

（3）全面做好信访工作。建立校领导接待日制度，健全“党委书记信箱”“校长信箱”以及学校信访电话受理机制，切实解决师生“急难愁盼”问题，推动信访监督不断转化为基层治理效能。依法依规解决好学校改革发展中出现的各类诉求，综合运用信访、调解、申诉、仲裁等方式处理校内纠纷，切实维护师生合法权益，营造安全稳定的校园环境。

（四）建立完善内部控制体系

（1）强化廉政风险防控管理。完善廉政风险排查和防控机制，建立校领导岗位风险责任清单，进一步增强廉政风险防范意识和行动自觉，形成从源头上防范风险的长效机制，有效化解廉政风险。

（2）强化对外合作风险防范。加强对重要合同履行过程的跟踪检查、建档归档，实行行政管理部门、教辅机构、二级学院印章对外使用的“清单管理”，切实提高风险防控能力。

（3）降低选人用人风险。继续探索非事业编制人员分类管理，完善非事业编制人员管理办法系列配套制度，有效防范学校用人工作中存在的不和谐、不稳定因素。

（4）消除安全隐患。完善突发事件处置预案，在每个敏感时间节点，及时发布安全提示，不定期开展安全隐患排查治理，加强安全防范教育，建立学工、保卫、宣传、医疗及法律服务等多部门横向联动机制，实现风险评估、事态干预、舆情管理、应急处理等全过程的风险管理。

（五）建立有力法治保障体系

强化科技服务保障。积极推广应用大数据在学校发展建设中的作用，通过数据分析结论充分应用至学校考核评价、质量评估、教学督导、内部诊改等各个领域，对学校党委全面洞悉学校运行现状、问题、障碍等方面的基本现状、发展要求和本质规律提供技术支持，指导完善治理体系、提高治理水平。

三、多方结合，提升教育实效

（一）加强法治宣传保障

建立党委中心组学法制度，将法治教育作为教师任职培训、岗位培训、继续教育的重要内容，丰富学生法治教育的形式与内容，利用“12·4 国家宪法日”、“八五”普法等活动深入开展学法、用法、普法宣传教育，推动形成办事依法、遇事找法、解决问题用法、化解矛盾靠法的良好法治文化氛围。

（二）推进法治教育入脑入心

推动社会主义法治教育“三进”，思政课开设课程，课堂教学融入法治教育内容，在学生第二课堂开展法治教育活动，广泛开展普法宣传、模拟法庭、社会实践等法治知识普及活动。面向全校学生开设“思想道德与法治”“形势与政策”“国家安全教育”等必修课和选修课。

四、科学决策，完善治理结构

（一）优化机构设置

对原有机构职能进行重新梳理调整，成立学校质量管理与教学督导处、合作与发展处、对外交流处等机构；成立马克思主义学院，下设马克思主义理论教研室思想道德与法治教研室，形势与政策教研室，劳动教育军事理论、国家安全教育教研室，中华优秀传统文化教研室。同时设有思想政治理论研究中心，思想政治教育中心。在强化思想教育、体育美育、心理健康教育、创新创业教育等铸魂育人环节狠下功夫。

（二）完善考核体系

按照《2022年度省属高校高质量发展综合绩效考核细则》指标体系，进一步强化学校“双高”建设考核、“十四五”规划完成状况考核，持续开展教学工作诊断与改进工作，对标对表，逐一落实，完善学校各级各类考核体系内的法治考核体系。

（三）健全测评机制

（1）探索实施三年期滚动预算管理机制改革。逐步将所有预算资金纳入绩效管理范围，将绩效评价重点由项目支出拓展到部门整体支出。

（2）实现校级公共资源的共享融通。整合学校各类资源，建立校内管理数据库，完善智慧校园基础平台、移动校园及一表通平台建设等平台功能，打通部门与部门、部门与学院之间的壁垒，推动学校在疫情防控、校区调整、人才引进等方面科学管理、精准施策，优化人、财、物等资源有效调度和合理配置，逐步建立起集中统一、科学合理、高效运转的资源配置体系，实现校级公共资源共建共享和高效协同，全面提高信息化服务水平。

经过三年实践与探索，2021年至今长江职业学院依法治校获得如下工作成效及奖项荣誉（见表1）。

表1　2021年至今长江职业学院依法治校工作成效

建设项目	数量指标	质量指标
建章立制	67项	
主动向校内和社会公开信息	70项/5000余条	
重大事项提供法律咨询服务	220余项	
校领导接待日回复率、办结率		100%
信访投诉件办结率		100%
召开党委会	77次	
召开校长办公会	50次	
党委中心学习	31次	
召开教学委员会、学术委员会会议	61次	
完成智慧校园上线运行轻服务	65项	
参加法治专题培训	2041人次	

①连续两年荣获“全国高等职业院校治理体系建设典型案例”50强。

②蝉联八届厅直系统“平安建设优胜单位”称号，“七防工程”项目建设优秀案例。

③成功入选国家智慧教育平台湖北省试点单位。

④信息化建设成果《信息化助力科学治理　重塑学校教育新生态》成功入选全国职业院校典型案例。

⑤成功入选“全国首批急救教育试点学校”“全国健康学校建设单位”。

⑥荣获2021年度“省直机关共青团和青年工作先进组织单位”。

⑦蝉联十届省级文明单位（校园）荣誉称号。

（执笔人：李丹　刘晓　叶文根）

念好“四字诀” 以“四个强化”深入推进依法治校工作

武汉船舶职业技术学院

近年来，武汉船舶职业技术学院积极响应党中央坚持全面依法治国推进法治中国建设的战略部署，始终坚持以习近平新时代中国特色社会主义思想为指导，深入学习贯彻党的二十大精神、习近平法治思想，紧紧围绕立德树人根本任务，全面落实教育部《关于进一步加强高等学校法治工作的意见》《高等学校法治工作测评指标》，坚持“四个强化”，聚焦“高严新效”，把依法治校融入、贯穿学校事业发展全过程、各领域，围绕以高水平法治建设护航学院高质量发展谋篇布局，切实把法治建设“施工图”转化为推动高质量发展的“实景画”，助推学院各项事业取得显著成效。教育部青少年普法网以《湖北：武汉船舶职业技术学院开展“民法典宣传月”系列活动》对学校法治活动进行报道，是唯一获得武汉市抗击新冠疫情先进单位的高职院校，并获第八届黄炎培职业教育奖“优秀学校奖”“全国征兵工作先进单位”荣誉称号。

一、强化高位统筹，立足“高”字抓谋划，健全法治工作推动机制

（一）高站位谋划法治工作格局

学校制定《关于加强法治工作推进依法治校实施方案》，成立依法治校工作领导小组，形成党委统一领导、法治办牵头、部门分工负责、全院共同参与的法治建设工作格局。将法治工作纳入党代会报告、学校事业发展规划、年度、月度及周重要工作议事日程清单。将法治工作与“清廉船院”建设、党风廉政建设、师德师风建设密切结合。组建了一支由法律顾问、法治工作联络员、法治志愿者专兼结合的法治工作队伍。

（二）高质量推进习近平法治思想“三进”工作

常态化组织“厚薄”经典读书会，依托主题党日和教职工政治理论学习时机，强

化法学知识学习，丰富思政课教师法律素养。开展以法学专业教师牵头的集体备课，推动法治课堂教学改革，提升法治教育实效。重点打造法治教育示范课2堂，其中“深入认识国家安全形势”作品入选全国高校思政课教学展示比赛一等奖。充分发挥“开学第一课”领航作用，将《中华人民共和国职业教育法》《中华人民共和国爱国主义教育法》等新增或新修订的法律法规及时融入教育教学。建立思政课教师联系二级学院制度，形成思政课教师常态化参与二级学院法治宣传和实践教育活动机制。

二、强化以法筑基，聚焦“严”字强治理，完善现代大学制度体系

（一）严格规范，持续完善以章程为核心的“1+N” 制度体系建设

扎实做好章程修订工作，作为湖北省首批7所试点制定章程工作高校中的唯一高职院校，自2014年实施章程后，2023年新修订的《章程》经省教育厅首批核准通过。新修订的《章程》尊重历史传承，彰显办学特色，体现办学成果。以章程为统领不断推进各项制度创新，制定“纵向贯通、横向衔接”的事业发展规划体系。开展制度体系实施成效诊改，对制度认真进行“把脉问诊”，将制度诊改工作与巡视整改、学校治理结合起来，按照“目标—标准—运行—诊断—问题—改进”的制度体系诊改流程，对制度实施成效、存在问题、改进措施、改进时间、改进成效进行全面审视。常态化推进“废改立释”工作，及时梳理修订滞后于形势、与实践脱节的制度文件，努力确保各项规章制度有法可依、有章可循，形成了以章程为核心、含“章程—基本制度—部门规章制度—业务工作流程”四层面的制度体系。

（二）严抓内部质量管理，护航重大决策部署贯彻落实

创新践行“严精细实”的军工质量观，借鉴中国船级社认证质量管理体系的规范性、船员培训和船员管理质量体系的贴切性、高等职业院校内部质量保证体系的约束性，引入ISO 9001质量管理体系，建立四级管理制度体系；遵循船员培训管理规则，建立船员培训质量管理体系；融合高职院校质量保证要求，构建内部质量保证体系。构建并实施顶层设计上与ISO 9001质量管理体系同一架构、在要素选择上与船员教育和培训质量管理体系共内容、在诊断与改进上与内部质量保证体系共机制的三者相互融合又各有特点的“三系融合”校本特色内部质量保证体系，为学校高质量发展提供了质量保障，入选全国职业院校优秀诊改案例，荣获全国船舶工业职业教育教学成果奖一等奖。

三、强化法润校园，深化“新”字搭平台，拓展普法宣传教育载体

（一）激发新活力，开展普法宣传教育

深化“法校共建”，定期邀请法院法官到校开展法治知识讲座，开展校外法治实践活动，组织师生走进属地人民法院观摩法院庭审，“沉浸式”接受法治教育。以职业教育活动周为契机，组织多名师生走进社区，宣传普及职业教育法，展示职业教育特色办学成果。将法治教育与日常教育、诚信教育等相结合，汇编学生普法知识手册，法治办专业人员送法进课堂、进宿舍、进“一站式”学生社区，面向全院学生开设《以案说法大学生必备法律知识》任选课，担任学生导师，为学生提供法律知识解答，对学生骨干开展日常法治知识专题讲座，提升学生骨干法治意识。近年来，学校法治服务师生取得良好社会效应，教育部青少年普法网、中国教育在线等多家媒体刊发学院法治工作做法 20 余篇。

（二）拓展新空间，打造特色校内普法基地

充分发挥学校舰船与航海博物馆作为国家、省、市三级舰船科普教育基地、“百校百馆”—湖北省“大思政课”实践教学平台作用，拓展校内科普教育基地功能，常年开设“映月法治园地”主题展，深挖校史、军工、海洋、国防等校园文化元素，设置爱国主义教育法、职业教育法、国家安全法、网络安全法等专栏，让师生零距离接受法治文化浸润，年接待校内外人员参观、研学逾万人次。充分挖掘校园人文场所（馆）的育人功能的同时，凝练推广了校本特色文化，厚植爱国主义情怀，法治文化融通中华优秀传统文化、军工文化、舰船与航海文化并重的船院特色大学文化体系进一步确立。

四、强化师生为本，咬住“效”字促赋能，服务推进事业改革发展

（一）聚焦“实效”，着力提升师生获得感与幸福感

深入开展“我为群众办实事”实践活动，聚焦师生民生领域，制定“一月一主题”普法清单，常态化开展法律援助，解决师生急难愁盼问题。健全“党政同责、一岗双责、齐抓共管、失职追责”的学校平安建设责任制，修订 10 个突发事件应急预案、23 项安全管理制度。完善流程健全师生权利救济机制，在对教师、学生做出重大

处理、处分前，履行合法性审查程序，形成了依法依规、客观公正、多元参与、部门协作的工作格局。近年来，学校获全省平安建设优胜单位、平安建设工作成绩突出集体等荣誉 8 次。

（二）聚焦“长效”，推动治理体系与治理能力现代化

学校将制度建设贯穿党建始终，强化党建引领，构建“136”党建工作体系。持续完善适应“放管服”改革要求的现代治理组织体系，建立专业动态调整机制，专业对接湖北省“51020”产业集群率 95.74%。深化“数治”综合改革，制定《关于推进职业教育数字化转型发展的若干意见》，打造“一大厅、三平台”智慧校园，获评教育部第一批职业院校数字校园试点校。优化“政军行企校”五方协同育人，构建基于发展共同体的多元融合机制，牵头成立湖北省船舶行业产教融合共同体，完善产教融合组织管理规范 25 项。服务国家“海洋强国”战略，形成海防安全、海河运输、海洋开发、新型工业化的“三海一工”专业布局，成建制为中国船舶集团、招商局工业集团等定向培养高端船舶工匠人才，为海军和武警部队定向培养大型舰艇建造及应用高端技能人才，从这里走出了辽宁舰电气项目总建造师、国防尖端工程技术研究制造一线四川省“五一劳动奖章”获得者、“海上大型绞吸疏浚装备的自主研发与产业化”国家科技进步奖特等奖获得者、全国技术能手及中华人民共和国最年轻的“五一劳动奖章”获得者等一大批服务国家国防工业、船舶行业高素质技术技能型人才。

（执笔人：焦文渊　彭书怀）

课程思政引领教材建设　法制教育贯穿专业教学

——以法制教育变革推动依法治校提质增效

武汉交通职业学院

一、基本概况

依法治校是推进学校治理体系和治理能力现代化的基本方式，也是坚持和发展中国特色社会主义大学的本质要求和重要保障。法制教育是高职院校依法治校的重要组成部分，也是思想政治教育的重要组成部分。当前，高职院校法制教育教学过程中，存在法制教育课程体系不健全、教育模式简单、内容设计不合理等问题，法制教育没有很好地贴近学生法律知识需求，法制教育实效性差。如何发挥课堂教学“主战场”作用，增强学生法制意识培养有效性，是高职院校法制教育体系需要关注的重要问题。

武汉交通职业学院在围绕组织领导、规章制度、治理结构、风险防控等方面深入推进依法治校的基础上，结合职业教育专业课程特点，深挖教学思政元素，积极探索在课程教学过程中将法制教育融入专业知识的教学方法，充分发挥教材育人作用，为职业院校专业课程教材编写提供了范本，在培养知法、守法、懂法、用法的复合型高素质技术技能型人才作了有益探索。

二、主要做法

（一）课程思政引领教材建设，融汇法治思想

物流管理专业是武汉交通职业学院传统优势专业，学校于 2013 年牵头成立湖北省物流职教集团，2022 年入选全国首批示范职业教育集团。学校在强化专业群建设的过程中，坚持课程思政引领，积极贯彻落实党的二十大、全国教育大会、全国高校思政工作会议精神，以习近平新时代中国特色社会主义思想特别是习近平法治思想为指导，落实立德树人根本任务，将首批国家级职业教育教师教学创新团队的课题成果——

《物流管理专业“课程思政”载体与方法创新研究》运用于该课程，挖掘课程背景下的思政元素，将价值引领与专业教学相结合引导学生践行社会主义核心价值观。坚持学用结合，突出法治教育的实践性、实用性。以物流企业经营活动中面临的实际法律问题为切入点，通过物流法律法规相关条文释义、案例剖析等，引导学生做社会主义法治的忠实崇尚者、自觉遵守者、坚定捍卫者，推动尊法、学法、守法、用法在物流领域蔚然成风。教材结合物流企业的经营实际和发展新变化、物流生产运作新标准的法律要求编写，着重介绍物流企业设立、招聘、经营、合同、保险、风险、纠纷等方面所需的法律法规，强调实用性、适用性。注重以学生为主体，通过任务引领、能力本位、实践导向的教学方式，将物流法律法规与思政教育有机融合，使全面依法治国思想深入专业课堂、入脑入心。

（二）校企双元合作开发，深化“三教”改革

武汉交通职业学院在教材开发过程中，坚持校企双元合作开发的原则，以首批国家级职业教育教师教学创新团队带头人担任主编，突出实践、技能、专业能力培养；重视法治意识、职业道德、职业素养、工匠精神的体现；切实体现任务导向、职业情境教学模式创新。强调以学生为中心，运用“自我决定论”进行教学方法改革，满足学生“自主性、胜任感、归属感”需求，进而调动学习积极性。通过学生团队协作、任务驱动等方式培养创新意识和创新思维。借助法律任务发布引导思考、法学课堂知识梳理、法律实践知行合一法案直击讲解剖析、思政园地涵育德行、知识与技能训练考核诊改提升等环节，使学生能够形成法律意识，了解法律关系，防控法律风险，解决法律问题。加强与合作企业协同互动，将企业的实际需求和案例融入教材，有效解决了人才培养与产业需求脱节的痛点，形成信息资源共享，助力培养具有法律意识和职业道德、具备实践和创新能力的复合型高素质人才。

（三）契合时代发展趋势，突出教学创新性

武汉交通职业学院积极推行项目式、活页式教材设计，教材的每个项目既可以独立体系学习，也可不同项目组合使用，具有活页式教材和工作手册式教材的内涵。每个项目均围绕一个法律专题，配备思维导图、任务发布、任务引导、法学课堂、法律实践、思政园地、法案直击、知识与技能训练。教材以“任务发布—任务执行部门—任务引导”三个环节进行引领，增强学生学习参与度，教师运用教材中“法学课堂—法律实践”环节开展教学，以工作任务为导向设计教学情境，真正实现任务引领、理

实一体，理论与实践相融合，讲授与实训相融合，教学过程与经营过程相融合，推动教学改革，充分体现现代职业教育理念。为帮助师生快速、深刻地理解教材的重难点，教材配有视频、动画、微课等丰富的教学资源，由编写团队亲自出镜拍摄，增加了读者与编者的亲近感，消除距离感，扫描二维码后即可直接学习，信息化的运用提高了学习的便捷性，提高了法制教育的有效性。

（四）坚持实用适用，推广反馈宜教宜学

武汉交通职业学院定期开展教材使用情况调研，在教材编写体例创新、法律法规条款归类合理、课程思政有机融合、微课、动画、案例、习题、技能实践等教学资源上不断丰富创新。结合高职教育特点与要求，以培养应用型物流法律人才为目标，着重培养学生分析问题和解决问题的能力；以现行物流相关法律法规、司法解释和判例为依据，系统阐述物流法律法规的基本知识、基本理论和基本制度。教材强调理论与实践紧密结合，既注重理论性，又注重适用性和实用性，内容精炼，好学好用，既符合高职学生学习规律，适合作为教材用书，又可以作为物流行业从业人员的法律业务参考书及培训用书，此教材建设模式在推进学校法制教育进程中发挥了重要作用。

三、取得成效

（一）教材建设卓有成效

学校联合企业共同开发以立德树人为根本任务，以学生为主体、以能力培养为本位的《物流法律法规》教材，在推广使用中深受好评，并成功入选教育部首批“十四五”职业教育国家规划教材。学校法制教育教材建设的成功经验已在校本教材《新编经济法》开发中复制，同时也吸引其他职业院校在专业课程教学过程中广泛参考并积极反馈。

（二）有效支撑学校依法治校工作

学校探索“课程思政引领教材建设　法制教育贯穿专业教学”的建设理念，形成“法治基础知识灌输、法治思维养成以及法治实践能力训练”系统性方法，使学生充分了解专业活动中常用的法律法规的基本框架，认识到专业知识与法律相结合的必要性和重要性，同时学习专业知识、发展专业技能，为普法教育与专业课程同向同行、形成协同效应探索了一条有益的路径。学校学生在湖北省教育系统“宪法宣传周”活动

中荣获湖北省安全知识竞赛一等奖，学校老师在第三届全国高校思想政治理论课教学展示活动比赛中荣获二等奖，学校获批成为湖北省依法治校示范校立项建设单位，师生法治素质不断提升，有力推动了学校依法治校工作。

（执笔人：姜亮　王超　汪小凡）

发挥法治副校长“三大员”作用 履职有“名”更有“实”

长江工程职业技术学院

近年来，长江工程职业技术学院（以下简称“学校”）充分发挥法治副校长“三大员”作用，构建内外协同的法治工作格局，筑牢了校园安全防线。

一、基本概况

2023 年 5 月，在“法校共建”的框架下，经江夏区人民法院推荐，学校聘任该院刑事审判庭负责人甘健全担任法治副校长。学校也成为湖北省首所聘任法治副校长的高校。一年来，法治副校长充分发挥“引导员、宣讲员、指导员”作用，积极参与法治队伍建设、法治宣传教育、规章制度完善等工作，成为学校推进依法治校、建设“法治校园”的特色和亮点。

二、主要做法

（一）发挥“引导员”作用，参与建设专兼结合的法治工作队伍

针对学校法治工作队伍相对薄弱的实际情况，法治副校长充分发挥“引导员”作用，促进专兼法治工作队伍履职能力、工作水平提升。学校完成了总法律顾问的聘任，组建了法治联络员队伍，成立了由执业律师和具有法学专业背景、从事法律课程教学工作的教职工组成的法律顾问工作组和法律志愿服务队，积极参与法治宣传教育、涉法事务咨询、法律风险评估等，2 名教师受聘为江夏区人民法院人民陪审员，一系列有力举措推动建设了一支专兼结合的法治工作队伍。

（二）发挥“宣讲员”作用，参与打造创新有效的法治宣教品牌

法治副校长充分发挥“宣讲员”作用，助推法治宣传教育创新。双方共同开办

“法律大讲堂”，建设法治工作室，打造法治教育实践基地。双方联合开展了“师生进法庭”活动，100余名师生走进法院，“零距离”旁听“涉毒”案件庭审。2023年11月15日，江夏区人民法院将庭审“搬到”了学校，将严肃的“庭审现场”变为一堂生动难忘的“普法课堂”，500余名师生旁听，“沉浸式”感受法律权威、接受法治教育。当天公开审理的是一起“帮信罪”案件，由江夏区人民法院刑事审判庭负责人、学校法治副校长甘健全担任审判长。法庭严格按照庭审流程，宣布法庭纪律，进行法庭调查，并组织举证质证与法庭辩论，查明被告人的犯罪事实，被告人对所犯罪行供认不讳，法庭当庭进行了宣判。庭审严谨规范、秩序井然、气氛庄严。庭审结束后，法官现场“以案释法”，结合案情向旁听师生讲解了“帮信罪”的伎俩套路，提醒师生警惕“帮信陷阱”，避免沦为“电诈帮凶”。师生们表示，举办“巡回法庭进校园”活动，大家可以近距离了解庭审流程，感受到了法律的威严，也意识到了犯罪的社会危害性和严重后果，将积极学习法律知识、争做守法公民。

（三）发挥“指导员”作用，参与构建完备管用的规章制度体系

法治副校长充分发挥“指导员”作用，为学校制度建设提出意见、建议。学校先后制订、修订《章程解释程序》《总法律顾问制度实施办法》《听证办法》《信息公开实施办法》等制度，特别是完善了制度合法性审查的内容与程序，对《规章制度管理办法》进行了修订，明确了7类25个风险点及风险等级，制定了《法律风险清单及处置办法》，使章程的精神和要求落实到各项具体制度中，进一步织密织牢了法律风险防范体系。

三、推广价值

（一）提升法治宣传教育针对性吸引力实效性具有积极意义

法治副校长积极参与法治宣传教育，特别是通过共建法治工作室、法治教育实践基地等措施和开办模拟法庭、开展“巡回法庭进校园”等活动，极大提升了法治宣传教育的针对性、吸引力和实效性，对普及宪法法律知识、预防青少年犯罪具有重要意义。

（二）对构建校内和校外协同的法治工作格局具有积极意义

通过聘任法治副校长，发挥法治副校长“三大员”作用，有利于将“公检法”专

业法律人员“引入”高校和弥补校内法治人员与资源不足，推动校内校外人员与资源整合，形成校内校外协同的工作格局，也有利于提升“公检法”开展犯罪预防、护航青少年成长工作的针对性和实效性。

（三）对建立统一的高校法治副校长管理制度具有积极意义

2021 年，教育部印发了《中小学法治副校长聘任与管理办法》，对中小学法治副校长的聘任和管理规范进行了明确。目前，对高校法治副校长的聘任和管理尚没有统一规定，学校先行先试、自主探索聘任法治副校长管理模式，具有一定的示范性、引领性，对建立省域甚至全国性的高校法治副校长聘任和管理规定具有积极意义。

（执笔人：梅来源　张自力　周登攀）

以“五个坚持”扎实推进依法治校工作

广东交通职业技术学院

一、基本概况

广东交通职业技术学院是交通特色鲜明、以工见长的国家优质专科高等职业院校，国家首批骨干高职院校。建校 63 年以来，为华南地区培养了一批批交通建设人才，享有广东交通行业“黄埔军校”的美誉。在办学治校的过程中，学校以习近平新时代中国特色社会主义思想为指导，深入贯彻落实习近平法治思想，从强化组织领导、健全制度体系、抓严风险防范、拓宽诉求渠道、深化普法宣教等方面接续发力，坚持党的全面领导、坚持以章程建设为核心、坚持科学决策民主决策、坚持全面合规管理、坚持强化法治宣传教育，把依法治校工作融入、贯穿学校工作全过程和各方面，优化学校治理机制，努力以法治建设成效提升学校治理体系和治理能力现代化水平，推动学校各项事业高质量发展。2023 年，学校在广东省高校法治工作测评中总得分为 97.95。

二、具体做法和主要成效

（一）坚持党的全面领导，着力压实法治工作责任

加强组织领导，构建上下贯通的依法治校工作体系。成立学校法治工作领导小组，落实法治工作第一责任人职责；压实各二级单位法治工作主体责任，建立法治工作联络员队伍。目前已形成党政一把手亲自抓、分管院领导专门抓、二级单位分项具体抓、法律专业人员跟进落实的法治工作格局和责任网络。

加强法治工作机构和法治队伍建设。设立法治科，加强依法治校办公室的人员配置。成立党内法规研究中心，加强法治理论研究和阐释。组建由法治工作机构人员、校内相关专家、外聘执业律师和公安民警等组成“专职+兼职+志愿”的法律服务队

伍，为学校决策提供法律意见，为师生提供法律服务。

建立健全考核制度，推动法治建设与各项事业共同发展。贯彻落实《干部教育培训实施办法》等制度；将法治考核作为部门综合考核纳入绩效考核与分配制度及综治考核制度中，将领导干部法治考评贯彻落实到干部选拔、考察、任用和考核的全过程。

（二）坚持以章程建设为核心，持续健全完善规章制度体系

通过“两个确保”推进章程学习贯彻落实到位。印发《章程解释处理流程图》，多措并举扎实开展章程宣贯，确保覆盖全校师生，将其纳入新进教职工入职培训计划和新生入学教育必学内容，帮助全体师生深刻领会章程意义，凝聚学校改革发展共识。

以章程为统领建立健全现代大学制度体系。始终坚持把章程建设作为学校创新和改革的法治基础，以内部管理制度体系建设为载体，以运行机制优化完善为核心，以岗位设置、绩效考核与分配为重点的系列改革，从党务工作制度、行政规章制度、学术管理规章制度和服务保障规章制度等方面加快学校规章制度体系建设。通过修订《规章制度制定实施办法》，健全校内规范性文件制定发布机制，做好规章制度“废、改、立、释、施”工作，建立校内规范性文件定期清理机制。编制现行有效文件清单，不断完善“以章程为核心，规范统一、分类科学、层次清晰、运行高效”的规章制度体系。

（三）坚持科学决策民主决策，不断完善法人治理结构

贯彻执行民主集中制，坚持和完善党委领导下的校长负责制。不断优化完善党委会、院长办公会议事规则，明确法治办公室参与学校重要决策工作机制。完善院系两级管理体制，明晰校院两级职权关系，修订完善《二级学院党委会会议规则》《二级学院党政联席会议事规则》。强化学术治理规范性，修订完善学术委员会、教学工作委员会等委员会章程。

畅通师生诉求通道，拓宽民主管理渠道。健全完善教职工、学生代表大会制度，保障师生依法、依章程有序参与学校管理。定期开展校领导接待日、期中座谈会等活动，密切校领导与师生群众的联系，畅通沟通渠道，切实解决师生急难愁盼问题。制定完善教职工、学生申诉处理委员会和申诉处理制度，畅通维权、申诉渠道，维护师生合法权益。

（四）坚持全面合规管理，抓细做实法律风险防控体系

健全合规管理工作机制，提高学校治理的程序化、规范化水平。一是建立法律顾问工作机制，健全《法律顾问工作实施办法（试行）》等配套制度，积极推进和落实法律顾问参与行政决策、制度审查、合同审查。二是制定学校内部控制体系方案，成立内部控制规范工作领导小组，以“联动式”开展内控管理工作，制发工作规范流程图，完成内控业务工作职责分离，实现业务领域审计整改等内控工作常态化。三是“闭环式”开展合同管理工作，实行“统一授权、归口管理、分级审批、分工负责”的合同管理工作机制。

织密校园“安全网”，筑牢师生“安全墙”，健全综合风险防控能力。完善学校安全工作制度，成立学校安全工作领导小组；制定安全生产事故应急预案和突发公共事件应急预案，明确各类突发情况的应急响应机制、紧急处置措施等相关工作安排。完善学校安全风险清单，建立动态的监测数据收集分析机制，通过校方责任险、综合险等途径，健全安全事故风险分担机制，提升综合风险防控能力。

（五）坚持强化法治宣传教育，营造良好校园法治文化氛围

发挥领导干部“头雁效应”，推进校园法治文化建设。把习近平法治思想等列入党委理论学习中心组学习、院长办公会首要议题的重要内容，完善领导干部个人学法清单制度、加强领导干部讲法述法工作等，推动领导干部学法用法述法工作规范化、制度化、常态化、长效化。制定实施《法治文化建设方案》《第一届法治文化节工作方案》，将法治文化渗透到师生行为规范、日常教学科研、管理与服务当中，凝练到办学和教育理念中。

构筑立体普法阵地，将宪法法治教育寓于学生培养全过程。学校积极开展以宪法为核心的普法宣传工作，把学习宣传宪法摆在普法工作的首要位置，将宪法教育寓于学生培养全过程。一是发挥课堂主渠道作用，在思政课等课程中全面融入宪法精神，形成“尊崇宪法，学习宪法，维护宪法，运用宪法”的浓厚氛围。二是通过多种形式、途径将宪法教育与学生日常培养过程相结合。精心策划组织开展“12·4 国家宪法日”系列活动，包括宪法晨读、宪法专题讲座、拍摄《宪法伴我成长》快闪等，开展法治大讲堂第二课堂普法教育活动等，推动宪法教育全覆盖、见实效。

拓宽校园普法宣传载体，推进法治校园建设。一是在学校官网官微开设依法治校专栏，开通“广交说法”订阅号，开设线上法治教育课堂，定期印发《广交说法》普

法资料，及时传递习近平法治思想和校园法治热点信息，展示学校法治建设系列成果。二是组织开展法治文化节，按期开展“依法治校专项课题”申报、“依法治校”专题研讨会、普法先进个人评选等，调动教职工以法治思维和法治方式推进职业教育综合改革，助推依法治教、依法办学、依法治校。

（执笔人：熊嘉逸　刘一苇）

创新"1234"法治工作体系，开辟依法治校新路

广东科学技术职业学院

一、基本概况

广东科学技术职业学院拥有广州和珠海两个校区，是国家"双高计划"建设单位、国家示范性（骨干）高职院校、国家优质专科高等职业院校，荣获第七届黄炎培职业教育奖"优秀学校奖"、全国征兵工作先进单位等诸多荣誉。国家"双高计划"建设5年以来，学校高质量发展成效显著，办学特色鲜明，形成"党建成色、创新本色、湾区基色、数字底色、科技特色"的办学品牌（见图1）。

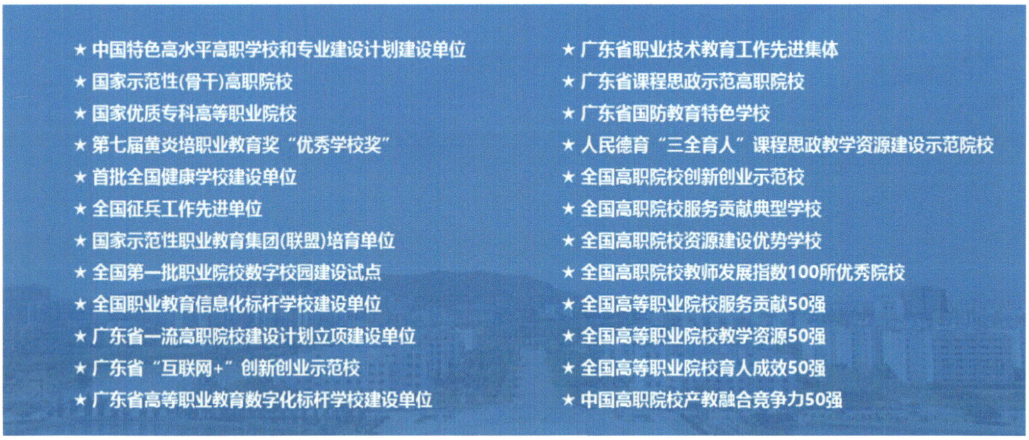

★ 中国特色高水平高职学校和专业建设计划建设单位
★ 国家示范性(骨干)高职院校
★ 国家优质专科高等职业院校
★ 第七届黄炎培职业教育奖"优秀学校奖"
★ 首批全国健康学校建设单位
★ 全国征兵工作先进单位
★ 国家示范性职业教育集团(联盟)培育单位
★ 全国第一批职业院校数字校园建设试点
★ 全国职业教育信息化标杆学校建设单位
★ 广东省一流高职院校建设计划立项建设单位
★ 广东省"互联网+"创新创业示范校
★ 广东省高等职业教育数字化标杆学校建设单位
★ 广东省职业技术教育工作先进集体
★ 广东省课程思政示范高职院校
★ 广东省国防教育特色学校
★ 人民德育"三全育人"课程思政教学资源建设示范院校
★ 全国高职院校创新创业示范校
★ 全国高职院校服务贡献典型学校
★ 全国高职院校资源建设优势学校
★ 全国高职院校教师发展指数100所优秀院校
★ 全国高等职业院校服务贡献50强
★ 全国高等职业院校教学资源50强
★ 全国高等职业院校育人成效50强
★ 中国高职院校产教融合竞争力50强

图1　学校建设成果

高校在深入学习贯彻习近平法治思想，深入推进依法治校的背景下，广东科学技术职业学院始终坚持把依法治理作为学校治理的基本理念和基本方式，建立健全法治工作机制，构建"一个组织、两个平台、三支队伍、四大举措"的"1234"法治工作体系（见图2），把法治建设融入办学治校全过程，全面提升学校依法治校水平。深入

推进依法治校以来，学校治理体系和治理能力现代化水平显著提升，形成良好的法治化治理生态，学校治理实现“制度化、规范化、精细化、数字化”。2023 年，在广东省教育厅组织开展的法治工作测评中，学校取得 100.7 分的优异成绩，法治工作成效获高度评价。2024 年，学校被认定为新一轮广东省依法治校示范校（首批）。

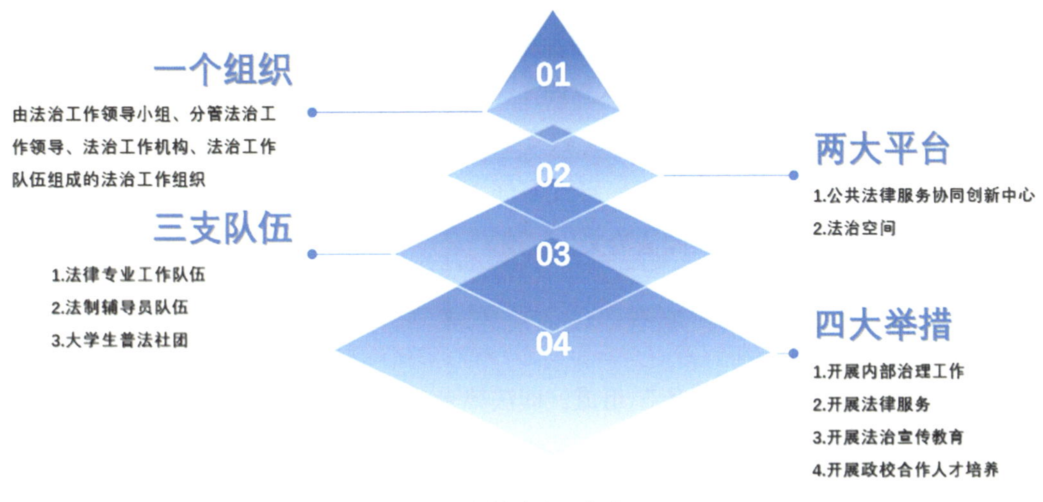

图 2　学校法治工作体系

二、主要做法和成效

（一）建立一个组织，法治工作保障有力

学校坚持高站位推动法治工作，落实党政主要负责人推进法治工作第一责任人职责，制定《关于进一步加强学校法治工作的贯彻实施方案》，把法治工作纳入学校整体规划和年度工作要点，与学校发展同谋划、同部署、同推进。成立由“法治工作领导小组、分管法治工作领导、法治工作机构、法治工作队伍”组成的法治工作组织，统筹协调推进依法治校工作。法治工作领导小组是学校依法治校工作的领导机构，由党委书记和校长担任组长，全面统筹和指导学校依法治校工作；专职党委副书记分管学校法治工作，在学校党委领导下贯彻落实学校依法治校工作的决策部署；依法治校办公室作为学校法治工作专门机构，负责全校依法治校日常工作，规划、协调和推进依法治校工作；法治工作队伍主要由“三支队伍”构成，承担学校有关法治业务、决策咨询、权益保护、法治教育、普法宣传等工作。

（二）打造两大平台，创新法治工作载体

学校打造了校园公共法律服务协同创新中心和法治空间两个法治工作平台。一是校园公共法律服务协同创新中心，它是集法律咨询、法律援助、科研创新、人才培养于一体的平台。近年来，依托该平台开展法治培训 26 场，培训 4500 人次；承接司法行政部门法律服务项目 6 项，法律援助案件 10 余件。二是学校法治空间，主要分为“习近平法治思想”“依法治校”“平安校园”等学习教育模块，是师生开展常态化法治宣传教育的重要阵地。在全民国家安全教育日、消费者权益保护日、国际禁毒日、国家宪法日等重要节点，积极组织开展形式多样、内容丰富的法治宣传教育活动，增强师生法治意识，营造浓厚的校园法治文化氛围。

（三）组建三支队伍，赋能学校依法治理

法治工作队伍由“三支队伍”组成，即法律专业工作队伍、法制辅导员队伍和大学生普法社团，他们是学校法治工作各条线上的重要力量。法律专业工作队伍，主要由学校法律咨询专家、法律顾问、依法治校办公室专职人员组成，提供专业的决策咨询、专家论证、风险评估，确保学校“三重一大”事项决策的规范性、科学性。法制辅导员队伍，聘请 14 名从事律师行业的优秀校友作为学校法制辅导员，每个二级学院配备一名法制辅导员，为学生在就业、实习、社会实践等方面免费提供法律咨询、法律维权服务，开展宪法法律、防诈骗、权益保护等法治教育，为学生成长成才保驾护航。大学生普法社团，以学校法律事务专业师生为主要成员，在校内外开展法治情景剧、模拟法庭巡演等主题鲜明、形式多样、内容丰富的法治宣传教育活动，是学校普法教育的生力军。

（四）聚力四大举措，法治工作实效明显

一是开展内部治理工作。开展内部风险评估，建立学校风险数据库，构建完整规范的内部控制系统；开展内部诊改，建立“五横五纵一平台”的诊改体系架构，构建了内部质量保证诊断与改进体系；开展重大决策支持，建立大数据分析与决策系统，为学校决策提供翔实数据，实现精准决策。在 2021 年广东省教育系统开展的“法治建设年”活动中，学校撰写的《“法治建设年”工作方案》和《工作亮点总结》，被省教育厅随文件印发至全省教育系统，作为典型模板供各地各校参考。二是开展法律服务。依托校园公共法律服务协同创新中心，近年来学校法律专业工作队伍和法制辅导员为

师生和市民提供法律咨询、法律援助服务 2000 余人次，依法保护师生合法权益，维护校园和社会安全稳定。三是开展法治宣传教育。近年来，大学生普法社团师生创新普法方式，编演普法情景剧、模拟法庭巡演，主动深入社区、中小学、农村开展法治宣讲，推动法律进社区、进校园、进乡村，跳出传统单一的普法方式，打造特色鲜明的多元联动普法新模式。累计开展各类普法活动、法治宣传活动 60 余场，受教育群体达 10 万余人次。学校大学生普法社团获 2023 年全国“法治中国青春行”社会实践专项活动优秀团队。四是开展政校合作人才培养。以校园公共法律服务协同创新中心平台为依托，与珠海市司法行政机关合作组建订单班、项目班，学生承接真实项目到法院、行政服务中心等机关一线窗口完成法律援助等工作任务，政校联合培养法律事务方向高素质技术技能人才。与金湾区人民法院、金湾区司法局和珠海市涉外法律服务中心已联合举办 4 个订单班、项目班，培养司法行政辅助人才 80 余人。

接下来，学校仍坚持以习近平新时代中国特色社会主义思想为指导，持续深入学习习近平法治思想，深入贯彻习近平总书记关于全面依法治国重要论述和关于教育的重要论述，持续深入推进依法治校，充分发挥学校章程在依法治校中的重要作用，进一步提升学校治理体系与治理能力现代化水平。

（执笔人：付金锋　严文琪）

五维耦合联动　多元协同共治
在法治轨道上打造现代职教治理体系

广东农工商职业技术学院

党的二十届三中全会提出“进一步全面深化改革的总目标是继续完善和发展中国特色社会主义制度，推进国家治理体系和治理能力现代化”。治理体系和治理能力现代化是高职院校高质量发展的重点和基础，广东农工商职业技术学院作为广东省首批唯一被认定为省依法治校示范校的高职院校，积极探索构建法治化的多元协同治理体系，把法治工作融入治理体系的总体框架中，推进多元共治的权力耦合、系统耦合、秩序耦合、内外耦合和机制耦合，五个维度耦合联动，促进治理进阶，实现有效共治，共同推动依法治校在“统”上更有高度、“筹”上更有力度、“推”上更有深度，为国家职业教育治理体系和治理能力现代化提供可借鉴、可复制的农工商样本（见图 1）。

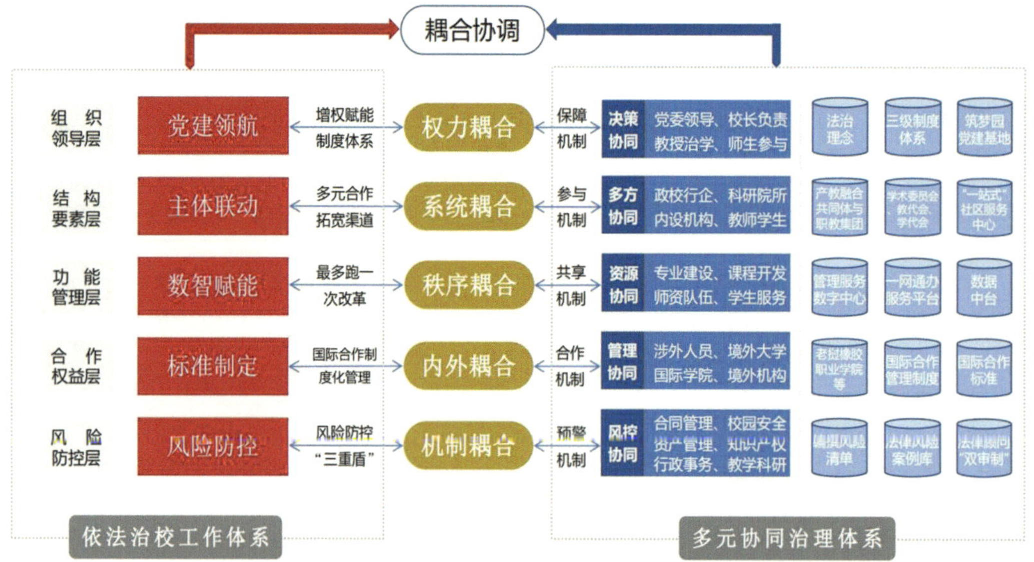

图 1　“五维耦合联动、多元协同共治”运行机制

一、基本概况

广东农工商职业技术学院创建于1952年，前身为叶剑英元帅在兼任华南垦殖局局长期间创办的华南垦殖局机务学校。学校为全国“高职高专院校人才培养工作水平评估”优秀院校、国家级示范性职教集团（培育）单位、全国乡村振兴人才培养优质校、全国职业院校数字校园建设试点校、全国学校急救教育试点学校、全国农业农村信息化（技术创新型）示范基地，也是广东省示范性高等职业院校、广东省一流高职院校、广东省“省域高水平高等职业院校建设计划建设单位”、广东依法治校示范校、广东省大学生创新创业教育示范学校、广东省课程思政示范高职院校等。近年来，学校荣膺“服务贡献、国际影响力、教学资源”等3个全国50强，全国“高职院校资源建设优势学校60强”“服务贡献典型学校60强”“学生发展指数优秀院校100强”。这一系列重要成果既是对学校依法治校的充分肯定，也是学校不断提升治理体系和治理能力现代化水平的重要彰显。

学校以习近平法治思想为指导，适应现代职业教育发展形势，坚持把依法治校作为深化内部治理改革的基本原则，发挥学校党委领导核心作用，深化学校综合改革，优化学校治理结构，推进依法治校工作与多元协同治理耦合协调，实现五个维度的共治耦合形态，构建法治化的多元协同治理体系，促进治理提质进阶，实现有效共治，探索以“农”为主体的高职治理范式，贡献“农工商”方案。

二、主要做法与成效

（一）坚持党建引领靶向，推进多元共治的权力耦合，筑牢法治之魂

学校强化法治思维，坚持党的全面领导，处理好党委领导的政治权力、校长负责的行政权力、教授治学的学术权力、师生参与的民主权利四种关系，持续做实做细“党建+治理现代化”。学校强化统筹谋划，成立由党委书记和校长任“双组长”的法治工作领导小组，亲自部署、亲自协调、亲自推动，修订《二级单位年度绩效考核方案》，把法治责任落实情况作为考核指标，修订《中层干部选拔任用办法》，把法治素养作为考察干部的重要依据。学校坚持以章程建设为主线，建立健全制度体系，编印学校《规章制度汇编》，出台《规章制度管理办法》，完善规范性文件审查制度和定期清理机制，定期召开规章制度审查专题工作会议。同时，持续开展规章制度“废、改、立、释”工作，形成了一套既满足学校当前发展需求，又有效规范权力运行的具有农

工商特色的治理制度体系。高标准打造了党建教育基地“筑梦园”，为学习宣传习近平法治思想和开展法治宣传教育提供了重要的实践基地。近 5 年，学校在全省抓基层党建述职评议考核中结果均为“好”等次，省纪委考核评定学校纪委为优秀等次。

（二）推动多元主体联动，推进多元共治的系统耦合，汇聚法治之力

集聚多方优势资源。学校坚持立德树人，以深化产教融合、科教融汇为支撑，先后成立广东省南亚热带农业职业教育集团、南亚热带农业产教融合共同体等合作联盟，扫除制度障碍，强化专家治学，支持并推进创新；建立健全学术委员会、教材选用和建设委员会等，与教代会、学代会等组织构建多元共治“同心圆”，汇聚依法治校的发展合力。坚持和完善党委领导下的校长负责制，完善党委会、校长办公会议事规则。健全重大决策师生参与、专家论证、风险评估、合法性审查和集体讨论决定程序。提升二级学院管理自主权，规范二级学院党组织会议和党政联席会议事规则。加强以学术委员会为核心的学术治理体系与组织架构建设，充分发挥学术组织咨询、审议、决策作用。完善学校教职工代表大会制度、学生代表大会制度，调动师生参与的积极性和主动性。学校入选国家级示范性职教集团培育单位。

拓宽师生参与渠道。建立“三个渠道”师生参与机制。一是“面对面”渠道，建立易班下午茶，领导干部食堂陪餐制；法律援助中心、普法天使团；师生申诉处理委员会等。学校及时处理师生的信访与诉求，有效预防和化解纠纷。二是“线对线”渠道，认真落实“三重一大”制度，及时将有关决策事项通过学校官网、OA 系统等平台发布，切实保障教职工对学校重大事项决策的知情权和参与权。三是“点对点”渠道建设“一站式”社区服务中心，完善“即时反映—集中转办—限期反馈—跟踪问效”的工作闭环，师生随时随地可为校园治理建言献策。发挥学生会、学生信息员作用，参与学校文化建设、教学质量评价、舆情监测与引导等方面的工作，充分保障师生权益。近 3 年办理师生诉求与建议 6460 余件，问卷调查结果显示，师生普遍认为“反映诉求更畅达，解决问题更快捷”。

（三）聚焦数智技术赋能，推进多元共治的秩序耦合，提升法治之效

学校推行“最多跑一次”改革，推进智慧校园建设，实现“以数字赋能、为师生解忧”，提升“法治效能”。建设管理服务数字中心，优化一网通办服务平台，通过流程再造、数据融通，打造信息技术赋能学校治理新生态，做到“让信息多跑路、让师生少跑腿”。构建数据支撑的评估决策分析体系，实现对学校发展和人才培养过程的动态

监测。自 2015 年学校一网通办服务平台投入使用以来，共运行服务事项达 12118 项，累计服务人数已超 10 万人；2023 年学校数据中台接入教育部智慧大脑数据中台，目前已上报 1200 万余条数据。学校荣获全国职业院校数字校园建设实验校、广东省高职院校内部质量保证体系诊断与改进试点院校。

（四）规范国际发展合作，推进多元共治的内外耦合，拓展法治之域

聚焦共建“一带一路”倡议，紧跟广东农垦“海外再造新广垦”发展战略，学校成立了马来西亚热带农业现代产业学院、老挝橡胶职业学院、泰国学习中心等，服务中资企业海外发展人才需求。制定《现代产业学院管理规定》《日常教学质量保障工作细则》等一系列制度，为职业院校海外办学提供样板。开发《BTEC 人力资本管理》等课程标准在全世界 7000 多个 BTEC 中心应用，编制《橡胶加工生产安全员工手册》，在东南亚国家中的 20 多个企业推广。学校获评老挝职业标准开发示范建设单位，是“一带一路”共建国家院校和企业交流协会中方理事会副理事长单位，全球工匠联盟（亚太区）委员单位，“中文+职业技能”国际教育基地建设单位。

（五）完善法律防控体系，推进多元共治的机制耦合，铸就法治之盾

识别办学治校风险类型，编撰风险清单，列明风险要点，确定风险级别并动态更新。规范学校采购制度，加强合同管理，严格合同审查，优化合同流程；制定高标准操作性强的风险处置办法并严格执行。制定风险控制预案并开展模拟演练。将风险防控融入部门的工作管理流程，确保了风险关口前移、风险实时监控和风险处置及时，最大限度地控制了因风险带来的损失或负面影响，保障了学校的战略决策、日常运作、师生权益保护在法治的轨道上安全高效运行。学校荣获全国急救教育试点学校、广东省文明单位，在广东省普通高校更高水平“安全文明校园（平安校园）”创建工作考核中获评优秀。

（执笔人：李文学　邓辉　洪升）

创新“四抓四强”工作法 着力推动依法治校见实效

重庆城市管理职业学院

一、基本概况

重庆城市管理职业学院始建于1984年，是由重庆市人民政府举办、民政部与重庆市人民政府签约共建的公办全日制普通高等学校，现有大学城和荣昌两个校区，校园占地1600余亩，教职工近1000人，在校学生16000余人。学校党建思政工作全国示范引领，是唯一一所3次参加全国高校党建思政工作会议的高职院校；综合办学实力强，近5年在“双高计划”“提质培优”行动计划等等方面形成国家级成果196项，教师王珮摘获世界技能大赛特别赛美容项目中国首金。此外，学校还是全国文明校园、中国特色高水平专业群（A档）建设单位、国家示范性骨干高职院校、国家优质专科高职院校。

近年来，学校认真学习贯彻习近平法治思想和习近平总书记关于职业教育的重要指示批示精神，把依法治理作为学校治理的基本理念和基本方式，深度融入办学治校全过程和人才培养各方面。创新实施“四抓自强”工作法，通过抓组织强基础、抓制度强保障、抓监督强管控、抓宣传强引导，扎实推进依法治教、依法办学、依法治校，不断提升学校治理体系和治理能力现代化水平，为学校事业高质量发展提供有力法治保障。

二、主要做法

（一）抓组织强基础，不断健全法治工作机制

1. 加强顶层设计

学校党政主要负责人扎实履行法治工作第一责任人职责，定期召开党委会、校长

办公会研究部署推动依法治校工作。明确由 1 名具备法学专业背景的校领导分管法治工作，其他校领导班子成员认真落实“一岗双责”，齐抓共管凝聚依法治校合力。建立“两纳入一融入”法治建设考核机制，将法治工作纳入学校中长期规划、年度计划和教代会校长工作报告，将依法决策、依法履职、依法办事纳入领导干部年度考核和干部任用考核，将法治工作成效有机融入二级单位事业发展绩效考核指标，着力构建上下联动、横向协同、一体贯通的法治工作体系。

2. 强化队伍建设

学校建立起内外双渠道、专兼职多元化法治工作队伍。设立法治工作办公室，内设法治科，具体负责统筹学校法治工作。加强法律顾问队伍建设，选聘具有丰富高校法律事务经验的律师事务所为学校提供法律服务，深度参与学校重大事项决策、重要合同审查和重大纠纷调解。设置法治工作联络员，建设法治教育辅导员工作室，充分发挥校内具有法律专业背景的专兼职教师作用，将依法治校工作延伸到基层。

（二）抓制度强保障，不断优化内部治理结构

1. 依法修订章程

学校始终坚持完善以章程为统领的内部治理体系。2022 年，依据有关法律法规和上级文件要求，及时启动《重庆城市管理职业学院章程》修订工作，面向广大师生员工、校友和社会各界人士征集意见建议 39 条。经充分调研论证和反复修改，规范、科学地完成了学校章程修订，为全面提升依法治校水平，切实保障师生员工的合法权益，推进学校治理体系和治理能力现代化建设提供了坚实的制度保障。

2. 完善制度体系

学校在建章立制上狠下功夫，持续完善以章程为核心的规章制度体系，坚持用制度管权、管事、管人。制定并严格落实《规范性文件管理办法》，健全规范性文件合法性审查前置程序，常态化开展规范性文件“废、改、立、释”工作。结合学校实际进行文件汇编，建立涵盖党建思政、教学管理、学生管理、人事管理、财务管理、科研管理等方方面面的基本制度，服务学校事业高质量发展。

3. 规范议事决策

学校坚持和完善党委领导下的校长负责制，确保依法治校的正确方向。修订党委会议、校长办公会议议事规则及“三重一大”事项集体决策制度，规范议题征集、汇报等工作流程，严格落实师生参与、专家论证、风险评估、合法性审查、集体讨论决定等决策程序。制定《二级学院党组织会议议事规则》《二级学院党政联席会议议事规

则》，明确二级学院议事决策的范围、原则和程序，进一步提高了基层单位的议事决策水平。

（三）抓监督强管控，不断防范化解法律风险

1. 严控合同风险

学校高度重视合同管理工作，与时俱进，多次修改完善《重庆城市管理职业学院合同管理办法》。建设启用合同管理系统，内嵌采购、收入、校企合作、科研和其他非经济合同等 6 条业务流程，实现合同审批用印、分类编号、归档备案等全流程线上办理。学校合同管理系统基本实现相关业务互联互通，与采购管理、用印申请、专利填报等多流程联动，进一步规范了合同管理操作流程，加强了合同风险管控，提高了内部管理效能。

2. 提升内控质效

编制《内部控制制度流程手册》《内部控制管理手册》，把强化内控管理作为有效监督、防范风险的重要保障。聘请全球领先的审计、税务、财务交易和咨询服务机构开展内部控制评价，紧盯内部控制体系重点领域和关键环节，查找内部控制缺陷，梳理风险清单，明确改进措施，完善问题整改和监督问效机制，不断提升学校风险防控和内部管理水平。

3. 保护师生权益

制定《师德师风负面清单和失范行为处理实施细则》等涉及师生违规违纪、申诉处理制度 6 个，明确负面清单和违纪行为范畴，规范违纪行为处理处分程序。充分发挥法律顾问和学校法治专业人才队伍作用，每年为师生提供法律咨询 200 余次，妥善解决法律纠纷，维护师生合法权益。定期召开教代会、学代会，常态化设置“我为师生办实事”信箱，畅通师生参与民主监督、民主管理渠道，切实保障师生的知情权、参与权和监督权。

（四）抓宣传强引导，不断提升师生法律素养

1. 拓展法治宣传阵地

学校积极打造“1+2+N”立体化法治宣传矩阵，不断推动法润人心。紧密结合专业特色，与高新区税务局联合打造 1 个可视化宣传基地——“金税文化馆”，立项“税收普法教育基地”，增强普法宣传可视化。开展专项科研和专题微课 2 大专项行动，推进法治理论研究与实践相结合。推出“马哥马姐”话文明系列专题微课，打造“晓

德”普法宣传品牌，累计播放量超过12万次。组织金融普法、“三下乡”法治教育实践、法治漫画大赛等“N”项活动，将法治宣传教育有效融入教学研究、融入育人实践、融入学生培养全过程。

2. 营造全员普法氛围

坚持领导干部带头学法普法，近3年，学校中层以上干部278人次参加法治理论学习、法院庭审旁听。将习近平法治思想和宪法、《民法典》、《中华人民共和国职业教育法》等国家法律法规纳入党委理论学习中心组学习、教职工政治理论学习计划。制定学校“八五”普法实施方案，常态化、长效化开展普法宣传教育。结合全国法制宣传日、宪法宣传周、国家安全日及毕业季等重要时间节点，组织开展一系列主题鲜明、形式多样、内容丰富的普法活动，推动法治宣传教育走心走深走实。

近年来，学校积极运用“四抓四强”工作法全面加强法治建设，法治工作成效显著、亮点纷呈，尤其在章程建设、合同信息化管理和法治宣传教育等方面表现突出。学校治理体系和治理能力现代化水平明显提升，师生知法守法学法用法氛围日益浓厚，干部依法管理能力切实加强，未发生师生违法犯罪、加入邪教组织、因违法行为导致重大舆情等情况。2020年学校获评“全国文明校园”，2023年被评为首批“重庆市新时代依法治校示范校”，师生连续三年在“学宪法　讲宪法”活动中荣获佳绩。

（执笔人：张森　许玮皎　吴齐）

探索职院“七个抓”法治模式 全面提升依法治校治理新水平

宁夏职业技术学院（宁夏开放大学）

宁夏职业技术学院（宁夏开放大学）深入学习贯彻习近平法治思想和习近平总书记关于教育的重要论述，深入落实教育部关于进一步加强高等学校法治工作的意见精神，全力提升学校法治工作水平，积极创建宁夏依法治校示范校，不断推进学校治理体系和治理能力现代化。

一、基本概况

宁夏职业技术学院（宁夏开放大学）是一所集中高等职业教育、成人学历教育和非学历教育、继续教育等办学任务为一体的综合性高等学校，承担着健全宁夏职业教育体系、建设技能型社会的重要职责和构建宁夏终身教育体系、建设学习型社会的历史使命。学校由原宁夏广播电视大学、宁夏重工业职工大学、宁夏机械技工学校、宁夏职工科技学院、宁夏农业学校、宁夏农垦职工中等专业学校、宁夏轻工职工中等专业学校和宁夏人民武装学校经过三轮合并组建而成。作为国家示范性高等职业技术学院、国家优质高等职业院校，是“全国职业教育先进单位”“全国文明单位”“国家高技能人才培训基地”，曾获“全国高技能人才培养突出贡献奖”“黄炎培职业教育奖优秀学校奖”，宁夏首批“互联网+教育”示范校。2019 年，学校获批成为全国 56 所“中国特色高水平高职学校和专业建设计划建设单位”之一。2023 年初，教育部关于全国高校“十四五”设置规划中提出“同意以宁夏职业技术学院为基础，整合相关资源设立宁夏职业技术大学”。自治区政府把“启动建设宁夏职业技术大学本科高校”列入了 2023 年政府工作报告中，作为年度重点工作予以推进，开启了宁夏职业教育高质量发展的新篇章。在多年的办学实践中，学校发挥校党委核心领导作用，以章程为统领，从顶层设计、制度建设、治理结构、风险管理、内部控制、信息化治理、执行监督等方面构建并完善现代治理体系，积极探索职院“七个抓”法治模式，成功创建宁夏回族自治区校园治理达标校、依法治校示范校，实现了由经验“管理”向精准“治理”的转型，贡献了“宁职法治”方案。

二、主要做法

（一）抓顶层设计，完善依法治校领导机制

成立学校依法治校工作领导小组，明确学校党政主要负责人是推进依法治校工作第一责任人。学校党委定期研究、周密部署法治建设工作，将法治工作纳入学校“十四五”发展规划，将法治学习纳入党委理论学习中心组学习内容。建立学校法治工作报告制度，在领导班子及主要负责人年度考核述职中对法治学习、依法决策、依法履职等情况进行述职报告，完善法治工作考核机制。建立法律顾问制度，成立法律顾问室，聘请6名律师担任法律顾问，负责承担学校对外法律事务及法律风险防控等工作。成立审计与法务科，作为依法治校专门机构。建立校园治理（依法治校）联络员队伍。

（二）抓治理结构，优化决策民主管理机制

坚持党委领导下的校长负责制，及时修订党委会、校长办公会议事规则。严格落实“三重一大”集体决策制度，坚决按照决策程序办事，凡涉及重大事项，都在充分调查研究、广泛征求意见的基础上，通过集体研究讨论决定，力求决策科学正确。深化“放管服”改革，建立权责清单，完善校、院二级治理体系，明确院、系等基层治理单位的权责。健全学术规范和学术委员会运行机制，制定学校预防与处理学术不端行为实施细则。完善教职工代表大会制度、学生代表大会制度，进一步发挥师生在学校管理决策中的作用。坚持信息公开制度。

（三）抓制度建设，健全学校规章制度体系

充分发挥章程在学校改革发展中的引领与带动作用，启动新一轮学校章程修订工作。以章程为统领，在干部选拔、教职工福利待遇、教学科研、学术道德、招生考试、学风建设、产学研、创新创业、国际化办学、基础建设、财务审计、后勤服务、政府采购等领域，构建起由253项制度组成的三级架构规章制度体系，形成了行之有效的管理体制和运行机制。制定学校《规范性文件管理办法》，明确“立、改、废、释”程序，定期开展制度汇编工作。以“智慧校园”为依托，完善“互联网+管理服务”内部治理生态，实现学校制度查询自动化。

（四）抓风险管理，健全法律风险防控体系

开展学校升格本科事项社会稳定风险评估和内部控制风险评估。梳理编制校园安全事故、合同管理、人事管理等法律风险清单，明确应对处置办法。制定学校安全事故预防和处理预案。与银川市西夏区人民法院建立共建合作，建立学校安全事故第三方调解机制。通过购买学平险、校方责任险（附加校方无过失责任险、校外无过失责任险、校内食品安全责任险）、实习生责任险等，建立风险分担机制。积极防范化解合同管理风险。修订合同管理办法，健全合同管理制度，明确合同管理的主管部门和审核程序，全部合同均进行合法性审查。加强学校知识产权保护。以学校校名、校徽申请注册 18 项商标，“馨小宝”“匠小宝”卡通形象申请版权登记和实用外观专利。近年来，学校没有因知识产权保护不力发生重大流失或者损失的情况。

（五）抓内部审计，构建校内综合监督体系

以加强内部审计为抓手，将审计工作与学校“双高”“升本”建设的重大部署、规划决策紧密结合起来，实施“双高”专项资金审计、领导干部经济责任审计、科研审计、建设工程审计等审计项目，充分发挥审计监督职能，与纪检、监察、巡察工作形成监督合力，构建起党内监督、行政监督、审计监督以及民主监督相结合的校内监督体系。

（六）抓法治教育，增强师生员工法治意识

培育浓厚的校园法治文化氛围。把法治文化建设作为校园文化建设的重要组成部分，通过丰富和发展校内法治文化，不断营造体现法治精神的校园文化氛围。开设“依法治校”专题网，顺利通过“七五”普法验收。扎实开展“八五”普法工作。每年国家宪法日组织宪法学习宣传活动。举办民法典等系列讲座，将法治教育与“三全育人”纳入人才培养的全过程。组织学生参加法院庭审旁听、开展模拟法庭、案件推理等第二课堂活动。与银川市西夏区人民法院共建法律教学实践基地，营造良好的法治教育环境，使学生在潜移默化中感受法治精神，提高法律素质。

（七）抓权利救济，维护师生员工合法权益

完善师生权益保护救济机制。完善《教师申诉制度》《学生申诉制度》，对师生的处理、处分做到程序正当。学校法律顾问室向全校师生员工提供线上线下法律咨询服

务，为师生员工有效维护合法权益提供帮助。完善学生评价、奖助及其他日常管理的制度规则。保证学生在使用教育教学资源，获得学业和品行评价，获得奖学金及其他奖励、资助等方面受到平等、公正对待。

三、治理成效

学校积极探索职院“七个抓”法治模式，依法治理能力有了显著提高，成功创建了宁夏回族自治区校园治理达标校、依法治校示范校，初步形成了地方认可、具有区域特色的高等职业教育治理模式。主要取得了以下成效。

（一）学校法治管理水平显著提升

领导干部带头遵纪守法，依法管理水平逐步提高。近3年内，学校领导干部在履行职务过程中没有因违法犯罪被追究刑事责任；没有发生重大决策失误被追究和问责的情况；没有因管理制度不健全、办学活动不规范等而发生社会影响恶劣和重大舆情的事件；没有因安全事故纠纷引起负面舆情；未发现因违法决策、违法实施管理，被有关部门通报、约谈或被新闻媒体曝光的事件或群体事件。

（二）教师、学生法律意识明显增强

近3年，教师、学生无贩毒、吸毒等严重违纪和刑事犯罪行为；师生无加入邪教情况，校园无宗教传教情况；没有因教师、学生违法违规导致的重大舆情事件。

（三）法治业务能力水平显著提高

近3年，学校招生章程（简章）、自主招生规则等合法、健全，未发生因招生规则不规范、不合法产生舆情或者群体事件，或出现招生违规行为被主管部门通报、处理或处罚情况；没有因知识产权、资产保护不力发生重大流失或者损失情况；没有因合同管理不规范或因合同审查存在漏洞导致违约或败诉赔偿。

（执笔人：白萍红　李强　何帆）

管理改革

管理改革是推动高职院校治理现代化的关键因素。学校通过调整管理结构、优化决策流程、引入现代信息技术和增强透明度等措施，显著提升学校的内部运行效率，提高高职院校的治理效能，增强学校的适应性和竞争力。具体来说，案例院校在管理改革方面的主要经验有以下几方面。

一是优化管理结构，推行校院两级管理制度。校院两级管理改革成为重要特点，通过理顺校院权责，下放管理权限，扩大二级学院在人事、财务等方面的自主权，优化治理结构，充分激发学院单位的活力，增强治理协同效应。随着高职院校治理结构的不断优化，其必然会伴随着治理重心的下移，本部分案例在介绍其治理经验时都无一例外提到了为二级学院增权、赋能。二级学院治理已成为高职院校治理改革的重要课题。二级学院作为办学治校的主体，拥有大批的专家、教授承担着教学授课、人才培养、产教融合、科学研究、社会服务等重要任务，如果没有二级学院对学校的支撑，学校也将如空中楼阁般失去重要支柱。提高二级学院治理效能、重视其治理水平是衡量高职院校新型校—院关系的重要尺度，二级学院在治理权限方面的灵活度就是衡量高职院校治理效能的重要指标之一。只有真正从顶层设计上为二级学院放权，深入开展调研，重视其治理权利，才能为二级学院的灵活运行打下坚实基础。

二是优化决策流程。案例院校通过实施党委领导下的校长负责制，明确各层级的职权和责任，确保决策的民主性。通过健全决策程序和完善议事规则，保证决策过程的透明度。同时注重引入第三方评估和多元反馈机制，增强了决策的客观性，有效提升了管理效率和质量。

三是信息技术的广泛应用。在构建具有中国特色的现代大学内部治理体系的背景下，高职院校也逐渐从传统的“科层制”转变为“扁平型”的治理模式，其转型过程离不开数字化的参与和支持。本部分案例院校同时提到了通过数字化转型、建构数字化治理基座来提升二级学院的治理水平，利用大数据和云计算等现代信息技术，构建闭环管理，实现业务流程信息化，实现采购、财务、资产、项目等业务环节的信息互联和数据共享，对业务全流程进行监管，增强管控效能，提升管理的透明度和决策的科学性。从教育数字化的维度来对学校整体改革与二级学院放权进行规划，从而提升学校整体治理水平，实现“善治”目标。

四是通过制度化建设增强管理工作透明度。强调制度建设的重要性，以章程建设为统领全局的核心与学校的“基本法”，完善各类管理制度和操作流程，制定明确的规章制度来规范内部管理和运行，建立系统完备、科学规范的法规体系，推进依法治校，为学校改革发展提供制度保障。与此同时，从制度层面对二级学院和学校党委管理层进行了权责划分与党政协调。案例院校均从制度层面对二级学院的人、财、事权进行了划分，从制度源泉为二级学院治理打下良好基础。但同时也应注意，管理改革能否成功，很大程度上取决于政策能否落地，制度若无法落地，二级学院放权只能是一句空话。因此，一旦制度发布，需要全校上下形成尊重制度、执行制度、崇尚制度的文化氛围，在全校范围内通过制度的活力和魅力来激发二级学院的活力与积极性。案例院校的改革经验彰显出高职院校管理改革工作的特点和趋势：一是管理工作趋于制度化和规范化。加强法规制度建设，将依法治校作为重要手段，有效防范运行风险，维护校园稳定。通过明确制度来指导日常管理，提高管理的标准性和预见性。二是强化信息化建设，现代化治理手段应用广泛，信息化建设在治理中发挥关键作用。利用信息技术，尤其是数字化工具，以优化资源配置、提升决策质量和提高管理效率成为普遍趋势。三是注重管理工作的参与性和透明性。各院校注重推动校内外利益相关者的广泛参与，增强管理过程的透明度，通过建立开放的沟通渠道来增强校园治理的民主性和透明性。

这些案例聚焦深化改革，积极探索高职院校管理创新，展示出改革必须顺应高等职业教育发展内在需求和规律，不能简单照搬其他院校模式，要因地制宜，积极探索，使改革举措更符合本校实际。案例对完善高职院校内部治理结构，建立符合高职教育发展要求的灵活有效的管理机制具有重要借鉴价值。

深化绩效工资分配制度改革，持续增强制度激励导向效能

北京青年政治学院

一、基本概况

北京青年政治学院秉持“按劳分配、多劳多得、优绩优酬、效率优先、兼顾公平”原则，坚持以绩效考评为抓手，以激发内生动力、推动学校事业高质量发展为目标，深入推进绩效工资分配制度改革，充分发挥绩效工资制度的激励导向作用，调动广大教师干事创业的积极性、主动性和创造性。学校在绩效工资改革中主要体现以下五个思路：一是注重贡献大小，重新设计奖励性绩效工资构成，分配不再与职称、职务级别挂钩，淡化岗位等级对绩效工资的影响，更多体现实绩贡献。二是扩大二级单位分配自主权，给予二级单位更多裁决权，支持二级单位在学校核拨的绩效工资额度内自主分配，力求打破“平均主义”“大锅饭”现象。三是突出重点，奖励性绩效工资更多地向一线教师、关键岗位人员、骨干人才以及取得高水平业绩成果的人员倾斜。四是强化成果激励导向，加大高质量标志性成果的奖励力度，提高对省级、国家级和零的突破成果的奖励金额，引导教师多出高水平成果。五是加强绩效考核评价，建立以岗位职责为基础的考核评价体系，将绩效考核评价结果与绩效工资直接挂钩。

二、具体做法

（一）稳定保障作用，突出奖励效能

绩效工资分配制度改革坚持不断强化激励导向效能，兼顾稳定与发展。学样将绩效工资总量分为基础性绩效工资和奖励性绩效工资两大部分。基础性绩效工资主要以教职工所聘任岗位为基础，体现更多的是专业技术职务、行政职务的高低，注重稳定保障作用，在绩效工资总量中的占比控制在60%～70%。奖励性绩效工资体现超工作

量、实绩贡献大小和按劳分配、多劳多得、优绩优酬的分配原则，发放形式比较灵活，各二级单位根据实际可以按月发放，也可以按季发放，在绩效工资总量中的占比逐渐提升，最高可以达到40%，逐步体现和发挥政策的激励作用。

（二）突出实绩贡献，淡化等级差距

绩效工资分配适度打破专业技术职务、行政职务各层级之间的序列高低，突出实际业绩多少、成果贡献大小。学院把奖励性绩效工资分为部门绩效奖、年度考核奖、高水平成果奖、专项工作奖等四个部分，其中，部门绩效奖、年度考核奖的部门年度考核奖、高水平成果奖和专项工作奖均与教职工的专业技术职务、行政职务高低无关，不与所聘岗位等级挂钩，只与承担超工量多少、完成质量有关。取得相应业绩成果的教师不分岗位等级均可以按规定获得对应奖励标准的绩效奖励，充分体现多劳多得、优绩优酬的分配原则，发挥绩效工资分配在打破“平均主义”“大锅饭”中的重要作用。

（三）突出分配重点，强化激励导向

奖励性绩效工资分配强调向在教育教学、科学研究、管理服务中做出突出贡献、取得重大业绩的人员倾斜，加大对高水平高质量成果的奖励力度，提高对省级、国家级和零的突破成果的奖励金额，切实让想干事、能干事和干成事的教师得到实惠。专项工作奖设置了招生就业工作奖、突出贡献奖，高水平成果奖设置了省级及以上教育教学成果奖、科研成果奖和突破性奖励，规定突破性奖励标准一般不低于同等奖励标准的 2 倍。同时，鼓励各二级单位在部门绩效奖中给予省级及以上奖励成果一定的配套奖励，配套奖励标准为不高于学校标准的 1 倍。

（四）突出自主分配，强化绩效考核

绩效工资实行校、院两级管理模式。学校将奖励性绩效工资的约 50%核拨给二级单位，由二级单位根据教职工承担超工作量多少、贡献大小自主分配，大大增加了二级单位的分配自主权，有利于进一步调动广大教职工的积极性和主动性。部门绩效奖和年度考核奖中的部门年度考核奖由二级单位自主制定实施细则，在项目设置、奖励标准、发放方式等方面给予更多自主裁决权。同时，绩效工资分配强调岗位任务目标的完成，强化绩效考评，把绩效考评结果与年度考核奖、岗位津贴、岗位绩效、职务补贴分配挂钩。

（五）实施动态调整，突出发展激励

学校部分绩效工资标准不设具体金额，每年根据绩效工资总量进行调整，以体现发展激励。岗位津贴根据岗位等级设置分值，每 1 个分值对应 1 个基准标准值，每年根据绩效工资总量对基准标准值进行调整。部门绩效奖与基准标准值有关，并与生师比挂钩，用以体现招生学生多少的贡献，以生师比 18∶1 为基准，每增加 1 名学生，增加 1 个额度；每减少 1 名学生，减少 1 个额度，单个额度具体金额每年根据实际情况确定。市教委每年根据对学校的绩效考核结果所给予的绩效工资增量，学校大部分用于对高质量标志性成果的奖励。

三、主要成效

（一）二级单位自主权得到进一步发挥

绩效工资改革给予二级单位充分的调节自主权，可以自主制定分配实施细则，自主合理设置项目及奖励标准，给二级单位在教职工收入分配方面很大的裁决权，这有利于进一步调动教职工的积极性、主动性和创造性，合理调节教职工收入差距，有利于打破“平均主义”“大锅饭”，充分实现“按劳分配、多劳多得、优绩优酬”的分配原则。

（二）教职工的积极性得到进一步调动

今年 3 月学校绩效工资管理办法发布实施后，广大教师参加教学能力大赛、指导学生参加职业院校技能大赛、申报研究项目等的积极性有所提高。2023 年，学校有 7 支参赛队伍入围全国职业院校技能大赛，17 名教师获得院级科研项目基金资助，42 名教师获得学校教育教学改革项目立项，7 名老师负责的 7 门课程被推荐参加 2023 年北京市职业教育在线精品课程遴选建设工作。

（三）部分教师收入水平得到较大提升

奖励性绩效工资分配强调打破与教职工所聘岗位的关联，分配多少只与工作业绩、贡献大小紧密相关，这为广大青年教师和专业技术职务比较低的教师施展才华提供了很好的政策激励，因此一部分教师的奖励性绩效工资水平将超过学校平均水平，整体收入也将得到较大幅度的提升。

（执笔人：杜世友　韩永宝）

以治理成效推动高质量发展

——治理体系建设理论与实践

山西省财政税务专科学校

党的十九届四中全会全面开启了国家治理能力现代化的新时代。职业院校如何根据时代发展要求来推进治理体系建设，实现治理能力提升，促进自身高质量发展，是一个需要系统思考与全方位推进的重大理论与实践问题。山西省财政税务专科学校以机构职能优化协同高效为着力点，深化治理格局；以加强“四个体系”建设为实现路径，重构治理体系。坚持用习近平新时代中国特色社会主义思想统领办学治校各方面、贯穿教书育人全过程，不断推进治理体系和治理能力现代化，在办学治校各领域取得了丰硕的成果。

一、基本概况

山西省财政税务专科学校是一所办学历史悠久、办学特色鲜明、文化底蕴深厚的财经商贸类高职院校。学校坚持立德树人根本任务，扎根三晋大地，服务地方发展，努力培养更多高素质技术技能人才、能工巧匠、大国工匠，不断推动各项事业高质量发展。学校先后被评为国家示范性高等职业院校、国家优质专科高等职业院校、山西省“1331 工程”建设单位、中国特色高水平高职学校建设单位、国家级依法治校示范校。

二、具体做法及主要成效

（一）具体做法

1. 以机构职能优化协同高效为着力点，深化治理格局

学校坚持党的领导，遵循现代职业教育发展规律和要求，坚持推动机构职能优化协同高效，大力推进治理体系和治理能力现代化。以“一章八制”为总框架，逐步健

全现代大学制度体系，以“八个委员会”为抓手，逐步构建多元共治共管的治理模式，以提升质量为目标，多方位完善质量保证体系。努力形成“党委领导、校长负责、专家治学、民主管理、企业参与、社会监督”的治理结构，积极构建边界清晰、分工合理、权责一致、依法合规的现代高职学校治理体系。通过理论探索与实践，学校治理成效明显，为推动高质量发展提供了有力支撑。

2. 以加强“四个体系”建设为实现路径，重构治理体系

坚持用习近平新时代中国特色社会主义思想统领“管党治党、办学治校”各方面，贯穿教育教学全过程和人才培养各环节，从组织体系、制度体系、运行体系和评价体系“四个维度”着手，全方位建构并完善学校治理体系。

(1)“撤、并、建”一体推进，重构组织体系。坚持和加强党对学校工作的全面领导，坚持“党委领导下的校长负责制”，校党委充分发挥总揽全局、协调各方的领导核心作用，承担起管党治党、办学治校的主体责任，统筹推进党的领导体系、行政治理体系、群团工作体系等建设，不断优化组织机构设置、职能配置和权力运行。根据全面从严治党和新时期党的组织路线总要求，将党支部建在部门；根据民主治理和法治建设需求，学校成立了学术委员会、教学指导委员会、财经委员会等机构；根据经济社会发展和产业结构调整，有序推进二级学院专业设置动态调整和更名，将社科部更名马克思主义学院、商学院更名为数字商务学院、信息学院更名为信息科技学院、旅游学院更名为文化旅游学院；适应新一轮信息革命和产业革命，成立大数据学院、应用统计学院；根据治理改革和学校发展需求，将内部机构设置改革，人事部（教师工作部）更名为人力资源部（教师工作部）、学生就业指导中心更名为招生就业中心、撤销学校企业合作办公室、实训中心，成立国有资产管理中心、质量控制中心。同时，按照新的机构设置进行职能优化配置，以期达到协同高效。

(2)“废、改、立”齐头并进，重构制度体系。全面从严治党、从严治事，制度先行。我们在“管党治党、办学治校”过程中，十分重视制度建设，依靠制度管人管事，逐步构建以《章程》为核心、以“一章八制”为框架的制度体系，不断健全学术委员会制度、财经委员会制度、专业建设委员会制度、教学指导委员会制度、教材工作委员会制度、学生申诉委员会制度等，逐步健全议事规则、党建工作、教学管理、学生管理、财务管理、人事管理（人才工作）、科研管理、教辅管理、后勤管理和监督评等学校治理制度框架，主要是修订完善《党委领导下的校长负责制》《党委会议事决策制度》《校长办公会议议事决策制度》《学院党政联席会议制度》《教职工代表大会工作规程》《高层次人才引进及管理办法》等100多项校内制度，废除了一系列不适应发展要

求的制度、办法，保障了学校规范管理、健康发展。

(3)“职、权、效”一体发力，重构运行体系。按照治理格局和制度安排，遵循“边界清晰、分工合理、权责一致、依法合规”工作运行原则，我们构建了决策科学、执行坚决、监督有力的权力运行体系，依法合规开展各项业务。《章程》和《党委领导下的校长负责制》是学校“决策、执行、落实”的根本制度，“八个委员”的决议是校长依法行政、开展工作的基本路径，教代会、团代会、学代会是广大师生参与学校治理、监督学校运行、保障师生权益的桥梁纽带。特别是学校党委提出的“1+N+1”重点工作保障落实运行机制，第一个“1”是针对重大事项、重大任务，由党委提出方向性的指导意见，明确“要干什么”“实现什么样的目标”；“N”是根据党委的意见，按照“成熟一个、研究一个、制定一个”的原则，党、政制定出具体的落实举措和政策制度，明确“怎么干、干成什么”的具体方法、路径和政策供给，有效提升工作落实的精准性、开放性和系统性；最后一个“1”是制定纪委监督检查的跟踪问效制度，围绕“责任落实没有、落实到位没有”两个问题，按照“交必办、办必果、果必报”的要求，由纪委牵头开展督促检查，保证责任落实，确保监督事项“事事有着落，件件有回音”。“1+N+1”运行机制与上述一起，形成了较为完善的法人治理体系、内控制度体系和民主监督体系。

(4)“绩、评、改”相互统一，重构评价体系。不断改革评价模式，构建全过程质量保障体系。在学校建立的“管理者评价、自我评价、服务对象评价、第三方评价”四位一体的评价体系基础上，探索基于大数据的教学评价新模式，以数据平台为依托，将周期评价和即时评价相结合，实现课堂教学质量数据化评价；依托大数据职业能力服务系统，开展专业群建设诊断与改进，充分激发内部活力；引入第三方质量评价，追踪专业群毕业生的就业质量、发展状况等数据，与内部评价形成反馈机制，形成“业绩、评价、改进”相统一的全过程质量诊改机制，为推动学校改革发展提供决策依据。

（二）主要成效

坚持用习近平新时代中国特色社会主义思想统领办学治校各方面、贯穿教书育人全过程，不断推进治理体系和治理能力现代化，在办学治校各领域取得了丰硕的成果。

1. 党的建设取得新建树

学校认真落实“管党治党、办学治校”主体责任，认真贯彻落实党委领导下的校长负责制，不断推进党建工作标准化规范化建设，基层党组织的凝聚力、创造力、战斗力进一步增强，成为推动学校高质量发展的“火车头”。财税学院教师党支部建成全国高校党建样板支部；旅游学院党总支成为首批全省高校党建标杆院系；人事部党支部成为首批全省高校党建样板支部；商学院教师党支部书记工作室成为首批全省高校“双带头人”教师党支部书记工作室。“双带头人、双肩挑”工程实现全覆盖。以党建带动群团组织建设，支持工会、共青团、学生会等群团组织，按照各自章程自主开展工作，充分发挥其联系师生、服务师生的桥梁纽带作用。学校被中华全国总工会授予“全国模范职工之家”称号。

2. 立德树人取得新成效

牢记“为党育人、为国育才”，毫不动摇把立德树人根本任务落到实处。构建“三全育人”工作格局，落实大思政各项工作，推动习近平新时代中国特色社会主义思想“三进”工作，建立校领导联系制度，完善集体备课制度。强化教师实践研修，建设VR思政实训室，提升思政课教学质量和效果。实施职业教育铸魂育人计划，获得省级思政教育工作室1个、省级特色文化育人品牌8个、省级特色文化育人品牌培育项目1个、省级思政微课42个；坚持“红色文化打底色，晋商文化增亮色，搭建九大文化平台，建设三晋财经红色校园”的建设思路，建设文化研究与传播中心8个，成立红色文化宣传队6支，成立“筑梦人”讲师团、爱国主义教育讲师团、与抗大一分校和八路军太行纪念馆合作共建爱国主义教育基地，在全国高职院校“五个一百”爱国主义教育主题作品评选活动中，荣获一等奖11个、二等奖23个和三等奖54个；实施“四大文化工程”，打造出“红色沃土　英雄山西”“四史”特色思政课程、“中国会计文化”“毛泽东思想和中国特色社会主义理论体系概论”等国家级、省级精品在线开放课程，形成传承中华优秀传统文化经典品牌、弘扬革命文化的红色校园品牌、晋商文化研究品牌、“千山万水基金会”校友文化品牌等具有财专特色的系列校园文化品牌。学校连续被评为“山西省文明校园”。

3. 专业群建设取得新进展

立足山西经济转型的发展需求，按照“新技术、新标准、新业态、新模式”对高素质技术技能人才的要求，改造老专业、培育新专业、精心打造品牌专业，实施“222”品牌专业群建设计划。优化调整专业结构，建立专业动态调整机制，停招3个专业，升级改造8个专业，新开设9个专业；牵头建成2项国家职业教育教学资源库、参与建设8项国家职业教育教学资源库、主持会计等3项全国职业教育专业教学标准，承办100余项国家和省级赛项，立项建设5个国家级重点建设专业、9个省级品牌专业和特色专业。学校被评为全国首批“数字化会计教育（DAEC）项目”标杆院校、“中国财税服务数字化建设典范单位”。

4.“三教”改革取得新成果

学校着力打造五类具有“金标准、金资源、金课堂”的高职财经特色“金课”，先后建成了1门国家级、3门省级精品在线开放课程，3门国家级、5门省级精品资源共享课、13门校级在线优质MOOC课程。在专业教学标准制定方面成果显著，牵头制订教育部会计、会计信息管理专业的教学标准，在财务机器人开发与应用、大数据财务分析等行业领域的课程研发成果居全国本、专科前列。人才工作取得丰硕成果，现有国务院政府特殊津贴专家1名，“国家高层次人才特殊支持计划”教学名师1名，“旅游教学名师”1名、“三晋英才”高端领军人才2名、拔尖骨干人才7名、青年优秀人才2名，山西省“双师型教学名师、优秀教师”28名。教师团队建设成绩斐然，建成1支全国职业教育教师教学创新团队和1支“全国黄大年式教师团队”，建成3支省级职业教育教师教学创新团队、4支“结构化师资团队”和1支名师名家领衔的会计专业教学团队；建成1个山西省教科文卫体工会劳模创新工作室、1个省级传统工艺大师创新工作室、2个紧缺领域教师技术技能传承创新平台和6个省级中高职衔接名师工作室；11人荣获“三晋英才”称号，20余名教师在国家级、省级教学能力竞赛中获奖。教学成果与科研项目成绩突出，荣获国家教学成果二等奖1项，立项山西省高等学校决策咨询（智库）研究项目1项。教材编写成果丰硕，编写统编规划教材45部，自编教材46部，其中入选“十三五”规划教材15部；“中国会计文化”课程被评为2020年度国家精品在线课程，获评2021年度全国首届教材建设一等奖，“出纳业务操作”获评二等奖。教学模式不断创新，开展线上线下混合教学创新，以“翻转课堂”“在线互动”等教学方法改革为重点，建设出纳业务操作、管理会计基础、会计基础等SPOC课堂；积极构建“学分银行”，将“X”证书、职业技能竞赛获奖、服兵役等资历纳入学分体系，实行免修免听、重修、主辅修、学分互认等。截至目前，6个专业群共获批30个职业技能“‘1+X’证书试点”和14个证书考点。“人人持证、技能社会”培训取证工作扎实推进，学生在各类技能大赛中获得国家级奖项286项、省部级奖项612项。

（执笔人：秦华伟　李赟鹏　董国富）

以深化教师职称评价改革引领教师专业化发展

盘锦职业技术学院

盘锦职业技术学院深入贯彻落实习近平总书记关于教育的重要论述和全国教育大会精神，推进落实中共中央、国务院印发的《深化新时代教育评价改革总体方案》及《辽宁省落实新时代教育评价改革重点任务具体措施》，通过完善机制体制、管理制度与具体办法，将教育评价改革工作落实落地落细，系统推进，确保改革工作取得实效。

一、加强党的全面领导

学校实行坚持党委统一领导，充分认识深化新时代教育评价改革对于全面贯彻党的教育方针、落实立德树人根本任务的推动和保障作用，把加强党的全面领导落实到教育评价改革试点的全过程。党委充分发挥“总揽全局、协调各方”的领导核心作用，为学院发展把方向、管大局、保落实。强化基层党组织的领导核心和政治核心作用，履行好管党治党主体责任，牢牢把握学校意识形态工作领导权。坚持党委领导下的校长负责制，落实各项要求，明确改革工作的目标、内容、形式和安排，科学确定改革步骤，扎实推进改革工作，做到高站位、精谋划、细安排、实举措、求实效。

二、强化组织保障机制

学校实行统一领导，书记、院长负总责，分管校领导具体指导，相关职能部门牵头负责，其他部门根据分工参与，协调推进。把全面落实《深化新时代教育评价改革总体方案》和《辽宁省落实新时代教育评价改革重点任务具体措施》有机结合起来，与学院“十四五”规划、“兴辽卓越”院校建设和提质培优行动计划等重大项目结合起来，把握问题、目标、成果三个重要导向，系统梳理改革目标、路径、方法、步骤、成果、绩效，推动教育评价改革各项任务落到实处。

三、重实效抓落实

（一）改革教师评价制度

学校贯彻落实《深化新时代教育评价改革总体方案》《中共中央 国务院关于全面深化新时代教师队伍建设改革的意见》等文件精神，成立职称改革小组，通过整体设计、科学论证和广泛征求意见，出台了《盘锦职业技术学院师德师风考核办法》《盘锦职业技术学院专业技术岗位聘用实施办法（修订）》《盘锦职业技术学院专业技术职务晋升和岗位晋级评聘暂行管理办法（修订）》《盘锦职业技术学院专业技术职务评审量化评价标准（修订）》等制度，引领教师践行教书育人使命，建设高素质专业化教师队伍。

（二）完善一体化贯通制培养的招生考试办法

学校分类制定招生考试办法，充实和完善考试招生工作中“文化素质+职业技能”的考试内容，使“文化素质”考试与“职业技能”测试中各项考试分值比例构成更趋合理，有利于真正反映学生的文化及职业技能水平，促进学院考试招生工作的公平公正。制定免试、加分入学相关政策。中职生和社会考生根据其获得的与所报考专业相关的技能竞赛项目、等级、成绩或政府部门认可的职业资格等级证书情况，实行相关免试或加分入学政策。

（三）建立内部质量保障体系与诊改机制

完善现代职业院校制度体系。依据学校章程，全面梳理现行校级规章制度和规范性文件，完善、修订党建与思想政治工作、民主监督、教育教学、科研规划、人事管理、学生管理、资产财务、社会服务、服务保障、信息化等领域的规章制度，形成根本制度、基本制度、具体制度三个层次的学院制度体系。

（四）优化内部治理结构

健全全员参与的民主监督机制，完善教职工代表大会制度和学生代表大会制度，大力推进校务公开，发挥教代会、学代会民主管理和监督作用。深化人事制度改革，健全完善职称评聘和绩效分配制度，打造一支政治过硬、品德高尚、业务精湛、治校有方的高素质专业化管理队伍，建成一支师德高尚、素质优良、结构合理、专兼结合的高素质“双师型”师资队伍。深入开展校院两级管理体制，实施目标考核和绩效管理，激发二级单位的办学活力，提高学校整体办学水平和效益。

（五）强化与提升学术权力

完善学术管理的体制、制度和规范，完善学校学术委员会职能，使其统筹行使学术事务的决策、审议、评定和咨询等职权。充分发挥学校专业建设委员会在专业设置、人才培养方案开发、课程体系构建、“1+X”证书试点、开放共享实训基地建设等方面的审议、咨询和决策作用。强化学校教材建设指导委员会和教材选用委员会在教材建设与改革中的关键作用。

（六）建立教学诊改机制

引入第三方评价机构，对学校教育教学质量、教师发展及学生成长成才等进行评价。以高等职业院校人才培养工作状态数据采集平台、辽宁省高校综合运营监测与绩效管理等为基础，构建校本数据平台，对办学核心指标、专业与课程建设、师资队伍建设、学生发展等进行诊断，科学审视和评估学校适应社会需求能力状况，建立规范的教学诊改机制，促进学校健康运行与高质量发展。

（七）树立现代质量文化理念

建立党委领导下的内部质量保证体系建设委员会，以质量标准的制定和遵守为核心重塑质量文化，建立科学合理的目标体系、质量标准体系、工作流程和制度体系，形成“标准引领、开放自律”特色鲜明的质量文化，实现全员、全过程、全方位育人。巩固高等职业教育质量年度报告制度，使人才培养质量接受全校师生、行业企业和全社会监督。

（八）实施绩效管理考核

从办学水平和管理能力两大方面实施学院绩效管理考核，充分发挥绩效管理在推动高校内涵发展、提升办学水平的导向作用。办学水平指标以定量指标为主，包括人才培养、学术研究、社会服务、师资队伍、社会声誉 5 个一级指标。管理能力指标以定性指标为主，包括党的建设、内部治理、办学经费、附加分 4 个一级指标。年度绩效考核结果作为市政府对学校办学规模核定、专业调整、经费投入、项目支持、资源配置等决策的重要依据。

（九）实施专业评估

遵循职业教育发展规律和技术技能人才成长规律，实施专业评估。对标高等职业学校专业教学标准、课程标准、顶岗实习标准、实训教学条件建设标准（仪器设备配备规范）制定专业评估指标体系。从专业设置、培养目标、培养规格、课程体系、师资队伍、教学条件、建设成效等方面全面把脉专业人才培养体系及其支撑要素。面向行业发展需求，构建各专业的评价标准，引入第三方开展专业评价监测，构建专业建设质量保障体系。

（十）建立教学诊改机制

以人才培养工作状态数据平台为基础，以高等职业院校人才培养状态数据平台、辽宁省高校综合运营监测与绩效管理、适应社会需求能力评估平台等为基础，构建校本数据平台，实现校内各类信息资源的共建共享，实现状态数据平台填报数据的自动采集、分析和上报。进行办学核心指标诊断、基本办学条件诊断、专业与课程建设诊断、师资队伍建设诊断、校企合作诊断、学生发展诊断和社会评价诊断，科学审视和评估学院适应社会需求能力状况，找到学校在内部治理、专业建设、课程建设、师资队伍建设、学生全面发展等方面存在的主要问题，并逐项落实整改与提升措施，形成诊改报告，建立规范的教学诊改机制，促进学院健康运行与高质量发展。

（十一）制定质量年度报告发布制度

制定人才培养质量报告发布制度，每年从学校概况、学生发展、教育教学、政策保障、国际合作、服务贡献、挑战与展望七部分总结学校的发展成果，通过校园网和全国高职高专教育网面向社会发布，接受全校师生、行业企业和社会的监督。

（执笔人：王首中）

完善治理体系　加快高质量发展

辽宁石化职业技术学院

教育是“国之大计、党之大计”，在我国国家制度和国家治理体系中具有基础性、战略性、全局性、先导性的重要作用。促进和实现大学治理现代化既是国家治理现代化的有机组成部分，也是实现高等教育现代化、建设高等教育强国的制度保障。

一、基本概况

一直以来，辽宁石化职业技术学院秉承“质量立校、人才兴校、特色强校”的办学理念，聚焦立德树人根本任务，聚力内涵发展根本方向，汇聚产教融合、校企合作办学资源，按照“党委领导、校长负责、教授治学、民主管理、社会参与”的管理体制，以内涵建设强基础、以教学改革提质量、以质量管理增效益、以产教融合谋发展、以社会服务赢声望。在助推区域经济发展、产业转型升级的过程中，走出了一条产教融合特色育人道路，形成了与“建设省内领军、国内一流职业学院”的办学目标相匹配的特色治理模式，提升了内部治理的质量和成效，促进了学校高质量发展。

（一）建立健全科学民主决策机制

全面落实党委管党治党、办学治校主体责任，坚持党委领导，统筹规划顶层设计，切实履行党委把方向、管大局、作决策、抓班子、带队伍、保落实的职责，保证党的路线方针政策和上级决策部署有效贯彻执行。

认真贯彻执行党委领导下的校长负责制，完善“三重一大”决策制度，明确党委会议、校长办公会议、学术委员会、学校工会等校级机构的职权范围。

依法明确学校各类事务的决策权，明晰学校决策机构的职权、程序和议事规则，推进学校决策的科学化、民主化和法治化。不断完善决策执行与监督机制，加强对重大决策的执行情况的跟踪督办，准确、全面评估决策执行效果。

（二）完善治理制度体系

坚持章程的核心地位。制定符合我校实际、具备我校特色的章程，并以章程为统领，健全完善各项规章制度，不断规范内部治理体系。通过章程建设，提升对校内制度建设的统筹规划，提高制度建设质量，形成以章程为核心，规范统一、分类科学、层次清晰、运行高效的制度体系。

完善治理制度体系。以章程为统领，构建完善学校内部治理结构的具体制度，完善教学、科研、学生、人事等学校管理制度，建立健全各种办事程序、内部组织规则、议事规则等，依法切实管好用好办学自主权。

推进院系两级治理体制改革。按照“目标管理、成果导向”的基本原则，稳妥推进改革，有效激发各二级单位办学活力和内生动力，形成权责清晰、目标明确、制度规范、考核标准完善、激励体系健全、充满活力、富有效率、科学发展的两级治理体制机制。

遵循法治原则。坚持民主公开合法合理正当的原则，制定涉及师生利益的管理规定时，广泛征求师生意见，经过专家论证并建立完善的信息公开制度。涉及师生重大利益的制度制定，充分听取广大师生意见，体现和保障广大师生的合理诉求和合法权益。

（三）切实提高落实规章制度的执行力

加强制度实施和监督。学校设立专门机构监督章程和制度的执行，切实提高落实各项规章制度的执行力。同时将章程及以章程为统领的规章制度体系作为新进教师、新任领导干部的学习培训资料，以促进形成依法按章自主办学、自我约束的机制。

保障合法权益。学校在各项管理活动中严格执行民主程序，充分听取师生员工的意见，依法落实知情权、参与权、表达权和监督权，全面保障师生主体地位。

严格校务公开制度。规章制度内容直接涉及师生员工切身利益的，严格实行公示制度。建立诉求反馈制度，及时公开诉求办理情况。妥善处理校内矛盾纠纷，不断提高依法应对复杂情况的能力。

（四）以开展文化建设厚植文化根基

开展大学精神建设。大学精神是历代师生在学校发展进程中积淀形成的相对稳定的理想、信念与核心价值目标，是一所学校的“魂”，也是学校发展壮大的精神支柱。

具体来说就是追求真理、改革创新、敢为人先、追逐梦想的精神与力量，使学校朝气蓬勃，营造出爱生、尊师、爱校的氛围。

持续创建办学特色。大学文化是学校在办学过程中积淀形成的、具有鲜明个性的办学特色，是教育质量最根本的体现，直接影响学校的办学视野和境界，制约着学校在办学过程中的方向和质量标准。文化素质教育体现着大学的文化品位，学生的文化素质正在向评价高职院校人才培养质量重要标准的方向推进。学校着眼于提高大学生的文化素质，提高教师的文化修养，塑造独具特色的文化个性，提高文化品位和格调，并将其体现在学校的日常工作、整体环境及师生员工的言行举止中，渗透在学校的方方面面，以增强学校综合实力与竞争力。

培育内部治理文化。凝聚各利益相关主体，营造和谐氛围，发挥文化的隐性治理功能，特别要重视企业文化与学校文化的融合，通过建立常态化的机制，有意识地将产业文化、企业文化引入校园，形成独特的教学文化、课堂文化。明确分级分层执行体系，各二级单位作为落实工作的主体，需要做到任务明确、措施有力、责任到人，确保执行彻底、落实到位。健全执行责任体系，实行“谁制定、谁负责”的主责部门负责制，制度出台后，主责部门要及时了解执行情况，制订制度落实计划，开展制度的宣传、解读、答疑、解释等工作。加大制度运行和执行的监督力度，建立科学的制度考评体系，将监督机制与考评制度结合起来，对违反制度和执行不力的情形进行严肃追责问责，提高制度刚性，增强制度权威，激励执行者遵守各项制度的信心。

建立符合现代人才培养需要的质量文化。高校的根本任务是立德树人，教育服务的根本目标是将知识转化为提高人的劳动能力上，这是检验高校办学水平的基本标准。因此，要建立科学的学校文化特别是质量文化，学校的一切工作均应围绕学生这个中心来展开，建立合理的师生关系模型与角色定位，以学生的学习为中心设计制度体系，以学生的发展为中心来制定评价机制，帮助学生构建四大支柱，即学会认知、学会做事、学会做人、学会共存，实现真正意义上的学校发展。

二、主要工作和具体做法

建设省内领军、国内一流的职业学院，需要建立现代大学的运行机制。我们要转变学校质量管理的角色定位，由“生产者—消费者”向“工作者—客户”模式转化，建立相关制度并形成机制，让客户参与办学工作的全过程。要建立新型的科层治理体系，纵向成线，横向成面，科学确定各二级单位的工作职责，强化系部的主体功能，加强系部的办学自主权。改变机关工作方式，由管理监督向服务指导转化，形成全校为学生服务、为教学服务的工作文化。实行动车管理模型，推行以目标管理为基本驱动的各单位自主发展机制，形成顶层设计与基层自主发力的新型学院发展动力机制，构建新发展格局，推动学院高质量发展。

（一）以内涵建设强基础

瞿振元认为，内涵式发展强调的是结构优化、质量提高、实力增强，是一种相对的自然历史发展过程，更多的是出自内在需求。内涵式发展道路主要通过内部的深入改革，激发活力，增强实力，提高竞争力，在量变引发质变的过程中，实现实质性的跨越式发展。

开展学校文化建设。贯彻落实创新、协调、绿色、开放、共享的新发展理念，突出面向现代化、面向世界、面向未来，着手传统文化、制度文化、质量文化建设。在文化建设过程中，本着守住“底线”、充实“底蕴”、磨砺“底色”的原则，在育人环境建设方面下功夫，开展底色磨砺工程，以人育人，以物育人，以法树人。

开展特色专业群建设。通过对专业结构进行优化调整，打造优势特色专业群，增强服务区域经济发展能力，提升学校办学效益。

加强师资队伍建设。大力开展师德师风建设工作，高素质的教师队伍不仅仅体现在学术水平上，更重要的是要体现在育人全周期的各个环节和要素上。引导广大教师在工作态度、做人做事方面为学生树立典范，规范开展人才培养工作；在提高课堂教学效果上下功夫，关心学生冷暖，规范学生行为，深入开展思想政治教育工作，在育人成效上花心思。努力提高教师队伍的学术水平，充分发挥职称评审的杠杆作用，调动教师投身教学和社会服务的积极性。加强思想政治理论教师队伍、辅导员队伍建设，实施达标行动计划。

加强教学服务队伍建设。努力打造素质高、能力强的行政管理队伍、教学辅助队伍、后勤服务队伍，通过去行政化改革，实现各层级人员职能的再定位，将科层体系下的管理转变为不同岗位的服务，建立起学校中所有人员为学生服务、所有管理人员和服务人员为教师服务的理顺服务体系。

（二）以教学改革提质量

改革人才培养体系。探索 OBE 人才培养模式，实行学分制培养，建立起与国家学分银行对接的人才培养框架。按照国家专业标准和行业标准要求，科学设置各类课程，合理设置学分、学时，明确课程的基本目标，以课程目标为驱动编制课程教学大纲，开展课程教学。在课程体系和教学内容的设计上，特别注重提升学生思想政治素养，以及未来作为独立个体发展和社会成员成长所必需的素养，增加素质类课程数量，创新机制，开展公民素养教育。在培养方案的构建上，强化“两融合一对接”，即：将思想政治教育与教育全过程相融合，做好“课程思政”建设，做实“三全育人”体系；将创新创业教育与专业教育相融合，完善涵盖教材建设、教学内容、学科竞赛、创新培训、创业孵化“五位一体”的创新创业教育体系，培养德智体美劳全面发展的社会主义建设者和接班人。

加强课程建设。积极开展国家级、省级精品课程培育，开展校内精品课程建设，大力开展学校视频资源课程建设工作，打造“金课”，剔除“水课”。

强化教材建设。完善教材建设与选用管理办法，严把教材选用质量关。以教材建设为引领，扎实开展“三进”工作。学校将按照有特色、有创新、补空白、可推广的原则开展校级规划教材建设，特别要加强与行业、企业合作，开展校级规划教材编写工作。

深化课堂改革。在教学内容、教学设计、教学方法等方面，以价值观教育为引领，体现以学生的发展为中心、以学生的学习为中心、以学生的学习效果为中心，强调学生是学习和自主发展的主体，重视学生的内化过程，开发学生潜能，充分调动学生学习的自主性、积极性、创造性，为学生主动参与、独立思考、自主探究、相互合作等学习品质的形成提供教学环境和教学平台支撑。教学有模式，但授课无定法，无论是项目驱动、伴随学习，还是启发式、合作式、参与式教学，或者线上线下混合式教学，只要有利于学生发展，提升学习效果的，我们都给予鼓励和提倡。

（三）以质量管理增效益

推行多元评价制度。从多角度、动态评价学生培养，建立学校、用人单位、第三方共同参与的评价机制，丰富评价方法，采用笔试、面试、动手、成长档案袋等方式，实行即时评价、周评价、月评价、学期评价相结合的评价方式。

建立立体化教学监控体系。实行教学质量第一责任人制度，学校党政一把手为全校教学质量第一责任人，主管副院长是直接责任人；系（部）党政一把手为系（部）教学质量第一责任人，主管副主任是直接责任人。加强日常教学质量监控，建立期初、期中、期末三段式常规教学检查制度；健全领导、专家、同行、学生四级评教制度，完善各级评教的指标体系；加强教学督导队伍、学生信息员队伍建设，构建常规检查与临时抽查相结合、过程性评价与终结性评价相结合、质量督导与信息反馈相结合，全方位管理、全过程监控、全员参与、全面质量的日常教学质量监控体系。探索实施院、系两级教学质量年度报告发布制度，系部年度报告应准确分析教学基本状态，突出教学改革亮点、成就和经验，准确把握存在的问题，用数据和事实全面展示本单位人才培养状况和教学质量。

落实质量管理制度。建立“学生中心、产出导向、持续改进”的自省、自律、自查、自纠的质量文化体系，完善质量管理体系制度，规范各类教学活动与环节质量标准，确保各类教学活动结果证据的完整性和可追溯性，探索建立系部内审、学院评审、第三方外审的质量审核体系；探索建立根据质量审核评价作为各单位和个人年度考核依据的制度。

（四）以产教融合谋发展

校企合作、产教融合是当前我国职业教育改革发展的核心问题，对提高职业教育质量起主导和决定性作用。加强职教集团建设，做实双元人才培养模式，探索开展多元办学格局，开展校企共建二级学院，探索股份制、混合所有制办学模式，探索各类人才共育、过程共管、成果共享、责任共担的校企合作办学体制机制。

（五）以社会服务赢声望

全力提升就业质量。学校高度关注贫困生、学困生、特殊生的就业工作。积极打造产业学院平台，在科研上发力，制定鼓励措施，推动成果转化。全力做好培训工作，加强与政府联系，开展培训基地建设，加强企业培训。提高服务共建“一带一路”能力。开展“走出去”建设，推动“办学走出去，毕业生走出”，增强对国际留学生的吸引力。

三、成效与特色

进入新时代，职业教育已迈入提质培优、增值赋能、以质图强的高质量发展新阶段。破解发展难题，培育发展优势，学校始终坚持稳中求进工作总基调，准确把握新发展阶段，深入贯彻新发展理念，服务构建新发展格局，推进内涵提升与开放融合。

人才培养工作取得新进展。持续优化人才培养结构，构建涵盖德智体美劳“五位一体”的人才培养体系，全面加强和改进新时代体育、美育和劳动教育工作，提升学生综合素质。组织学生参加辽宁省职业院校技能大赛，3 个教学团队获奖；参加挑战杯大赛、“互联网+”大学生创新创业大赛、全国职业院校创新创业大赛等重要赛事，获得省级以上各类奖项 70 余项。有序推进兴辽卓越院校建设工作，高质量完成深化教育教学改革、产教融合校企合作等项目的建设任务。3 个专业获批 2022 年辽宁省现代学徒制示范专业，1 个实训基地获全国化工行业安全生产实训基地。

教师教学科研能力持续提升，开展课程思政教学典型案例征集评选，组织 8 个教学团队实施课程思政建设项目。7 个教学团队参加辽宁省职业院校技能大赛教学能力大赛并获奖，1 名教师参加全国职业院校化工类专业教师课程思政能力竞赛获一等奖，1 名教师在辽宁省思政课教学能力竞赛中获二等奖。1 门课程获得省级精品在线课程。全年获批专利 53 项，省市级课题研究 60 项，省级教学成果奖 5 项；新增横向课题 6 项，科技成果转化 10 项。成功获批首批省职业教育“十四五”规划教材 9 部，中国石油和化工教育教学优秀教材 1 部，获批辽宁省科技厅科技进步奖三等奖 1 项。

社会服务能力实现新提升。落实《教育服务辽宁省“一圈一带两区”区域协调发展实施方案》，服务做好“三篇大文章”，不断增强服务区域创新发展、协调发展、绿色发展能力。服务创新驱动战略深入实施，获评“辽宁省职工创新工作室”1 个，获批市级重点新型智库 1 项，并获申报省级重点新型智库资格，获批省典型实质性产学研联盟 1 个、市科技创新平台 3 项，获批市级产业专业技术创新中心和科技成果转化中试基地。打造服务地方经济社会发展的新型“智库”，参与省科技厅揭榜挂帅项目 1 个，2 名教师被聘为锦州市农业科技特派员；与 10 余家企业在员工学历提升、技能培训、应急能力培训鉴定等方面深入合作；承办省职业院校教师素质提高项目培训班。助力打造区域开放合作高地，在国际交流方面迈出新步伐。成立辽宁省内高职院校首家海外分校——中泰石化国际学院，与泰国金池工业园共建产学研基地，通过国际校企合作、产教深度融合的职业教育“走出去”模式，专注职业教育专业化，努力打造在仿真模拟、课程研发方面具有国际特色的“新石化”国际职业教育，以推进优质中外合作项目为抓手，不断提升国际化水平和国际化服务能力，获得由泰国教育部职业教育委员会颁发的“中泰职业教育国际合作突出贡献奖”。学院还与澳大利亚埃迪斯科文大学、波兰热舒夫信息与管理高等学校签署“2+2”专接本项目合作办学协议，进一步拓展了国际交流合作空间。

助力全面推进乡村振兴战略，扎实推进省农经校乡村振兴优质校建设工作，开展高素质农民培训，积极培养乡村治理骨干。学院驻潘井村工作队认真履行帮扶职责，聚力强组织、防返贫、壮大集体经济、环境治理等巩固脱贫成果，加快推进乡村振兴。

内部治理日趋完善。坚持和完善党委领导下的校长负责制，贯彻执行民主集中制，制定出台学院章程，召开教代会，组建学术委员会，强化统一战线工作，完善团学组织建设，进行“大学习大检查大规范大提升”专项行动，不断优化党委领导、校长负责、教授治学、民主管理的治理结构，规范运行机制，大力提升党委科学决策、民主决策和依法治校能力。

（执笔人：赵传奇　李英俊）

“五化”治理，贡献“常机电之治”范式

常州机电职业技术学院

一、实施背景

常州机电职业技术学院根据国家治理体系现代化建设的要求，学校着力破解治理多元主体作用发挥不足、治理机制不完善、治理效能不高等突出问题。通过完善治理机制，提升治理效能，构建“制度治理规范化、文化治理愿景化、数据治理智慧化、质量治理持续化、协同治理一体化”的五化治理范式，服务“双高计划”建设，助推学校高质量发展不断取得新成绩，为高职院校治理体系建设贡献了“常机电范式”。

二、主要做法

（一）制度治理规范化，探索现代治理新体系

学校构建特色制度体系（见图1），形成了“章程统领，纵向分层、横向分类”的依法治校制度体系。修订《章程》，出台《制度管理办法》，推进制度的“存、废、并、改、立、释”工作，组织对400余项制度进行梳理和清理，形成学校《制度汇编》；修订学校部门工作职责、制订岗位工作标准；修订《二级学院党总支部委员会会议议事规则》《二级学院党政联席会议议事规则》《二级学院教职工代表大会实施细则》等基层管理制度，完善校院二级管理制度体系，激发基层办学活力。

（二）文化治理愿景化，迈进民主治校新阶段

学校着力培育以协商对话为核心、以服务为宗旨的现代治理文化，不断丰富学校“知行文化”的内涵。完善“党委领导、校长负责、专家治学、师生参与”的决策机制，通过党委会、校长办公会研究“双高计划”等重大事宜；发挥工会、共青团、妇

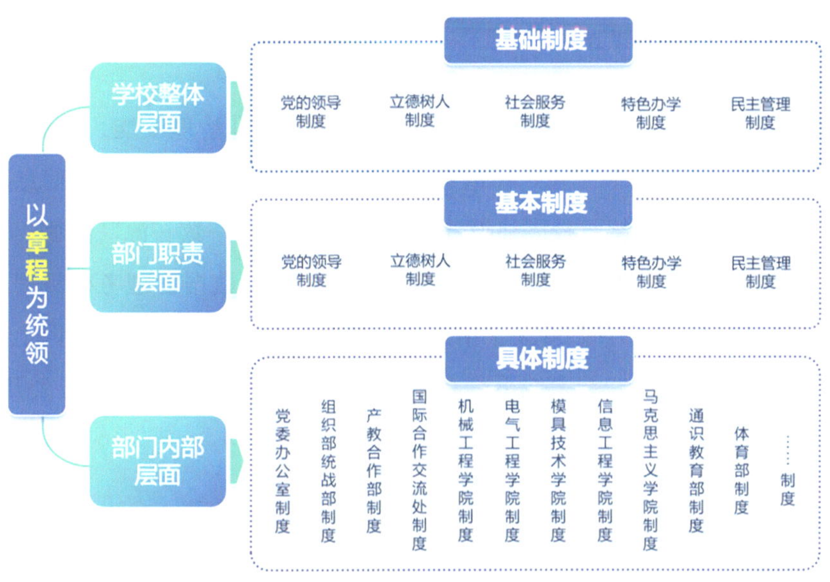

图 1　学校特色制度体系

联等群团组织参与民主治校的协商、共治作用，师生通过教代会、学代会、妇女代表大会等参与学校的重大工作决策（见图 2）；发挥学术委员会的决策作用，优化学校学术委员会成员结构，构建二级学术委员会，开展常态化学术活动，营造良好的学术治理氛围；构建跨专业教学组织，完善机制，形成结构化的教学团队，先后入选国家职业教育教师教学创新团队、国家课程思政教学团队。

图 2　发挥教代会作用推进民主治校

（三）数据治理智慧化，打造信息治理新生态

学校坚持“应用为王、服务至上”的原则，不断提升治理效能。完善相关机制，构建“组织—技术—业务”三位一体的数据治理体系。成立网络安全和信息化领导小组，统筹规划和持续推进智慧校园建设（见图3）。按照“一数一源”原则，明确数据主责部门、设立网络工作专员、分类编制操作指南、建立数据管理考核机制，构建学校数据治理文化。新建、升级30余个信息化服务系统，构建“一站式”网上办事大厅各类流程130余条；通过“线上线下”相结合，持续推进学校党务、校务公开。

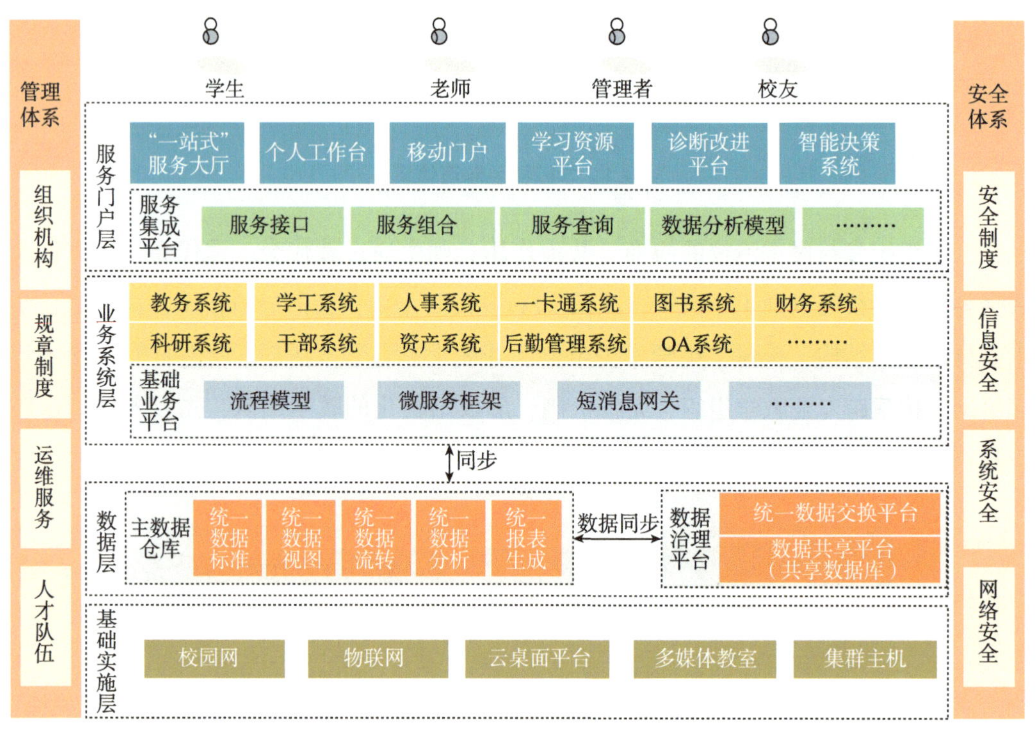

图3　持续推进智慧校园建设

（四）质量治理持续化，助推治理绩效新提升

学校以诊断改进为抓手，推进内部质量保障体系建设。编制年度工作要点、制订年度任务分解，出台《质量目标管理规范》《绩效考核指标细则》等，逐项逐级分解至各部门、各单位及每位教师，形成横向衔接、纵向贯通的目标链和标准链；以“8字螺旋”为运行逻辑，修订《质量手册》《程序文件》等，明确多部门协作的工作流程与规范标准，推进五个层面诊改，实现ISO 9000质量管理体系PDCA闭环与“8”字质量改

进螺旋融合运行，形成标准和方法双线融合、内审和外审联动推进的内部质量保障机制，有效提升内部质量保障体系运行效益（见图 4）；入选江苏省教育评价改革试点学校、江苏省第二批高职院校诊改复核有效单位。

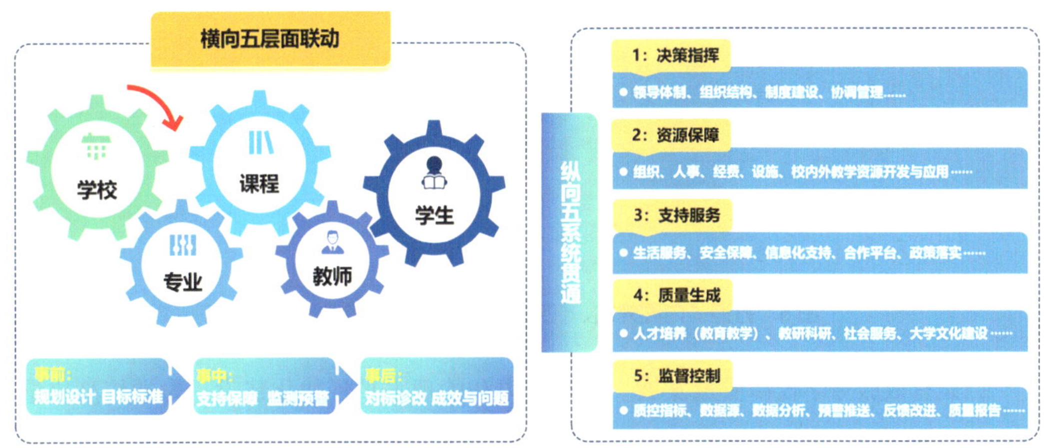

图 4　构建 ISO 9000 贯标与诊改融合内部质量保证新体系

（五）协同治理一体化，开创多元办学新局面

在深化政行校企“四方”合作，统筹规划、组织、实施“三层”管理的基础上，融入“多元协同”治理理念，打造“内园外站、四维一体”产教融合办学模式（见图 5），探索多元协同治理。坚持以章程为统领的产教融合理事会负责制，通过产业发展论坛、产教融合展会、人才供需洽谈等多种方式，推动政行校企四方“高频次、多形式、全方位”协商对话，明晰产业学院、共享工厂等内部组织责权边界、利益结构，推动责任共担、利益共享。完善产教融合制度、案例、标准与机制，《基于产教融合的共享工厂运营与服务规范》等获得全国团体标准立项；打造“产教互融、实体+云端”产业学院建设模式，建成五大产业学院，入选国家工信部专精特新产业学院；深化“政行校企”合作办学，牵头、参与全国机器人与智能装备行业产教融合等近 20 个共同体建设，参与全国市域产教融合联合体建设。

三、成果成效

一是持续提升学校治理现代化水平。通过系列建设举措，提升了学校治理信息化水平，学校获得教育部第一批职业院校数字校园建设试点单位、江苏省智慧校园示范校、江苏省教育信息工作表扬单位等荣誉。

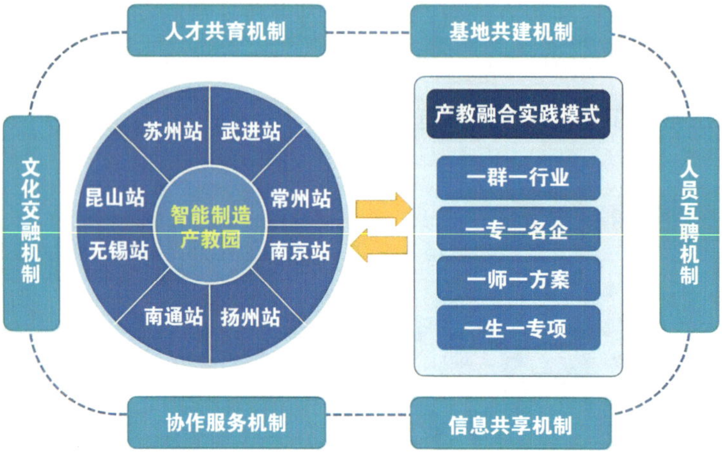

人才共育机制
基地共建机制
文化交融机制
人员互聘机制
苏州站
武进站
昆山站
常州站
智能制造产教园
无锡站
南京站
南通站
扬州站
产教融合实践模式
一群一行业
一专一名企
一师一方案
一生一专项
协作服务机制
信息共享机制

图5 打造“内园外站、四维一体”产教融合办学模式

二是有效服务学校高质量发展。治理能力和治理水平现代化建设，为学校高质量发展和服务区域经济社会高质量发展提供有力支撑，学校获评黄炎培职业教育奖“优秀学校奖”“优秀校长奖”、全国机械行业政研工作优秀单位等荣誉称号，2 次获得江苏省属高校综合考核第一等次。学校基本建设在全方位土地、资金、政策等方面获地方政府支持。

三是进一步扩大学校的影响力。通过治理建设，学校治理工作模式与经验被中央电视台、《中国教育报》、《科技日报》等省级以上媒体报道 20 余次，学校 60 周年校庆系列活动吸引 500 余家行业组织、院校、企业现场观摩交流。

（执笔人：甘迎春）

农业高职院校融入和服务共建“一带一路”倡议的探索

江苏农林职业技术学院

转变发展方式，主动面向世界，是共建“一带一路”倡议对教育提出的新要求和新任务。农业高职院校要为服务共建“一带一路”倡议提供人才支撑，就必须深入推进教育国际化，尤其是在人才培养方面。独特的地域优势，决定了江苏在共建“一带一路”中的地位举足轻重、不可替代，也为江苏农林职业技术学院融入和服务共建“一带一路”倡议创造了新机遇。高等农业院校要发挥自身的优势，巩固既有的国际合作基础，积极为共建“一带一路”倡议创造人才保障和智力支持。

一、在共建“一带一路”倡议下服务“走出去”情况概述

江苏农林职业技术学院创建于1923年，现为中国特色高水平高职学校（A档）建设单位、国家示范性高职院校，是以农业类专业为主体的综合型高等职业技术学院。历经百年风雨，学校形成了以本部校区和茅山校区相协同，江苏农博园和江苏茶博园相呼应的办学格局。学校是中国现代农业职教集团牵头单位、是世界技能大赛园艺项目国家训练基地，先后建成了中国特色高水平专业群2个、省级高水平专业群4个、国家重点专业12个、省重点专业19个，主持建设国家级专业教学资源库4个，建成了国家精品资源共享课程3门，现有国家级教学名师1名、省级教学名师4名。

江苏农林职业技术学院是全国首批农业对外合作科技支撑与人才培训基地办公室单位、“一带一路”现代农职教国际联盟牵头单位、承建了中法两国政府层面的中法中心。近年来，学校始终坚持伴企出海，与中航国际合作建设“中文工坊”，入选教育部“未来非洲”项目，与隆平高科、江苏华越集团等“走出去”企业合作，联合建设埃塞俄比亚、肯尼亚等国家海外“神农学院”。近5年，累计派出近20名教师分别赴肯尼亚、加蓬、埃塞俄比亚等国家开展农机、蔬菜种植、畜牧养殖等领域近万人次的援外师资培训，为当地提供“种—管—收”全过程的技术帮扶，培训工作得到当地政府

高层领导的高度肯定。2016—2019 年，学校连续四年荣获“全国高职院校国际影响力 50 强”，获得“2018 亚太职业院校 50 强”“2022 年职业教育国际合作与交流典型院校”，2015—2016 年、2020 年、2022 年均获江苏省“来华留学生教育先进集体”等荣誉称号。

二、农业高职院校国际化面临的机遇与挑战

国家提出了共建“一带一路”倡议，强调来华留学与出国留学并重，主动接纳“一带一路”共建国家或地区的留学生，派出教师开展科研合作，为中资企业培养国际化人才，为农业走出去提供人才支撑。推动教育国际化工作，培养既精通语言和专业，又熟悉目的国法律和国际贸易、国际金融的复合型人才，已经成为高校服务共建“一带一路”倡议的迫切工作和重要使命。农业高职院校教育国际化的发展模式已经处于转型时期，面对新形势，如何抓住机遇，拓展教育国际化视野，推动国际化工作，是摆在我们面前的重要课题。

（一）共建“一带一路”倡议助力建设教育共同体

“一带一路”共建国家大多处于相近发展阶段，面临着相似的教育需求。为了提高“一带一路”共建国家的教育质量，近年来，学校积极与泰国、老挝、肯尼亚、马来西亚等 20 多个国家和地区的高校、教育机构建立长期合作关系，形成了具有农林特色的国际化办学模式。在政府发挥主导作用下，学校承办了农业农村部的“柬埔寨水稻生产与管理及稻米加工研修班”项目、开办了印度尼西亚生物化学中学师资培训班、肯尼亚埃格顿大学孔子学院中国传统文化研修班、赤道几内亚农渔林业综合开发研修班、老挝茶叶种植与加工职业技能培训班、“一带一路”豆类遗传育种与综合利用科技创新培训会等多类型农业技术研修班。

（二）共建“一带一路”倡议助力共建国家农业技术人才培养

共建“一带一路”倡议加大教育资源整合力度，开拓并推进中国与共建国家的人才培养合作，拓宽共建国家人才发展机会。学校通过建立海外教育基地、开展境外合作办学，吸引“一带一路”共建国家学生来华开展留学深造、参加短期课程学习和技术技能培训等，不断拓宽留学生招生路径，扩大学历留学生占比，完善教学质量保障机制。学校积极推进农业科技教育服务“一带一路”共建国家工作，自 2014 年开始，招收短期国际学生，开展语言、农业类等课程培训，先后招收来自塔吉克斯坦、老挝、

刚果布、肯尼亚、尼日利亚等30多个国家的千余名短期国际学生，培训茶艺、花艺、园林、畜牧兽医等课程，通过学习培训，分享学校优势学科、优势专业、先进农业技术和经验，也进一步提高了海外留学生来华培训的管理质量和水平。2015年3月，学校正式招收全日制专科学历来华留学生，目前已经招收来自肯尼亚、孟加拉国、缅甸、刚果等20多个国家的300多名学历留学生。

（三）服务共建“一带一路”倡议是高职院校的重要使命，也是高职院校国际化的重大机遇

聚焦服务共建“一带一路”倡议，高职院校国际合作已经取得一定成效，正在形成多渠道扩大国际影响的新态势，有望成为服务共建“一带一路”倡议的重要力量。在共建“一带一路”视野下，高职院校在国际化进程中也面临诸多挑战。一是高职院校国际合作的政策与资源支持亟待加强。目前，高职国际合作主要依靠各地院校自主探索发展，缺乏政策与资金配套，亟待加强统筹规划与监督管理。比如，高职院校开展留学生教育仍存在政策支持与资源支持不足等问题，仅靠学校自身实践探索具有局限性，需要各级政府提供公平的政策环境、加大资源倾斜力度，扩大高职院校留学生教育培训规模与质量，开展来华留学生教育质量评价，推动高职院校国际化可持续发展。二是高职教育缺乏国际化的专业课程资源，很多学校在国际化人才培养方面存在诸多不足，专业课程资源比较陈旧，与国际化企业的发展不适应，与人才培养的新形势不符合，不利于高职教育走向国际化。此外，很多高职院校的课程资源形式单一，以课本、PPT课件、电子书为主，没有引入外部的相关资源，例如，行业准则、企业实例等。因此，高职院校需要改进专业课程资源，引入国际化元素，丰富专业课程内容。三是高职教育缺乏国际化的专业教师队伍，在共建“一带一路”倡议背景下，高职院校需要构建国际化的专业教师队伍。但是目前我国高职院校教师的教育理念比较落后，外语水平不足教学水平有待提高，影响高职教育的国际化发展。在助力“一带一路”共建国家农职教发展的道路上，高职院校仍需在师资人才培养方面拓宽深度，以达到更好的成效，还要不断加强双语课程建设与全英文课程建设的力度和规模。

三、农业职业院校融入和服务共建“一带一路”倡议的实施路径及案例成果

在共建“一带一路”倡议背景下，江苏农林职业技术学院在教育国际化方面，要转变观念，紧跟共建“一带一路”倡议的新形势，做好顶层设计，主动“走出去”，

利用好已有的基础，发挥与东亚国家、非洲肯尼亚联系紧密、交往频繁的优势，不断扩大对外开放，推进教育国际化进程，积极为共建“一带一路”提供人才保障和智力支持。

（一）建设海外农业科教服务园区，推广中国现代农业发展成就

高职院校重视与“走出去”企业同“一带一路”共建国家建设的产业园区和重大项目相结合，提供技术人才和科研服务支撑。同时，高职院校还可以“技术”为中心，助力共建“一带一路”发展中国家释放技能潜力，使中国技术及应用方式乃至思维方式得到认可，推动高等职业院校在“大进大出”对外开放格局中提升国际影响力，进而成为国家软实力的组成部分。学校通过在海外建设农业科技示范园区，同时外派专业师资队伍赴当地指导农业生产，提供从种植到收获全程技术帮扶，解决相关技术性难题。

（1）与肯尼亚埃格顿大学合作，共建中肯农业科技示范园。学校连续3年委派专家赴肯尼亚担任园区技术指导，开展技术研发，为埃格顿大学建立了甜叶菊高产育种和科学栽培技术体系。在此期间，共举办农业技术培训班15期，培训农业技术人员500余人次，为推广我国农业生产技术、促进当地农业经济发展发挥积极作用。2016年9月，时任中国驻肯尼亚大使刘显法对我院专家以及示范园开展的各项工作给予高度肯定。

（2）与老挝川赛红木加工厂合作，在老挝乌多姆赛省建设中老现代农业科技示范园，为老挝提高农业产量和农产品附加值提供系列技术支持。园区占地100余亩，分良种引种栽培试验展示区、生产示范区，重点展示中国现代园艺、园林、食用菌等农业新品种、新技术、新模式。结合老挝当地人才需要，开展茶叶种植、木材加工等技能培训，为老挝和农业“走出去”企业培养本土人才。依托老挝分校和中老现代农业科技示范园，学校与普洱市职业教育中心联合举办了两期老挝茶叶种植与加工职业技能培训班，乌多姆赛省农业官员和技术员参加了培训，取得了很好的成效。

（二）搭建高水平国际交流平台，推进科教援外服务农业特色

完善的参与平台是在共建“一带一路”倡议下，职业院校协同企业“走出去”的保障，通过建立海外农业科教服务平台，输出中国农业先进技术和职教资源，助力企业和院校协同发展。依托神农学院、中文工坊等平台，学校与“走出去”企业共建海外培训基地，构建产教融合平台，共同外派高水平师资队伍赴“一带一路”共建国家

联合开展农业技能培训，并接收“一带一路”共建国家师资和农技人员来华培训。

1. 承接农业技术研修班，培训“一带一路”共建国家农业人才

以农业对外合作科技支撑与人才培训基地、共建“一带一路”现代农业职业教育联盟、中法中心等高层次国际化平台为依托，学校积极开展并承接来华农业技术培训。由学院与江苏大学联合开展的“中非友谊”中国政府奖学金进修生项目培训班、巴基斯坦—中国现代农业区域创新院农机培训班、“丰收非洲”农业机械化国际培训班，为来自“一带一路”共建国家的30余名农技人员开展线下农机使用与维修、园艺设施等技术培训，同时开展了中国传统花艺、茶艺、农村电商等5个模块的实践教学，累计培训2000多人次。学校承办江苏省外办“中所青年看江苏”实践教学活动，在江苏茶博园、江苏农博园开展茶叶生产与茶文化体验和草莓生产技术实践教学课程，共有来自所罗门群岛31名青年学员参加培训。

2. 校企联合建立援外平台，助力中国农业职教“走出去”

学校与中航国际、中国教育部中外语言交流合作中心合作申报“中文工坊”项目；学院分别与江苏华越集团、隆平高科等“走出去”企业合作，在肯尼亚和埃塞俄比亚建设“神农学院”，并立项省政府江苏“小而美”援外项目资助。“神农学院”项目既是我院长期开展服务国家共建“一带一路”倡议各种活动的结晶，也是与“一带一路”共建国家农业领域交流与合作，尤其是农业职教领域交流合作的起点。目前已经在非洲知识产权局、欧盟以及东南亚等国注册，覆盖40多个国家。通过海外科教服务平台的建设，学校整合农业院校及科研院所为农业“走出去”企业提供“种—管—收”全过程的技术帮扶。

（三）伴企出海，开展农业技术援外培训

基于校企合作、产教融合模式下的高职教育国际合作，既能够支撑经贸合作，又能够促进人文交流，是共建“一带一路”倡议引领效应的重要体现。学校伴企出海，以企业为载体，推广中国优秀农职教经验，同时发挥人才和科研优势，与“走出去”企业联合开发国际通用课程标准和专业标准，并向海外企业推广。

（1）学校长期与中航国际合作，结合肯尼亚当地实际需求，为项目所需设备开展技术分析和评标咨询，组织教师编写培训教材，先后安排5名教师赴肯尼亚开展农机和农产品加工与质量检测两个专业的师资培训工作。以肯尼亚农业生产所需耕、种、管、收全程机械化装备的使用与维护为主线，注重理实一体、强化田间实操练习，有效提高学员的理论及实践水平。

（2）2021 年，新冠疫情异常严峻时期，学校外派李伟、王焜两位教师远赴加蓬开展为期 4 个月的师资培训。专业教师伴企出海，克服重重困难前往不发达国家开展援外技术培训，圆满完成援外农机技能培训任务，既体现了学校青年教师专业技能精湛、为国家共建“一带一路”倡议多做贡献的精神，也体现了学校服务“一带一路”共建国家在专业建设、实训基地建设、师资培训、教材开发等方面进行的一体化援助。

依托埃塞俄比亚“神农学院”平台，学校联合农业“走出去”企业隆平高科，共同选派桂红兵和吴井生两位教师在埃塞俄比亚最大的农业职业院校（阿拉吉农业职业技术学院），对埃塞俄比亚职业院校的教师和学生进行培训。根据各个养殖场的技术需求，两位博士开展了奶牛人工授精，饲料配方设计应用，发酵全混合日粮（FTMR）和动物常见疾病诊治等技术的培训和示范工作。将中国先进技术和养殖理念成功带到埃塞俄比亚，助力当地农民脱贫致富。两位教师目前已累计培训当地师生、农业技术人员、农民达 1000 余人。根据当地畜牧业实际情况，开展教材编写、技术服务和技术推广示范基地建设等工作，并开展了“动物外科学”和“牛羊生产学”的教学和技术培训工作，与当地师资合作，用英语编写了相关课程的理论教学讲义、课件和实习手册。学校还与阿拉吉农业职业技术学院共同签订共建奶牛实习基地等协议，期望将更多先进养殖技术带到埃塞俄比亚，为当地培养更多农业技术人才，进一步提升双方职教合作高度和专业化技能水平，开启中埃农业职教合作新局面。

（四）联合开发课程资源，贡献中国智慧和中国方案

高职院校可以鼓励教师在国（境）外组织担任职务，参与有关国际标准和规则的制定，携手国外院校、跨国公司和企业，发挥产业和专业优势，共同制定国际水平的专业标准和课程标准，得到发展中国家甚至发达国家和地区的认可。因此输出优质资源，让教师与教学标准“走出去”成为服务共建“一带一路”倡议的重要支点。学校教师在肯尼亚、加蓬、埃塞俄比亚援外培训过程中，与“走出去”企业及国外大专院校合作，联合开发国际通用课程标准和专业标准，并向海外推广，有效提高了当地的生产水平。例如，学校通过外派教师赴“一带一路”共建国家开展实地培训，根据当地学员实际需求和农业发展状况，充分调研、立足国情、助力企业、服务产业，分别与中航国际、隆平高科合作开发输出 3 个专业标准、40 门课程标准、培训教材（手册）19 种。立项省级及以上国际交流项目 6 项，牵头中国职教学会职教资源、装备输出评价指标体系编制工作。园艺技术专业入选江苏省教育厅“十四五”高校国际化人才培

养品牌专业建设第二批立项资助项目，立项校级英文精品课程6门，立项省级全英文精品课程3门，完成教育部来华留学英语授课品牌课程《中国茶文化》建设等工作，不断推进国际化教育资源建设，向“一带一路”共建国家输出中国经验和智慧，同时提高教师教学能力和水平。

四、未来展望

共建“一带一路”倡议是一项长期工程，是各方合作伙伴们共同的事业。自共建“一带一路”倡议提出以来，已经取得明显成效，一批具有标志性的早期成果开始显现，参与各国得到了实实在在的好处，对共建“一带一路”倡议的认同感和参与度不断增强。主动融入和服务共建“一带一路”倡议，总结经验，做好教育国际化工作，是江苏农林职业技术学院的新任务和新机遇。农业高职院校要进一步提高对教育国际化工作的认识，着眼于国家共建“一带一路”倡议工作的大局，提高政治站位，转变观念，明确方向，充分发挥已有的基础和优势，把老挝、肯尼亚作为对外交流与合作的重点，在人才培养、留学生教育、科技合作、援外培训与成果推广等方面取得新成绩和新突破，使教育国际化工作与国家的要求、地区优势和已有的基础相适应，在服务共建“一带一路”倡议的过程中加快自身发展，更好地为共建“一带一路”倡议提供人才保障和智力支持。

（执笔人：杨广荣）

“五大体系”并举　推进学校治理现代化

浙江建设职业技术学院

高校治理体系作为国家治理体系的重要组成部分，是服务新时代教育强国战略、实现高等教育内涵式发展的重要保证。近年来，浙江建设职业技术学院聚焦党建引领，完善机制制度，畅通治理架构，发挥民主监督，突出数治赋能，创新构建了具有建院特色的办学治校管理“五大体系”，形成了“党委领导、校长负责、多元治理、民主监督、数字赋能”的治理格局。

一、以“党建”为引领，构建融合发展体系

一是强化党建引领。围绕学校发展大局，坚持党建领航，聚焦“双高”建设等重点工作，积极搭建服务平台、健全服务机制、创新服务手段。同时，不断完善二级学院基层党组织工作制度、深化二级学院基层党组织和下属支部责任制度，增配党总支副书记、专职组织员，进一步发挥党建对学校治理的引领作用。目前，已成功创建全国和全省“党建工作样板支部”“党建工作标杆院系”4 个，全省高校“双带头人”教师党支部书记工作室建设单位 1 个，党建示范引领作用日益凸显。二是完善工作程序。修订党委领导下的校长负责制实施办法，突出党委领导核心地位，明确对基层党组织的领导。完善党委会、校长办公会议事规则，明确议事范围与程序，坚持校长依法行使职权。三是打造党建品牌。以高质量党建引领推进学校事业高质量发展，实施“党建引领发展三年行动计划”，以构建形成“155”党建工作体系品牌为总揽，实施“政治领航工程、固本强基工程、建院铁军工程、服务辐射工程、清廉建院工程”5 项工程，打造“办学治校政治高地、基层组织建设高地、三支队伍建设高地、党建业务融合高地、清正政治生态高地”5 大高地。

二、以“章程”为总纲，完善机制制度体系

一是坚持章程统领。学校始终把章程的制定和实施作为建设的“总法”、治理的“总纲”。开展学校章程修订，将党对高校领导的要求写进章程，并在其统领下，编制实施学校“十四五”规划，与“双高”方案做到有机衔接。二是理顺治理机制。根据学校“十四五”发展规划以及办学实际需求，对“一校三区”发展进行科学定位，组建建筑工程学院等 9 个二级学院，建立学校、二级学院、专业群等三级扁平式治理机制，下移“责任、权力、利益”到二级学院，更好地激发二级学院的主体活力，发挥专业群及内部各专业的能动作用。三是推进制度建设。梳理学校各方面制度，全面开展“废改立留”工作，2021 年和 2023 年两次开展“废、改、立”工作，新增管理制度文件 44 件，修订文件 26 件、汇编文件 299 件。先后制定完善了党的建设、教学管理、学生管理、合作办学、科研实训等制度，各项制度运行情况良好。

三、以“多元”为导向，畅通治理架构体系

一是推进教授治学。建立以教学和学术工作委员会为核心的治学机制，调整教学工作、学术委员会成员，修订教学工作、学术委员会章程，基本建立涵盖教学工作、学术、专业技术职务评聘、教材在内的教授治学组织，充分发挥学术组织在专业建设、学术评价、学术发展等方面的作用。二是倡导多元共治。着力构建政府、行业、企业、学校、社会组织的新型关系，打造“政府宏观管理、学校自主办学、社会广泛参与”的办学格局，实现共建共享、多元共治的目标。先后印发调整省建设行业产学研合作领导小组成员、调整部分二级学院校企合作部等文件，推动省建设行业促进浙江建设职业技术学院发展理事会建设。三是校友支持办学。充分发挥校友力量，先后成立校友会、校友咨询委员会，同时设立教育基金会，建立教职工奖励、学生奖励基金项目，鼓励教师学生争先创优，全方位支持学校发展。

四、以“阳光”为追求，夯实民主监督体系

一是加强风险防控。为有效防范化解治理过程中的风险，学校制定各部门、各二级学院权责清单，编制年度内控手册，梳理和优化业务流程，确定风险点位，建立应对措施，有效防范化解风险。进一步加强合同管理，成立论证与合同管理中心，修订合同（协议）管理办法，实现建设项目合同的网上全流程审批。二是规范民主管理。构建以教代会为依托的民主监督体系，完善教职工代表大会制度，制定教职工代表大

会提案工作处理办法，规范提案征集、审理、办理等程序，保障教职工参与学校民主管理与民主监督权利。三是提升服务能力。建立包括定期交流与重大事项通报、教代会提案处理等5大机制，提升学校治理效能。党群服务中心梳理、优化、承担50余项与师生工作、生活紧密相关的业务，平台累计访问1700万余人次，办结率为92.95%，师生满意度达95%。连续三年开展“为师生办十件实事”活动，解决师生关切问题67项，破解了“教师班车改革”“学生宿舍空调安装”等多年悬而未决的难题。

五、以“数治”为基座，赋能现代治理体系

一是数字赋能治理。近年来，学校坚持高站位谋划，制定学校数字化改革实施方案，以数字化赋能职业教育为抓手，健全网络与信息安全管理、数据管理等配套制度，强化信息技术、数字化对学校治理体系和治理能力的提升作用，整体推进各项工作。二是建设智慧校园。融合校务管理，推进感知型智慧校园建设就是其中最重要的一项内容。学校积极推进“最多跑一次”改革，建成了“易办易批、易查易问”的“一站式”网工综合服务大厅，根据服务清单梳理重构教务、学工等23个管理系统内的28个业务流程，优化重组103个线下流程，实现了对原有网上办事大厅进行“跑改”提挡升级。三是打造“建院大脑”。建成了智能易用的建院“数字大脑”，开发了在职教师版、在校生版等建院钉个人信息门户，实现校园智慧安防、垃圾监测、火灾预警和智慧归寝等5个场景的数字孪生；打造了校园智慧物联管理平台，建立校内外全域人员从进校到离校的全周期、精准化闭环管理制度。

（执笔人：叶玲　施云平　姜健）

坚持绩效考核制度化，推动内部治理现代化

江西职业技术大学

依法依规推进绩效考核评价是依法治校的重要组成部分，也是推进学校治理现代化、实现高质量发展的重要抓手。九江职业技术学院聚焦建成“中国特色高水平高职学校”的目标要求，以实施学校《章程》为引领，建立健全考核评价制度，深化综合考核评价改革，形成分层分类的绩效考核评价体系，有效激发广大干部教师依法依规干事创业的活力。学校被省委、省政府评定为“江西省职业院校领域人才发展体制机制综合改革试点单位”，获评“全国职业院校教学管理50强”“首批全省依法治校示范学校”，绩效评价改革经验被省委教育工委、省教育厅吸纳进全省高职院校综合考核实施方案，获评全省教育评价改革优秀案例，并于2022年6月17日被《光明日报》予以报道。

一、工作举措

（一）注重建章立制，科学构建考核评价制度体系

对照全省首批核准的《章程》规定，优化内设机构职能，规范二级学院治理，推动职能部门向综合化、服务型转变，引导二级学院“自主办院”、增强办学活力；修订完善《各部门岗位职责和工作标准》，使部门和人员权责更加具体、明晰规范；以“重实干重业绩”为导向，制定《部门工作绩效考核暂行办法》《中层干部考核办法》《教师年度综合考核评价办法》等系列考核办法，形成全方位、立体化的考核评价制度体系。

（二）注重体现差异，分层分类实施绩效考核评价

学校坚持普遍性与特殊性相结合，创新分类评价模式，根据部门工作职能、岗位职责和重点任务，对职能部门、教学部门、教辅部门分类制定考核评价指标体系；将

教师分为“教学为主型”和“科研为主型”两类，制定师德师风、业务能力、持续提升、业绩贡献等不同权重的考核标准，按照5个专业技术等级提出不同考核要求。坚持综合评价与成果评价相结合创新多元评价，按照不同考核对象，通过部门评价、学生评价、领导评价、同行评价、督导评价、企业评价等多元化、综合性评价方式，突出师生评价主体地位，发挥同行评价专业优势，强化企业及社会满意度评价。坚持日常考核、半年考核与年度考核相结合创新过程评价，从“职责、能力、成效”三个层面设置评价指标，突出基础工作考核、注重实绩考核，强化可量化、全周期、多角度、反馈性评价。

（三）强化结果运用，充分激发干部教师动能活力

学校注重强化考核结果的综合性运用，将考核评价结果作为部门和个人评奖评优、干部任用、经费核拨、绩效奖惩的重要依据，与教师职称评聘、推优评先、岗位聘任、表彰奖励、人才荣誉、项目申报等挂钩，作为拉开绩效分配差距的重要参考依据，实现绩效待遇向“重点项目、关键岗位、优秀成果、突出贡献”倾斜。

二、主要成效

（一）绩效考核评价制度机制更加健全

学校坚持以《章程》为依据，制定完善90余项内部管理制度、绩效考核制度及规范性文件，构建了有效发挥引领和保障作用的考核机制，保障绩效考评依法依规、公平公正。坚持从查找不足补短板到规范纠偏强弱项、再到实践检验凝合力，推动制度落实落地，实现了岗位责任法定化、工作程序规范化、管理方法科学化、考核效能最大化，治理成本有效降低、治理能力全面提升。

（二）干部教师干事创业动力有效激发

学校注重发挥绩效管理和考核评价“指挥棒”作用，极大调动了各二级单位和不同层级、不同岗位干部教师的干事创业热情，干部教师全员参与我为“双高”创绩效、服务高质量发展“两个百分百”活动，学校获评全国高校黄大年式教师团队1个，建成国家级职业教育教师教学创新团队4个、省级12个，省级大师和名师工作室10个，新增国家级人才、“教育部新时代职业学校名师培养计划”2人，入选江西省“青年井冈学者”“优秀高技能人才”“新时代学生心中的好老师”等9人次。

（三）学校高质量发展办学成效显著

学校通过深入推进绩效考核评价改革制度化，有效提升了学校现代治理能力和水平，实现高质量发展取得显著成效，学校先后获评“国家优质专科高等职业院校”“全国职业院校教学管理50强”“全国高职院校育人成效50强”，在首批国家“双高”建设中期绩效评价“优秀”等级。此外，新增国家级教学成果奖二等奖2项，省级教学成果奖36项，取得国家省级重要标志性成果2300余项，学校综合实力和育人质量稳居全国职业院校第一方阵。

三、主要经验

（一）找准突破点，依法依规完善现代大学治理制度体系

对照学校《章程》各项规定，以修订涉及教师切身利益的绩效考核评价制度为突破点，深入推进内部规章制度“废”“立”“改”工作。全面完善党政管理、教育教学改革、科研技术服务、学生素质教育、综合保障服务等制度，全面构建适应新时代职业教育高质量发展的现代大学治理制度体系。

（二）创新着力点，依法依规推进教师分层分类考核评价常态化

学校坚持普遍性和特殊性相结合原则，持续完善教学部门的工作职责和教师的岗位职责，健全“教学为主型”和“科研为主型”的教师绩效考核指标体系，健全部门评价、学生评价、同行评价、企业评价等多元评价方法，强化日常评价、年中评价、年度评价等过程评价，全面推动教师分层分类绩效考核评价规范化、常态化。

（执笔人：曾青生）

用好绩效考核“指挥棒”，推进学校治理现代化

——六个“跟着走”，打造绩效考核的威职模式

威海职业学院（威海市技术学院）

一、基本概况

职业教育肩负着为社会培养高素质技术技能人才的使命。高职院校应当拓展思维、主动求变，坚持破立结合、多措并举，提高教育治理效能，推进学校治理现代化。

威海职业学院（以下简称“威职”）推进多劳多得的绩效考核改革，实行“学校和部门二次分配”的考核分配机制，激活学校的内部治理活力；突出职业院校办学特色，引导教师真正成为“懂教学、会生产、能操作”的“双师型”人才；以各类实训项目为载体进行“实战化”训练，将专业与产业结合，培育造就精英型毕业生；紧密围绕学校重点工作展开考核，不断向着精细化、规范化、制度化的方向推进；考核分配向承担重点工作、优秀人才和年度做出突出贡献的个人倾斜，使“奖优奖勤、优劳优得、优绩优酬”的理念深入人心。

经过多年的实践，威职已经确立了“结果、效果、成果”的激励导向，将考核绩效与工作能力、工作业绩挂钩，激发了教职工干事创业的热情。绩效考核这根“指挥棒”，已经在推进“双高”建设、优化院系两级管理、加强师资队伍建设、优化人才培养模式、深化人事制度改革、促进重点项目建设等多个方面发挥了“点石成金”的作用。

二、具体做法和主要成效

（一）分配跟着考核走，建立校院“两级考核分配”机制

学校坚决贯彻上级关于“自主确定绩效工资的具体项目、标准，自主实施绩效考核，自主搞活绩效工资分配”的政策。通过多年的探索实践，树立了“学校考核部门+

部门考核个人”的校院两级考核分配机制，充分发挥两级管理效能。

学校立足重点工作，结合部门特点，制定绩效考核分配办法，分类确定教学部门和行政部门的考核指标，对二级部门进行一次考核，根据考核结果进行绩效金额的一次分配。各部门遵循“奖优奖勤”的考核导向，根据实际情况制定部门的二次考核分配方案。部门对个人的二次考核和分配，完全与工作能力、工作业绩挂钩，充分体现对优质工作和超额工作量的奖励，职称或职务不再是绩效分配的参考项，更不存在论资排辈的问题，刚毕业的“干得多的新人”可以比“干得少的教授”拿到更多的绩效。

（二）导向跟着实用走，突出职业院校育人及办学特色

职业院校培养的是面向企业生产服务一线的高技术技能型人才，培养这样人才的教师也必须具备“上得了一门好课，干得了一手好活”的能力，是符合职业院校实用型、复合型人才培养的特点。

“菜鸟驿站”是学校收派快递的集散点，更是物流管理专业的生产性实训基地。在教师的带领下，“菜鸟驿站”不仅每年能完成约 140 万件快递收派量，更完美实现了物流运营各岗位工作任务与专业课程的有机结合。在这样的生产性实训项目中，授课不再是照本宣科，老师将理论与实践结合、教学相长，用老师的真本事教学生真本领，将课堂搬进项目，学生通过识岗、跟岗、顶岗，迅速实现从“门外汉”到“业内人”的蜕变。

在威职，把专业与产业结合的生产性项目遍布各个专业，如全面检验智能焊接专业师生技能的跨河人行桥；食品类专业制作的红酒菜肴饺子面包走上教职工的餐桌；艺术学院缝制的窗帘在学校各幢楼宇随处可见；更有机电专业制作的非遗仿真恐龙，外表逼真，会叫会动会发光，已经走出校门供游乐场使用。

（三）考核跟着育人走，多措并举培育铸造精英型毕业生

威职的绩效考核不仅是对教师的考核，更加注重通过绩效考核巩固并进一步优化育人模式。威职坚持“立足威海、依靠威海、面向威海、服务威海”的办学定位，为区域社会经济发展输送了大批高素质技术技能人才，使威职的毕业生到社会上经常收获“大拇指”，得到社会广泛认可。

近年来，学校引进一名高技能人才，在工学结合育人方面表现突出。他带领团队完成世界技能大赛、上合组织国家技能大赛设备改造 10 台（套），为学校节省改造费用 10 余万元；主持或参与“高精度叶轮”“汽车轮毂检具”“农用多功能智能折叠网包

装”等多项横向课题，累计到账 70 多万元；开发非遗仿真恐龙，代表威海市参加中华人民共和国第一届职业技能大赛作品展……

在做中学，在学中做，挑战与快乐并存，不仅有项目引导，还有成绩拿，学生学得不亦乐乎。“优师出高徒”，他培养的学生中，有 30 多人获得省部级奖项，既有山东省技术能手、全国五一劳动奖章获得者，更有学生因为在国赛中获得佳绩被大国重器基地——中国工程物理研究院录用，成为威职优秀学子中的佼佼者。

（四）管理跟着精细走，绩效考核全面涵盖学校重点工作

威职的绩效考核方案，全面涵盖学校重点工作。以教学部门为例，其考核涵盖教学工作、党建工作、学生工作、社会培训工作、创新创业工作等 12 个方面，明确各方面权重，由教务处、学生处等主管部门制定考核细则，牵头进行精准化、项目化考核，以考核结果为依据，将绩效金额切块分配。

全面、全过程的规范考核之所以能使教职工“主动卷起来”，是因为有实打实的激励作为背书。绩效考核就是要让有本领、肯出力、出成绩的教师能够脱颖而出。遍地开花的生产性实训项目背后，绩效工资的激励“功不可没”。2023 年“菜鸟驿站”团队仅在生产性实训这一项目中就获得 13.6 万的绩效收入。在“省级以上标志性成果”奖励政策的激励下，2023 年教师取得各级各类成果的数量和质量大幅攀升，“十四五”职业教育国家规划教材、国家级在线精品课程等共 15 个大类、200 余项成果符合奖励标准，大大提升了学校教学、科研、创新创业等各项工作的水平。考核与激励并重，使教师切身体会到“会动手的先上，贡献大的多得”的意义，将优质人力资源迅速引导到学校重点任务中。

（五）奖励跟着重点走，体现重点工作优绩优酬

自 2017 年起，学校在绩效考核分配中就严格贯彻“多劳多得、优劳优得、少劳少得、不劳不得”的分配原则，鼓励向重点岗位、优秀人才和年度做出突出贡献的个人倾斜。对年度确有贡献的专业带头人、高层次人才以及其他贡献突出的教职工，发放金额不设上限，对只完成基本工作任务的职工实施“零绩效”，让干得多的人得到实惠，让干得少的人无话可说，使分配更合理，取得了非常好的激励效果。

2023 年度绩效分配中，一名教职工因为在推进团队建设、个人工作成果等多方面取得了卓越成绩，获得了 9.6 万元的超高额绩效。而 5 名教职工因承担工作少，且无成果，分配金额少于 5000 元，其中包括 1 名教授。全年在岗教职工中，最高与最低分配

额差距已达60倍。在威职，只要贡献大，“讲师拿的比教授多，教师拿的比领导多”，这一观点已深入人心。

（六）改革跟着问题走，绩效改革永远在路上

在多年的绩效考核改革过程中，威职锐意进取，破立并举。这一系列举措使高技能、高贡献人才脱颖而出，引燃了教师在教育教学、教研科研及社会服务方面主动发展的热情，为高职院校如何用好绩效考核“指挥棒”方面探索出有效路径，获得上级和同行的高度评价，多家省内外兄弟院校来校交流，更被中央广播电视台、《中国青年报》、《中国教育报》、《大众日报》等主流媒体频繁报道。

在威职，绩效考核从来都不只是绩效工资的分配，更是促进学校治理现代化的有效抓手。改革永远在路上，威职将不懈探索、持续深化绩效考核改革，使绩效考核导向更加明确、政策更加明了、效果更加明显，使绩效考核为推动学校高质量发展做出更大的贡献。

（执笔人：董文敏）

“四治合一”构建学校现代治理新格局

济南职业学院

一、基本概况

2019年以来，济南职业学院秉持“共建共治、融合融通”理念，锚定以质增效、以治提质、以治促融目标，聚焦破除法治保障不够有力、治理结构不够科学、发展成果不够充分等问题瓶颈，着力完善制度体系加强法治、夯实治理平台推进共治、深化二级管理探索自治、强化数字赋能和文化浸润深化善治，“四治合一”打造校地协同、校企互融、师生共建三个命运共同体，构建济南职业学院特色治理新格局，为深入落实职业教育创新改革部署、打造“五融”办学育人特色品牌、在高质量发展道路上行稳致远筑牢了治理保障。

二、解决的主要问题

（一）法治保障不够有力

学校始终严格执行相关法律法规，确保党的教育方针和职业教育改革部署在学校落实落地。但随着职业教育发展进入新阶段以及学校自身的快速发展，法治建设与新形势、新要求、新任务契合度不高，对创新改革支撑度不足等问题逐渐显现。主要体现在制度体系不完善，法治机构还不健全，风险防控还不到位等。

（二）治理结构不够科学

作为由三所成人高校合并组建的高职院校，学校在治理结构方面既有机构设置较为完备、人员编制较为齐整等优势，但也存在内部权力不够平衡、部分职能边界不清、院部办学自主权受限等问题，在一定程度上影响了决策的科学性，制约了办学活力。

（三）发展成果不够充分

学校先后争创了国家骨干高职院校、国家优质高职院校，仍存在质量意识还不够强、质量管理手段还不健全、高质量发展标志性成果仍然偏少的问题，在省内、国内同类院校中其竞争力和办学吸引力、社会影响力有待进一步提升。

三、解决问题的方案

（一）以完善制度体系为引领加强法治

深入贯彻习近平法治思想，把法治作为治理的根本理念和基本方式，以制度建设为引领推动法治建设水平整体提升。围绕职业教育改革发展部署，落实新职业教育法，修订学校章程，突出章程“学校宪法”地位。进一步加大配套制度建设力度，着重制定、修订依法治校、人事管理、科研管理、社会服务等涉及办学根本、改革前沿的制度，构建涵盖体制性、机制性、岗位性、流程性、行为性 5 个层次较为系统完备、科学规范、运行有效的制度体系，纵深推进依法治校。

（二）以深化多元参与为基础推进共治

进一步完善党的领导、民主参与、专家治教、二级管理的治理顶层设计，健全多元参与治理的体制机制，推动治理结构优化升级。严格落实党委领导下的校长负责制，完善党的领导的组织体系、制度体系，突出党的领导核心地位。健全党委会、院长办公会议事规则，持续提升决策科学化、民主化水平。充分发挥以学校理事会、学术委员会、教代会、学代会为代表的治理主体作用，深化多元主体协同治理。

（三）以深化二级管理为重点探索自治

深入推进校院二级管理，进一步扩大院部办学自主权，以权力下放、重心下移为支点撬动院部活力，提升院部实力。优化制度设计，修订学校章程和二级管理实施办法，健全配套制度，为推进二级管理提供制度保障。完善运行机制，围绕拓人脉、扩财脉、把命脉，重点扩大院部在专业技术职务评聘、绩效分配等方面的自主权，加强考核评价，提高管理效能。

（四）以强化质量管理、数字赋能和文化浸润为抓手深化善治

主动适应教育治理新形势、新要求，通过质量管理、数字赋能和文化浸润延伸治

理网络，提升治理效能。健全质量管理体制机制，深入开展诊改工作，促进办学成果不断涌现。建设“1+N”校本应用和服务平台、校本数据中心，不断提高数据治理水平。擦亮“核—合—和”特色校园文化品牌、“五化六融一打卡”社会主义核心价值观培育践行品牌，争创全国文明校园，凝聚师生力量，实现治理常态长效。

四、特色创新与成效

（一）打造校地协同命运共同体

把握地方产业转型升级机遇，畅通校地常态化联系机制，优化专业群、专业动态调整机制。通过深化校地协同持续增强服务能力，进一步落实办学自主权，优化外部环境。积极争取市委主要负责同志联系学校，市高新区分管负责同志担任学校理事会副理事长，架起了把稳地方需求的“天线”。打造了高效匹配省、市主导产业的专业集群，有针对性地建设新旧动能转换实训基地、为费斯托全球生产中心等优质企业落户做出了积极贡献，在政策、资金、平台等方面得到了地方大力支持，形成了“有为有位”的良好互动格局。

（二）打造校企互融命运共同体

秉承“与品牌为伍，与朝阳同向”理念，结合扩大院部办学自主权，在校企合作重大问题上支持基层单位大胆探索创新，为迅速响应改革要求、加快探索产教融合新路径奠定了坚实基础。学校中德技术学院立足办学实际与德国行会、国内外 39 家企业深度合作创新中国特色学徒制实践路径，“政行企校”四方联动既提高了育人质效，也为学校院部治理树立了标杆。以机械制造学院、计算机学院、汽车学院等为主体，牵头建设 4 个市域产教联合体、行业产教融合共同体，彰显职业教育类型特色。

（三）打造师生共建命运共同体

把提高师生的获得感、幸福感作为提高治理水平的根本目标之一。设立党委教师工作部、党委人才工作领导小组，实施“一师一策”，畅通教师个性化发展渠道，充分下放专业技术职务评聘、绩效分配自主权。健全三级教师工作机构、学生工作机构，进一步提高教代会、学代会运行实效，建设“一站式”学生服务中心，设立“济小益”接诉即办平台，构建全面覆盖的立体服务网络，并加强“核—合—和”特色文化浸润，为师生带来了实实在在的获得感、成就感、幸福感，凝聚了推动学校事业高质量发展的智慧力量。

“四治合一”的深入推进，显著提高了学校治理水平，进一步凝聚了学校内部向心力，增强了外部吸引力，推进了学校高质量发展。学校获评“全国高等职业院校治理体系建设优秀案例50强”、国际职业教育大会全国高等职业院校治理体系建设典型院校，获评山东省2021—2023年创建全国文明校园先进单位，连续三年获山东省高等职业院校办学质量年度考核A等，金平果中国高职院校综合竞争力排名从2019年的全国第163位上升至2024年的第58位，获第八届黄炎培职业教育奖“优秀学校奖”。教育部长怀进鹏、副部长孙尧，省长周乃翔，时任省长李干杰等领导到学校视察调研，对相关做法和成效予以肯定。

（执笔人：卢奇　车君华　闫萌）

深入推进校院两级管理，有效提升学校治理水平

湖南化工职业技术学院

一、基本概况

党的二十大报告指出，完善社会治理体系，提升社会治理效能。高职院校治理作为国家治理体系的重要组成部分，也被赋予了新的时代内涵，是适应高职院校办学规模快速扩张、推动高质量发展的必然选择。完善校院管理机制是完善大学内部治理结构改革的核心任务之一。探索校院两级管理，理清学校与二级学院的责权利关系，通过纵向分权进一步激发二级学院办学活力是高职院校治理改革的必由之路。

2019 年以来，湖南化工职业技术学院为积极响应国家有关高职院校扩招百万的要求，办学规模持续扩大，从扩招前的 1.2 万名学生增至目前的 1.7 万名学生。为尽快适应学校在规模和结构上的发展，学校不断加强治理体系和治理能力建设，以事权为中心，积极探索校院两级管理模式，明晰校院两级职责，推动管理重心下移，做到人财物统筹、责权利同步，强化目标管理、战略管理和服务型管理，推动“校办院”向“院办校”的有序转变。

二、具体做法和主要成效

（一）完善治理体系，加强适应两级管理的干部队伍建设

1. 开展学校内设机构调整

作为湖南省“十四五”期间职业本科筹建单位，学校结合升格职业本科要求和产业发展需求，报请省委编办和省教育厅批准同意，制定了学校《内设机构和中层干部职数设置方案》，按要求设置党政管理机构，按照“以群建院”的原则，将原来的 5 个二级学院调整为 7 个二级学院，理顺了管理体制。

2. 开展中层干部整体调整

学校印发了《中层干部整体调整方案》，明确了干部的任期、退出年龄、轮岗要求等，实现干部的能上能下。着力配齐二级学院领导班子，增设二级学院副院长 1 名。调整后二级学院设院长（具有党员身份的院长任兼任副书记）、党总支书记、专职副书记各 1 名，副院长 2 名。同时，把教研室主任、学工党支部书记、团总支书记一并纳入科级干部管理。中层干部调整以后的平均年龄由原来的 53.2 岁，降低至 44.7 岁，一大批想干事、能干事的年轻干部走上领导岗位（见图 1）。

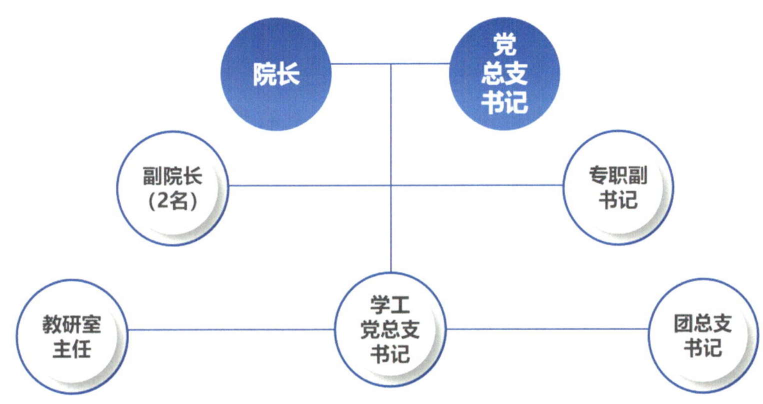

图 1　二级学院管理架构示意图

（二）完善机制建设，提升二级学院治理能力和水平

1. 优化二级学院权力结构

一是坚持党在院校治理中的领导权。重大事项必须前置研究，召开党组织会议讨论。落实党政联席会议制度，对涉及人事考核奖惩、专业设置调整、重大经费支配、重点项目建设等重大事项，必须经党组织会议研究后再提交党政联席会议审议通过。二是发挥教授治学的学术权。学校要求二级学院相关制度中明确教授治学的重要性，明晰党总支、行政在治学方面的权责、工作职能及边界，保证教授在专业群建设、学术交流等方面的话语权。三是保障师生员工的参与权和监督权。学校要求二级学院对学院发展的重大事务及关乎师生生活等重要事项实行政务公开，践行“浦江经验”，设立接待日开展院领导接访，并从制度上明确师生员工必须具有知情权、监督权与反馈权。

2. 校院两级确权定责

学校制定了《校院两级管理办法》。从专业建设、教学工作、人才培养、科研工作等9个方面明确了学校和二级学院的权责关系，构建了关系明晰、职责明确、权限规范两级权责关系。同时配套出台了《二级学院党政联席会议制度》《二级学院党组织会议制度》《二级单位年度考核办法》等相关制度，通过明确校院两级权责，形成学校主导、学院主体的管理体制，充分发挥校院两个层面的积极性。

（三）深化简政放权，夯实二级学院办学主体地位

1. 扩大二级学院人事管理自主权

一是在人才招聘方面充分赋予二级学院自主权。在招聘过程中，招聘岗位确定、考生资格审查、专业技能测试等环节均由二级用人单位主导，学校组织人事部门全程指导和监督。这一举措推动用人自主权的重心下移，有效实现了人岗相适的招聘要求。二是在职称评审方面充分尊重二级学院人才培养导向。修订职称评审管理办法，将二级学院所主导的学科、专业等项目建设以及教育教学等学科竞赛在职称评审中进行重点赋分。在职称评审资格审查过程中，二级学院拥有推荐的一票否决权。三是教职工的考核聘任充分尊重二级学院的意愿。学校开展人员“三定”工作，在核定编制的基础上，二级学院有权根据部门工作的实际，在选人聘任过程中择优聘用适合岗位需求的人员。同时，在人员考核过程中，二级学院可自行制定符合部门发展实际的考核细则和考核方案，根据教职工个人的工作表现、述职及测评情况进行综合考量并推出年度考核优秀候选人。

2. 扩大二级学院财务管理自主权

一是改革财务管理制度，实现财务管理预算到部门。建立学院内部财务控制机制，实行预算管理，统筹使用各类资金。对学校划拨的教学经费、科研经费、办公经费按照“专款专用、注重时效、厉行节约”的原则由二级学院审批支配。二是制定奖励性绩效分配方案，扩大二级学院财务分配权。学校根据年度奖励性绩效总额，教学人员与行政坐班人员按一定比例进行分配，且向教学人员倾斜。学校根据各二级学院学生人数、生师比、教学任务、重点项目建设等要素核拨奖励性绩效。二级学院根据自身实际情况，制定分配制度进行二次分配，这一举措充分增强了二级学院办学活力（见图2）。

3. 扩大二级学院资源使用自主权

学校配置二级学院相应教学资源，包括教室、实训室、教材、教学耗材等，由二级学院根据专业建设规划自主管理和使用，学校按照专业建设绩效分类动态调整。

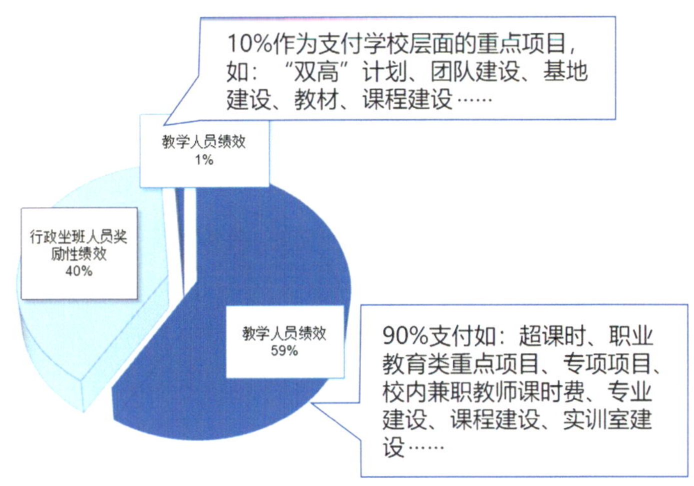

图 2　奖励性绩效分配方案

（四）注重监督考核，激发二级学院办学活力

1. 开展部门目标责任考核

一是制定考核办法。学校制定了《部门年度目标责任考核办法（暂行）》，根据工作属性和特点，将考核对象分为教学单位和职能部门两大类。考核内容分为党建工作、常规工作和重点工作，其中党建工作考核分为组织建设考核、意识形态考核、党风廉政建设考核；常规工作考核主要是对各部门日常工作情况、安全管理、服务能力与水平等进行考核；重点工作考核主要是每季度对学校年度党政工作要点完成情况进行考核。二是开展季度工作调度。学校每季度末召开重点工作调度会议，对二级单位工作完成情况进行点评和量化评分。三是加强结果运用。对各二级单位进行年度综合考核，对考核优秀的单位按本部门奖励性绩效总额的 10% 予以追加奖励，可进行二次分配。对基本合格单位，扣发奖励性绩效总额的 10%。

2. 开展岗位分类考核

完善岗位职责考核细则（见图 3），对全校各类岗位实行分类考核，并根据三年一个聘期实行聘任上岗。对管理岗位人员按照岗位职责明细进行考核，尤其是对于双肩挑（双身份人员）实行双向考核；对于专业技术岗位人员，根据岗位等级制定明确的考核标准，实行严格的聘期考核制。同时将年度考核的结果作为奖励性绩效发放的依据，聘期考核的结果作为岗位续聘、低聘、解聘及岗位调整的依据，并且直接影响后续的基础性绩效工资调整。通过分类分级考核，将工作实绩与绩效奖励挂钩，提高广大教职员工的积极性，推动学校事业发展。

图3 岗位职责考核细则

3. 强化监督检查

一是加强督导督办。督导部门重点督办学校重大改革举措、重要政策方针、重要规章制度在二级学院落实情况，以及学院内部决策执行情况，定期开展质量诊断与整改，提高发现问题、解决问题的实效。二是加强审计监督。学校成立了以党委书记为主任的审计委员会，并制定了《内部审计工作实施办法》，审计部门对二级学院贯彻落实国家重大经济政策措施、财务收支、风险管理以及内部管理的领导干部履行经济责任等实施独立、客观的监督、评价和建议。学校以审计结果及整改情况作为预算安排、绩效考核、干部考核的重要依据。三是加强执纪监督。建立纪委干部+基层党组织纪检委员+特邀监督员“三位一体”的工作模式，纪委对督导和审计移交的线索问题介入调查。同时，有效延伸监督触角，把对二级学院干部的监督从“八小时”之内延伸到“八小时”之外，从“工作圈”延伸到“生活圈”和“社交圈”，形成强有力的执纪震慑（见图4）。

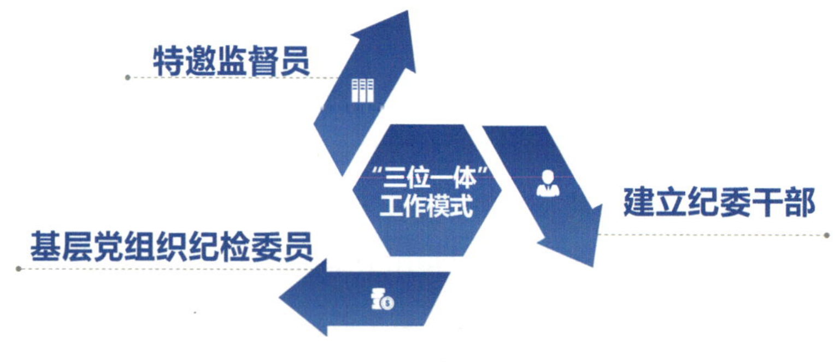

图4 学校督办机制

通过不断加强治理体系和治理能力建设，积极探索校院两级管理模式，做到人财物统筹、责权利同步，有效夯实了二级学院办学主体地位，极大激发了二级学院办学活力。近年来，学校党建工作成为全国示范，国家“双高计划”中期绩效评价获教育部优秀评价，累计产出省级以上标志性成果600余项，其中国家级120余项，形成了一批引领职业教育改革发展的制度和标准，以及提升高素质技术技能人才培养质量的经验模式。

（执笔人：陈超　陈宏图　彭桂良）

推进治理体系现代化　激发高质量发展新动能

湖南铁路科技职业技术学院

推进高校治理体系现代化，是学校高质量发展的根本保证。随着《国家职业教育改革实施方案》《中华人民共和国职业教育法》等一系列文件的颁布，标志着高等职业教育迎来了明媚的春天，驶上了发展的快车道。面对新时代对高等教育改革发展的新要求，我们只有准确识变、科学应变、主动求变，扎实推进高职院校内部治理体系现代化，才能够激发高质量发展新动能，抓住新机遇、迎接新挑战、实现新作为。

一、革新治理理念，强化先导力

理念是行动的先导。党的十八大以来，以习近平同志为核心的党中央创造性地提出了创新、协调、绿色、开放、共享的新发展理念，引领我国教育事业发展取得历史性成就、发生历史性变革。教育作为“国之大计、党之大计”，要把新发展理念作为推动教育高质量发展的行动指南，为国家富强、民族复兴、人民幸福贡献教育力量。对高职院校来说：创新发展，就是在传承学校的历史积淀，守住精神底蕴和办学特色的基础上，走质量强校、特色立校的内涵式发展道路，不断提出新思路、找到新办法、蹚出新路子。协调发展，就是要谋全局、抓重点，全盘考虑学校的规模、结构、质量、效益与管理，统筹推进各项事业全面发展。绿色发展，就是要通过优化资源配置，实现管理节能、科技节能、行为节能和文化培育，多措并举扎实推进节约型绿色生态校园建设，建立节约型校园建设长效机制。开放发展，就是要立足区域地方，面向国际国内，紧盯产业发展，深入推动校企、校地合作，实现资源共享、优势互补、双方共赢。共享发展，就是要积极推进民生工程，切实关心师生员工的工作、学习和生活，让学校的改革发展成果惠及全体人员，妥善解决好师生员工关心的热点难点问题，维护他们的合法权益。

二、优化治理体系，增强内驱力

高校内部治理结构是高校内部权力关系运行的基础，是高校持续贯彻新发展理念、构建新发展格局的内部驱动力。我们始终坚持以《章程》为核心，深入推进学校治理结构、运行机制和管理体制的改革与完善，不断提高治理体系和治理能力现代化水平。坚持和完善党委领导下的校长负责制，提出了“高水平治理、高质量发展”的办学理念，以构建系统性强、层次清晰、内容规范的现代大学治理制度体系为目标，建立“党委领导、校长治校、专家治学、民主管理、社会参与”五位一体治理结构。全面梳理学校在教学、科研、干部人事、学生事务、后勤保障服务等各方面的制度规定，建立健全决策科学、执行高效、诊改及时、创新引领的“四轮驱动”运行机制。坚持特色办学，积极整合社会资源，搭建协同合作平台，强化产教融合、校企合作，凝聚治理合力，实现政校行企多元化协同共治。学校先后建成了一批国家级协同创新中心、虚拟防真实训中心、技能大师工作室和湖南省高职院校首家院士工作站，取得“5G实景课堂”“长河号特种列车”等一批高水平科研成果；立项了国家“专精特新产业学院”，挂牌了一批新型产业学院，开设了新能源材料技术应用专业，筹建规划了2万平方米的“产教融合、科教融汇”中心；签约了“广铁集团轨道交通运输新技术培训与实验中心”，由国际交流与合作的“探路者”成长为“领路者”，3000多次被省级以上主流媒体宣传报道。

三、创新治理手段，强化执行力

习近平总书记指出：“数字技术正以新理念、新业态、新模式全面融入人类经济、政治、文化、社会、生态文明建设各领域和全过程，给人类生产生活带来广泛而深刻的影响。”当前，数字化正引领教育变革和创新的新浪潮，如何运用数字化手段提高治理效率和治理水平，是高校现代化治理中亟待解决的时代课题。学校是全民数字素养与技能培训基地、国家首批教育信息化试点优秀单位、国家首批数字校园实验校建设典型单位，同时还是湖南省首批教育信息化创新应用示范学校和湖南省“十三五”规划教育信息技术研究基地。我们采取“开放众筹”模式，整合校内各类信息平台，打破数据孤岛，构建信息能共享、业务可协同、数据有分析的公共平台，围绕学生“学习、生活、就业”三个维度，建立“学生—学生”“学生—教师”“学生—家长”“学生—用人单位”四个链条，打造出“教学过程全渗透、素质教育全覆盖、服务落点更暖心”的校园信息化生态。混合式课堂教学、情景化实训教学、移动化实习教学、主播式网络教学有效推进了人才培养模式改革；自助智慧迎新、自助查询与缴费、自助云打印、自助掌上离校和在线报修、“钉钉”通信与审批、“一码通”服务、生物识别安全服务让学生全方位感受到便捷高效的管理服务；数字化赋能“阳光体育”掀起了学生自觉锻炼的热潮，数字化赋能劳动教育的清单和相关做法被教育部采纳推广；学生综合素质评价、学生就业信息推送与报名、网络视频招聘，让学生和用人单位“不出门”就能满足就业和招聘需求，学生初次就业率始终名列全省前茅。学校连续 8 次获评湖南省就业创业“一把手工程”先进单位。

四、弘扬治理文化，增强凝聚力

我们把学校文化作为实现高水平治理和高质量发展的强大助力，通过文化建设，凝聚起师生团结奋斗的精神力量。在传承和创新的基础上，凝练形成了“铁肩担道、路远行德”的核心文化理念。“铁”与“路”凸显了学校行业特色；“铁肩担道”喻指用钢铁般的肩膀担负起传承铁路文化、为轨道交通行业培养高素质技术技能人才的历史重任，担负起立德树人、弘扬职教精神的时代使命；“路远行德”喻指育大国“铁”匠的使命任重道远，只有不忘初心，接续奋斗，方可行稳致远，铿锵坚定。围绕这一核心文化理念，我们始终情系学生，把学生事“想在前头、放在心上、落到实处”，形成了“半军事化管理”、副科级及以上干部兼任班主任、“三走进”等育人机制，学生在全国最有影响力的五大“双创”赛事中收获金奖大满贯，领跑湖南高职院校。在“全国职业院校技能大赛”“全国大学生电子设计竞赛”等竞赛中夺得全国一等奖，入选全国“高职院校学生发展指数 100 所优秀院校”。学校大力推进文化铸魂工程、美化亮化工程、民生暖心工程，用心用情帮助师生员工解决实际问题，为凝心聚力建设中国特色高水平高职院校提供了强大的精神支撑。

（执笔人：陈云华　沈帆）

巧做“加减乘除”法，持续提升治理效能和水平

陕西铁路工程职业技术学院

高职院校内部治理体系建设是国家治理体系和治理能力现代化的重要组成部分，是职业教育高质量发展、实现提质培优和增值赋能的必然选择。陕西铁路工程职业技术学院通过协同共治、简政放权、智慧治理、制度保障等举措，巧做“加减乘除”法，持续完善治理结构、激活发展动力、提升管理效能、消除治理盲区，实现学校治理体系和治理能力现代化变革。

一、基本概况

在全面深化国家治理体系和治理现代化的背景下，在职业教育进入提质培优、增值赋能的新历史阶段下，陕西铁路工程职业技术学院应以健全完善治理结构、激发政行企校多元主体的治理活力为切入点，以简政放权、释放内生发展动力为着力点，以充分运用互联网、大数据等数字化治理手段、提升治理效能为关键点，以促进师生全面发展、提升师生幸福指数为落脚点，深入推进依法治理、科学治理、民主治理、智慧治理，加快形成有利于职业教育高质量发展的治理新格局，稳步推进和实现职业院校治理体系和治理能力现代化。

学校聚焦治理体系和治理能力现代化建设，通过实施治理“加减乘除”法，持续推进治理效能和水平提升。通过强化协同共治做“加法”，推动构建多元治理生态，激发政行企校多元主体参与办学的治理活力；通过深化简政放权做“减法”，实施校院两级管理改革，放权赋能、减负增效，释放内生发展动力；通过创新智慧治理做“乘法”，加强数字化校园建设，提升管理服务效能；通过师生共享治理成果做“除法”，促进师生全面发展，增强师生幸福感和收获感。

二、具体做法

（一）强化协同共治做“加法”，构建多元治理生态

坚持协同治理理念，不断完善内部制度体系，统筹汇聚政行企等治理主体力量，健全多元协同参与办学的运行机制，构建多元协同共治的现代治理生态。

1. 以完善内部制度为基础，形成治理自觉

一是坚持以章程为纲领，完善“党委领导、校长负责、教授治学、民主管理”的内部治理体系，出台《制度建设管理办法》，规范制度“废改立”，实现治理制度的良性“新陈代谢”，健全以“一章八制”为核心，覆盖党群工作、行政管理等十大方面的现代大学制度体系。二是在办公平台设立“规章制度”库并实时更新，面向师生广泛开展制度宣贯，增强学用意识，将制度要求转化为师生内在自觉行为，营造依法办学、依法治校的良好氛围。

2. 以健全多元共治为先导，增添治理活力

一是充分发挥学校作为全国铁道行指委副主任委员、铁道工程专指委主任委员单位的引领作用，搭建协商共治、产教对话平台，每年定期举办校企论坛等活动 3~5 次，对学校发展规划、校企合作、产学研规划等开展咨询指导和评议监督。二是搭建优质资源共建平台，共建专业教学资源库、产学研基地、师资实践基地，推进校企之间优质师资、实训设备、教学资源共享。三是健全政行企共同参与的人才培养质量评价、反馈与改进机制，落实质量年度报告制度，连续七年召开质量报告发布会，邀请政行企共同参与人才培养质量评价，提升人才培养适应性。

（二）深化简政放权做“减法”，释放内生发展动力

深化校院两级管理改革，向二级学院放权赋能，赋予更多的管理权限，激发二级学院活力。强化作风建设，聚焦人才培养主责主业，科学合理减负减压，促进基层工作效能提升。

1. 以校院两级改革为载体，精准放权赋能

一是深化“放管服”改革，印发《深化校院两级管理改革推进方案》，构建“1+1+1+N”的校院两级管理改革制度框架体系。以简政放权为重点，以绩效分配改革为牵引，带动人才培养与专业建设、学生管理与就业创业、科技创新与社会培训等多方面改革，推动管理重心向二级学院下移，增强办学活力。二是构建目标体系，以学校

事业发展规划为目标起点，编制学校年度工作要点，确定部门年度发展目标、专业建设目标等，构建上下衔接的目标体系。三是“三会一书一清单”压实目标责任，组织召开议政会、工作部署会、目标责任签订会，签订“年度目标责任书”和“议政会意见和建议清单”，推进各部门找差距、定举措、促提升。

2. 以强化作风建设为抓手，科学减负增效

强化作风建设，把为基层减负减压作为提升工作效能的常态化抓手，出台《关于切实改进文风会风工作实施细则》。一是严格落实文件计划管理制度，加强发文必要性审核，弘扬“短实新”文风，明确规定各类文件上限字数。2023 年党政印发文件 275 份，较 2022 年减少 16.7%。二是大幅精简会议，每周由党政办公室统筹学校会议安排，严格落实星期二无会日制度，从严审核会议规模时长、参会人员范围，确保会议精简高效务实。2023 年召开全校性会议 22 场次，较 2022 年减少 21%。三是组织各部门整合、解散多头设置、重复设置的微信工作群近 100 个，给广大教职员工减压松绑，激励全校教职员工务实担当、实干作为。

（三）创新智慧治理做“乘法”，提升管理服务效能

依托互联网、大数据、云计算等信息技术，破除数据孤岛，实现信息开放共享，推动管理手段、管理模式创新，以数字化手段激发治理“乘法”效应，提升治理的预见性、精细度和精准度。

1. 以智慧服务平台为支撑，助力事半功倍

一是建设智能化管理与服务平台，推动信息技术和智能技术深度融入学校管理全过程，先后升级和新建教务、学工等信息化应用系统 65 个，实现工作流程化、业务全过程信息化，打破业务系统数据壁垒。二是建成网上“一站式”办事大厅，打造“微服务”办事流程 156 项，实现在线办理、实时提醒、在线监控、在线评价，让师生员工少跑腿、数据多跑路，有效提升学校数字化治理水平。

2. 以数据挖掘分析为关键，辅助精准决策

一是以内部质量保障体系建设需求为出发点，建设集行政、教学、科研、学生和后勤管理于一体的大数据分析与质量监控平台，实现全校数据的动态采集与分布式存储。二是构建科学评价体系，对学校、教师、学生、课程、专业 5 个层面进行多维度的立体化“画像”，实现状态数据可视化、数据分析预警等功能，发挥信息化在师生服务、辅助决策中的作用，为学校人才培养质量状况和科学决策提供数据支撑。

（四）共享治理成果做“除法”，增强师生幸福指数

坚持以师生为本，始终把为师生谋福祉、加强师生全面发展作为民主治校的根本，切实营造全体师生人人参与民主治理，人人公平共享治理成果的良好治理氛围，提高师生幸福感。

1. 以构建民主环境为保障，推进民主治校

一是建立完善教职工代表大会及学生代表大会制度，加强民主管理与监督，维护师生合法权益。二是畅通民主管理与监督渠道，推进信息公开。制定校领导“八个一”、处级干部“四个一”联系制度，坚持密切联系师生。建成“一会两平台一热线”，即师生座谈会、信息公开平台、留言受理反馈平台和 24 小时服务热线，倾听师生意见和建议，切实帮助解决师生困难。三是深入开展“我为群众办实事好事”实践活动，2023 年共梳理办结实事好事 130 余项。连续 13 年开展“一对一”师生结对帮扶活动，累计帮扶贫困学生 5241 人次，帮扶金额累计 262. 74 万元。

2. 以促进师生发展为宗旨，增进师生福祉

一是在全国率先实施《教师综合执教能力评价实施办法》，创新构建“信息化教学、双语教学、双师素质、社会服务”四维度教师综合执教能力评价体系，多维度开展教师能力评价，促进教师全方位发展。二是坚持就业导向，立足“就业一人、幸福一家”理念，不断加强就业管理规范化、就业指导系统化、就业服务亲情化、就业信息网络化、就业参与全员化“五化”体系建设，助力毕业生更高质量、更加充分就业。学校毕业生就业率连年保持在 95%以上，据《全国高职毕业生就业质量年度报告》显示，毕业生平均月薪达 5124 元，位居全国高职院校第八位。

三、主要成效

（一）实现了学校高质量发展

学校先后荣获陕西省先进集体（陕西高职唯一）、陕西省文明校园、全国工人先锋号等省部级称号 20 余项，在教育部职业院校校长治理能力提升研讨班等会议上发言 12 次，《中国教育报》等主流媒体以“凝心聚力建‘双高’ 拼搏争先创一流”等为题报道办学治校经验 15 次。

（二）提升了内部治理工作效能

大数据分析与质量监控平台建设应用成效显著，有效提升了学校数字化治理水平，

先后吸引百余所高职院校前来学习交流，学校入选教育部首批全国职业院校数字化校园试点院校、全国教育后勤信息化建设先进单位、陕西省教育评价改革试点校，连续六年获评陕西省教育信息化建设先进单位。

（三）引领了质量保证体系建设

学校构建了常态化内部质量保证工作机制，内部质量保证体系建设经验入选全国优秀案例，主编《现代高等职业院校内部质量保证体系——实操案例解析》被120余所院校借鉴应用，为全国高职院校开展教学诊断与改进工作提供了“陕铁模式”。

（四）营造了良好干事创业氛围

师生幸福指数显著提升，在校生、教职工、用人单位等五方满意度均在96%以上，其中学生满意度连续两年位居陕西省高职院校榜首，入选全国高职院校教师发展指数、学生发展指数100所优秀院校。学校4次被授予“陕西省高校领导班子目标责任考核优秀单位”，党委荣获“陕西省高校先进校级党委”称号。

（执笔人：刘明学　王云波　周荣亚）

探索高职治理新路径　打造农职教育新标杆

甘肃农业职业技术学院

一、基本概况

近年来，随着“双高计划”的深入实施，职业教育类型特征日益凸显，高职院校的标准化、制度化、规范化建设取得了显著成效。然而，在治理现代化方面，高职院校仍面临诸多挑战，如管理权力集中、院系自主管理虚化、决策执行监督机制不完善、制度建设存在滞后性等问题。针对这些堵点，甘肃农业职业技术学院（以下简称甘肃农职院）在习近平新时代中国特色社会主义思想的指引下，明确了“党建统领、特色立校、质量强校、文化润校、依法治校”的发展思路，从整体性、系统性和协调性出发，以决策治理和院系治理为突破口，借助信息化平台，探索出了一条符合甘肃农职特色的高职院校治理新路径。

二、具体做法

（一）明确发展思路，系统性做好顶层设计

自 1906 年建校以来，甘肃农职院始终扎根陇原大地，为农而立，全力服务甘肃省农业农村发展。近年来，学校结合新时代党的建设总要求和立德树人根本任务，主动服务乡村振兴和寒旱特色农业发展，在推进甘肃农职院健康持续发展的实践中，明确了建设现代丝路寒旱农业高素质技术技能人才培养高地的目标。同时，启动了段家滩校区、和平校区、新区校区“一校三区”发展规划，形成了以甘肃农垦集团为中心，以河西庆和公司种业、陇东庆环公司羊业、陇南茶（果）业、陇中薯业为四个基点的“一心四点”产教融合服务区域经济发展格局，走上了农科文教融合发展之路。

（二）抓好决策治理，切实做到全过程民主

学校修订完善了学校章程、议事规则等重要制度，深入推进职称评审、学生管理等具体制度的废改立工作。坚持和完善党委领导下的校长负责制，进一步优化了党委会和校务会议事决策程序，加强了会前沟通研究及校领导班子成员沟通协调；会中把理论学习放在突出位置，学校党委会、校务会、党政联席会议等各类会议前必须先进行政治理论学习，再开展具体事项研究；会后针对会议决议及部署，通过实施“校级班子+中层班子+工作人员”重大决策落实责任制、党建责任追究制、重点工作推进提醒制、月工作例会报告制、职责领域安全制、“三重一大”等重大事项年度报告制和问责制度强化执行落实，实现了会前议题强调研、合流程、重民主，会中学习打基础、全覆盖、强应用，会后工作强引领、抓节点、保落实。

（三）加强院系治理，充分发挥办学主体性

学校深化基层党组织领导下的二级学院院长或部门负责人负责制，配强了基层党组织和二级学院领导班子，加强政治强、业务精的“双带头人”的培养和储备，开展了中层干部轮岗、干部履职承诺、个人重大事项报告、政治素质考察、抓党建述职评议考核等。结合中心工作，不断调整完善基层党组织设置，探索“职能部门直设党支部、校企合作特定党支部、乡村振兴定点党支部、重点任务临时党支部”等组织形式，实行二级学院党总支书记“双任制”“一肩挑”和“专职”任职等机制，强化院系治理结构和功能。严格基层党总支会议和党政联席会议，落实好意识形态工作责任制，把好教师引进、课程建设、教材选用、学术活动等重要工作的政治关；以党的政治建设为统领，以中心工作、重点任务、日常工作为抓手，以其他特色工作为补充的“1+3+X”党建引领发展模式，推动各二级学院党建业务融合服务甘肃寒旱特色农业发展和“甘味”农产品打造。

（四）软件硬件协同，搭建数字化运行环境

坚持数字赋能，不断深化智慧校园网络建设，完善学校大数据中心，有序推进祁连山生态区域植物种质资源库及远程教学实训项目建设。推动智慧校园建设云端化发展，不断提升校园网络安全保障水平。建立了集办文、办会、办事，以及研究决策、任务分解、统筹推进、督查督办等于一体的协同信息化治理系统和“一站式”办事服务大厅，实现了流程规范、数据跑路、便捷高效。建成集学费收缴、网上报销、预算

编制等于一体的财务内控信息化管理平台，以及智慧人事系统、学生工作平台、招生平台、就业平台、教科研创平台、门户平台等，优化了学校采购流程和项目实施程序，加强了预算管理、科研项目跟踪管理、财务运行预算管理、国有资产信息化管理、第三方审计审核等。

三、取得成效

（一）议事决策更加科学规范

学校通过修订完善学校章程、议事规则等重要制度，确保了决策过程有章可循；深入推进职称评审、学生管理等具体制度的废改立工作，为科学决策、避免“以会代制”提供了坚实的制度保障；将理论学习置于突出位置，为科学决策奠定坚实的理论基础；通过进一步规范、优化党委会和校务会的议事决策程序，确保了决策的全面性和准确性；“校级班子+中层班子+工作人员”重大决策落实责任制等制度的实施，确保了决策的有效执行和跟踪问效。近年来，学校收入、净资产等各项指标持续增长，经费保障和工作效能逐步增强，师生的获得感和幸福感不断提升。

（二）院系主体作用持续凸显

学校深入落实基层党组织领导下的二级学院院长或部门负责人负责制，优化了基层党组织和二级学院领导班子的配置，加强了“双带头人”的培养和储备；通过中层干部轮岗、干部履职承诺等措施，提升了院系领导的管理能力和执行力；结合中心工作不断调整完善基层党组织设置，探索了多种组织形式，进一步强化了院系的治理结构和功能。近年来，8 个二级学院获批国家级职业教育“双师型”教师培训基地 1 个，建立教师企业实践基地 9 个，认定“双师”104 人；获国家职业教育教学成果二等奖 1 项、省级教学成果奖 17 项，获地厅级以上人才认定和表彰 20 余人次。

（三）战斗堡垒作用充分发挥

学校充分发挥基层党组织的战斗堡垒作用，以党的政治建设为统领，通过加强政治强、业务精的“双带头人”队伍建设，严格落实基层党总支会议和党政联席会议制度，实施意识形态工作责任制、抓党建述职评议考核、“1+3+X”党建引领发展等措施，推动各二级学院党组织全面进步和过硬建设，基层党组织和广大党员的积极性和创造力充分激活，基层党组织的凝聚力和战斗力大幅提升，党的建设和事业发展深度融合。

近年来，学校先后获评全省党建标杆院系、优秀团队 8 个，建成全省党建样板党支部 3 个，获优秀党支部书记、党务工作者 8 人次，创建“给力乡村振兴”等党建品牌 8 个、“三联动三提升”等党支部工作法 21 个。

（四）整体工作效能不断提升

学校不断深化智慧校园建设，通过建立集会前研究沟通、会中同步管理、会后办理落实于一体的协同信息化治理系统，实现了文件在线签署、事务线上办理等便捷高效的工作流程。同时，建成了集学费收缴、网上报销、预算编制等于一体的财务内控信息化管理平台以及多个业务平台，优化了采购流程和项目实施程序，加强了预算管理、科研项目跟踪管理等。同时，充分利用大数据技术为学校决策提供数据支持，学校现代大学治理体系不断完善，办学治校水平大幅提升。

（执笔人：薛仰全　马万锋　付蓉）

质量保障

随着国家对高等职业教育的重视和高职院校办学质量要求的不断提高，构建健全的内部质量保障体系（Internal Quality Assurance）成为高职院校发展的关键之一。内部质量保障体系不仅是高职院校确保教育教学质量、提升办学水平的重要手段，也是落实国家教育政策、推进教育体制改革的基础。质量保障是高职院校治理现代化的核心环节，直接关系到教育质量和学校的持续发展。通过建立规范的质量管理流程和监督机制，能够对高职院校教学、科研、管理等多个方面进行全过程监控和评估，防范各类风险，保障学校平稳运行。

下述案例主要围绕“质量保障”对高职院校内部治理所做的工作进行了梳理与总结。案例院校以质量管理理论为基本理论指导，以质量标准、质量诊断、质量反馈、质量改进为闭环，在学校范围内形成正向的激励与改进体系，以促进学校教育教学、师资培训、人才培养、科学研究、社会服务等任务的正常运转。通过质量管理控制，让学校整个机制与制度建设充分活跃起来，以整改促发展、以诊断促改革，形成教学与行政、人才培养与师资队伍建设双轨发展，从而达到塑造与传承学校精神文化的精神高度。

质量保障是高职院校治理现代化的核心环节，直接关系到教育质量和学校的持续发展。通过建立规范的质量管理流程和监督机制，能够对高职院校教学、科研、管理等多个方面进行全过程监控和评估，防范各类风险，保障学校平稳运行。

案例院校在质量保障方面的主要经验做法有：一是采取多维度质量监控。通过实施多维度的质量监控系统，包括教学督导、学生测评和专业评估，可以构建全面的质量保障网络。多角度的评价体系能够综合各方信息，更全面地反映教育教学的实际效果，从而提高教育质量。二是多方参与评价环节。通过校企共建评价体系，强化过程性和发展性评价，使得教育更贴近产业需求。教学内容和方法能够按照符合企业和市场的实际需求实时调整，从而提升教育内容的应用性和实用性。三是建立质量管理信息化平台。实现教学和管理过程的数据化和透明化，提高数据处理效率，确保信息的实时更新，支持决策的科学性。四是采用全过程的质量反馈机制。确保教育活动的每一个环节都受到监控与评估，及时发现问题并进行改进，持续提高教学质量，保障教育服务的持续优化和提升。

案例院校有关质量保障工作的经验做法呈现出以下特点和趋势：一是多方参与。高职院校吸收行业企业、学生、第三方评价机构等广泛参与到质量管理中，校内外力量形成合力，评价更全面，监管更严密。有利于提高质量保障的效果。二是信息技术的深度融合。信息技术，尤其是大数据和云计算技术的应用，已成为高职院校质量保障体系中不可或缺的一部分。这些技术的使用不仅提高了数据处理的效率和精确度，也为决策提供了科学依据。三是过程控制与结果反馈并重。现代质量保障体系强调过程控制和结果反馈并重，通过对整个教育过程的监控与评估，确保教学活动每一环节的质量，及时调整和优化教育教学策略。四是持续改进的闭环管理。高职院校质量保障体系越来越注重形成闭环管理，即不仅仅是单一的评价和反馈，而是形成一个持续改进的循环系统，以便不断地自我完善，逐步提升教育教学质量。

质量保障的持续推进必将为新时代我国高等职业教育高质量发展提供有力保障。这些案例显示出高职院校通过科学设置质量标准，落实过程监控，广泛吸纳各方参与，并利用信息技术提升质量管理效率方面的借鉴意义。对提高人才培养质量，促进学校内涵发展，提升决策科学性，规范管理流程，防控运行风险，具有重要参考价值。从下述案例可以看出，学校在质量保障体系建设中大多数遵循“质量监控→反馈预警→诊断改进→结果应用→跟踪复核”这一流程，通过对教师、学生的教学质量诊断，建立质量管理监测与检测平台，对学校全流程的质量监控进行把握与改进，基于系统性原理对学校的内部控制体系与质量监控体系进行贯通与整理。通过案例描述我们也发现，高职院校在质量保障体系建设中也在不断深化“质量文化”对学校内部治理的影响力。质量文化是质量保障的灵魂，能够全方位渗透并指导质量保障体系的建立，通过建立合理的评价指标与标准，及时发现和改进质量实践中的问题。

另外，许多案例院校也同时提到，学校在内部治理过程中也在不断加大内部控制力度，诸多院校已提前对学校内部固定资产与财务等进行风险预测与风险评估，其风险意识与内部监督制度在不断完善中。总结来看，基于“风险管理”前提下的学校内部控制体系已逐步在高职院校中建立起来。与此同时，案例院校针对质量保障与内部控制已逐步将绩效考评融入学校绩效管理中，通过激励与管理调控手段来保证学校各项事业发展规划顺利进行，以确保高职院校全面质量管理目标的实现。

质量保障的持续推进必将为新时代我国高等职业教育高质量发展提供有力保障。这些案例显示出高职院校通过科学设置质量标准，落实过程监控，广泛吸纳各方参与，并利用信息技术提升质量管理效率方面的借鉴意义。对提高人才培养质量，促进学校内涵发展，提升决策科学性，规范管理流程，防控运行风险，具有重要参考价值。

高职院校“三位一体”内部质量监控体系的创新实践

山西水利职业技术学院

一、基本概况

高质量发展是学校的生命线，健全内部质量监控体系是实现高质量发展的必然要求。山西水利职业技术学院借鉴 PDCA 质量管理循环理论，以学校省级优质校和“双高”校建设为契机，经过 5 年研究与实践，形成了“三位一体”内部质量监控体系。

“三位一体”内部质量监控体系，把“教学督导、学生测评、专业评估”作为内部质量监控的重要手段，教学督导是从专家视角常态化课堂听课督查，注重对新教师和学生评价较弱教师的指导；学生测评是从学生视角周期性评价其在校学习和生活的全过程，关注学习收获度和生活满意度；专业评估是从专业建设质量要素视角定期对专业评价分级，促进专业持续改进；三方联动凝聚质量保证合力。

学校搭建质量监控信息化平台，平台设置了课堂教学、顶岗实习、在校学习和生活满意度、专业评估等模块，通过周期性评价使质量由模糊变为清晰，质量监控结果通过编写数据分析报告、召开全院质量大会反馈教学系部，大数据智能化分析发现问题并制定改进措施，定期复核改进效果；质量数据已在教师职称评审、系部年终考核中得到应用，形成持续改进的制度保障，构建了“质量监控→反馈预警→诊断改进→结果应用→跟踪复核”五阶递进闭环运行机制，走完质量管理“最后一公里”。

二、具体做法和创新点

（一）具体做法

1. 创建“三位一体”内部质量监控体系，凝聚质量保证合力

课堂教学和岗位实习是学生学习过程的关键环节，专业、课程、教师是影响学生

学习成效的关键要素，管理服务质量是关系学生学习生活满意度的重要因素。本成果贯彻学生中心教育理念，开展质量监控队伍建设、标准制度研发和监控流程设计，通过教学督导、学生测评和专业评估 3 种手段，聚焦质量要素开展多元评价，形成“三位一体”内部质量监控体系（见图 1）。五年来，全覆盖督查课堂累计约 2000 个，连续开展期中过程性和期末结果性教学质量测评 20 次，每年开展顶岗实习质量评价和学习生活满意度调查，累计 10 次，学生参评率超过 95%，对 30 个专业开展建设质量评估，实现系统化监控学生学习和生活全过程。

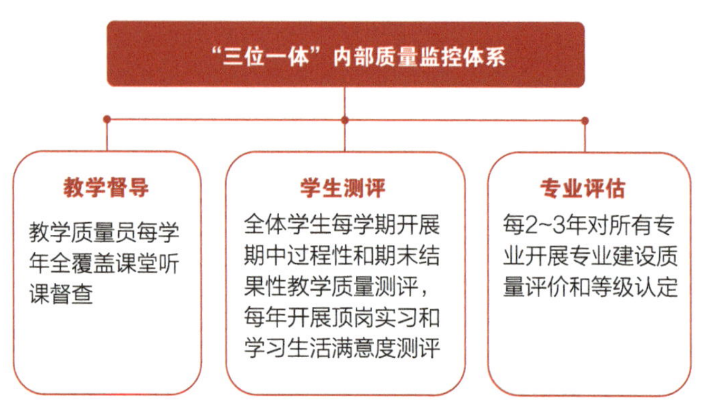

图 1 “三位一体”内部质量监控体系

2. 搭建质量监控信息化平台，提升质量保证能力

搭建内部质量管理信息化平台，部署课堂教学、顶岗实习、在校学习和生活满意度、专业评估等质量评价模块，研制各类评价指标体系 25 套；五年实践，采集督导和同行评价数据超过 2500 条、学生测评数据超过 91 万条、学生评语超过 20900 条，采集专业评估数据超过 1800 条，内部质量由模糊不清转变为精准清晰；运用大数据分析以及学生评语抽取，可以发现教学工作和管理服务中好的方面和存在的问题，提出学校、专业、课程、教师、学生的改进方向，通过数据赋能实现了质量精细化管理（见图 2~图 6）。

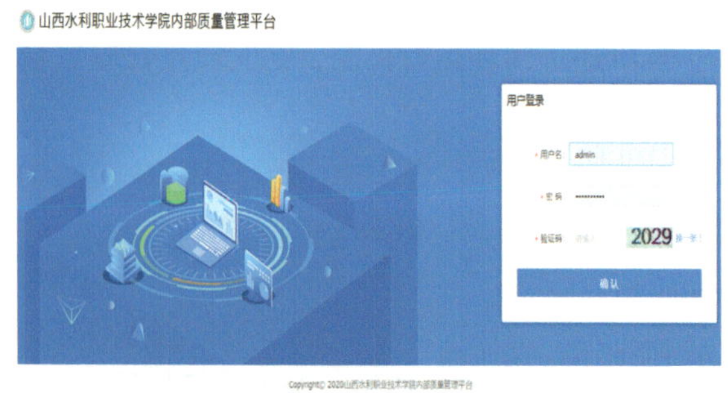

图 2 内部质量管理信息化平台

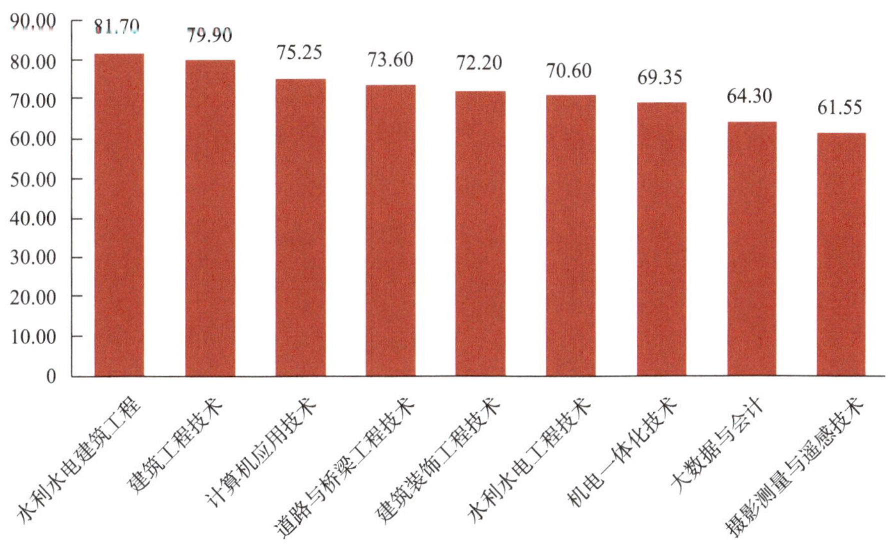

图 3　部分专业质量数据对比

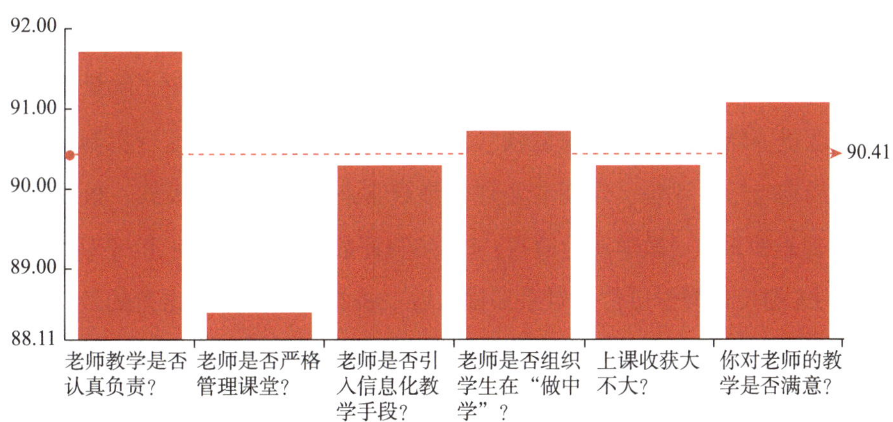

图4　全校公共课“计算机应用基础”质量数据分析

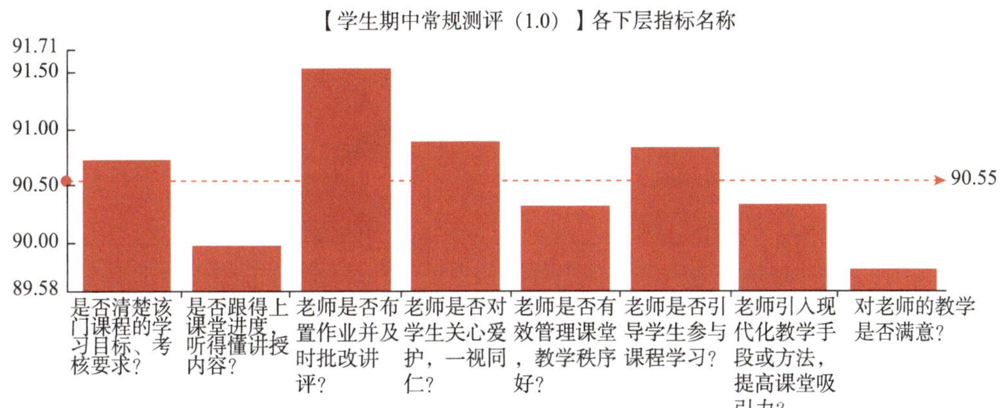

图 5　2022—2023（2）教师教学质量数据分析

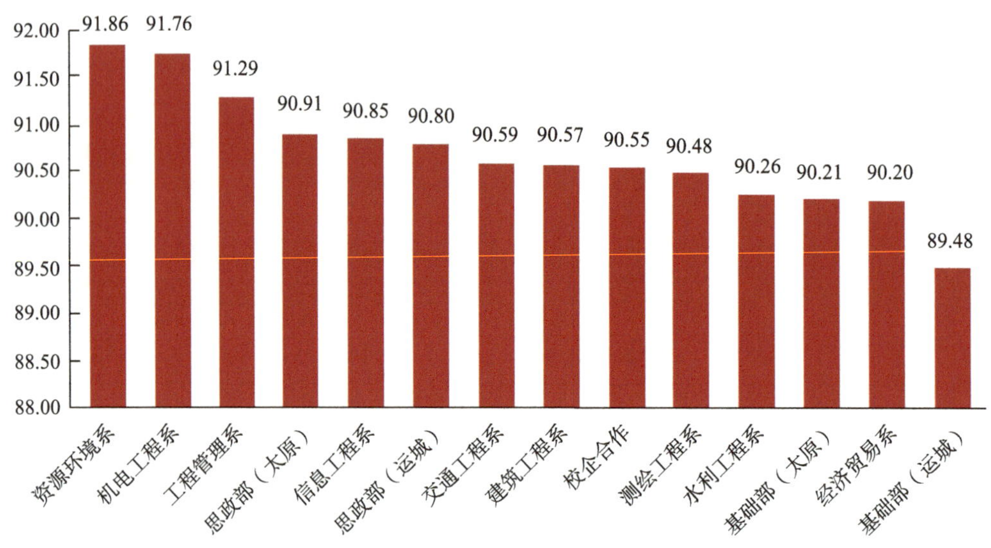

图 6　分项指标“教学方法和手段”受欢迎的系部排名

3. 构建“五阶递进”质量监控运行机制，打造质量保证闭环

借鉴 PDCA 质量管理循环理论，以质量持续改进为目标，建立“质量监控→反馈预警→诊断改进→结果应用→跟踪复核”五阶递进质量监控闭环运行机制。通过日常教学督导、周期性学生评价、定期专业评估形成常态化质量监控模式；根据监控结果编写《教学督查快报》、《教学质量简报》《学生测评数据分析报告》和《专业质量评估报告》累计 65 册反馈教学单位，对系部排名后 10%教师、学生评语差的教师，黄牌和红牌专业进行预警；大数据智能化分析从不同维度精准发现问题，发布《教学诊断与改进建议书》290 份；质量监控数据从 2019 年起已应用于教师职称评审和系部年终考核，形成持续改进质量的制度保障；通过定期现场汇报和质量数据走势分析，跟踪改进效果，全院诊改有效率达到 70%，走完质量管理“最后一公里”。

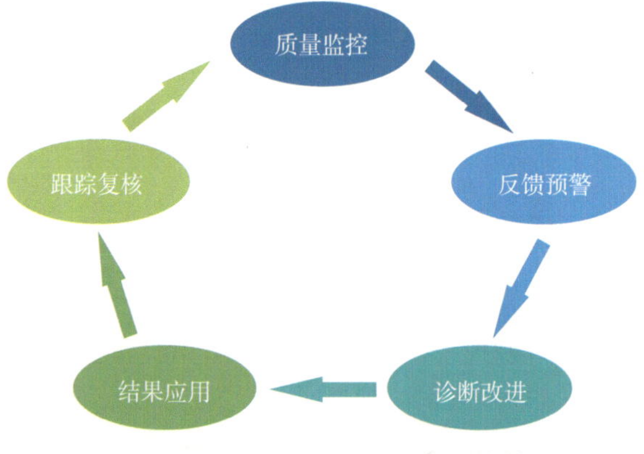

图 7　“五阶递进”质量监控运行机制

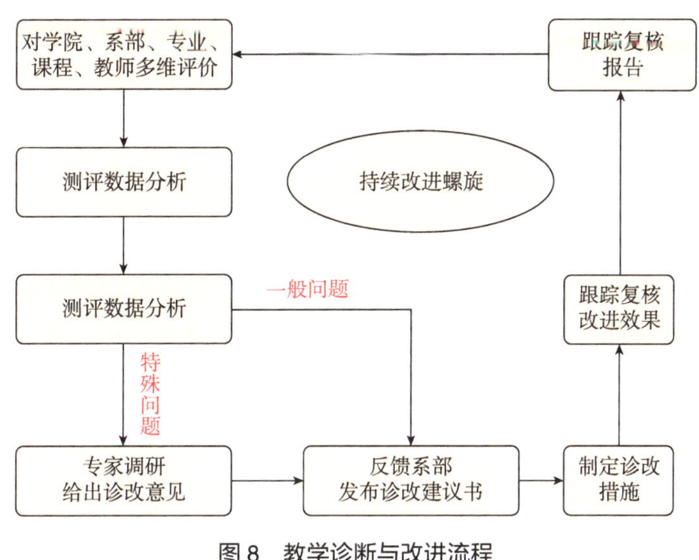

图 8　教学诊断与改进流程

（二）创新点

1. 质量监控体系的创新

创建“三位一体、数据赋能、闭环机制”的内部质量监控体系，聚焦影响质量的关键环节和核心要素，通过教学督导、学生测评、专业评估 3 种手段开展全过程质量监控，三方联动凝聚质量保证合力；搭建质量管理信息化平台，通过对大量数据的获取、概率统计学方法，实现教学质量由模糊评价转化为精确评价，质量状况清晰明了，智能化分析学校、专业、课程、教师、学生存在的薄弱环节，提出改进方向，数据赋能质量保证能力；构建“质量监控→反馈预警→诊断改进→结果应用→跟踪复核”五阶递进的质量监控闭环运行机制，持续改进提升，走完质量管理“最后一公里”。

2. 质量评价实践的创新

实施聚焦课堂评教师、聚焦实习评管理、聚焦满意度评服务、聚焦达标评专业的质量评价实践，使每一位教师、每一门课程、每一个专业、每一项服务都置于内部质量监控体系之下。聚焦课堂教学，实施督导、学生、同行三方综合评价教师教学质量，根据量化结果评定教师教学质量等级；聚焦顶岗实习地点、时长、专业相关性、安全问题、收获度等要素评价实习管理质量，有效促进了实习的规范性；聚焦课堂育人、课外育人、学生工作、后勤管理评价服务满意度，强化一切为了学生的教育初心；聚焦生源、师资、人才培养方案、产教融合校企合作、人才培养质量、专业影响力等要素和达标标准，评价认定专业质量等级，推动了专业设置优化调整和专业建设持续改进。

3. 质量文化培育路径的创新

积极探索从“行为习惯→质量意识→质量文化”的培育路径。文化是行为习惯的养成，制度和标准建设是养成行为习惯的依据；通过教学质量测评指标体系和管理办法、专业建设质量评价指标体系和方案、发布教学诊断与改进建议书、职称评审量化考核方案等制度和标准的发布实施，不断塑造师生群体行为习惯；通过常态化教学督导、周期性学生测评、定期性专业评价、及时的质量信息公示预警和持续性教学诊改等一系列质量管理活动，潜移默化将质量意识融入全体师生心中；通过在教师职称评审、评优评先、系部考核等重大事项中运用质量监控结果，形成了良性的激励机制，强化了师生的价值认同和主体责任，周而复始培育“自觉、自省、自律、自查、自纠”的质量文化。

三、取得成效

（一）校内实践成效显著

五年来，持续监控课堂教学质量，成效显著。督导听课覆盖全体任课教师超过1500人次，学生全员评价教学质量，累计采集学生评教数据达到91万条，编写教学质量分析报告55本；教学诊改、跟踪复核专业63个次、课程146门次，发布诊断与改进建议书290份，诊改有效率达到70%；教师教学质量学生测评结果平均上升0.25个百分点，学生学习收获度上升0.25个百分点，学生评价靠后教师教学质量逐步提升，最多上升了20个百分点。

五年来，定期监控学生顶岗实习质量和在校学习生活满意度，成效显著。累计采集学生调查评价数据33290条，编写专项分析报告10本，规范了实习管理，改进了服务质量，学生校内学习生活总体满意度上升1.76个百分点。

五年来，全院师生形成追求卓越的共同价值认同，持续改进质量的意识明显增强；学生技能大赛多次荣获国赛一等奖，教师教学能力比赛首次荣获国赛一等奖；本成果先后纳入学校省部级优质院校建设项目和省级“双高”院校建设项目中，主持研究4项省级课题，发表4篇省级论文，护航学院高质量发展。2023年质量保证体系建设案例荣获山西省教学成果二等奖。

（二）校外影响不断扩大

本成果在省外影响不断扩大。国内质量管理专家给予充分肯定，在全国性会议上引用和宣讲；2019 年，学校首批加入全国高校质量保障机构联盟，成为常务理事单位，2021 年，成果作为典型案例在第十届全国高校质量保障体系建设学术年会上进行交流分享；2022 年，在全国“不同类型高校质量保障体系建设优秀范例选树活动”中，荣获高职组二等奖；2023 年，学校质量保障体系建设成效在中国教育电视台《职教中国》栏目进行宣传报道，示范辐射效应显著。

本成果在山西省内具有引领示范效应。山西省教育厅领导给予高度肯定，教学诊改实践作为典型案例入编 2020 年、2022 年山西省高职教育质量年报，质量监控体系建设成效在省内主流媒体上宣传报道，连续 6 年学校教育质量年度报告在山西省获评 A 等；山西文化旅游职业大学、山西工程职业学院、山西职业技术学院、太原城市职业技术学院等省内多所院校来学校学习考察交流，在全省发挥了示范引领作用。

（执笔人：沈丽虹）

构建"三阶段　三融合　四聚焦"内部质量保证体系，助力学校治理能力现代化

江苏食品药品职业技术学院

江苏食品药品职业技术学院深入贯彻落实《国家职业教育改革实施方案》《深化新时代教育评价改革总体方案》《职业教育提质培优行动计划》等文件精神，以提高学生、家长、行业企业和社会等利益相关方对人才培养工作的满意度为目标，完善教育教学质量管理制度，积极构建集教学质量管理、评价、反馈于一体的内部质量保证体系，提升学校管理水平及人才培养质量，助力学校"双高"建设和综合治理迈上新台阶。

一、基本概况

2018 年学校被江苏省教育厅确定为第二批诊改试点院校。多年来坚持研究、试点先行，分阶段有序的推进内部质量保证体系诊断与改进工作。2019 年全面启动 5 个层面诊改工作，以学校事业发展规划为目标引领，以"五纵五横一平台"为主体架构，以"8 字形质量改进螺旋"为体系运行单元，以"质量管理与数据监测平台"为支撑，建立了学校、专业、课程、教师、学生五层面目标链与标准链，按照"事前、事中、事后"3 个阶段实施，注重诊改与"目标管理、绩效考核、数据治理"有机融合，聚焦诊改核心要素"指标、数据、画像、报告"，形成了跨部门协作顺畅、执行有效、监督有力、内涵丰富的校本特色的内部质量保证体系。学校先后制定了《内部质量保证体系建设与运行实施方案》《五个层面诊断与改进实施办法》等，对标《江苏省高职试点院校内部质量保证体系诊断与改进复核工作实施方案（试行）》，并于 2021 年 6 月高质量通过省诊改委员会现场复核。"基于三级联动学生层面诊改工作的探索与实践"案例入选中国教育科学院全国职业院校典型案例，诊改创新举措入选 2022 年江苏省高等职业教育质量年度报告。

二、主要做法

（一）运行“8字螺旋”，构建内部质量保证闭环体系

1. 目标导向，形成“事前”的目标标准体系

以学校“十四五”事业发展规划为引领，融入学校的党政工作要点、“双高”建设、省高质量考核等目标任务，制定学校、专业、课程、教师、学生层面的发展目标，梳理5个层面的年度目标任务，通过目标任务层层分解，责任到人。采用SWOT分析法，明确各项年度目标任务的内容标准、评价标准、考核标准等，形成了自上而下的目标链和标准链。学校先后制定了专业建设规划和专业分类评价标准、课程建设规划和课程分类评价标准、教师建设规划和教师发展标准、学生素质发展规划和学生发展标准等，打造了内部质量保证体系“事前”目标标准体系。

2. 过程管理，形成“事中”质量监测体系

基于校本数据中心和各业务系统数据，采用项目管理平台和质量管理与数据监测平台对各层面指标数据实时动态监测。通过系统平台对监测点阈值的设定，可以自动预警，预警信息能及时推送到质量主体，质量主体予以及时纠正，形成常态纠偏机制。各质量主体可以根据实际情况重新调整目标任务或者实施方案，“8字螺旋”运行过程中，在质量生成阶段可进行常态纠偏，目标任务的过程性动态管理体现了“事中”质量监测体系的灵活性。

3. 问题导向，形成“事后”阶段改进体系

各层面质量主体基于质量管理与数据监测平台诊断结果，参照系统平台自动生成的目标任务达成度、预警信息、智能画像，进行横向比较、问题剖析，进行自我诊断。按照“取得进步、存在问题、改进措施”完善平台自诊报告，完成“8字螺旋”最后一环节，各质量主体将步入诊改周期的下一循环，实现质量改进螺旋式上升。

（二）注重“三融合”，提升诊断和改进实效性

1. 融合目标管理，健全目标传导体系

科学编制学校“十四五”事业发展规划、专项规划、子规划，以学校“十四五”事业发展规划为统领，落实落细党政工作要点，结合“双高”重点建设任务，滚动调整目标链，通过目标任务分解，形成职能部门、二级院（部）的目标任务，目标上下衔接成链，各项目标任务按照SMART原则（制定目标的黄金法则）设定考核标准。进

一步完善制度体系、明确机构职责与岗位工作标准，形成“标准可视、过程可溯、考核可测”的目标管理新模式。

2. 融合绩效考核，改革绩效管理制度

学校先后修订《两级管理考核办法》《绩效管理考核办法》等，聚焦部门目标任务完成率和难度系数，将年度目标分解为常规保证、重点突破和特色亮点“三维”目标任务，坚持内容差异化、难度梯级化和过程精细化“三化”目标管理。以目标绩效考核为抓手，目标任务由职能部门与二级院（部）共同负责、共同实施和共同考核，采用过程考核和目标考核相结合的方式，探索交流轮岗、优秀升岗、强制离岗制度，有效形成职能部门主动服务和参与二级院（部）建设的“三全大服务、大部制”共治格局。

3. 融合数据治理，提升质量诊改效能

数据治理是学校数据质量诊改的必要手段，诊改工作要与数据治理协同推进。数据治理是对数据全生命周期的管理，通过数据治理最终实现从前端业务系统、后端业务数据库再到业务终端的数据分析，从源头到终端再回到源头，形成的一个闭环负反馈系统。学校成立了数据治理专项工作组，梳理业务流程，明确数据源头，建立数据规范标准。数据治理为诊改信息化平台建设提供数据支撑，推进了学校治理体系和治理能力信息化。

（三）聚焦核心要素，赋能内部治理信息化

1. 优化指标体系，加强数据分析，提供科学决策

根据学校两级管理考核办法、教师年度考核办法、岗位聘任考核办法、学生评奖评优考核办法等，融合学校党政工作要点、“双高”建设、“十四五”规划 KPI 指标，采用多元评价模式，根据专业、课程分类建设标准，教师、学生分类发展标准，建立“共性+个性+特色”动态诊改指标体系。运用大数据技术全面开展教学、管理、业务治理等领域的决策分析，打造数据可视化、模拟精准化的各层级“驾驶舱”，助力科学决策水平和风险防范能力提升，为优化各种资源配置提出科学决策。通过诊断改进的常态化推进，全校师生人人成为学校质量生成的主体。实现了教学工作的规范化、管理的精细化、决策的科学化和服务的智能化，学校治理水平和治理能力明显提升。

2. 对标找差，输出多维画像，生成自诊报告

各层级质量主体对比监测点目标值和诊断实时数据，横向可对比分析、纵向可追踪溯源，可根据需要查看不同维度的智能画像，最终生成“教师/学生、二级院（部）/职能部门、学校”三维度五层面阶段自诊质量报告。诊改注重数据的深度挖掘

和集成共享，在提升学校现代化治理能力、信息化管理水平、服务教师职业发展、服务学生多元成长成才等方面实现高质量发展。

三、治理成效

（一）建成校本数据中心，智慧校园成效显著

学校完善了信息化建设、运维和管理制度，建立了信息技术与教育教学和管理创新应用的激励机制，建立信息系统间的协作共享机制，建成了校本数据中心和质量管理与数据监测平台，促进校园公共服务系统化和质量管理科学化，全面提升学校教育管理信息化水平，建设集教学、管理、生活服务为一体的泛在互联智慧校园。

（二）“数”说质量，质量管理水平有效提高

充分发挥教学质量评价系统数据诊断功能，全面提高教学质量和科学决策水平，学校先后发布教学数据分析报告。深入开展调研，先后发布学生满意度调查分析报告、学校治理水平分析报告、“十四五”事业发展中期分析报告等，累计发布 52 期质量月报。

（三）精准定位，内生动力持续激发

基于“质量管理与数据监测平台”自诊结果，查看目标任务完成情况、预警产生情况，各层级责任主体可以精确定位自身不足，对标找差，通过专业、课程、教师、学生智能画像分析，可以明确改进方向，激发内生动力，教学和管理各项工作步入良性循环。

（四）完善治理体系，内涵建设显著提升

学校大力推进岗位聘用、绩效分配、专业技术职务评审等人事管理改革，建立起规范、切合实际的人事管理制度，形成了“人人有责、人人尽责、人人享有”的先进质量文化，全面激发各类人员的工作积极性和创造性。学校获评首批全国健康学校建设单位、获评全国爱心托育用人单位、入选江苏省第一批现场工程师专项培养计划、全国高职院校教师发展指数 TOP100、中国高职院校科研与社会服务竞争力 TOP50、全国高职高专院校满意度排行榜 TOP100、全面高等职业院校治理体系建设典型高校 TOP25。

（执笔人：张林　焦宇知　孙晓文）

全云端共享　全过程评价　全链条贯通

——常州工程职业技术学院教育治理现代化新实践

常州工程职业技术学院

教育治理现代化是教育强国建设的基本路径之一，职业院校治理现代化是教育治理现代化的重要组成部分，构建现代大学治理体系，提升职业院校治理能力，能够为职业院校支撑新质生产力培育，助力新质人才培养、科学技术创新和产业转型升级等提供有力保障。

一、基本概况

常州工程职业技术学院深入学习贯彻习近平总书记关于教育特别是职业教育的重要论述，紧紧围绕党的二十大报告中关于治理体系和治理能力现代化水平的要求，密切跟踪职业教育改革发展前沿，积极探索基于数字化的治理转型，有效融入现代职业教育体系建设改革大潮，坚持专业数字转型，赋能工匠人才培养、聚焦教育教学改革，提升关键办学能力、坚持产教深度融合，服务区域经济发展，以质量保证体系内外部一体化建设铸造高质量发展新格局，立足绿色化工和高端装备制造等特色优势领域，助力“三教协同”，推动“三融发展”。通过几年的实践，学校逐步探索出基于数字转型迭代、内外部控制融合、多元供给叠加，构建全云端共享、全过程评价、全链条贯通的教育治理现代化模式，治理结构和效能得到进一步优化，治理体系和治理能力现代化水平不断提升。

二、主要做法

1. 数字转型实现数智引领，全云端共享打造教育治理新平台

一是重塑教育教学生态，升级智慧场域，迭代“一中心两体系三平台”，推进教学环境及资源建设的数字化转型，将数字技术与素养融入培养目标，推进课程及资源的数字化，规范数字化教学资源开发标准，打造“平台+生态”资源供给体系和共建共享

应用环境。二是推动全方位数字化转型，自主建成校本数据中台、大数据分析、实验实训等 18 个系统平台，实现一网通办。自主开发“云上学工”全生命周期学生服务平台，提升服务育人能力；“一站式”网上事务大厅上线流程 200 余个，运行实例达两百余万条，形成“制度管权、流程管事、过程可溯、绩效可测”的内控保证体系。三是形成“三全三化三效”建设模式，构建数据获取、应用、决策三层治理架构，在教育部职业院校数字校园试点中率先形成“网络全覆盖、终端全云化、数据全通达、智能化、网络化、数字化”模式（见图 1）。

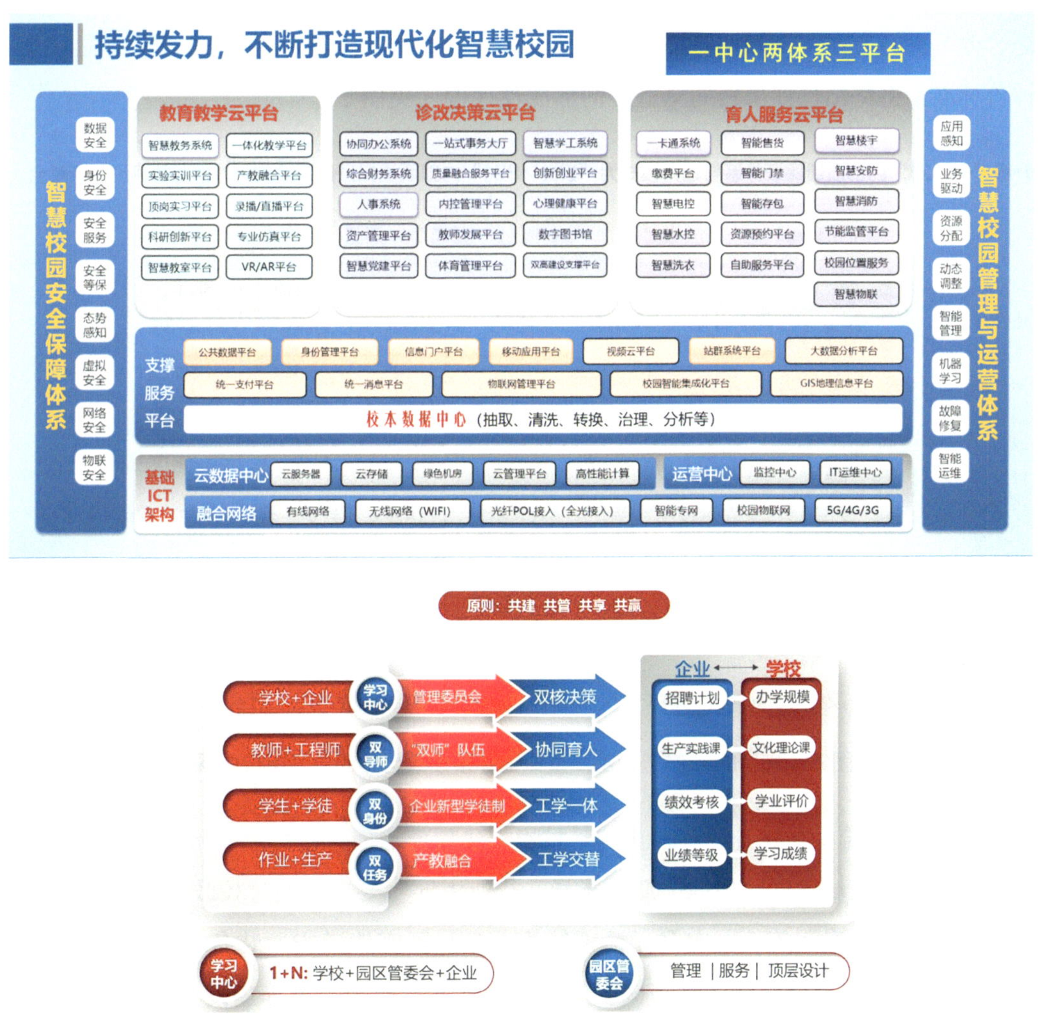

图 1 “一中心两体系三平台”智慧校园架构

2. 内部控制融合外部监督，全过程评价提升教育治理新效能

一是升级“55821”内部质量保证体系与运行模式“5‘N’821”，新增党建、后

勤服务等方面质量监督平台，上线知识管理平台，开展全面内部控制建设，引入第三方内控风险评价机制，建成覆盖全职能领域的内控体系。二是探索产教融合、校企合作、学生就业等校内外协同工作全过程质量监控，实现过程修正和数据可视化，运用大数据、人工智能等现代信息技术手段，使评估结果充分运用到预警、反馈和决策，搭建外部审核性与内部过程性一体化评价平台。三是数字赋能新时代教育评价改革，引领“金专、金课、金师、金地、金教材”新基建高质量建设。以全国信息化标杆校建设为抓手，优化校级数据标准，完善数据字典，建设数据驾驶舱，强化数据挖掘与分析在专业、课程、师资、实践、教材等领域的深度应用。出台深化新时代教育评价综合改革实施方案（2023—2025 年），创新教师课堂教学、学生学业、关键办学能力等评价标准，将终结性评价转向全过程的形成性评价（见图 2）。

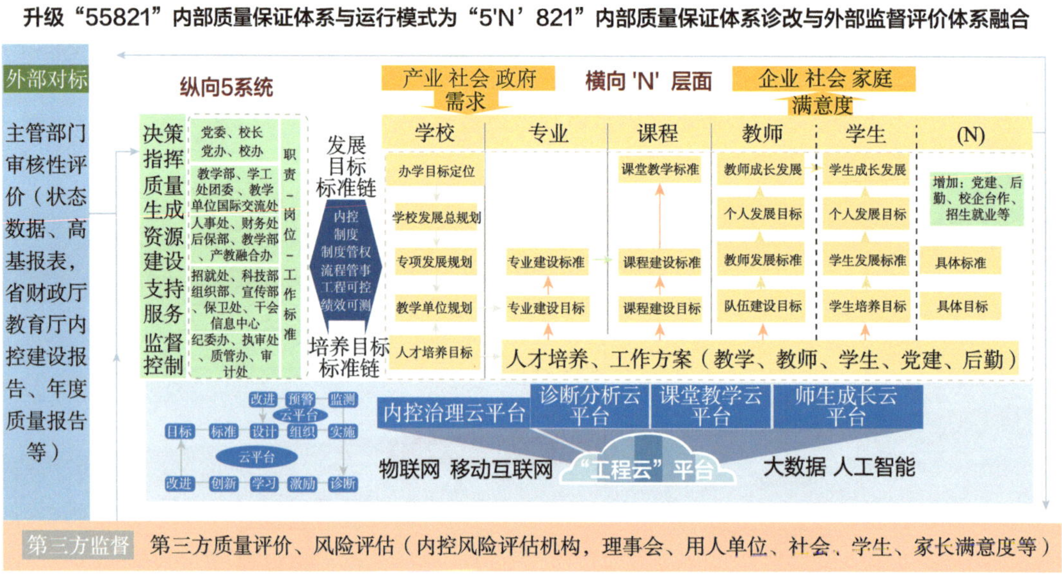

图2 “5‘N’821”内部质量保证体系诊改与外部监督评价体系

3. 多元供给叠加终身服务，全链条贯通构建教育治理新格局

一是融入区域发展，根据“政府指导、行业主导”要求，通过校政行企合作协议、产教融合共同体章程等，夯实多元治理结构，参与国家轨道交通装备行业产教融合共同体、“苏锡常都市圈”职教样板区、新能源之都三年行动计划等建设，持续发挥办学理事多方协同功能，提升政行校企多元治理功效。二是构建“1+N”社培模式，坚持“共建共管共享共赢”原则，建立学校、园区管委会、企业多元共管的运行机制，推动校企“双主体”育人。三是以岗位职业能力模型为参考开发石化行业学习成果认证单

元，构建中职、高职、本科纵向衔接的岗位认证标准。制定学习成果认证与学分兑换规则，实现非学历教育与学历教育学习成果之间的融通。依托国家开放大学，建成面向石化行业员工的终身教育平台（见图 3）。

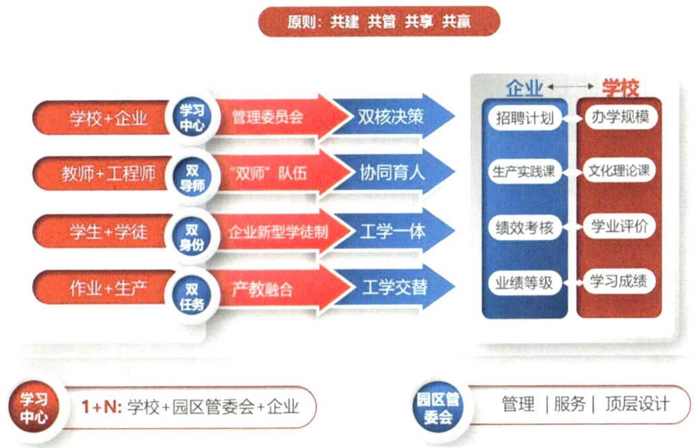

图 3 “双主体” 育人体系

三、主要成效

（一）学校数字赋能教育治理现代化影响力更为突出

校本数据中心实现与教育部数据中台 100%对接。近三年先后吸引了 200 余所中高职院校 6000 余人次来校学习交流，为 100 多所职业院校提供咨询服务，到账金额 600 余万元。入选教育部首批职业院校数字校园建设试点校、国家智慧教育平台江苏省试点学校、教育部 2022 年学生资助信息化工作典型案例、江苏省智慧校园示范校、江苏省推广国家智慧教育平台试点工作典型案例，获评智慧校园综合实力卓越奖。

（二）内控引领教育治理现代化经验辐射更加广泛

学校经验做法入选教育部教科院教学诊断与改进典型案例、《中国高职院校治理现代化报告 2022》、“2023 年全国高等职业院校治理现代化”特色案例。获评江苏省教育评价改革试点项目 1 项、教育评价改革优秀案例 1 项，出版内控方面专著 5 部，发表论文 30 篇，为全国职业院校提供了实操性强的指导手册。学校工作经验在“一带一路”职业教育等省内外论坛上交流，治理现代化经验被中国教育报、科技日报、学习强国等媒体报道推广。

（三）多元供给融入长三角区域一体化发展更加密切

参与筹建国家级产教融合体和产教联合体各1个，与20余家行业龙头企业共建石化行业典型工艺课程15门，在全国23个省、直辖市建设学习中心40个，与20余个大型化工园区协同育人1.6万人。90%以上毕业生在“长三角”区域就业，累计为“长三角”企业开展技术技能培训38.1万人。校企双主体终身教育体系建设成果获教育部教学成果奖二等奖。入选全国职业院校服务全民终身学习第一批实验校、全国高职院校服务贡献50强、首批“江苏高校银龄学习中心”建设校、常州市全民数字素养与技能培训基地。

四、经验启示

（一）数智引领全云端共享须坚持技术与教育相融合

面对数字化潮流，既要加快教育数字化建设，也要把牢教育目标要求。突出数字资源汇聚集成，方便共享；坚持应用为王，满足需求；坚持迭代升级，保持实效。要积极响应数字技术，用好数字技术，才能真正迈向教育数字化时代。

（二）内外融合全过程评价须坚持机制和标准同步推进

内外融合全过程评价是一个系统工程，要建立健全内外控制机制，确保管理规范、全面和深入；要建立科学和客观的全过程评价标准，确保评价过程严谨可溯，结果有用可信；要串联政府、企业、行业、教师、学生等多方力量，确保评价全面，真正提升教育治理效能。

（三）多元叠加全链条贯通必须坚持输出和绩效两手抓

多元叠加全链条贯通，体现政府、学校、企业、社会组织等多方各司其职又互相耦合，参与各方实现合作共赢。学校要通过各类团体主动串联各方，融入地方发展需求，在课程教学、技术标准、科学研究、人才等方面输出学校力量，同时要找准位置，明确需求，借力发展，在服务政府、企业和社会的同时，切实提升自身“三协同”“三融汇”“三服务”水平。

（执笔人：程伟）

“标准引领、风险导向、机制激活、数字赋能”质量保证体系建设

淄博职业学院

一、基本概况

淄博职业学院坚持依法治校，以“双高计划”建设为引领，以全面风险内部控制体系建设为抓手，建设了由制度体系、全面风险内部控制体系、内部质量控制、自主诊断与改进、绩效考核“五位一体”内部质量保证体系，通过“四个融入”，形成了标准引领、风险导向、保障激活、数字赋能的质量保证运行机制，努力打造职业教育高质量发展的治理体系和治理能力现代化标杆校，为区域经济社会发展助力赋能增效。学校获评全国高等职业院校治理体系建设典型院校、全国职业院校教学诊断与改进工作试点院校，先后在全国诊改工作会议上作专题报告20余次，100余所学校前来学习诊改工作经验。

二、具体做法和主要成效

（一）标准引领，将内部外部评估融入质量保证体系

学校聚焦职业教育未来发展，对照高职专业认证要求以及职业教育本科教学工作合格评估、山东省高职院校办学质量年度考核指标体系，持续优化学校质量评价指标体系建设，不断夯实内部质量闭环运行机制。一是以“落实国标、对接省标、强化校标”为抓手，构建学校—院系二级结构质量标准体系。学校层面全面贯彻落实国家、省市要求，建立校本标准，制定教学质量评价、专业（群）发展水平考核标准、岗位绩效考核评价标准。院系层面分层分类编制专业人才培养方案和专业课程标准、公共基础课标准，以标准建设为抓手，形成高质量发展共识。二是管理重心下沉，构建省—校—院系质量自诊“金字塔”式质量保证闭环模型。从学校、专业课程、教师、

学生、课堂教学监控、内部事项管理等6个方面细化、完善质量管理，根据岗位目标、质量标准，设计指标体系，质量诊断指标逐层关联下沉，质量核心要素重心从学校到专业到课程，逐层下沉至课堂至教师至学生。学校质量自主诊断与改进实施方案及具体做法为全国同类职业院校教学诊断与改进提供了模式和样板，学校在山东省高职院校办学质量年度考核中一直位列A等。

（二）风险导向，将全面风险控制融入质量保证体系

一是以全面风险内部控制体系建设为抓手，建立健全以“制度、职责、流程”为基础，以“内部质量控制、自主诊断与改进、绩效考核”为基本手段、以“重点业务领域全面风险控制”为补充的“互联网+”全面质量管理机制，构建由制度体系、全面风险内部控制体系、内部质量控制、自主诊断与改进、绩效考核“五位一体”内部质量保障体系。二是打破传统风险控制以具体业务为主线的构建思路，构建“职责—制度—标准—流程”全面风险内部控制体系。建立了党委领导下的学校制度定期修订机制，以学校党委领导为核心，对学校制度建设进行顶层设计，建立包含制度内容、行文规范等方面的基本制度，依据国家相关法律法规补充制定学校缺失制度，注重制定内容随政策变化即时更新，保证学校制度与省—国家制度一一对应，保证制度建设的系统性、规范性、时效性和可操作性；构建了“责—岗—人”网格化全面风险内部控制模式，以部门职责为切入点，梳理部门及岗位职责、开展全面风险评估、进行内控诊断并建立评价机制、优化制度流程，编制指引文件，健全风险内部控制监督监测机制，做到分事行权、分岗设权、分级授权、职责明晰。

（三）机制激活，将质量过程管理融入评价激励机制

一是坚持“四个导向”优化绩效考核指标体系，发挥绩效考核的正面导向作用。坚持目标导向，定计划立目标；坚持成果导向，争高端出成果；坚持问题导向，补短板防风险；坚持标准导向，建标准出规范。二是构建“学校—专业—课程—教师—课堂—学生”发散传导的神经网络激励机制，层层激活内生动力。将山东省高职院校办学质量年度考核、专业群发展水平考核等综合评价、“金平果”院校综合竞争力和专业竞争力评价指标体系与学校绩效考核深度融合，激活学校和专业；将教师教学质量评价、校长教学质量奖评选等机制与职称晋升、评优树先、绩效奖励等有效对接，激活教师和课程；将学习态度、学习成果进行量化考核，与奖助学金评定、党员发展等有效对接，激活学生和课堂，形成层层传导、次第激活、逐一赋能的激励机制，全面提

升办学质量。学校获批国家骨干专业12个、全国职业教育专业示范点1个，国家级高水平专业群2个、省级高水平专业群5个。获批国家级精品资源共享课程9门、在线精品课程6门，国家级职业教育规划教材22部、专业教学资源库3个，获国家级教学成果奖3项、全国首届教材建设奖3项。获批国家级生产性实训基地3个，国家虚拟仿真实训中心1个，国家协同创新中心2个，国家级职业教育“双师型”教师培训基地1个。国家级教师教学创新团队2个，国家级教学团队2个，国家级黄大年式教学团队1个，国家名师工作室1个。获国际大赛4项、国家级竞赛477项。

（四）数字赋能，将质量监测评估融入信息化建设

一是以简化客户端电脑载荷、减轻系统维护与升级工作量、降低用户总体成本为目标，优化系统架构，将制度设计与信息化同步进行，过程性监测和质量管理合二为一，建设融合无感知智能采集过程化实时反馈、大数据管理与评价于一体的泛在化、融合化、个性化质量管理信息平台，形成质量生成事前、事中、事后的动态诊断实时预警，实现质量全过程保证。二是以提升教学质量为引擎，打通业务系统壁垒，消除信息孤岛，建立专业—课程—教师—课堂—学生多向交互数据回归模型。学校层面实现对教师课程建设和课堂教学质量监测和教学过程管理，完成对全校21个教学单位的教师教学质量时时数据画像。利用教师教学质量数据完成课程质量、专业质量、学生发展质量的数据回归，同时，学生发展质量数据也将回归专业质量、课程质量和教师教学质量。实现专业和课程层面的过程监控和常态化监测。注重增值评价，设置加分项和一键评优系统，及时记录教师和学生业绩情况，形成数据分析报告，专业质量、课程质量数据回归教师教学质量和学生发展质量，实现教师和学生层面过程评价和成长监控。全校140名教师获院长教学质量奖并因此进入职称晋升绿色通道。自主研发的教学质量评价系统被20余所职业院校借鉴应用。学校现代化治理水平大幅提升，入选全国信息化示范校，数字校园样板校。

（执笔人：王美芬　吕玲　刘丽洁）

深化“六项改革” 推动学校高质量发展

东营职业学院

一、基本概况

东营职业学院聚焦制约学校高质量发展的突出问题，深化大思政体系、产教融合、教师评价体系、学生教育培养“全链条”评价机制、高层次人才引进与培养机制、内部激励机制等“六项改革”，创新“六位一体”大思政课程体系，基于两个职责定位探索产教融合有效路径，打造“一平台、双引擎、三定位、四目标”教师评价体系，构建“一生一库”学生教育培养“全链条”评价体系，探索“四方共用、四台共建、四向发展”高层次人才引进与培养机制改革，实施“五向发力、重点突出”内部激励机制改革，以变革求突破，学校获评全国高校黄大年式教师团队，获全国职业院校技能大赛一等奖、全国职业院校教学能力比赛一等奖、全国党建样板工作支部等系列突破性成果，入选服务贡献卓越高等职业学校，在全省办学质量考核和第三方评价中成绩大幅提升，释放学校高质量发展的澎湃动能。

二、主要做法

（一）四维度、九举措，构建“六位一体”大思政工作体系

坚持立德树人根本，健全党委统一领导、党政齐抓共管、部门各负其责、全校协同配合的工作机制，构建思政课与专业课同向同行、第一第二课堂相互促进、学校社会互动互生、线上线下齐头并进“四个维度”，深化思政课程和课程思政建设改革，发挥“小课堂教学”主渠道；规划“三整合”路径，拓展“社会大课堂”教学新格局；提质网络教育内涵，搭建“大资源”平台；建设“六型”教师队伍，构建“大师资”体系；优化服务育人环境，提升“大服务”水平；打造资助特色品牌，完善“大资

助”体系；创建全国文明校园，加强“大文化”建设；实施精准心理教育，构建“大健康”育人格局；强化党建引领，调动“大组织”力量。“九大举措”齐发力，深化大思政体系改革，打造学生思政、教师思政、课程思政、专业思政、队伍思政、文化思政“六位一体”大思政育人工作体系。

（二）落实“两个职责”，深化产教融合

筑牢培养学生成人成才、服务当地经济社会发展和企业高质量发展的责任意识，以产助教，加强产教联合体区域优质资源横向整合、产教融合共同体关键要素纵向汇聚，夯实两大改革载体基础性作用，“产业所需、教学所用、学生所学、实践所练”同频共振，纵横联动助推“三教”改革，加快向服务企业、服务学生转变。搭建平台载体，开展“支部联学共建”开门抓党建、“百家机关、千家企业、万名校友走进东职”开放办学“两项活动”，校企紧密合作。“三服务”引领，打造集实验实训、技术攻关、成果转化、创新创业、产品中试等于一体的产教融合综合体，高标准建设开放型区域产教融合实践中心，促进服务发展水平跃级增效。

（三）“一平台、双引擎、三定位、四目标”，创新教师发展评价体系

完善学校教师评价智慧管理平台，用好教师高质量发展和学校创优发展“双引擎”，瞄准教学名师、科研专家、技能名家、管理行家教师培养“四目标”，改进结果评价，强化过程评价，探索增值评价，健全综合评价，构建“一平台、双引擎、三定位、四目标”教师发展评价体系，率先落实人力资源社会保障部关于职称评审工作“新九条”，创新考核评定和考察评定方式，畅通高层次人才“一事一议”“一人一策”绿色通道，着力建设“双师”型、思政型、育心型、产业型、创新型、数字型“六型”教师队伍，以体系机制创新赋能教师发展。

（四）“一生一库”，创新学生教育培养“全链条”评价机制

加快推进学生教育培养评价机制改革，学生学习成长、校园生活、岗位实践、职业发展全周期贯穿，学生本人、学校老师、学生家长、岗位师傅、企业雇主等全员参与，创构“五育”全要素评价模型，创新教育培养“全链条”评价体系，为每名学生生成过程性成长数据库，无论在校期间，还是走入社会，该数据库将伴随学生一生，为学校育人工作诊断、学生职业发展规划等提供相伴相随、画像分析等精准支撑。以学生评价改革为抓手，推动学校不同系统间的融合对接，打通信息孤岛与数据壁垒，

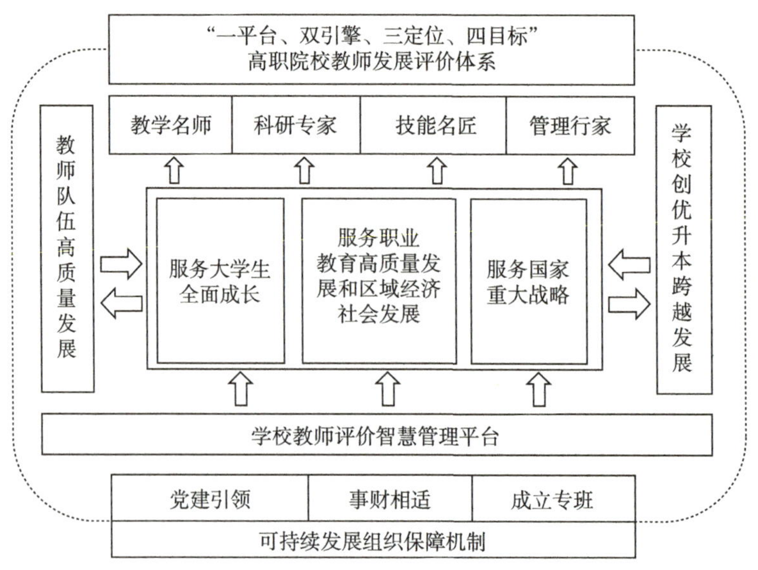

图 1　教师发展评价体系改革设计框图

打造人本化、信息化、数字化、智慧化“四化一体”服务育人工作新生态，提级学校智慧校园建设水平。

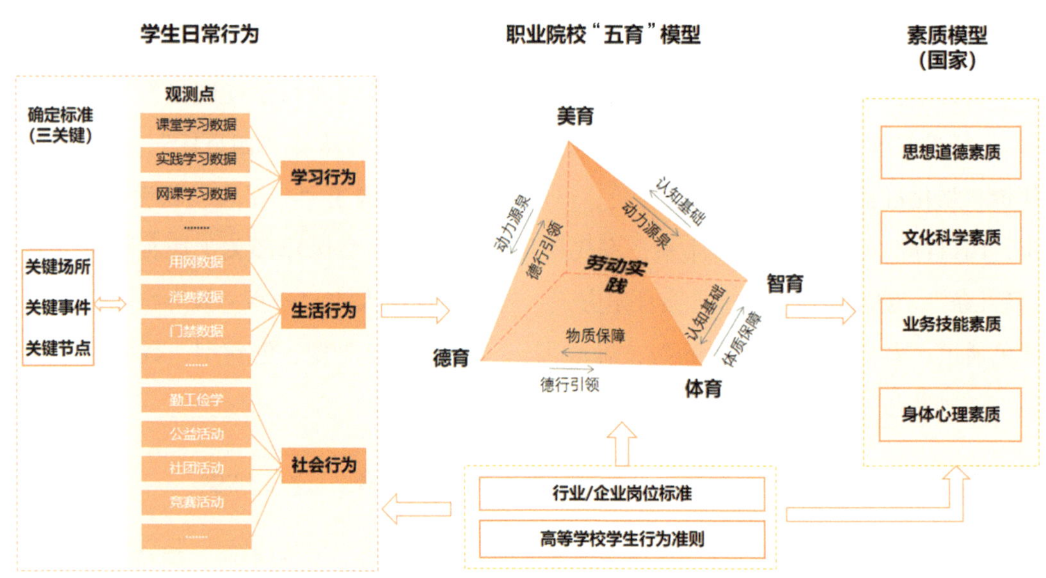

图 2　学生教育培养“全链条”评价体系

（五）“四方共用、四台共建、四向发展”，创新高层次人才引进与培养机制

以打造区域高层次人才雁阵格局为目标，打破博士等高层次人才引进难、培养难、

留住难等瓶颈，政行企校，筑巢引凤，加大高层次人才引育机制创新，学校、政府、企业、人才集团"四方共用"，学校与各县区开发区及相关主管部门、大中型企业、人才集团等签订联合引进培养高层次人才协议书，明确各方的权利与义务，创新高层次人才引进形式。育人讲台、科研平台、服务站台、创业舞台"四台共建"，引领教育教学、科技研发、创新团队、社会服务、创新创业，拓宽高层次人才成长发展空间。教学名师、科研专家、技能名家、管理行家"四向发展"，服务高层次人才目标导向、分类成长。成果导向，服务发展，引领带动教师队伍整体能力提升。

（六）五向发力、重点突出，健全内部激励机制

建立岗位导向、成果导向、考核导向、项目导向和知识价值导向"五向发力"绩效工资体系，健全绩效工资组织构成，完善学校内部分配机制，根据成果多少、贡献大小，绩效工资发放能多能少，让"躺平者"躺不平。坚持重点突出，完善目标管理量化考核办法，实行工作目标清单、负面清单、正面清单"三类清单"考核制，推进重点难点任务、常规基础工作、质量工程指标的常态化、差异化考核评价，绩效评价引领，实现人尽其能、尽展其才，实现改革发展目标任务全落实。落实岗位聘期考核管理，干部能上能下、职级能升能降，重贡献、重实绩、重实效，不断释放发展活力。

三、主要成效

自"六项改革"实施以来，学校发展内生动力全面释放，各项事业呈现全新态势，2023 年，"金平果"中国高职高专院校综合竞争力排名上升 43 个位次，山东省办学质量考核成绩跃升至全省第 8 名。

（一）专业对接产业更加紧密

深化专业随产业发展调整机制，深度对接东营市 8 大产业 20 条产业链，调整优化专业至 43 个，发挥石油化工技术国家级高水平专业群辐射带动作用，建成 4 个省级高水平专业群、4 个校级高水平专业群，形成"144"专业群梯次发展格局，其中，石油化工技术专业群综合竞争力排名位居全国首位。

（二）产教融合根基更加夯实

落实"一体两翼"战略任务，围绕区域支柱产业，与东营经济技术开发区成立全国首家市域产教联合体；与百度集团、山东大学联合发起成立全国人工智能行业产教

融合共同体；与中国石油大学、山东华鲁恒升联合发起成立高端化工行业产教融合共同体，联合区域龙头企业共建国瓷新材料等产业学院 14 个，夯实产教融合根基。

（三）教师队伍结构更加优化

学校以教师队伍能力建设为关键，全面增强学生发展需求、社会发展期待的适应性，建成了一支政治素质硬、业务能力精、育人水平高、创新能力强的高水平“六型”教师队伍。目前，学校建成国家级、省级黄大年式教师团队、职业教育教学创新团队 8 个，培养国家“万人计划”教学名师、全国模范教师、教育部“三名计划”培养对象、全国技术能手等省级以上人才工程称号 54 人次。

2023 年，学校取得了系列重大突破性成果，获评“全国高校黄大年式教师团队”、全国党建工作样板党支部、全国绿色低碳机构，获国家级教学成果奖、全国职业院校技能大赛一等奖、全国职业院校教学能力比赛一等奖、全省课程思政研课总会特等奖 3 项。2023 年，“金平果”中国高职高专院校综合竞争力排名上升 43 个位次，山东省办学质量考核成绩跃升至全省第 8 名。

（执笔人：陈骁　印成田）

善以“四点”对话“小切口”展示学校治理“大成效”

山东职业学院

一、基本概况

山东职业学院起始于1951年建校的济南铁路机械学校，是国家骨干高职院校、国家“双高计划”高水平专业群建设单位。学校坚持“为国家潜心培育合格人才，为企业量身打造现代工匠”的办学宗旨，培养了12万余名德才兼备的高素质技能人才，为国家轨道交通事业和区域经济社会发展作出了积极贡献。学校先后荣获全国职业教育先进单位、全国高职院校育人成效50强、省高校毕业生就业工作先进集体、省级文明校园、首批省依法治校示范校等多项荣誉。

学校坚持以“以学生为中心、以教师为主体”的办学理念，弘扬新时代“枫桥经验”，不断健全学校治理现代化工作体制机制，创新构建“师生出题、部门作答”“四点”对话机制，持续下沉力量资源，及时解决师生热点、难点、堵点、痛点问题，努力将矛盾化解在基层，把问题解决在一线，用一件件办在师生心坎上的实事好事，凝聚起高质量发展合力，有力提升了学校治理能力和治理水平。

二、主要做法

（一）创新制度设计，搭建对话平台

坚持问题导向，针对师生反映诉求渠道不顺畅、难以第一时间解决等问题，在广泛调研征求意见基础上，利用每月第一周的周四下午，组织搭建师生“四点”对话平台。“四点”对话由学校党委书记主持，学校领导班子成员、各职能部门负责人全员参加，结合学校重点工作安排，从教育教学、学生管理、后勤保障、个人发展等方面，与师生代表面对面座谈、零距离交流，了解师生内心真实想法与需求，听取其对学校

建设发展的意见和建议，现场解决师生在工作、学习和生活中遇到的热点、难点、堵点、痛点问题诉求；同时，见微知著，有助于有关部门及时捕捉与深挖学校治理中潜藏的问题与困境，组织专家力量做专题研究，制定切实可行的解决方案，推进问题落实整改，提升学校现代化治理水平。截至目前，“四点”对话累计举办 20 期，参与师生 6000 余人次，成为师生与部门面对面沟通解决问题的重要平台，表达诉求、建言献策的重要渠道。

（二）优化工作流程，规范对话形式

持续规范工作流程，推动“四点”对话定型化管理、制度化安排。对话开始前，学校提前 1 周通过新媒体“官微”发布对话预告，确定对话主题，师生员工填写“预约登记表”，通过手机终端、官方微信公众平台等方式进行预约，也可以直接参加活动。对话开展中，师生代表现场进行提问、阐明个人诉求，学校领导与各部门负责人对能当场答复的问题，当场给予详细解答；对不能当场答复的问题，由专人负责记录建档，于本次活动结束后在限定时间内明确答题部门，组织相关责任人研讨并形成书面意见，及时将回复与解决方案传达给师生，做到矛盾不回避、件件有回音，有效打通了服务师生的“最后一公里”。

（三）健全落实机制，确保对话实效

坚持“发现问题在一线，化解矛盾在一线，工作落实在一线”的一线工作法，推动党建、考核、人员等力量下沉，将问题转化为高质量发展机遇。建立问题公开督办机制，对话结束后，学校在智慧应用终端向全校师生发布对话内容，并督促问题落实。建立问题搜集机制，非对话时间，启动校内“12345”平台，开设意见建议箱，及时搜集回应解决。建立满意度通报考核机制，在新一期对话开始前，对上期对话问题解决情况进行无记名满意度调查并通报，对不满意度超过 30%的问题所在部门亮黄牌，对不满意度超过 50%的亮红牌，红牌和黄牌纳入部门绩效考核。“四点”对话开展以来，学校回应解决问题 236 个，吸收意见建议 105 条，线下通过意见建议箱征集解决问题 150 余个。

（四）强化成果转化，彰显对话效能

坚持目标导向，用问题倒逼改革，充分发挥“四点”对话价值溢出效能。加强政策宣传，用对话“小切口”做好宣传“大文章”，对接重点、节点和关键时期，全面解读党的创新理论，宣讲解读教育改革发展重要政策文件，增强政策透明度和说服力；

用对话“小舞台”形成改革“大磁场”，直面敏感问题，强化反映问题研判分析，创新完全学分制改革、全员书院制改革等10项走在全国前列的重点改革事项，有效增强改革倍增效能；用对话“小独奏”奏好发展“大合唱”，通过“无差别”对话交流，有效引导广大师生参与学校建设管理，推进决策民主化、科学化，让广大师生心往一处想、劲往一处使、拧成一股绳。在“四点”对话有效助力下，学校建成国家“双高计划”高水平专业群，连续4年办学质量考核“优秀”，连续5年获评“山东省文明校园”，办学质量持续提升。

三、主要成效和启示

（一）拓宽渠道，推进学校民主化管理

桐林书院学生提出“南益馆乒乓球场地较小，难以满足同学们的课余运动需求。”学校党委决策时就吸纳了“四点”对话成果，设立专项经费，改造了乒乓球场地。“四点”对话真正做到相信群众、依靠群众、集中民智、珍惜民力，使学校管理更加科学化、民主化、规范化、法治化。为师生参与学校民主管理提供了合法合规的新渠道，是教代会、学代会的制度补充，充分保障了师生员工的知情权、表达权和监督权，更好地凝聚广大师生员工们的聪明才智，增强师生责任感，共同加入到学校的发展事业中。近年来，学校入选国家级和省级教学创新团队等17个，培养省级教学名师、青年技能名师等26人，吸引高水平博士、高技能人才80余人来校任教。涌现了一批先进典型，学校有全国模范教师1人、大国良师1人、齐鲁最美教师1人、省级黄大年式教师团队3个。

（二）促进内控，提升学校制度建设水平

“四点”对话中，提出了“查阅学校文件有些困难。建议借助信息技术，建立一个资料共享平台”，学校党委现场答复，“人事处、教务处、科技处把相关文件整理成汇编，信息中心在智慧山职开辟资料共享库模块，方便校内文件查阅。”学校领导层、职能处室和院系管理人员是依法治校工作的决策者、组织者和实施者。通过“四点”对话平台，学校领导和职能部门直面师生的问题，公开接受师生监督，进一步规范了职能部门依法行使职权，有力地促进了财务管理、资产管理、建设项目管理、合同管理、招生就业管理、师生管理、科研管理、合作办学管理等诸多内控管理机制建设，学校依法治校内部治理体系不断完善。

（三）解读制度，营造法治校园环境

对于绩效考核、学分制改革等涉及师生切身利益的制度，职能部门全面解读相关的法律、法规和规章制度，通过“四点”对话，对师生提出的问题答疑解惑，既要求相关人员要加强法律、法规和规章制度的学习，提高依法行使职责的能力，也引导师生对改革发展制度的理解和支持。“四点”对话是开展法治教育的重要途径，解答师生的问题，用身边鲜活生动的案例，宣传法律、法规和学校的规章制度，教育学生既要依法行使权利，也要做学法、知法、用法、守法的好公民，形成人心安定、秩序井然、教学相长的和谐局面。2024 年 3 月，成功获评“山东省依法治校示范校（第一批）”，学校依法治校工作扎实有力，治理体系和治理能力现代化水平不断提升。

（四）以点带面，提升学校治理能力

近年来，学校认真学习贯彻新修订的《职业教育法》，以“四点”对话为切口，持续开展融合发展深化行动、人才培养筑峰行动、专业建设强峰行动、师资水平提升行动、社会服务攀登行动、国际合作跃升行动等六大行动，有力提升了学校治理能力，大力营造风清气正、干事创业的良好文化氛围，人文山职、智慧山职、幸福山职建设得到社会各界广泛认可。学校入选“全国高职院校育人成效 50 强”“山东省 2021—2023 年创建全国文明校园先进学校”，相关经验获《中国教育报》等国家级媒体报道。

（五）持续推进，促进学校事业高质量发展

通过开放沟通，“四点”对话增强了师生之间的理解和信任，促进了学校管理和服务质量的提升。同时，获得启示。一是建立长效机制，让“四点”对话成为学校管理的常规机制，以确保持续的沟通和改进。二是进一步拓宽反馈渠道，除了面对面的对话，还可以利用问卷调查、建议箱、网络平台等多种方式收集师生意见。三是拓展参与群体，鼓励所有师生参与对话，确保各个群体的声音都能被听到，特别是声音较轻较弱的群体。四是强化跟进落实，对话后的行动计划和落实情况需要有明确的时间表和责任人，确保问题得到实际解决。五是创建品牌，将“四点”对话纳入学校文化建设范畴，培养开放、包容、互助和进取的校园氛围。强化宣传，讲好对话背后的故事，弘扬人人爱山职，人人都说山职好的主旋律，凝聚人心，为学校高质量发展提供有力的精神动力和舆论支持。

（执笔人：吕子泉　张璇）

人才培养为本　教育教学立根

濮阳医学高等专科学校

一、基本概况

在认真贯彻落实党的二十大精神、深入开展学习贯彻习近平新时代中国特色社会主义思想主题教育之际，依据教育部等五部门联合印发《普通高等教育学科专业设置调整优化改革方案》要求，认真贯彻中央精神和省委、市委部署，围绕学校发展思路和内涵建设规划，全面推进专业建设和人才培养工作，优化专业设置、改进专业建设、加强专业质量管理。用习近平新时代中国特色社会主义思想铸魂育人，探索提高人才培养质量的特色亮点，展现学校在持续加强专业内涵建设，全面振兴高等教育进程中的奋进之姿。

严格按照国家教学标准及要求修订人才培养方案，旨在培养从事医疗、预防、康复和养生保健服务等工作的高素质技术技能型人才，坚持以“立德树人”为根本，以“立足应用、精准育人”办学理念为指导，坚持以社会需求为导向，人才培养模式与社会需求相结合。以培养学生的实践能力为重点；以德育为首位，德与才相结合。结合濮阳医学高等专科学校“五育并举”培根铸魂行动计划，将思想政治工作贯穿医学教育教学全过程，积极开展医学课程思政，实现全员育人、全程育人、全方位育人的“三全育人”目标。

二、主要做法与成效

当前，新一轮科技革命和产业变革突飞猛进，构建与高质量发展相适应的学科专业体系，是推动经济社会高质量发展的迫切要求。党的二十大报告明确指出，全面提高人才自主培养质量，着力造就拔尖创新人才，加快建设高质量教育体系。2023 年 2 月，教育部等五部门联合印发《普通高等教育学科专业设置调整优化改革方案》，提出了优化专业设置、改进专业建设、加强专业质量管理的一系列举措，为新时代高等学校新增专业建设提供了根本遵循。新增专业是优化学科专业布局的直接体现，是服务“四个面向”的实际行动，直接影响着高等学校立德树人的成效、持续服务经济社会高质量发展的能力。适应社会经济发展对人才培养提出的新要求，结合区域产业发展和学校办学定位，围绕构建“布局合理、结构优化、品牌突出、特色鲜明、教研衔接”的专业体系，对现有 26 个传统专业和方向，推进专业结构优化与升级，建立专业预警和退出机制。以学科为基础推进专业整合，重点扶持优势专业、强化特色专业、融合新兴和交叉专业、建设区域社会发展急需专业，加强学科交叉、形成专业互促。坚持“以学生为中心，以产出为导向，以持续改进为机制”，积极开展岗课赛证教学改革，形成从行业需求出发制定培养目标，由培养目标确定毕业要求，再由毕业要求确定课程体系的反向设计全过程专业建设模式，提高专业教育质量和行业认可度。

（一）观念决定出路，培养目标定位要准

培养一支用得上、留得住，熟悉基层卫生工作特点，掌握一定的医学理论和技能，具有良好医德医风的基层医疗工作者队伍。为广大基层民众提供安全、有效、便捷、经济的公共卫生和基本医疗服务。做到小病能治、大病能转、慢病能防。积极发展面向广大农村、社区基层单位的技能型医学技术专门人才。毕业后成为能在基层医疗机构中的应用型医学技术专门人才。培养较强的实际工作能力和持续发展能力。增加专业，以满足广大人民群众的需要。

（二）活力激发动能，专业建设核心要强

专业建设是高职院校中最重要的基本建设，是高校生存和发展的重要基础，是提升学科建设层次和水平的核心要件，专业建设与发展遵循应“全面、协调、可持续”的科学发展规律。要以专业建设为核心，规模、质量的和谐发展为基础，增强专业的生存与发展能力为重点，以人为本，以实现学校与社会、教师与学生、教学与科研、理论与实践、专业与学科的可持续发展为目标。增强专业建设与社会需求的吻合度、提升专业建设水平、凝练和强化专业特色、培育学生竞争力。为社会培养实用型的高素质的专业技术人员，为区域经济作出力所能及的贡献。

（三）创新塑造优势，培养人才政策要新

要加大人才队伍建设力度，改善教师队伍的职称结构、学历结构、年龄结构，促

使教师队伍结构更趋合理。加强学术梯队建设，做好学科带头人、后备学科带头人及骨干教师的选拔培养工作，以骨干教师培养带动教师队伍建设，形成一支结构合理、素质全面、相对稳定的师资队伍。加强师资培训。采取校外培养、校内培训等多渠道、多形式的人才培养方式。

（四）市场决定未来，课程体系调整要活

专业是学校办学与社会工作岗位的联结纽带，应以就业为导向引领专业开发与建设。充分调研，了解职业岗位的变化情况，听取用人单位对高职专业的培养目标、课程设置及毕业生所需的能力素质等意见和建议，以此作为每年对专业进行调整和扩建新专业的依据。在课程结构整体适合优化下，进行课程体系的调整、合并、重组、加强课程与课程间在逻辑和结构上的联系。根据所培养人才需掌握的职业岗位能力要求，参照相关的职业资格标准，制定各专业课程的教学计划、教学大纲、教材、实习实训计划以及实习评价标准，各专业在课程的设置上将理论与实践相结合，基础课以必须够用为度，专业课以专业需要为主。重视先进的职业教育理念，突出职业道德培养、职业技能训练，全面提高学生素质。

（五）为国育才造士，强化“三全育人”目标

人才培养方案修订过程中需把握重点，促使人才培养环节能够有的放矢，把学生培养成实用型人才，跟上社会的需要。坚持立德树人根本任务不动摇，拔节孕穗、培根铸魂，全面实施德育铸魂、智育提质、体教融合、美育熏陶、劳动促进“五育并举”行动计划，促进学生德智体美劳全面发展。强化“课程思政”，深入推动习近平新时代中国特色社会主义思想进教材、进课堂、进教案、进头脑，将“热爱祖国、忠诚事业、艰苦奋斗、无私奉献”的精神融入专业课程教学。加强劳动教育，以劳树德、以劳增智、以劳强体、以劳育美，开发“劳动+技能”相结合的课程，将劳动教育融入人才培养的全过程。

（六）优化总体设计，构建人才培养体系

牢固树立“人才培养为本、教育教学立根”的办学理念，以行业、产业与地方发展需要为导向，坚持“加强通识、夯实基础、强化实践、激励创新”的基本原则，建立了融合思政、通识、专业、创新创业教育的课程体系，制订培养方案，促进学生全面发展。坚持各项优生优培，创建多通道、多模式的拔尖人才培养体系。要创造条件，

为专升本学生予以重点培养，力争通过率位于同类高校前列。建设拔尖人才培养基地，试点开办兴趣实验班，在总结经验的基础上适当扩大。鼓励学生参加各项竞赛，尽可能为尖子学生创造比较优越的创新条件。推进学分制改革，开展专升本贯通式人才培养。积极推进“一院一特色”人才培养模式改革，开设不同内容的基地班、精英班、实验班、英才班等多个特色人才培养班。健全协同育人机制，开展多元化人才培养模式改革。

不断挖掘各专业优势特色，引导学生在工作、服务、奉献中厚植爱国主义情怀，把专业知识用于服务国家的伟大征程当中。在新的起点上，学校正紧跟国家需要，坚持落实立德树人的根本任务，持续优化专业结构，为党育人、为国育才。

（执笔人：伍淑娟）

产教融合下“一平台、三突出、六协同”的人才培养质量管理体系构建

广州科技贸易职业学院

一、基本概况

新时代创新驱动发展和质量强国战略的实施，对培养大批就业竞争力强、创新创业能力突出的高素质技术技能人才的需求越来迫切，职业院校高质量发展已成为党和国家乃至全社会高度关注的问题。要提高人才培养质量，就必须将协同育人与构建内外结合、持续改进的人才培养质量管理体系同向同行，引导高职院校进一步加强内涵建设，推进职普融通、产教融合、科教融汇，提升人才培养质量，更好地服务地方经济和社会发展。广州科技贸易职业学院以《国务院办公厅关于深化产教融合的若干意见》《国家职业教育改革实施方案》《国家关于推动现代职业教育高质量发展的意见》等文件精神为指导，针对高职院校人才培养质量评价主体相对单一、德技双修的评价不充分、督导过程性和发展性评价不完善等问题，在学校大力开展产教融合、大力实施产业学院改革的背景下，形成了“一平台，三突出，六协同”的人才培养质量管理体系。即引入“人才培养质量评价系统”平台，以突出校企共建科学合理的评价体系、校企协同创新教学质量评价方法、校企共督共导，强化过程性和发展性评价的“三突出”为实施路径，形成了学生、教师、领导、同行、企业、第三方机构等六方协同参与的人才培养质量管理体系。

二、主要做法及成效

（一）主要做法

1. 健全“三方、三级、三层”质量管理组织机构

学校建立由学院党委领导下，校长负责的学校内部质量保证委员会，建立校行企

三方，校级督导、二级督导和班级学生信息员（监控员）组成的三级督导队伍，构建“学校指挥、职能部门落实、质量监控办公室督查”三层质量保障组织机构，形成“三方、三级、三层”质量管理组织机构，建立有效运行的可持续质量管理工作机制，形成了工作层层有人抓、事事有人管的良好局面（见图1）。

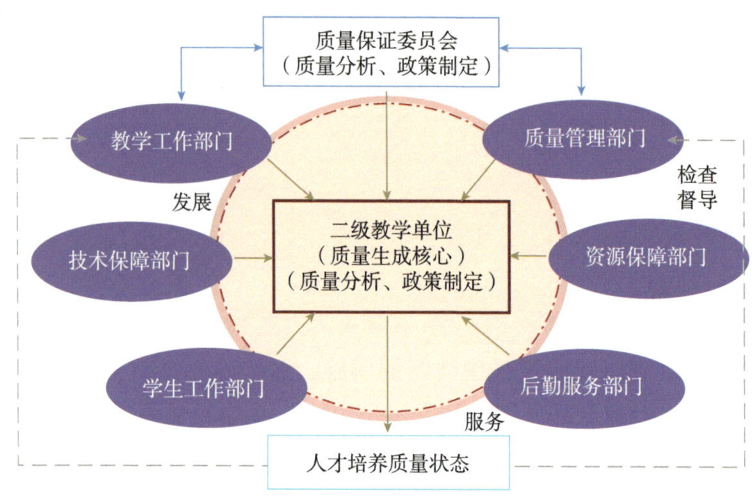

图1 学校内部质量保障组织机构

2. 校行企共建人才培养质量评价标准

根据学校产教融合工作实际，结合粤港澳大湾区产业发展对人才标准的需求，根据政府考核要求，校行企协同确立人才培养质量规格，对校企合作人才培养全过程的各个具体环节所要达到的要求作出具体规定；建立教学运行各环节质量控制流程和相关制度，汇编成《教学质量标准手册》，形成产教融合下人才培养质量标准；评价内容中重视校企合作、产教融合、科教融汇、培养质量等的评价，将人才培养适应性、双师团队建设、区域产业契合度、课岗赛证融合情况、学徒制及订单培养、校企合作、产教融合、实践教学、社会服务、学生综合素质、技术技能水平、创新创业能力等指标融入其中，重视过程性和发展性评价，形成“育训并举，德技双修”为核心的人才培养质量评价特点（见图2）。

3. 建立“六位一体”的质量管理体系

建立包括学生、教师、督导、领导、企业、第三方机构等参与的“六位一体”的质量管理体系，制订一系列教学质量管理制度，包括《教师教学质量考核规定》《教学督导工作管理办法》《产业学院诊断与改进管理办法》《现代学徒制专业诊断与改进管理办法》《课程教学诊断与改进管理办法》等，编制学校《教学质量管理手册》《教学质

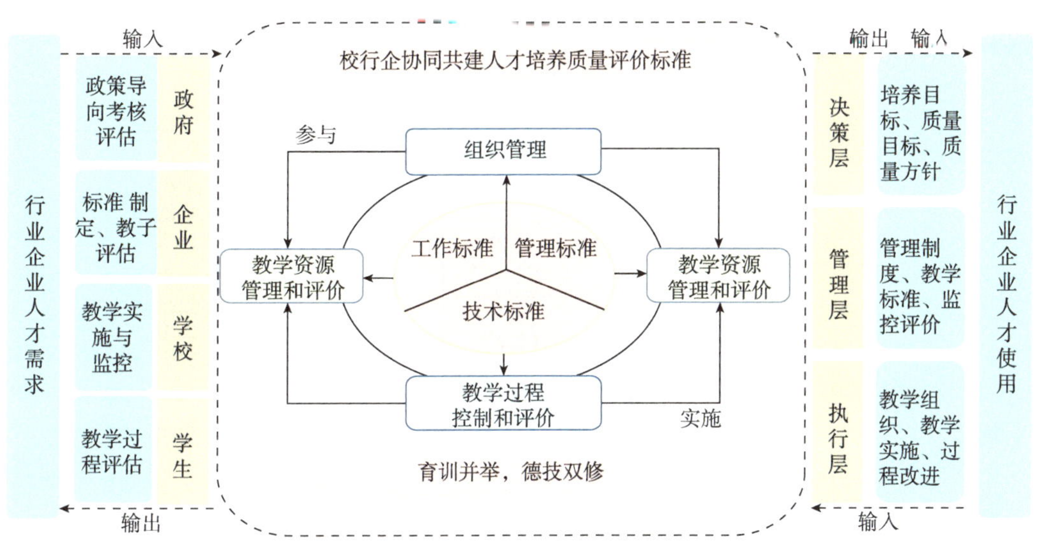

图 2　校行企协同共建人才培养质量评价标准图

量标准手册》，完善质量管理流程和要求，开展质量评价、数据分析、反馈预警等工作，形成了教学质量螺旋式提升、持续改进和预警机制。在质量评价上，既包含了政府宏观指导、学院自主保证、行业企业参与，也包括了师生评价、社会第三方参与的多元化、多层次的评价，形成了“全员参与、全程监控、多元评价、反馈及时、重在促进”的质量动态管理、上下齐抓共管、全面覆盖监督的新局面（见图 3、图 4）。

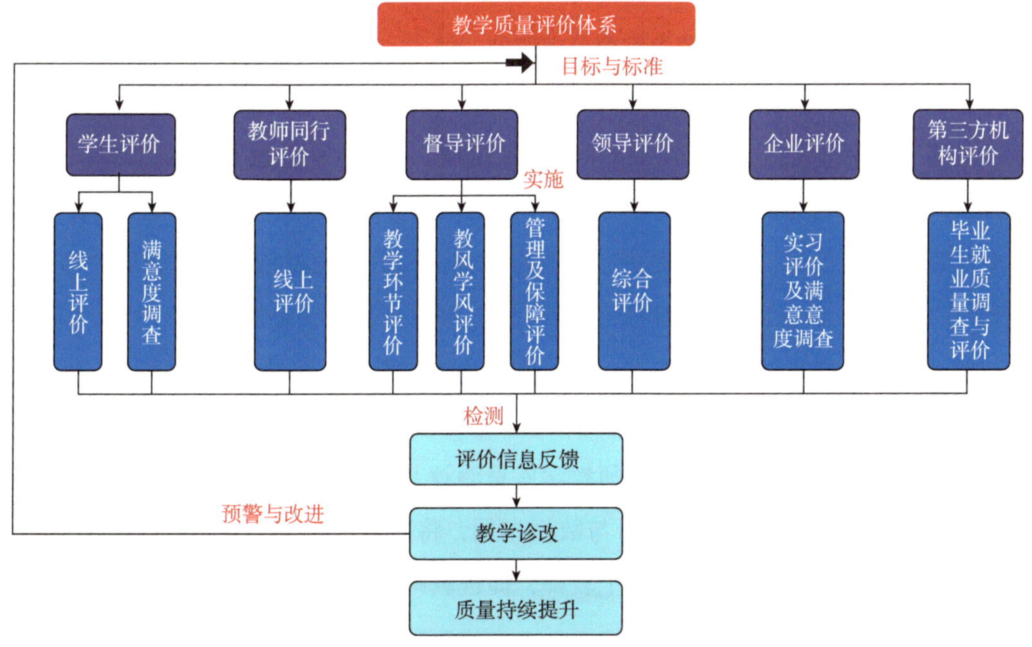

图 3　学校“六位一体”质量评价体系方框图

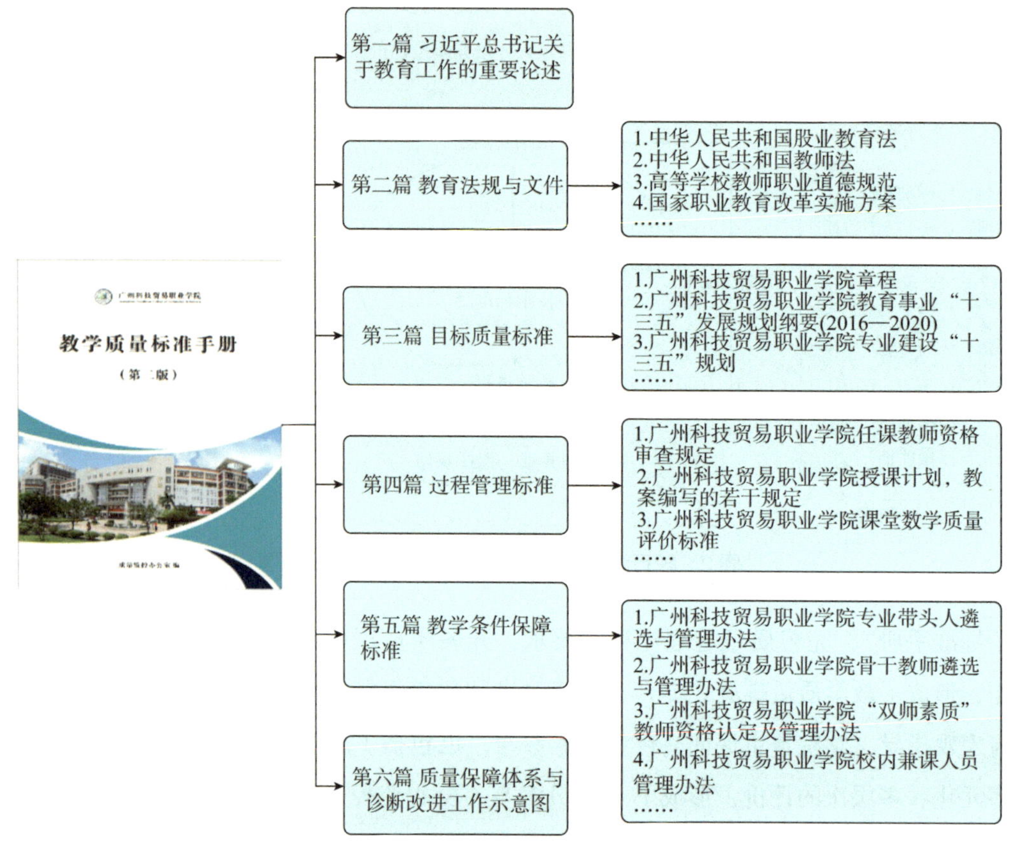

图4　学校《教学质量标准手册》及内容

4. 校企共督共导，强化教学质量管理职能

学校从建设的16个产业学院合作行业企业中聘请26名专家进入督导队伍，建立校级（校行企专家组成）、二级（二级学院专家组成）、班级（由学生组成）“三级”督导队伍共300余人。通过“校企督导共评、共诊、共导每个专业、每门课程”，有效推动专业建设和“三教”改革，促进教育教学质量的提升；通过校企共同开展“督教”“督学”“督管”，保证良好教学秩序，提高教学质量；通过校企协同组织“教学质量奖”和“我最满意的教师”的评选、网上评教及教学满意度问卷调查等活动，树立榜样，激励师生，并将结果与教师年度考核绩效评价挂钩，实现“教师成长、学生受益”的目标。建立基于“互联网+”教师教学质量测评系统（平台），提高评价效率及应用，通过教师教学质量的测评分析与数据挖掘，将督导、学生、老师、领导、企业、第三方等评价结果实时反馈给每一个教师，促进教师不断改进教学工作，努力提高教学质量（见图5）。

图 5　教师教学质量测评管理系统

（二）治理成效

1. 完善质量管理机制，提升教师职教能力，成就学生发展

坚持服务“教师成长、学生受益”的目标，通过校企协同开展质量管理体系建设和评价方法创新，完善了质量管理制度，引导学校内涵式建设与发展，推进评价信息化建设，组织开展教师职教能力测评、教师教学能力提升培训、学生技能竞赛指导等，提升教师的教学素养与职教能力，学生专业能力、职业素养、创新创业意识、就业竞争力。近年来，学校师生参加技能竞赛获奖项 400 余项，其中获国家级奖项 10 余项，省级一等奖 62 项。近三年毕业生就业率达 98%以上，居全省高职院校前列，受到省市高度认可。

2. 优化督导职能，建立持续诊改机制，提高教学质量

校企共建校级（校行企专家组成）、二级学院和班级学生“助理督导”组成的近 300 人“三级”督导队伍，充分发挥督导在“督教、督学、督管”的作用，校企共建相对完善、科学、合理的质量管理机制，全面推进了学院诊断与改进工作，组织开展教学质量满意度调查与质量问责工作，助力学院内涵式建设发展，整体提升人才培养

质量。建立教学质量测评系统（平台），通过教学质量的测评分析与数据挖掘，将评价结果实时反馈到每位教师，利于教师不断改进教学，提高人才培养质量。

3. 改善教风学风，促进人才培养，示范效应显著

“一平台、三突出、六协同”人才培养质量管理体系建设有效推动了校企合作、产教融合，改善教风、学风状态，形成教师乐教、学生爱学的良好氛围，促进人才培养、专业课程建设。近三年学校建立了16个产业学院，为粤港澳大湾区培养高级技术技能型人才20000人，毕业生就业率连续三年超过98%，湾区就业率超85%，教师、学生、企业满意度超95%，获得社会高度认可。综合办学实力明显提升，获教育部现代学徒制单位、全国国防教育特色校、全国应急教育试点校、全国课程思政研究中心、全国校企协同就业创业示范基地、全国校园文化一校一品学校、教育部教师实践流动站、全国智能装备高精特新产业学院、省域高水平高职院校建设单位等，获国家级重点骨干专业6个，省重点品牌专业16个，省级高水平专业群3个，师生获国家和省级竞赛奖项400余项，其中获国家级奖项10余项，获专利授权216项，服务社会产值达4亿元，获省科技进步一等奖（省高职院校零的突破），入选全国科技服务案例20强，全国产教融合典型案例20强，全国产教融合就业竞争力50强，多次在全国产教融合、质量管理学术会议上作经验分享，《人民日报》《光明日报》等国家、省、市级媒体采访报道160余篇次，吸引全国百余家单位前来交流，示范效应显著。

（执笔人：艾祎　刘保其　丁霞）

独创模型，引领诊改："SPADE"质量诊改模型助力高质量发展

广西国际商务职业技术学院

近年来，广西国际商务职业技术学院以大力推进"双高计划"建设为契机，创造性地构建"SPADE"五维质量保证体系和开展"SPADE"认证建设，学校治理水平不断提升。

一、基本概况

学校以建设现代商务特色鲜明的国际化高等职业教育强校为目标，围绕立德树人根本任务，大力践行"三色"(即职业底色、创业本色、国际特色) 商科人才培养理念，不断推进"四信"(即信仰、信念、信心、信用) 价值观培养，以"SPADE"五维质量保证体系为保障，着力构建"五级进阶"实践教学体系，培养适应现代商务事业发展需要的"知商明礼、精商善行、崇商厚德"的高素质国际化商务应用人才，目前全日制在校生 26000 余人。

"SPADE"五维质量保证体系为我校原创，是国内首个商科职业教育人才培养质量标准，旨在解决教学中心地位在学校运行机制中体现不够突出、核心专业服务行业产业的能力不够强、专业课程体系与人才培养目标符合度不高、专业教师育人能力与学生需求匹配度不高、学生商科综合技能的岗位适应性不强等问题。

二、主要做法

学校结合商科办学特色创造性提出"SPADE"质量诊改模型，构建了"五到引领、五力支撑、三联三合"(即学校企业联合、国内国外联通、课内课外联结，产教融合、商学结合、教研耦合) 人才培养模式，形成"立体建设，双层驱动，集成升级"的智慧商科立体专业群发展模式。以"系统化 · 规范化 · 常态化"为质量诊改工作总思路，通过建立常态化的内部质量保证体系和可持续的诊断与改进工作机制，将质量管理、

信息化管理以及第三方评价等相结合，实现诊改工作有谋、有法、有效，为中国—东盟开放合作和广西商务事业发展培养大批高技能国际化应用人才。

（一）“SPADE”模型理念

坚持加强党建引领，以学生为中心，把学生的成长成才作为办学的出发点和落脚点，构建与办学定位和人才培养目标相吻合的目标链与标准链，强化学校办学治校能力，以具体专业为载体，并通过高水平专业化的教师和一系列相互关联且系统化的课程体系改革，科学合理地构建职业院校内部质量保证体系的诊改模型。

（二）“SPADE”模型内容

“SPADE”源取自教师发展五“特”（Special）、专业建设五“力”（Power）、学生成长五“到”（Achievement）、课程建设五“度”（Dimension）、学校发展五“重”（Emphasize）等5个层面关键词，取英文单词首字母的组合，每个层面均包含5个维度，共设立102个诊断点，355个观测点。

1. 教师发展五“特”（Special）

根据教师入职期、成长期、成熟期、发展期的进步阶段，对新进教师、骨干教师、教学名师、专业带头人分类设定诊改关键指标，从育人情操特高、教学能力特强、教师魅力特有、科研能力特优、仁爱之心特显5个方面实施教师自我诊改，强化教师育人能力与学生需求的匹配度。

2. 专业建设五“力”（Power）

以“校企合作产教融合、服务区域经济发展、培养现代商务高素质应用型人才”为建设理念及目标，从专业发展潜力、师资实力、课程保证力、就业竞争力、社会影响力5个方面对专业的建设与发展进行诊改。健全专业标准与评估系统，提升专业与区域经济社会发展需求的契合度。

3. 学生成长五“到”（Achievement）

以立德树人为根本，从知识学到、技能习到、素质修到、情商悟到、胆商练到5个方面，制定学生职业能力、思想政治素质、身心健康素质的综合评价标准。

4. 课程建设五“度”（Dimension）

围绕新时代商科专业人才培养目标，以“学习者为中心”，重视课程开发、课程实施、课程反馈3个阶段的课程质量，从符合度、完整度、满意度、创新度、达成度5个方面，完善课程建设标准，增强课程体系与专业人才培养目标的符合度。

5. 学校发展五“重”(Emphasize)

从重规划、重体系、重制度、重考核、重保障等 5 个方面对学校发展能力和人才培养质量进行全面诊改，突出教学中心地位，建立全面系统高效的运行机制。

(三)“SPADE”实践

1. 指导推进学校内诊工作

“SPADE”五维质量保证体系依据内部质量保证体系诊断与改进工作应运而生，又强有力引导推动学校内诊工作开展。建设诊改信息平台，将 SPADE 诊改模型指标体系融入其中。开展诊改“五说”(即：部门说五重，专业说五力，课程说五度，教师说五特，学生说五到”)活动，增进各层面实施主体的了解和认识。每年 12 月，按照“SPADE”五维质量保证体系和“一年一诊改”的要求开展自我诊改，每三年组织开展“大诊改”。学校两次顺利通过自治区教育厅诊改工作复核，结论都是有效。

2. 实施“五级进阶”人才培养

创建“五到引领，五位一体，五级进阶”人才培养模式。坚持以“SPADE”模型中的“学生五到”为标准，将桂商文化、第二课堂、民族风俗、创新创业、国际交流融入人才培养过程，形成“五位一体”素质养成体系。探索“五级进阶”(即职业认知期、虚拟商战期、实战操练期、实习锤炼期、岗位提升期)实践教学体系，形成基于商务技能、商务礼仪、商务运营、商务实战、创新创业为一体，满足学生各种实践锻炼及创新创业需求的人才培养模式，培养学生专业实践能力。

3. 打造商咖小镇

将校内实训基地、大师工作室和校外实训基地、实习企业进行整体统筹使用及整合，探索开发云上管理平台系统，打造以服务实践教学与创新创业、技术创新为目标，实体虚拟相结合的“商咖小镇”技术技能创新服务平台。“商咖小镇”由校内小镇、校外小镇、云上小镇“三镇”组成。聚焦现代服务业和新兴产业，通过创新管理机制、实行平台化管理、生态化发展，建成智慧商科技术技能创新服务平台。

三、“SPADE”成效

(一) 办学治校取得跨越式发展

随着东盟新校区的建成使用，办学规模跃居广西高职前列。“SPADE”质量诊改模型应用涵盖 52 个专业（含方向)，人数达 2.6 万余名。用人单位对毕业生的满意度在

95%以上，居于广西高职院校前列。

（二）国际化办学硕果累累

持续扩大与“一带一路”共建国家尤其是面向东盟的职业教育交流合作。持续打造“留学国商院”“桂海商学院”两大留学品牌。入选自治区首批“中国—东盟现代工匠学院特色项目”。建设首家海外分校——“桂海商学院”泰国分校。向泰国、坦桑尼亚、老挝、乍得等国家输出职业教育标准。获批广西贸易救济与产业安全预警工作站。面向东盟及第三世界国家开展司处级官员、技术人员援外培训服务年均近千人次，为讲好中国故事、广西故事作贡献。

（三）专业、课程建设质量持续提升

探索“以群建院”和“1+N+X”专业群建设模式，健全多要素、多方协同融合的专业群可持续发展诊改制度，建立专业群设置与动态调整机制。入选广西新一轮高水平高职学校和专业建设单位，综合排名位列全区财经商贸类高职院校第一。

（四）高素质教师队伍建设取得新发展

1名教师荣获全国模范教师称号。1名教师获教育部第八届高等学校科学研究（人文社科类）优秀成果奖三等奖。近年来获广西社会科学优秀成果奖10项，在广西高职院校中名列前茅。培育一批教学名师、大师工作室、高水平创新团队、教师教学创新团队等。

（五）学生商科综合技能不断提升

近三年学生参加各类全国性技能比赛获特等奖3项、一等奖14项，二等奖11项，三等奖10项；参加全区各类竞赛获一等奖46项，二等奖35项，位居广西前列。获中国国际“互联网+”大学生创新创业大赛职教赛道创业组银奖，获天使资金500万元。

通过“SPADE”的成功实践，学校入选教育部“人文交流经世项目”首批“经世国际学院”、教育部第二批示范性职业教育集团（联盟）培育单位、教育部“一站式”学生社区综合管理模式建设自主试点单位、教育部第一批职业院校数字校园试点校、教育部全国高校毕业生就业能力培训基地等。

“SPADE”五维质量保证体系问世以来，经过不断实践探索，邀请国内著名专家指导，经第三方机构测评，不断完善。学校多次受邀在国内大型会议上做典型经验交流

发言。上百所国内外职业院校代表到校考察交流“SPADE”相关经验成果，共有国内外40余所院校加入SPADE认证，在促进学校内涵式发展、产教融合、社会服务及行业实践等方面取得显著成效。相关成果被CCTV、中新网、《光明日报》《中国教育报》《中国青年报》等媒体宣传报道，并被收录进《中共广西历史大事记》，产生了积极广泛的社会影响。

未来，学校将进一步探索治理体系改革创新，主动服务国家和自治区重大战略，抢抓广西加快打造国内国际双循环市场经营便利地和面向东盟的职业教育开放合作创新高地的发展新机遇，为加快形成新质生产力，增强发展新动能贡献力量！

（执笔人：李庆文　崔宁宁　黄理）

建立“收放有度”赛马比拼考核机制 激发二级单位“争先创优”工作活力

重庆工业职业技术学院

重庆工业职业技术学院多年来探索与实践纵深推进学校综合改革，力求构建科学的考核评价机制。在学习贯彻习近平新时代中国特色社会主义思想主题教育中，深入落实市委办公厅关于“八八五”工作机制要求，结合学校年度党建统领和事业发展考核方案设计，覆盖学校工作竞速比拼，树立参照系、明确新标杆，以“收”体现相对公平，以“放”引导全方位竞争为机制特色，既鼓励各二级单位“一马当先”，又支持“万马奔腾”，全面激发校属各二级单位办学活力，助推学校加快建成“中国特色、世界水平”的高水平高职院校。

一、改革背景

为深入学习贯彻党的二十大精神，全面推动《深化新时代教育评价改革总体方案》《重庆市深化新时代教育评价改革若干措施》，按照市委“八张报表”“八张问题清单”“五项机制”要求，做好党建统领顶层设计，明确发展任务走深走实。以推动构建现代职业教育体系为主线，聚焦学校“双高计划”建设、“十四五”发展规划的落实，深挖制约发展症结，就当前综合评价考核体系不够完善、定性和定量任务设计占比不够合理、创新性激励不够明确、群众评价覆盖面不够广、横向比较不够充分的难点、堵点、痛点问题，结合学校年度全面从严治党和事业发展考核评价方案设计，着力建立可衡量、闭环式的赛马机制，动态晾晒比拼工作成效，激励先进、鞭策后进，持续激发和调动各部门、各二级学院干事创业的积极性、主动性和创造性，以有效激发全校创造性张力，奋力交出事业发展“高分报表”。

二、主要做法

（一）构建“一个体系”，科学实施年度考核评价

学校构建赛马比拼机制既深刻领会市委要求，又注重凸显高校特色，以聚焦发展、

全面推进，公平公正、科学赛比，激发干劲、激励先进为原则。学校制定年度目标责任考核方案及定制各单位任务书，印发《校属单位全面从严治党和事业发展考核实施办法》及重点任务分解，配套执行《争先创优赛马比拼机制工作方案》《重点任务闭环落实机制工作方案》。学校构建了“争先创优”赛马比拼考核体系，促进“收放有度”高校内部治理改革（见图1）。

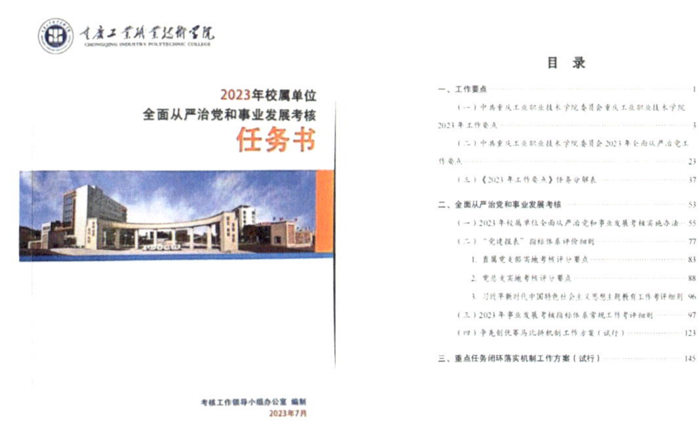
重庆工业职业技术学院
CHONGQING INDUSTRY POLYTECHNIC COLLEGE

2023年校属单位
全面从严治党和事业发展考核
任务书

考核工作领导小组办公室 编制
2023年7月

目 录

图1 2023年校属单位全面从严治党和事业发展考核任务书

1. 建立“收放有度”赛马机制，促进二级单位竞速比拼

一是赛道设计上，按照业务类似、机会均等、有效竞争的原则划分。二是赛项内容上，着力党建与事业发展两大综合方面，党建榜单考核指标重点聚焦党建统领顶层设计，事业发展榜单考核指标体系凸显高校五大功能，共分“9大类33+N”个开放性赛马榜单。三是赛程设计上，既比爆发力又比耐力，月度短程赛看成果，季度中程赛矫航向，年度远程赛看成效。四是结果计量上，按照定量与定性相结合，问题导向、目标导向与满意度评价相结合，以积分排序和（对外）排名赋分相结合方式确定综合排名。五是综合评价上，常规工作守底线、闭环落实重点任务保根本，赛马比拼项目出成果，满意度测评聚人心。激励先进同步鞭策后进，2023年增设“争先创优赛马奖”、“最佳进步奖”、“末位淘汰制”。持续激发和调动各部门、各二级学院干事创业的积极性、主动性和创造性，形成比学赶超贯彻落实党的二十大精神的良好氛围。

2. 推进学校治理综合改革，打造“智慧重工”管理系统

学校从2017年起探索年度考核机制改革，七年来不断实践与革新，每年制定年度目标责任考核方案及定制各单位任务书。一是构建年度目标责任考核机制，确保重点任务落实落地。按照常规工作与重点任务相结合、指标性与开放性相结合，过程导向

和结果导向相结合，赛马比拼与闭环落实相结合、标志性成果与满意度测评相结合、奖励与惩戒相结合的原则制定目标、落实任务。二是构建二级单位考核指标体系，实现评价结果多层科学。建立起“一表一图一榜一报告”评价体系，实时公布赛马比拼结果。各二级单位形成多种形式展示比拼结果的考核评价体系。三是探索智慧考核管理系统，形成可视动态实时展示。通过“智慧重工”建设，加快建设考核评价系统及赛马比拼、闭环落实信息化系统，创新数字化管理。实现指标评价体系化、评价打分数字化、晾晒比拼可视化、督导检查闭环化等场景应用功能直观反映赛马结果、指标排名、综合得分等情况。创新数字赋能重点工作，用数据说话，保证实时更新、人人可查，努力做好令广大师生满意的工作（见图 2）。

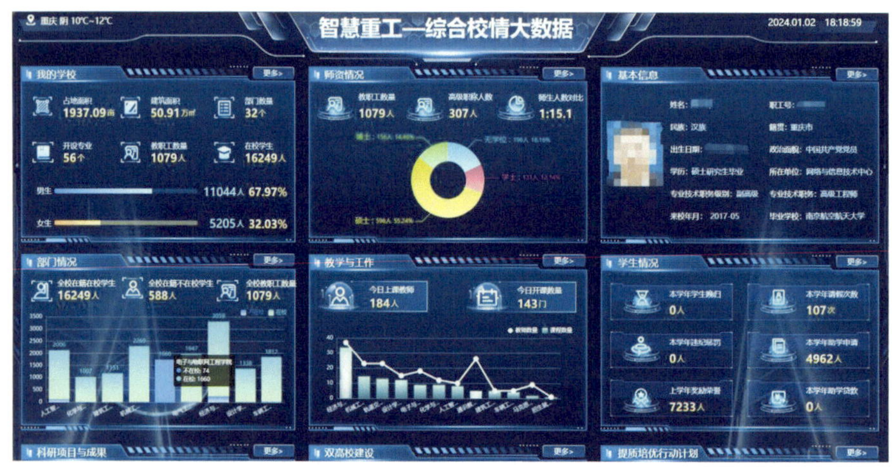

图 2　智慧平台综合校情大数据展示

（二）实施“六极架构”，精准聚焦改革实施方案

1. 设定“1 总比拼”树立目标，开展争先创优赛马比拼

以“十四五”发展规划为指引，“双高计划”建设、提质培优行动计划为抓手，以职业教育本科层次创建为突破，以年度目标考核任务书为指南，根据年度考核实施办法和配套方案及考核指标体系实施考核评价。

2. 立足“2 大方面”开展考核，实现党建事业双向丰收

将党建统领贯穿到学校工作全过程，年度考核总分 = 所在单位党组织全面从严治党考核得分（100 分）＊事业发展考核得分（100 分）。设立“党建报表”指标体系评价细则，聚焦事业发展考核体系由常规工作、闭环落实重点任务、赛马比拼项目、满意度测评组成，赛马比拼含教学类等“9 大类”项目及评价指标体系，实行动态

更新（见图 3）。

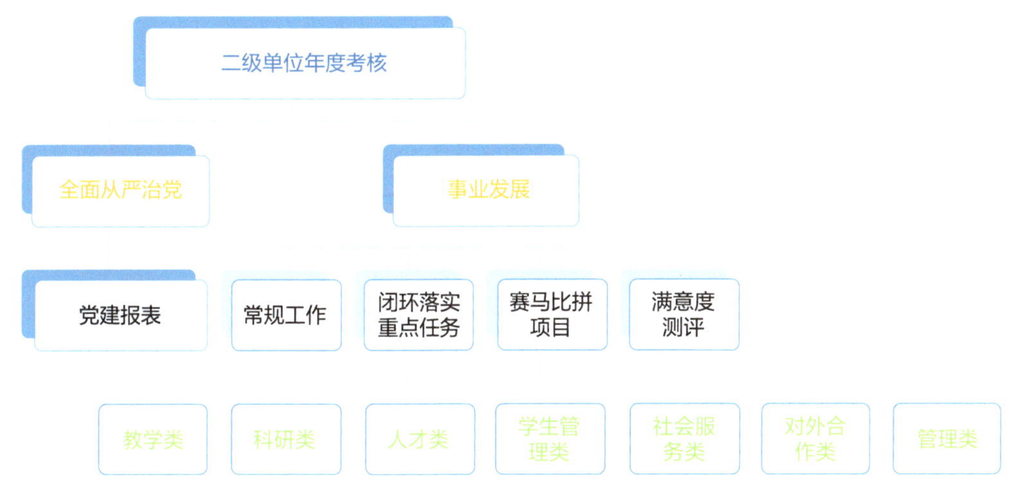

图 3　二级单位年度考核示例图

3. 划分“3 项赛道”职能定位，结合分类分项横纵比较

学校辐射校属各二级单位，按照业务类似、机会均等、有效竞争的原则，划分服务保障、业务统筹部门和二级学院 3 项赛道。按照各单位在“开放赛道”和“封闭赛道”上，校内自身纵向比较与校外全国及重庆市同类院校横向比较相结合，赛道采用动态调整与固定赛道相结合的方式进行。

4. 落实“4 列挂钩”依据充分，实现结果运用奖惩分明

比拼结果运用与二级单位考核绩效挂钩、教职工考核绩效挂钩、干部考核绩效挂钩及干部考核评聘挂钩。考核绩效纳入年度综合考核奖励性绩效工资总额，根据当年学校绩效工资总额实际情况研究决定发放金额。对于年度考核不合格单位及本赛道排名末位的二级单位，学校对其单位进行实行问责谈话或调整岗位处理。

5. 组织“2+3”多元考核，优化考核结构多样合理

在考核工作领导小组统筹下推进，“2”为全面从严治党考核组和事业发展考核组负责组织，“3”为服务保障部门考核小组、业务统筹部门考核小组以及二级学院考核小组具体实施。考核工作组负责组织相关职能部门与被考核单位充分沟通，分解目标任务，落实学校发展建设的主要任务，制定评分细则报考核办备案并牵头组织实施考核（见图 4）。

6. 严格“6 项程序”闭环管理，确保目标任务全面实现

年度考核按照意见征集、确立任务、督查督办、分项考核、审议公示、审定公布

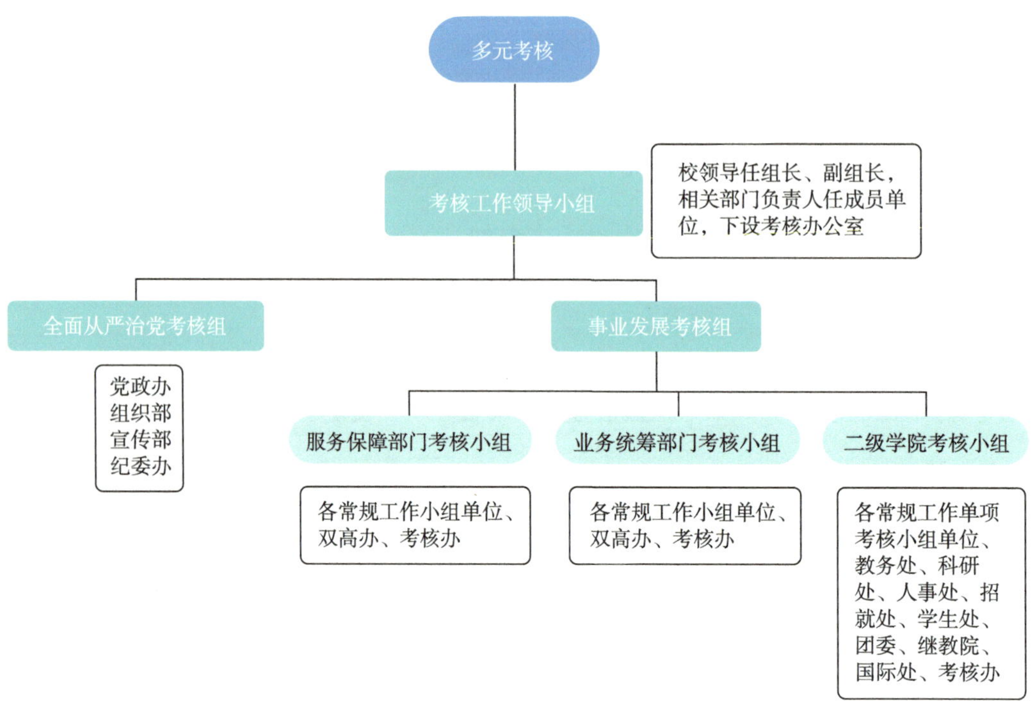

图 4　多元考核小组结构图

等六项程序进行，梳理问题导向，落实闭环管理。实现学校工作督办、反馈、落实、制度完善等全流程管理，实现问题管控具象化、系统化、机制化，做到批必办、办必果、果必报、报必处，形成以党建统领问题解决、以问题解决促进事业发展良性循环。

三、成效经验

（一）在“质量重工”建设中聚焦靶向，敢当职业教育领航者

一是探索院校内部治理改革，实现综合治理能力提升。通过多年来对内部治理机制建设和考核评价体系改革的探索与实践，学校连续 7 年在全市高职院校领导班子年度中获评优秀、其中 4 年排名第一，连续 6 年在全市高职院校绩效拨款评价考核中排名前 3，其中 3 年排名第一。学校获市委组织部领导班子嘉奖，3 位校领导获记功。2 位校领导荣获全国黄炎培职业教育优秀校长奖。学校持续推进学校教育治理体系和治理能力现代化，以考核机制拉动学校制度建设，获评重庆市首批新时代依法治校示范校，已推荐参评全国新时代依法治校示范校。

二是创新高校考核评价机制，引领高质量内涵式发展。通过绩效考核评价机制建设，学校近五年来荣获集体或个人国家级奖项（荣誉）共计 187 项，市级奖项（荣誉）

共计 491 项。获评国家首批现代学徒制试点、全国党建工作标杆院系、全国党建工作样板支部、国家级职业教育“双师型”教师培训基地、全国五四红旗团委、劳动教育研究中心、教育部课程思政教学研究示范中心、全国职业院校学生管理 50 强、全国职业院校教学管理 50 强、高等职业院校育人成效 50 强、高等职业院校教学资源 50 强、高等职业院校国际影响力 50 强、高等职业院校服务贡献 50 强等荣誉（见图 5）。

图 5　学校近年部分成果荣誉展示

（二）在“奋进重工”建设中凝心聚力，涌现先锋活力迸发者

一是激发内部创先争优氛围，争做干事创业先锋模范。学校以相对科学完善的考核评价体系，激发了各校属二级单位从“要我干、压任务”到“我要干、争成果”的工作氛围，鼓励教职工积极争当“教学先锋”“科研先锋”“育人先锋”。

二是持续升级打造科研平台，实现职教科研成果突破。构建 1 个国家自然科学基金项目平台、5 个国家级培训基地、14 个市级科研创新平台、5 项省部级科技奖励、11 个现代产业学院、5 个校企共建职工培训基地、13 个省级培训基地，超 2000 万元年均社会服务到账经费，与 100+企业开展合作，为持续激发干事热情、持续凝练标志性成果提供平台与支持。

三是持续激发干事创业热情，潜心耕耘人才队伍建设。五年来，学校教职工创业激情勃发，不同岗位干事齐心协力、奋力勇进、争先创优，获评第七届黄炎培职业教育奖，入选国家“万人计划”教学名师 2 人，获评首批全国高校黄大年式教师团队、国家级技能大师工作室、首批全国机械行业职业教育服务先进制造专业领军人才、全国职业院校技能大赛突出贡献奖、中华职业教育创新创业大赛突出贡献奖，2022 年国家级教学成果奖 4 项，2023 年全国职业技能大赛一等奖 3 项等丰硕成果（见图 6）。

图 6　职业教育教学改革部分成果展示

（三）在“重工范式”构建中改革创新，争做治理成果推广者

一是科学构建多元治理体系，优化高职院校治理结构。学校持续深化“放管服”改革，形成了党委领导、校长负责、专家治学、民主管理、企业参与、社会监督的“六主体”治理结构，建立了“制度护航、流程护航和载体护航”的“三护航工程”，形成了“校领导牵头设计、多部门协调联动、线上线下协同”的三大工作机制创新治理模式。

二是打造“收放有度”赛马机制，突显高校特色考核评价。结合学校年度党建和事业发展考核评价方案设计，着力建立起可衡量、闭环式的赛马机制，以“收”体现相对公平，以“放”引导全方位竞争。强化目标考核驱动，高标准引领内涵发展。分类设计考核指标体系，动态晾晒成果成效；重视日常“赛马”比拼，形成“一马当先”“万马奔腾”的良好氛围。完善“制度+流程+载体”管理模式，提升效能执行力；优化治理平台，建设一体化智慧“云校园”平台，让“数据多跑腿、师生少跑路”。创新治理理念凝聚共识，全面提升学校治理水平和治理能力现代化，助推学校高质量发展。为构建融通融合融汇现代化职业教育体系贡献重工智慧（见图 7）。

三是统筹推进长效考核机制，推广高职院校治理改革经验。学校建立赛马比拼和闭环落实机制的典型案例入选市开展学习贯彻新时代习近平思想主题教育第一批主题

图7　智慧“云校园” 平台运营中心

教育工作典型案例。为纵深推进学校考核评价综合改革，多年来不断实践与创新，逐渐解决了统筹设计的“八大关系”问题，即不同赛道与赛项标准的关系、过程导向和结果导向融合的关系、纵向比拼和横向比拼结合的关系、任务制定指标性与开放性的关系、赛马比拼与闭环落实机制的关系、客观评价与主观评价结合的关系、常规工作与重点任务比重的关系、奖与惩界定的关系等系统问题，推动形成长效综合评价机制。陕西工业职业技术学院、四川工程职业技术大学、浙江机电职业技术大学、威海职业学院、重庆交通大学、重庆财经职业学院等全国 30 余所高校来校交流，就年度综合考核及奖励机制、学校绩效管理等互动交流，分享内部治理经验，力争构建普适性和针对性并存的长效治理机制。

（执笔人：陈泓吉　刘世敏　江宏）

高职院校“一线双核三维，六位一体协同”内部控制模式

昆明冶金高等专科学校

一、基本概况

高职院校治理现代化是教育现代化的重要组成部分，是推动高等教育现代化的根本要求。昆明冶金高等专科学校秉持“控流程，强体系”一条主线，严抓“制度体系”“流程管控”双核，紧盯“归口、风险、全程”三个管控维度，建成“预算、收支、政府采购、国有资产、建设项目、合同”六大业务领域为一体的信息化内控平台，形成了“一线双核三维，六位一体协同”的高职院校内部控制模式。

二、主要做法

学校“一线双核三维，六位一体协同”的内部控制模式如图1所示。

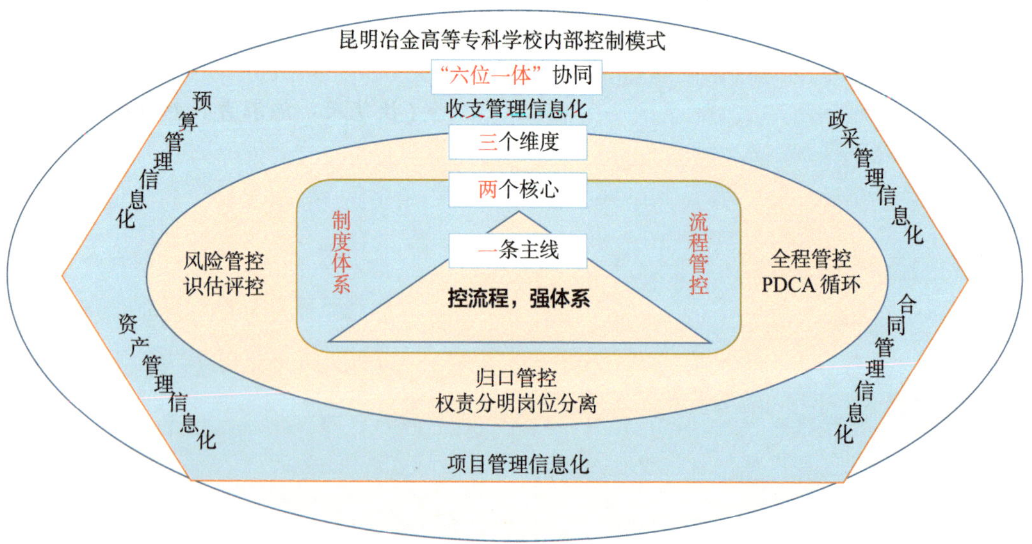

图1　学校“一线双核三维，六位一体协同”内部控制模式

（一）一条主线：控流程、强体系，夯实治理体系基础

学校以执行《行政事业单位内部控制规范（试行）》为抓手，以规范学校经济活动有序运行为主线，以内部控制量化评价为导向，以信息系统为支撑，科学谋划、精心组织，远近结合、整体推进，确立“控流程，强体系”的内部控制工作主线，突出重点领域、关键岗位的经济活动运行流程、制约措施，规范学校内部经济业务活动，全面推进内部控制体系建设，建立健全科学高效的制约和监督体系，促进学校内部治理水平不断提高。

（二）双核：制度体系、流程管控，紧抓治理关键

1. 健全内控合规治理架构，完善制度流程系统

学校制定《完善内部治理综合改革行动计划（2020—2023 年）》《机构调整方案》，设计内控合规治理架构优化方案；修订管理制度，完善协同配合机制，确立分工严密、职责清晰的内部控制管理体系。《收支管理制度》优化“确、管、缴、核、预、支、批”等关键环节，《合同管理办法》优化“审查、保管、监督”等关键环节，《采购管理实施办法》优化“购买、租赁、委托、雇佣”等关键环节，《国有资产管理办法》优化“使用、配置、管理、处置”等关键环节，《工程质量管理办法》《基建日常维修管理暂行办法》《建设工程招标工作管理措施》优化“申请、审核、实施、维护”等关键环节。严格落实党委领导下的校长负责制，突出顶层合规；中层领导干部履行“一岗双责”，强化治理主体履职尽职，压实内控合规管理监督责任。

2. 完善高效执行工作体系，推进重点领域改革

学校制定《“三定”实施方案》《内部控制实施细则》《内部控制工作手册》《昆明冶金高等专科学校“三重一大”决策制度实施办法》《二级学院和职能部门治理改革试点方案》等，持续推进重点领域改革，以财务管理及往来款情况专项审计为基础，提升治理体系的整体性和协同性。

（三）三维：归口、风险、全过程，提升制度执行效能

1. 确立权责分明，岗位分离的归口管理模式

学校狠抓重要岗位关键人员管理，分类梳理权力型重要岗位、操作型重要岗位、督查型重要岗位，结合实际实施关键岗位轮岗。业务流程中的责任者、审核者、审批

者权责分明，出纳、会计、录入、审核不相容岗位分离。在账务处理中，严格执行“收支两条线”管理，通过职责分离、业务轮岗和制度建设，细化流程管控、关键点管控和制度执行落实。

2. 识估评控，强化风险管理

学校分别对单位层面和业务层面的风险开展评估。单位层面的风险评估至少包括内部控制工作的组织实施情况、机制建设情况、制度完善情况、关键岗位工作人员管理情况、财务信息编报情况等。业务层面的风险评估至少包括预决算、资金、采购、资产、工程项目、经济合同等。以主动、有目的、有计划控制风险为目标，学校依托财务收支数据、上下两个年度的决算报告、资产经营公司及附属经营部年报、“双高计划”项目专项审计及绩效评价，构建评价指标体系，健全风险识别、评估、评价、控制机制。

3. PDCA 循环，推进全过程管理

以策划、控制和改进治理体系的效果、效率和适应性为目标，学校打造了以 PDCA 循环为核心的全过程管理模式，搭建财务内部控制系统，确保资金全流程可追溯、可检测、可管理。有效推行《合同管理办法》，从编制、审核、订立、存档、执行、监督全流程进行管理，解决合同和资金管理问题。

（四）“六位一体”协同：预算、收支、政府采购、国有资产、建设项目和合同，信息化平台全面管控

1. 预算、收支管理：全过程、动态化反映学校经济运行状态

对财务信息管理系统进行升级改造，采用“用友 GRP-U8 高校内控管理软件”，以《行政事业单位内部控制规范（试行）》为导向，突出“制衡、监督、激励”，以“指标流、资金流、实物流”管理为主线，以决策支持和服务创新为重点，应用先进信息技术，建设内控体系，构建精细化管理平台。

2. 采购、资产管理：严格采购过程管理，固定资产“账账相符、账实相符”

加强从采购预算申报到最终验收全环节管控，通过采购需求管理，减少非必要采购项目，节约预算资金，规范流程执行，实现“线上服务、线上监督”的全流程、电子化采购管理。对固定资产管理系统进行升级，增加移动终端（智能手机）、微信客户端管理功能。通过平台使用智能手机等移动终端的网络和摄像头，提供随时随地利用移动终端办理固定资产入库、信息查询、资产清查、条码识别等业务，深入落实“人人都管物，物物有人管”的资产管理理念。

3. 项目、合同、审计管理：嵌入学校内部控制信息化系统

学校对建设工程实行全过程跟踪管理，积极推进基建项目全过程管理与信息化相结合，以项目为导向，将《基建项目管理办法》和基建防控风险指标体系载入系统，通过信息化交互手段控制基建项目过程管理、业务审批、资料存档、协同办公、廉政风险防控等。在合同管理方面，完善从合同订立、审核、执行到监督等流程，将合同管理嵌入学校财务信息管理系统“用友 GRP-U8 高校内控管理软件”，应用信息技术加强合同管理。创新审计工作机制，建立“发函提醒”制度，实施学校采购询价过程内部审计监督备案制，强化事前控制风险；将审计工作嵌入学校采购管理系统，“采购询价过程内部审计监督案单”列入学校资产采购系统提交材料，通过提前发布经济业务风险提示和审计监督备案，进一步发挥审计的“事前”监督作用。

三、治理成效

（一）治理“四化”达到新高度

实现管理制度体系化、内部流程规范化、内外风险管控化、管理手段信息化。通过学校内部控制信息化系统的实施应用，实现财务业务一体化、财务核算精细化、网上报销智能化、经费查询便捷化、资产管理动态化，极大提升学校内部财务资产管理效能，减少人工操作环节，提高财务信息的精确性与及时性。强化学校内部资金使用合理性，加强监管力度，改变之前“人控”管理模式下的效率低下、管理粗放等情况。

（二）治理要素集成提升取得新成效

学校通过创新内部控制模式，不断完善内部管理，加强廉政风险防控机制建设，进一步完善人、财、物、权等全面管理。以信息化手段对内控管理的各个环节加强制约，从制度、会计、审计、安全等多方面相互融通、相互制约，降低各项经济管理风险，提高财务、资产、基建、合同等管理效率，保障学校内部控制工作有序推进，提升学校治理现代化水平。

（三）学校“智治”开创新格局

学校层面统筹管理与职能部门业务层面双向推动，不断完善权力运行制衡机制，

全力推进内部控制建设机制，确保学校内部控制工作高质量、有序推进。在推进教育治理体系和治理能力现代化方面成效显著，治理内容逐步充实，治理手段不断创新，治理体系进一步完善。

（执笔人：杨国富　杨思　张珂珂）

打造质量管理“三体系”，提升学院治理能力水平

新疆农业职业技术学院

一、基本概况

新疆农业职业技术学院认真学习贯彻习近平总书记关于职业教育的重要指示批示精神，把健全质量文化体系、质量评价体系和质量绩效考核体系的“三体系”作为提升治理水平的关键抓手，通过改革基于二级扁平化管理的部门质量绩效驱动机制，开展教学部门各层面质量评价、完善全员质量文化体系等激发学院自主发展内生动力，整体构建了全员参与、全程控制、全面管理的质量保证体系，持续提高学校治理体系和治理能力建设，为新疆农业现代化发展培养了一大批“知农爱农兴农”德智体美劳全面发展的高层次技术技能人才。

二、具体做法

（一）实施二级扁平化管理，完善全员质量文化体系

在管理机制上，学校创新实践二级扁平化管理制度和以办学质量效益为核心的部门绩效工资分配制度，扩大二级分院在教学运行与专业建设、科研与服务培训和队伍建设等领域人、财、物管理自主权。通过明晰分院管理职能、专业群“产科教”融合建设目标，构建分院自治、自我发展、自我约束的组织管理机制体制。

在完善全员质量文化体系上，一是树立质量意识。学校出台《“三全育人”实施方案》，有效激发师生员工的内生动力，将服务“三农”，“艰苦奋斗、开拓创新、勇于担当、追求卓越”的学校精神融入全员的血脉中，在学校改革发展过程中，发扬艰苦奋斗、自强不息的精神，将学校的目标愿景与个人的目标理想融为一体，以学校为荣，不断追求卓越、创新发展，提高全体师生员工的质量意识和责任感。二是完善质量控

制体系。结合学校“十四五”事业发展规划，系统建立“目标链”和“标准链”，明确部门职责，建立岗位工作目标、标准、制度、流程及考核标准等，编制了各部门《内部质量控制体系》，确保各项工作有序、高效进行。三是营造良好质量文化氛围。学院注重营造包括科研学术、教学质量、创新创业、合作交流等良好的质量文化氛围，通过举办职教论坛等各种学术活动、文化活动和社会实践活动，增强师生员工的归属感和凝聚力，形成积极向上、追求卓越的质量文化氛围。

（二）发挥评价指挥棒作用，构建动态质量评价体系

为进一步发挥评价指挥棒作用，构建了教学部门专业、课程、教师、学生、科研与社会服务、实习管理等层面质量评价体系，结合新时代职业教育的“五金”建设（即金专业、金课程、金教材、金师资、金基地），指引各教学部门主动承担重大教学质量工程项目并获得产出成果、加快补齐质量短板，定期发布年度质量评价报告和部门排名，激发教学部门和师生个体间质量竞争的内生动力。

一是开展专业人才培养质量评价“红绿灯”机制。学校开展专业人才培养质量评价工作过程中，突出专业个性化发展与自我评价，动态调整专业评价指标体系，开展年度专业建设评价工作，发布年度专业人才培养质量评价报告，量化专业人才培养质量综合指数，开展专业建设绩效考核，通过“红绿灯”机制，引导各专业有针对性的改进存在的问题，确保专业人才培养质量。各专业的目标和标准依据学院改革发展新阶段、新动向，教学改革在学院指挥棒的导引下不断潜入深水区。

二是开展课程建设质量与教学水平质量评价。构建课程多元评价体系，全方位推进课程质量评价，以课程建设质量和教学水平进行分类、实时评价，强化过程性和针对性，避免课程建设与运行“两张皮”现象，同时引入企业参与考核制度和技能抽考制度，利用信息技术实施课程建设与教学、学习过程和学习效果的评价，课程建设与教学水平两手抓，同向同频，共同提升，形成常态化的课程质量保证机制，对提高课程建设水平和教学质量产生明显的推进作用。

三是开展“师德+三项能力”教师职业能力测评。为激发教师队伍创新活力，引领教师不断提升人生价值追求，学校创新师德+“教学技艺、专业技术能力及学生教育管理能力”评价机制，主要包括师德师风、教学技艺等 4 个一级指标和教学艺术与能力、专业技术水平等 13 个二级指标，共计 83 项选项菜单和对应的业绩成果积分的评价标准，以此引导教师按照职称级别对应的能力标准要求，依据自身特长和职业理想自主菜单式选择发展目标，引导教师结合自身职业发展，明确成长路径，不断取得新突破，

激励教师德能双馨成名成家。

四是开展学生职业素质评价。结合学校“多元参与、灵活弹性、全人教育”学分制管理体系，建立了“德智体美劳+创新创业”学生职业素质评价体系，将立德树人、德育为先贯穿于学生的成长全过程，营造了以学生为中心，构建德智体美劳和创新创业全面发展育人机制体制，发挥素质评价激励导向作用，以促进学生全面发展为导向，激励学生个性发展、全面发展，取得很好的育人成果。

（三）激发质量绩效驱动力，构建部门质量绩效考核体系

一是实施部门质量管理考核。基于学校下放和明晰分院“人、财、物、管”权力的二级扁平化管理体制，出台《教学部门质量绩效考核办法》，指引各教学部门以五年规划年度目标、学校年度工作目标、部门特色创新目标为三级目标，按照 MOP 目标管理模式，汇集部门年度目标集群，对标明确目标关键成果，落实责任团队及负责人、举措、经费与进度等关键实施指标，把部门工作目标逐项层层量化、层层细化，形成落地实施的部门年度工作计划。同时，配套制订以年度工作计划完成度、质量产出和重大创新贡献为核心的部门质量绩效评价指标体系。以考核评价项目和权重发挥指挥棒作用，引导教学部门抓重大、重点工作，集中力量深化教学改革、快速提升教学质量。

二是实施部门质量绩效工资分配。创新以部门质量绩效为主体和主导的学校→分院两级绩效工资分配机制，激发部门健全质量“自治”生态。各分院按照学校核定部门绩效工资总额，依据教职工年度绩效评价结果，按照“优质优价”绩效分配方案，自主对教职工进行二次分配，形成了在区内外高职院校具有影响力的“新疆农职质量绩效激励模式”。以质量绩效分配机制“硬核”驱动，进一步强化教学部门质量发展路径，健全内部质量保证体系，主动健全质量“自治”生态。

三、治理成效

（一）全员质量主体意识不断强化

近年来，学校创新以部门质量绩效为主导的部门、个人两级绩效工资分配机制，考核结果运用到部门奖励性绩效工资的分配、干部晋升、评优评先等各项工作。学校设置 20%绩效工资额度，按照部门年度绩效评价结果、部门专业人才培养质量、部门管理质量等专项质量评价结果进行部门质量绩效工资分配，各部门根据部门质量绩效

总额，依据对教职工年度绩效评价结果按照“优质优价”分配原则进行二次分配，最大限度激发部门质量自主管理动力。部门绩效考核以及各项奖励办法助力学校教学质量评价工作，激发了各质量主体内生动力，师生员工的满意度和获得感得到不断提升，质量主体意识不断强化。

（二）治理能力和综合影响力显著提升

学校依法治校能力和质量管理意识日益增强，各部门职责明晰，岗位任务目标和质量标准明确，业务流程明确。件件工作有目标任务、有责任部门与负责人、有执行文件、制度或标准，部门之间协调度高，工作效率和责任心明显增强，治理能力和治理水平显著提升。学校质量评价机制在学院、专业、课程、学生等层面的运行取得了显著成效，影响深远，快速提升了学校教学质量管理水平，推动了学校专业教学质量内涵建设发展，引领课程建设与教学水平同向同频、共同提升，推动了学校教师队伍高质量发展。学校先后荣获职业院校实习管理50强、职业院校教学管理50强、职业院校学生管理50强、职业院校服务贡献50强等称号，2023年入选全国高职院校教师发展指数优秀院校，教学质量评价成果经验在区内外高职院校广泛推广借鉴，近三年到校交流学习院校达50余所。

（执笔人：王海波　马国泰　张晓宏）

数字治理

党的二十大报告将“推进教育数字化”作为“办好人民满意的教育”的重要组成部分，提出了“推进教育数字化，建设全民终身学习的学习型社会、学习型大国”的宏伟目标。习近平总书记也多次强调智能化、网络化、数字化在中国特色社会主义事业建设过程中的重要性，这足以说明数字化已充分渗透到社会改革的各项事业中。随着人工智能、大数据、区块链技术的高度应用，高等教育数字化已成为教育数字化中最具挑战性与实践意义的重要组成部分。数字治理在高职院校治理现代化进程中发挥着关键作用，通过引入先进的信息技术，学校能更精确地进行数据分析，优化资源配置，实现教育资源的最大化利用，促进了校内外信息的无缝对接，提高了教育服务的透明度，使得教育管理更加开放和公正，有效提升高职院校的治理水平。

案例中高职院校数字治理的主要经验做法有：一是建立综合数据平台。多所高职院校通过构建综合数据平台，实现数据资源的集中管理和高效利用，支持学校的各项决策和日常管理。二是推广智慧校园的建设。学校广泛应用智慧校园技术，通过智能化的校园管理系统、教学运行系统等，提升了校园运营的效率和安全性，同时加强了对学生学习过程的监控与支持。三是强化网络安全管理。在数字化治理过程中，注重网络安全，通过建立完善的安全防护系统和应急响应机制，确保校园网络环境的安全和稳定。四是优化资源配置。通过数据分析和智能决策支持，高职院校能够更科学地配置教育资源，提高教学质量和管理效率。

案例院校的数字治理经验呈现的主要特点和趋势有：一是集成化和智能化。在高职院校的数字治理实践中，集成化体现在整合校园内多个系统和服务平台，如教务管理、财务管理、学生服务等，形成统一的集成化数字化平台，以实现资源的最大化利用，避免信息孤岛。智能化体现在通过引入人工智能技术，自动化处理大量数据，提供精准的教学和管理决策支持。二是数据驱动决策。数据驱动决策是数字治理中的核心特点之一。高职院校通过建立全面的数据收集和分析系统，收集从招生、教学、学生活动到校园运营的各类数据，并被用于支持在招生、课程设置、教学质量改进等方面的决策。三是安全与可持续性。随着高职院校的日常管理越来越依赖于数字系统支持，网络安全和系统的可持续性成为了重要的考虑因素。定期进行系统维护和升级，投入相应的资源来建立健全的网络安全防护体系和数据备份恢复机制成为必要措施，以适应不断变化的技术环境和教育需求，确保教育活动和管理工作的连续性。

这些高职院校的案例显示出通过提升决策科学性、工作效率、风险防控能力等数字治理手段，对学校治理能力现代化具有重要促进作用。数字治理不仅提高了高职院校的管理效率和透明度，也为教育质量的提升提供了技术支持。面向未来，数字治理将在高职院校中扮演更加核心的角色，通过持续的技术创新和应用拓展，推动教育教学模式的变革，重塑高职教育生态。

高职院校在内部治理过程中将“打造数字化”成为学校改革发展的重要一环。下述案例都重点描述了在“数字化”建设方面每个学校的实践路径与参考措施，可以看出，数字化已充分融入学校教育教学、科研管理、学生服务等方方面面。各高校都在致力于打造“横向融通”和“纵向贯通”的校内数字网络，形成以“数据驱动”为关键的现代高等职业院校治理新模式。可以说，数据是学校数字化建设最核心的要素，数据治理助力学校数字化建设。

但同时也应看到，案例院校对于数字化的应用主要集中于学生服务和教学管理等事务性工作，对于学校尤为重要的财务管理、审计工作、学情校情数据收集等工作的覆盖面有所不足，这会导致以信息化支撑高职院校治理体系和治理能力现代化建设的抓手必然有所缺失。未来高职院校信息化建设需进一步挖掘并拓展其覆盖范围，让学校内部信息化建设得到全面发展。

面向未来，高职院校仍需加强数据驱动能力，从顶层设计方面确定并完善学校内部数据共享管理办法，强化校院内部的数据共享与交互能力，打通数据共享平台的“任督二脉”，真正让数据发挥其基础性作用，推动学校“一站式”服务的纵深发展，以现代化的信息技术发展推动学校治理能力的提升。

打造“横融—纵贯”网络学习空间赋能高质量技术技能医学人才培养

沧州医学高等专科学校

一、基本概况

网络学习空间是高职医学院校高质量复合型医学人才培养的数字化底座支撑。学校一方面探索师生共享的“一体化—兼容型”网络平台，实现“横向融通”，从网络平台一体化层面，赋能学校网络学习空间高水平架设；另一方面，通过整合校、省、国家级“优质性—精品型”数字资源，实现“纵向贯通”。从优质资源供给层面，助力学校网络学习空间高质量发展，推进数字治理体系建设。此举在教学资源库、精品在线开放课程、虚拟仿真实训、信息化教学大赛等方面成效显著，取得了多项国家级、省级标志性成果，吸引全国20余所兄弟院校来校学习交流、借鉴经验。

二、具体做法和主要成效

（一）实施背景

高质量网络学习空间是支持高职院校优质大规模个性化在线学习，满足每个适龄学习者持续成长需求的数字化中介物集群。《国家中长期教育改革和发展规划纲要（2010—2020年）》明确提出教育改革工作要加强优质教学资源的开发和应用，加强网络教学资源的体系建设。2018年，《教育信息化2.0行动计划》的实施，学习空间的研究广度与深度进一步扩大，网络学习空间迅速引起了重视。《网络学习空间建设与应用指南》中定义了网络学习空间的概念，为职业教育的网络学习空间建设与应用提供了明确的方向。2019年，《国家职业教育改革实施方案》指出，适应“互联网+职业教育”发展需求，运用现代信息技术改进教学方式方法，推进网络学习空间建设和普遍应用。

然而，在推进数字治理体系特别是数字校园建设提升教学服务的具体过程中，存在以下瓶颈问题。一是学校多种类型、不同功能平台并存，网络学习平台缺失一体化架构，无法支持在线教学全过程。二是现有教学资源存在相同资源不同表征、资源缺乏精细设计等问题，难以满足高质量教学需求。因此，如何提升对全过程教与学的系统支持、实现优质教学资源的供给、破解医学人才实践技能培养的瓶颈，是医学院校高质量发展的客观要求，也是对技术技能医学人才高质量培养的现实需要。

（二）主要举措

学校坚持问题导向，针对高质量教学需要和医学生学习特点，通过打造“横融—纵贯”网络学习空间，强化了对全过程教与学的系统支持，加强了对优质教学资源的共建共享，实现了学生实践技能显著提升，为高质量技术技能医学人才培养奠定了坚实基础。

1.“一体化—兼容型”网络平台构建

（1）基于“一体化”，嵌套与集成已有功能互补平台。一是从教学与学习需求出发，整合不同形式的课程内容，探索一体化的智能空间转型；二是制定标准，补充欠缺功能，优化高质量教学数字化集群管理功能，保证教育平台之间数据交换的无缝对接；三是用大数据分析技术统计学生成绩、选课信息等重要的教育数据，发现教学中存在的问题，为课程教学改革提供参考（见图 1）。

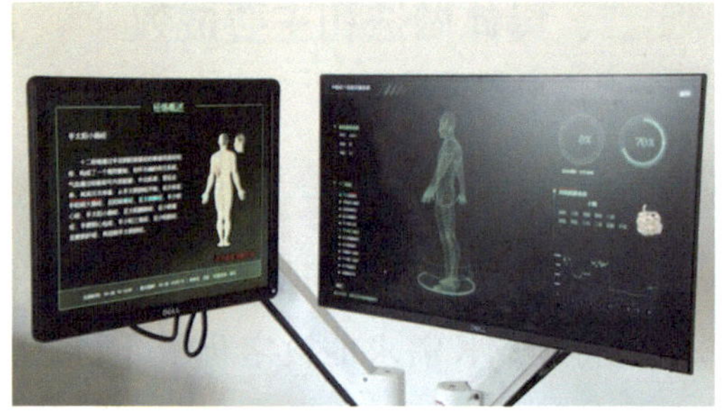

图 1　智慧康养数据中心

（2）加强“兼容性”，实现不同平台间的“无障碍”协同。一是平台架构的兼容。按照统一的标准进行技术开发，采用技术上兼容的模块，并且采取良好的接口设计和数据格式约定，以保证各模块之间能够无缝协作；二是不同设备兼容。教育平台考虑不同的浏览器、操作系统、硬件设备的差异性，以支持学习者多种方式使用平台服务。

（3）突出“共享性”，保障平台资源自由分享与传播。一是开放课程资源。将各种优秀的在线课程资源整合到公共的资源库中，供广大学生和教师使用，以便不同学习者根据自己的需求选择合适的资源；二是打破“信息孤岛”。将教师建设的课程、教材等教学资源汇集整合，构建一体化教育网络。三是让教育资源可以被分享、使用，更广泛地吸引学习者前往学习（见图2）。

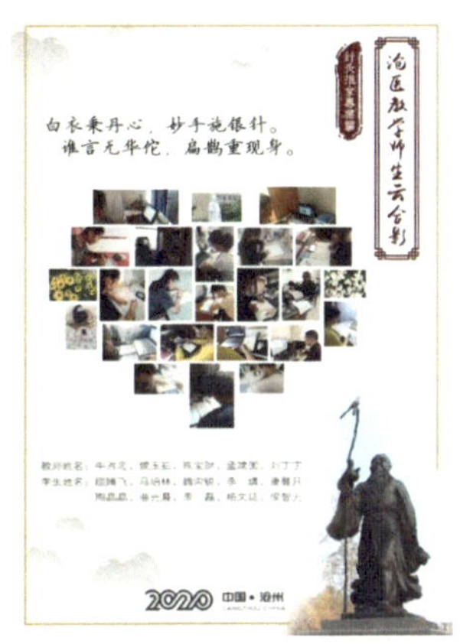

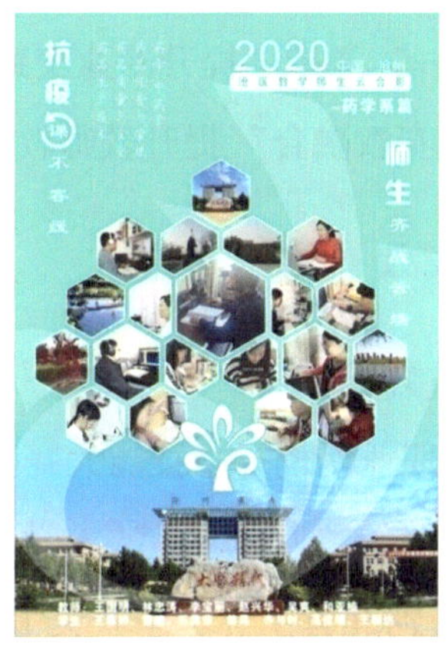

图2 “平台+直播”空中课堂

2.“优质性—精品型”数字资源供给

（1）高质量建设专业教学资源库。由学校牵头，学生、教师、行业（企业）协同融合，技术支持团队协调配合，以信息化建设为基础，以服务教师教学和学生学习为目标，整合学校优质数字教学资源，共建专业资源库运行机制、共筑专业教学资源库循环生态、共搭专业教学资源库展示平台、共施专业资源库教学模式，“四联融合”打造校级、省级、国家级的高水平专业教学资源库。

（2）高标准打造精品在线开放课程。一是完善课程共建机制。与院（企）共同制定课程标准，积累制作课程素材，依托行业资源开展“医教协同、建用结合”课程建设。二是加强课程质量保障。制定在线开放课程教学质量认定标准，以系统学习认知为视角，优化资源的最契合表达。三是提升课程建设服务。完善课程建设管理办法，提高经费支持额度，加强硬件和软件投入，落实对课程建设团队的奖励。

（3）高水平培养信息化专业教学团队。一是组织开展专项师资培训，提升教师团队的整体信息化素养和资源制作水平。二是搭建“传帮带”的教师教学能力培养体系，实施“团体+一对一”举措，提升专业实践技能。三是以信息化教学大赛为引领，不断探索“四级赛制与赛教融合”提升教师教学能力的创新实践。

（三）成果成效

1. 人才培养成效显著

近 5 年，全国职业院校学生技能大赛获奖一等奖 1 项、二等奖 2 项、三等奖 2 项。近 3 年，学生在河北省“互联网+”大学生创新创业大赛获奖 33 项，其中金奖 2 项；2023 年“挑战杯”河北省主赛道中获奖 15 项，其中特等奖 2 项，一等奖 2 项。学生获“中文在线杯”全国高职高专院校信息素养大赛河北赛区比赛特等奖 4 项、一等奖 2 项，包揽冠、亚军。

2.“三教”改革成果丰硕

近 5 年，教师参加全国职业院校信息化教学大赛/教师教学能力大赛获奖 3 项；省级获奖 23 项，其中一等奖 4 项。教育教学信息化交流国赛获奖 7 项，省赛 55 项，其中一等奖 11 项。学校主持国家级教学资源库 1 个，承担子项目 14 个，主持省级教学资源库 2 个。主持建成国家级精品在线开放课程 3 门，省级精品在线开放课程 27 门。国家智慧职教平台上线精品课程 54 门，视频公开课 2 门。建设应急救护虚拟仿真实训中心等省级虚拟仿真实训中心 2 个。获全国首届优秀教材奖（职业教育与继续教育类）1 项；入选“十四五”职业教育国家规划教材 7 部（见表 1、表 2）。

表 1　国家级专业教学资源库一览表

序号	资源库名称	课程名称	负责人
1	医学检验技术专业教学资源库（第三牵头单位）	病理检验技术	李红岩
2		检验仪器分析技术	王凤玲
3		人体解剖学	隋月林
4		生理学	杨桂染
5		病理学	张玉华

续 表

序号	资源库名称	课程名称	负责人
6	康复治疗技术专业教学资源库	精神疾病作业治疗	刘尊
7	护理专业教学资源库	外科护理	郭书芹
8	临床医学专业教学资源库	病理学	王汝峰
9		外科总论	芮炳峰
10		创新创业	李晓文
11		职业生涯规划与就业指导	才晓茹
12	助产专业教学资源库	遗传与优生	王丽君
13	药学专业教学资源库	人体解剖生理学	乔跃兵
14		药物分析	刘清新

表 2　教师教学能力比赛获奖一览表

序号	获奖者/项目负责人	获奖名称/项目名称	级别	年度
1	和亚楠/刘超/张淑凤/李晓堂	全国职业院校技能大赛教学能力比赛三等奖	国家级	2019
2	黄冬冬/杨坤娜/吴晓华/孙汝智	全国职业院校技能大赛教学能力比赛三等奖	国家级	
3	马强/邱彬/王阳	河北省职业院校技能大赛教学能力比赛一等奖	省级	
4	孙磊/张婧/李文婧/姚娜	河北省职业院校技能大赛教学能力比赛一等奖	省级	
5	黄冬冬/杨坤娜/吴晓华/孙汝智	河北省职业院校技能大赛教学能力比赛一等奖	省级	
6	和亚楠/刘超/张淑凤/李晓堂	河北省职业院校技能大赛教学能力比赛二等奖	省级	
7	关欣/张昕悦/王晓宇/李淑贞	河北省职业院校技能大赛教学能力比赛二等奖	省级	
8	焦艳/刘清新/吴爽	河北省职业院校技能大赛教学能力比赛二等奖	省级	
9	王汝峰/刘娜/刘媛媛/王蕾	全国职业院校技能大赛教学能力比赛三等奖	国家级	2020
10	韩双双/吴雷达/孙磊	河北省职业院校技能大赛教学能力比赛一等奖	省级	
11	刘超/和亚楠/张蒙蒙	河北省职业院校技能大赛教学能力比赛二等奖	省级	
12	杨阳/王辉	河北省职业院校技能大赛教学能力比赛二等奖	省级	
13	王汝峰/刘娜/刘媛媛/王蕾	河北省职业院校技能大赛教学能力比赛二等奖	省级	
14	董楠/田芬霞/陈巧力/张冉	河北省职业院校技能大赛教学能力比赛三等奖	省级	
15	张杰/王艳娜/田静	河北省职业院校技能大赛教学能力比赛二等奖	省级	2021
16	刘忠平/屈庆平/刘翠/刘琪	河北省职业院校技能大赛教学能力比赛二等奖	省级	
17	王梅/赵超/李超/季小莉	河北省职业院校技能大赛教学能力比赛二等奖	省级	
18	刘秀丽/孙柳/韩雪	河北省职业院校技能大赛教学能力比赛三等奖	省级	
19	谢世静/和亚楠/焦艳/刘清新	河北省职业院校技能大赛教学能力比赛三等奖	省级	
20	尚娟娟/张海燕/贵海峰/徐林丽	河北省职业院校技能大赛教学能力比赛三等奖	省级	

续 表

序号	获奖者/项目负责人	获奖名称/项目名称	级别	年度
21	张海燕/李焕/刘丽/关欣	河北省职业院校技能大赛教学能力比赛二等奖	省级	2022
22	黄冬冬/刘冬梅/董静/孙柳	河北省职业院校技能大赛教学能力比赛二等奖	省级	
23	孙燕/孙磊/李文婧/徐婧	河北省职业院校技能大赛教学能力比赛三等奖	省级	
24	杨阳/汪启荣/王辉/张煜桐	河北省职业院校技能大赛教学能力比赛三等奖	省级	

3. 对外辐射影响广泛

入选教育部首批推介的“智慧助老”优质教育培训项目 1 项、优质课程资源 1 项；获批“智慧助老”优质工作案例 1 个。“网络空间支持下信息化应用”入选 2021 年河北省教育信息化教学应用实践教学共同体项目。积极参与“慕课西行”活动，支持中西部院校实现“同上一堂课”。依托建设的数字化资源，开展全科医师培训、乡镇卫生院医生培训等各类培训，每年培训达 11000 人日。吸引全国 20 余所兄弟院校来校学习交流、借鉴经验。

三、经验总结

网络学习空间的重构革新了教育教学的生态发展，智能技术的升级与应用为网络学习空间的智慧发展提供了新的机遇，数字治理水平得以大大提升。学校通过探索“一体化—兼容型”网络平台的设计，加强“优质性—精品型”数字教学资源的建设，打造“横融—纵贯”网络学习空间，赋能高质量技术技能医学人才培养。在下一步网络学习空间建设中，将进一步关注感知评价、成长性体验等问题，不断探索网络学习空间建设，为高质量技术技能医学人才培养作出积极贡献。

（执笔人：王磊）

数字赋能内控建设
推动治理体系和治理能力现代化

台州职业技术学院

一、基本概况

随着新时代中国高等教育改革不断深入，高职院校办学模式灵活多样、业务活动复杂多变、资金运作日渐频繁、内控风险无处不在，给办学治校带来多重挑战。近年来，台州职业技术学院深入学习贯彻习近平法治思想，把依法治校作为学校治理的基本理念和基本方式，以数字化改革为契机，以内控建设为突破口，坚持数字治理、数字赋能，成立工作专班，逐年投入资金 300 万元，聚焦经济业务领域，完善统筹协调机制、推进实施机制、跟踪问效机制，建设“数字+内控”“数字+大脑”“数字+公开”等管理平台，建立健全内控管理的长效机制，释放更大治理效能，推动治理体系和治理能力现代化，不断提高办学治校水平，为学校跨越式高质量特色化发展保驾护航。

二、具体做法和主要成效

（一）健全“三项机制”，形成上下贯通、部门联动的工作格局

1. 健全统筹协调机制，纳入依法治校“大盘子”

着眼构筑上下贯通、各负其责、齐抓共管的依法治校工作格局，成立由党委书记、校长任组长的依法治校工作领导小组，定期听取学校法治工作报告、审议学校相关法治文件、研究学校涉法重要事件等。聚焦内控建设，梳理明确校领导班子成员、校内各部门负责人、法律事务办公室的法治建设职责，有力推动依法治校从“立规矩”向“见成效”转变。

2. 健全推进实施机制，明确内控建设“路线图”

明确办公室为依法治校与内控建设的牵头部门，编印《内部控制手册》，通过全面

梳理预算、决算、收支、采购、资产、基建、合同等各项经济业务流程，明确业务环节、分析风险隐患、完善评估机制、制定应对策略。有效运用归口管理、会计控制、单据控制等方法，加强对学校层面和业务层面的管控，实现内控体系全面、有效实施。

3. 健全跟踪问效机制，用好考核评价“指挥棒”

修订学校“三定”方案，科学设置机构及岗位，明确各岗位职责权限和权力运行规程，切实做到分事行权、分岗设权、分级授权、定期轮岗。完善内部控制的监督检查和自我评价制度，通过日常监督和专项检查，及时发现经济业务推进中存在的突出问题、管理漏洞和薄弱环节，优化内部控制。完善学校各类考评机制，将内控建设绩效列入各单位“晾晒比拼”项目，每季度报送推进情况，定期评价建设成效。

（二）建设“三大平台”，构建业务协同、数据共享的实施体系

1. 建设“数字+内控”管理平台，推动内控建设现代化

完善财务、国有资产、招投标与采购等管理办法，围绕预算、收入、支出、采购、合同、资产、财务、归档等八大关键环节，重塑办事流程，绘制流程指引，编制《法律风险清单及处置办法》，形成“事前预警防范、事中常态监督、事后处置化解”全过程内控机制，有效防控风险。建立数智内控管理平台，推动信息提取、内容审核、过程追踪、风险监控、数据储存等“云端”办理，做到审批流转“数字化”、操作运行“简便化”、规则匹配“自动化”。

2. 建设“数字+大脑”管理平台，推动内部治理体系化

聚焦采购、合同、资产、财务等业务领域的核心数据治理场景，建立领导决策数据驾驶舱、采购信息仪表盘、资产管理分析仪、智慧中枢监控器等综合数据看板，盘活校园数据资产，支持动态数据关联、数据智能刷新及多终端查看，实现业务领域核心数据资产报表的动态在线化、展现可视化、配置灵活化，发挥数据赋能作用。重塑监管流程，增设监督端口，向纪检监察部门开放数据权限，推进全方位、多层次的实时监督，对潜在违规行为进行预警提醒。

3. 建设“数字+公开”管理平台，推动校务服务规范化

出台《信息公开实施办法》，做到经常性工作定期公开、阶段性工作逐段公开、临时性工作随时公开、动态性内容随时更新。建立“信息公开服务平台”，及时公布政策法规、党务校务、基建项目、项目招标等事项，确保师生和其他相关主体的知情权、参与权、监督权。在网上办事大厅设置“台职之声”，实现师生意见建议随手可上传、投诉可流转、反馈可直达的权益工作“闭环”管理。

（三）实现“三个效果”，建立巩固成效、常态管理的长效机制

1. 强化内控教育，内控理念深入人心

结合数字化改革，持续开展内控建设的学习培训，提高广大师生对内部控制的认识，将内控理念培植贯穿于业务工作中，内控学习与保密、廉政教育有效结合，与业务工作同步部署、同步落实。同时，内控建设在业务实践中充分发挥规范管理、厘清责任、防范风险等实际作用，也让广大师生深刻认识到了内控建设的实用价值和重要意义，推动内控理念深入人心，师生的法治素养和能力得到明显提高。学校获评第 16 届全国青少年网络学法用法网上知识竞赛优秀组织单位，《法治日报》《中国教育报》等媒体多次报道了学校依法治校工作。

2. 重视建章立制，内控制度更加完善

围绕内控建设，通过全面梳理内部管理的风险点，以学校章程为核心，按 7 个篇章，梳理完善了 133 项规章制度，编印《规章制度汇编》，逐步形成了比较完善、符合校情的制度体系，实现了对内部管理的“全覆盖”，真正做到以制度管人、管权、管事，织密了风险防控网。在此基础上，加强规章制度的学习培训，提高执行的监督力度，推动规章制度内化为观念、转化为行动、固化为习惯，做到有权威、真管用、见实效。

3. 坚持数字赋能，内控管理提质增效

将内控建设作为学校数字化改革的重要内容，将内部控制理念、控制活动、控制措施与信息系统建设有机融合。围绕内控建设，逐年投入资金 300 万元，建设系列“数字+”管理平台，构建学校治理“智治一张图”项目，创新内控方式，将内控管理要求嵌入业务流程，实现工作流转过程清晰合理，顺向可追踪、逆向可追溯。建立风险识别和预警机制，通过信息采集、风险预警等信息技术手段，强化流程控制，不留死角。

（四）经验启示

随着高等教育改革的不断深入，高校业务管理越来越复杂，内部控制体系建设对高校自身健康发展、廉政建设、高校治理以及财政监管等方面的重要意义也越来越凸显。一是要加强宣传教育，推动内控理念入心入脑入行，持续以风险为导向，逐步在高校所有业务层面构建起制度化、规范化、程序化的内部控制体系，融入教育、教学、科研、社会服务等各方面。二是要以数字化改革为契机，牢固树立“数字+内控”的工

作理念，逐步打造高校大数据智能管控信息化平台，提升数据共享和业务协同能力，加强内控建设的前瞻性和针对性。三是要以内控建设为突破口，不断完善以章程为核心的现代大学制度，提高依法治校能力和水平，推动治理体系和治理能力现代化，为学校跨越式高质量特色化发展提供良好的法治环境和保障。

（执笔人：许陈红　陈永岳　贺书伟）

数智化大内控赋能高校高质量发展

浙江纺织服装职业技术学院

一、基本概况

《数智化大内控赋能高校高质量发展》案例，是浙江纺织服装职业技术学院教育数智化大内控研究中心和治理创新团队在历时 6 年的内部治理探索中形成的具有鲜明时代特征的高校治理现代化典型案例，是《数字治理视域下高职院校内部控制体系重构研究》《数智化大内控赋能高校治理能力提升的逻辑与路径研究》课题组接续研究的理论与实践成果。

数智化大内控体系是以内部控制理论为基础，以数字治理为手段，以集群治理为思路，突破传统内部控制体系范畴，从组织战略与核心价值实现的更宽视角，全方位整合学校的经济活动、业务活动、人力资源、监督活动等内容，整体搭建的全域、全要素、全过程的全新控制体系。数智化大内控体系是对以制度论、管理论、系统论、协同论、过程论为基础的内部控制观的整合与重塑，是对内部控制理论和数字治理理论的融合与重构。数智化大内控体系是具有中国式内涵特征的高校内部控制体系，充分体现了高校高质量发展的内涵要求。

二、具体做法和主要成效

党的二十大首次将“推进教育数字化”写入报告。教育部明确提出要纵深推进教育数字化战略行动，着力开辟发展新领域新赛道，不断塑造发展新动能新优势。浙江纺织服装职业技术学院以省域数字化改革实践为基础，通过构建“数智化大内控”体系，整体带动学校治理体系的完善和治理能力的提升，全面赋能学校高质量发展。

（一）数智化大内控体系特征

一是“数智化大内控”体系以“规章制度”体系作为内部控制权责的逻辑起点与

终点，以“流程”和“数据”作为风险监测与识别的依据，形成“制度+权责+流程+数据”的全过程监管、全过程预警、全过程处置，是对传统内部控制效能的拓展与升级。立足制度创新、制度治理推动高等职业教育传统模式转变，是学校高质量发展内涵的应有之义。

二是“数智化大内控”体系在关注部门之间、岗位之间相互制约、相互监督的“牵制机制”的同时，更加关注部门之间、岗位之间相互协调、相互合作的“协同机制”，是对传统内部控制机制的拓展与升级。坚持把协同性作为解决高等职业教育发展不充分的重要手段，增强发展协调性，是学校高质量发展的必然要求。

三是“数智化大内控”体系的控制场域从传统内部控制的经济控制范畴，扩展到业务控制集群、人力资源控制集群和监督控制集群等领域，风险预警和风险防范种类已不局限于经济类风险，而是面对多元风险和综合风险，是对传统内部控制场域的拓展与升级。内部控制集群的科学划分，充分体现了治理的系统性与整体性，是学校高质量发展的战略选择。

“数智化大内控”体系的整体构建充分体现了新形势下，高校内部治理的“大数据”“大融合”“大协同”趋势，真正体现了教育管理向教育治理的系统性跃迁，是教育数字化大趋势下学校做出的必然选择。

（二）数智化大内控体系实现的技术路径

以数字技术为依托才能最终实现“数智化大内控体系”的治理效果，数字治理是实现传统内部控制体系向“数智化大内控体系”整体跃升的关键因素。

一是通过建设强大的数智校园新基座，为“数智化大内控平台”建设提供强有力的基础支撑。升级数智应用及基础设施，引入云原生技术能力，从根本上改变多年来一直“打补丁”的系统建设现状，为数智化大内控体系构建提供强有力的技术支撑。

二是通过建设统一的数据中台，从根本上解决多年来一直无法解决的“信息孤岛”问题。通过统一用户认证、统一的集成接口和协议，向学校所有信息系统提供集中功能服务，实现数据逻辑与业务逻辑的快速交换与共享，推动人力资源流、业务信息流、资金物资流、质量监督流的整体融合，在系统协同与数据共享基础上实现跨业务系统的事项办理。

三是通过建设全新的控制中台，实现风险全闭环管理。“数智化大内控体系”所打造的“制度规范—业务流程—风险识别—风险评估—风险预警—应对措施—制度重塑”的全闭环管理，让数字治理倒逼流程优化和制度创新得以实现，进而推动制度体系螺旋式完善，实现更高水平的制度供给。

四是通过建设全面的监管高台，为科学决策提供更加有效的依据。依托5G、物联网、大数据、云计算等技术，围绕质量保障全方位支撑、全口径诊断、全过程监测开展数据挖掘，构建本单位全方位治理评估监测中心，使学校发展面临的多样风险（即经济风险、法律风险、质量风险、安全风险、廉政风险）得到更加有效的预警。

（三）数智化大内控体系构建的实践探索

浙江纺织服装职业技术学院按照推动党建与教育事业相融合、与师生需求相融合、与属地党建相融合、与高校内部党建工作体系相融合的“四融合”要求，将党建融入并统领学校治理架构，推动党建与学校事业发展互促互进，整体构建“党建统领智治体系”和“数智化大内控体系”双轮引擎。

一是健全完善党建与事业发展同谋划、同部署、同推进、同考核制度。一体推进党建工作和事业发展，设置政治统领、思想引领、组织建设、纪律检查、民主管理、群团建设、安全塑造7条跑道和经济、业务、人力资源和监督控制四大控制集群。一体制订实施《学校党建统领智治体系建设规划》《学校“十四五”数智化大内控体系建设规划》，充分体现了“顶层设计”“一体推进”“协同发展”“融合发展”的高质量发展理念。

二是夯实以学校章程为核心的规章制度体系和权责清单体系。通过六年三轮权责清单的制定完善，两轮制度废改立工作，整体构建了“制度+权责+流程+数据”数智化大内控建设思路，为建设统一的内部控制中台打下了坚实的基础。学校《持续推进依法治校　构建制度治理新体系》案例在《光明日报》刊载。

三是扎实开展数据治理工作。重点针对人才培养状态数据采集、高基报表、审计数据报送、督导评估以及教学质量诊改等重点工作内容，梳理核心数据、明确数据归属、规范数据标准、保障数据安全，为建立统一的数据中台打下扎实基础。学校将数字治理工作作为高质量发展的“共享成果”，从推动数据要素“供得出、流得动、用得好”角度，让师生共享数字化改革的成果。

（四）数智化大内控体系构建的阶段性成果

经过六年探索实践，浙江纺织服装职业技术学院“数智化大内控”体系及平台构建取得阶段性成果。

一是数智化大内控理论研究扎实开展。学校会同行业龙头企业共建教育数智化大内控研究中心，开展相关课题研究，《探索权责清单制度　提升高职院校治理能力》《数字治理视域下高职院校“大内控”体系构建研究——以浙江为例》《新时代高校制度治理的思考与实践》等论文相继发表。《高校数智化大内控体系及平台构建》入选宁波市第四届教育改革创新优秀案例名单。校企共同研发的《高校规章制度治理平台》建设案例入选中国互联网智慧教育工作委员会2023年度智慧校园典型案例。学校郑卫东校长受邀接受中国软件网海比研究院曹开彬总裁专访《浙纺服职院：数智赋能教育高质量发展》。教育数智化大内控研究中心组织召开的“数智化大内控”项目上线发布会暨数智治理研讨沙龙相关报道《构建数智化大内控体系　提升学校数智治理水平》在《浙江日报》刊登。

二是数智化大内控实践探索成效显著。《浙江纺织服装职院：大学应有“大内控”》专访被环球网、新浪新闻等多家媒体转载。学校郑卫东校长相继出席中国互联网智慧教育工作委员会举办的“2023智绘互联校园新生态峰会”和2024年全国高等职业学校校长联席会，分别作了题为《以构建“数智化大内控”体系　提升学校内部治理水平》和《以构建数智化大内控体系　赋能学校高质量发展》专题报告。学校《5G+教育数智化大内控实践项目》获第六届“绽放杯”5G应用征集大赛5G+教育专题赛二等奖。以“数智化大内控体系”建设为基础，学校成功入选浙江省数字教育试点职业教育信息化标杆学校。

（执笔人：武南　梅惠平）

逐绿而行　智慧赋能

宜春职业技术学院

宜春职业技术学院从生态文明教育、校园规划建设、能源资源管理、绿色创新研究等方面入手，扎实推进绿色低碳校园建设。学校先后获评全国节约型公共机构示范单位、节水型单位、江西省公共机构节能现场教学示范点，成为国管局、国家发展改革委评选出的“2024—2026 年度绿色低碳公共机构”，是江西省唯一获评此殊荣的高校。

一是大力推广太阳能光伏光热项目（见图 1）。学校按绿色建筑标准设计建造，采取 BOT 模式引入第三方企业，引入社会资金 800 万元，建设太阳能、空气源热水系统，节能、节水产品使用率达 100%。采用合同能源管理模式，建成 5MW 屋顶太阳能光伏电站，项目被列为全市重点绿色投资项目，项目装机容量为 5MW，总投资 2000 余万元，充分利用屋顶面积 5 万平方米，每年可节约标准煤约 1500 吨，减少二氧化碳排放量约 4985 吨。光伏项目建成后，教学楼顶层隔热效果明显得到增强，夏天室内温度比之前低 3~7℃，学习工作环境舒适度大幅提升（见图 2）。

图 1　屋顶光伏电站俯瞰图

图 2　应用太阳能、空气源热水系统

二是打造资源循环利用示范校园。探索校企协同创新的垃圾分类及资源循环利用管理模式，引入第三方企业，在学校构建“互联网+智能资源循环”体系（见图 3），建成智能垃圾投放站、绿岛积分兑换中心、绿色服务中心（二手物品绿色交换中心）、大数据监管平台以及资源处理站等。师生规范投放可回收物、其他垃圾、厨余垃圾、有害垃圾可获得相应积分，积分可在绿岛积分兑换中心兑换商品，也可在绿色服务中心兑换打印、洗衣等服务。充分调动师生垃圾分类及资源循环利用的内生动力，系统注册人数已达 23032 人，累计发放积分价值人民币 302343 元，资源回收量累计达 200 余吨。

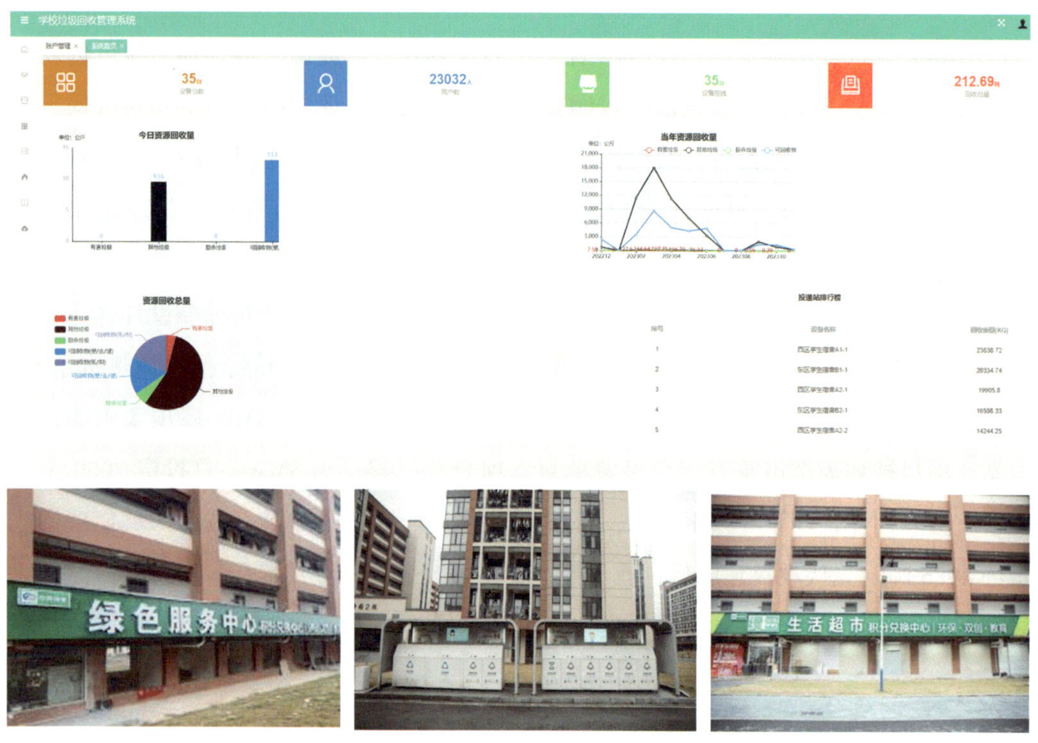

图 3　“互联网+智能资源循环”体系

三是建成智慧物联现代校园。基于物联网技术，建成集智慧课堂、环境调节、用电安全、智慧消防、资产管理、能耗管控等功能于一体的现代化智慧校园系统。对 220 间教室内的照明、空调、讲台、智慧黑板、多媒体设备、门禁等各类设备，进行集中式远程管控，教师通过教室内的智慧讲台一键开启/关闭设备，管理员可通过后台实时了解用电设备情况，如出现异常情况，可远程进行关闭。系统通过三维可视化看板，实时展示学校用电情况、异常情况、设备状态等能源管理情况，从而提升学校后勤人员管理效率。通过智能感应提高设备利用率，可实现上课联动、无人检测关机、教室温度调节，通过各种智能手段关联优化设备的运行状态和时间，降低了设备的运行成本，实现降低能源消耗。把建筑产生的洗浴废水、低浓度生活污水作为中水的原水，经一道提篮格栅后自流进入调节池，在调节池内设置曝气装置，经过预曝气后的水进入 MBR 膜生物反应系统，采用微孔膜用于固液分离，经中水处理系统处理后达到《城市污水再生利用城市杂用水水质》(GB/T 18920—2002) 标准。回用水用于冲厕，系统的回收能力为 5 吨/小时。截至目前，累计回收中水约 6628 吨。

下一步，学校将借助宜春市锂电新能源产业优势，与企业合作建设连接光伏发电、储能设备和充放电设施的微网系统，启动校园储能电池示范项目，致力实现全部发电量的消纳使用，打造更高效、更智能的能碳管理体系，迈向“零碳校园”。

(执笔人：任军　马天娥　高华兵)

以数据价值为核心的院校治理数字化转型

广东水利电力职业技术学院

广东水利电力职业技术学院是行业特色鲜明的省属公办全日制高职院校。学校以信息化建设为抓手，持续推进学校高质量发展。2022 年学校顺利完成国家第一批职业院校数字校园建设试点工作，被列为广东省高等职业教育数字化标杆学校建设单位。

一、基本概况

学校着力打造“业务数据化，数据业务化，数字价值化”的校园数据应用新格局。注重全用户、全业务、多形态信息协同，建全校园数据共享机制，不断优化数据共享能力，实现数据呈现转为价值呈现的变革，以数据价值为核心，全面推进院校治理数字化转型。

学校历经装备时代、信息时代、数字时代 3 个阶段的发展，从注重信息化基础、业务应用转型的校园信息化建设，逐步迈向探索融合创新、追求数据引领的数字化智慧校园建设。经过长期发展与沉淀，学校现已形成了“六个一”的数字化支撑基础，即“通信一张网、计算一片云、资源一空间、信息一张表、统一一身份、数据一中心”的数字化校园环境（见图 1）。目前学校网络及信息支撑条件较好，数字资源以及自动化业务处理工具有一定积累经验，治理模式推进数字化变革，数据资产持续累加，校园数字网络已成为学校教育教学、校园治理和师生员工工作学习生活不可或缺的组成部分。

以此为基础，学校将数字化转型作为教育系统性变革的内生动力，以数据价值实现作为贯穿数字化转型工作的核心要素，提出以数据流为指导、信息流为支撑的数字化转型建设思路（见图 2），形成了以“全覆盖、高可视、快响应”为特点的现代校园治理模式。逐步实现了“一站式”师生办事大厅、数字孪生校情平台、智慧教学管理服务等一系列成效显著、路径明确、特色鲜明的数字治理应用场景，全面响应教育现

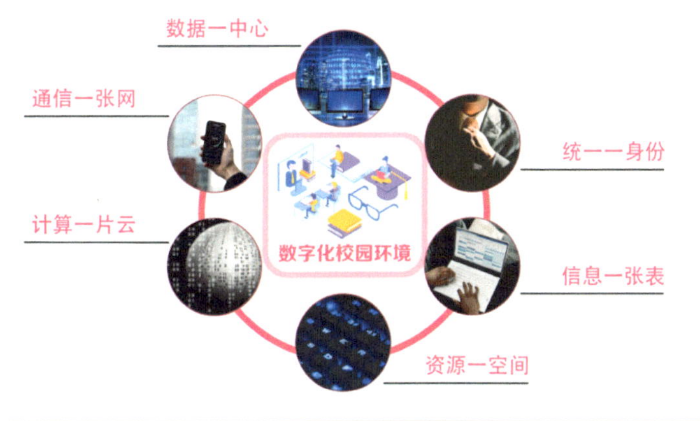

图 1　数字化校园环境示意

代化发展要求，打造可复制的高水平中国高等职业院校数字治理框架，具有良好的推广价值。

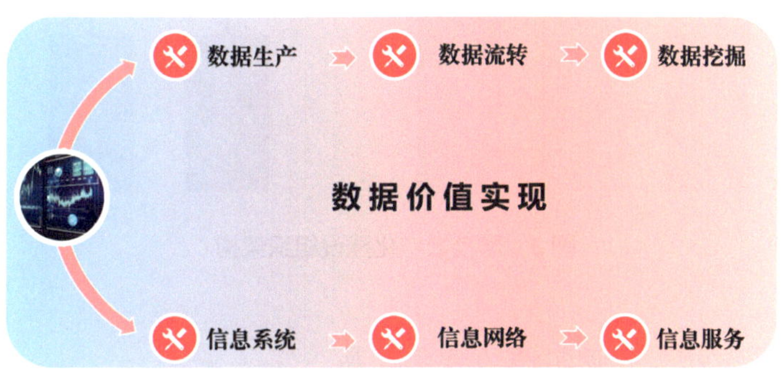

图 2　信息流与数据流实现数据价值

二、具体做法

（一）规划先行，保障有力，持续建设

学校印发《学院信息化建设管理办法》《学院信息化数据资源管理办法》等制度，健全数据应用、过程监督、绩效考核、工作机制等多方面制度。

完善学校数字化建设组织架构（见图 3），设立学校及业务部门 CIO，协同推进学校数字化建设与服务；建立数字化专家委员会，推行数字化工作专家智库常态化支撑；实施数字化建设“矩阵式管理”，落实“数据流为指导、信息流为支撑”的建设思路，由业务部门明确信息服务内容、技术支撑部门梳理数据流转核心，多方共同参与建设。

信息化建设“一直在路上”，数字化转型也无法一蹴而就。通过体制机制建设，理顺各单位间管理关系和工作机制，打造纵向贯通、横向协调组织体系，充分落实数字化建设组织机构“领导、管理、服务”三项职能，持续保障数字建设与数据应用发展。

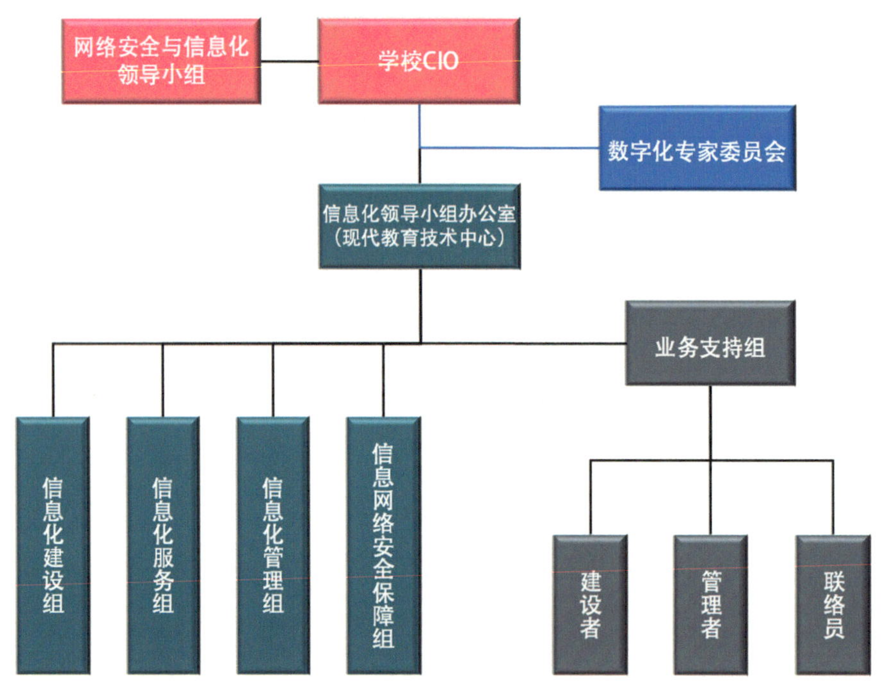

图3　学校数字化建设组织架构

（二）顶层设计，分步实施，特色发展

学校立足“一校两地多基地”的办学格局和华南地区水电资源能源人才摇篮的办学定位，形成多区域数字化整体建设、管理及发展的智慧校园建设框架（见图4）。强化党建引领，优先顶层设计，坚持整体谋划、统筹推进、分步实施，突出发展特色，着力数字化融合形成支撑学校高质量发展新动能。

（三）规范标准，问题导向，应用为王

学校明确“双中台”数据核心架构（见图5），制定了《学院信息标准规范》《数据治理工作办法》等管理规范，打造了学校整体规范的标准数据仓库，明确数据字典，建立了数据治理长效工作机制，形成数据快捷交换敏捷应用的“数据中台”；以“应用为王、服务至上”为指导，推进传统学校治理业务重构，形成灵活设计全面支撑的“业

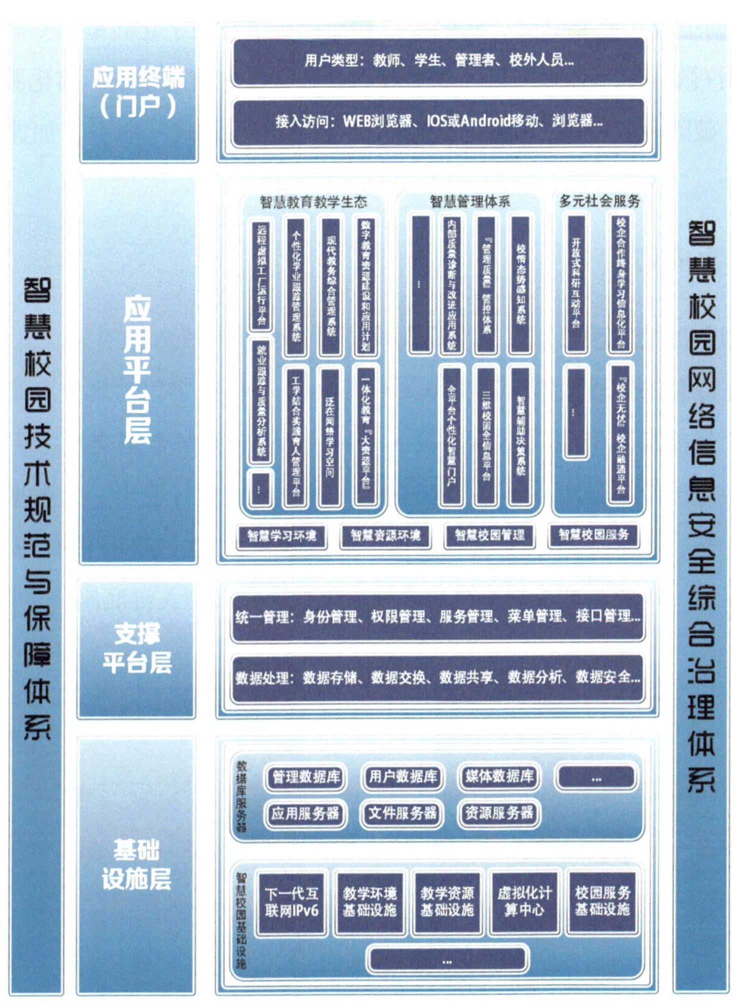

图 4　智慧校园建设整体框架

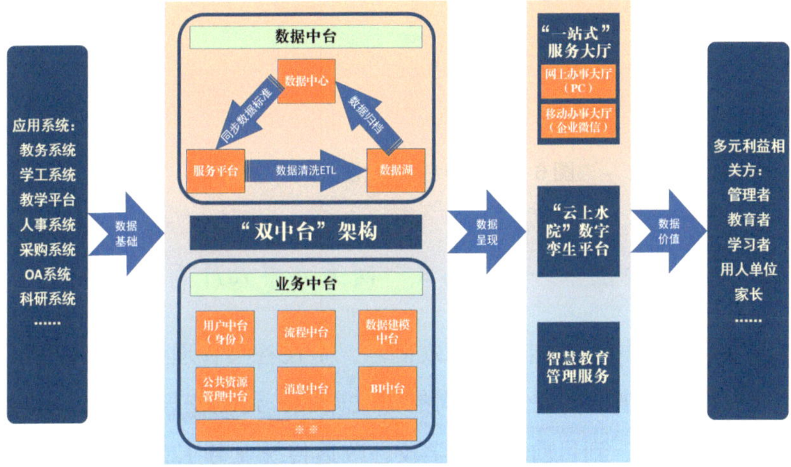

图 5　“双中台” 数据核心架构示意图

务中台”。数据中台和业务中台“双中台”构成院校治理数字化转型的基础支撑，学校贯彻“轻应用+微服务”理念，以问题为导向，整合优化信息系统，简化服务流程，打破信息孤岛，破除业务壁垒，推动管理协同，注重“一站式”服务，加速学校治理现代化进程。

三、主要成效

学校贯彻数据赋能理念，数据治理成效显著，数据价值愈加明显。自 2019 年建设以来，学校完成第一阶段数据治理工作，形成 4609 个标准字段对学校各维度进行数字描述，数据仓目前有 1.55 亿条数据，投入使用后各业务系统数据交换总量已达 23.4 亿次，日均交换量达 500 万次。通过“双中台”建设，学校打造出一个数据开放、联结共享的应用生态，汇聚业务系统全域数据，实现随需共享、敏捷自助、安全透明，促进数据全面流转，价值深度挖掘，搭建学校治理数字化转型关键底座（见图 6）。

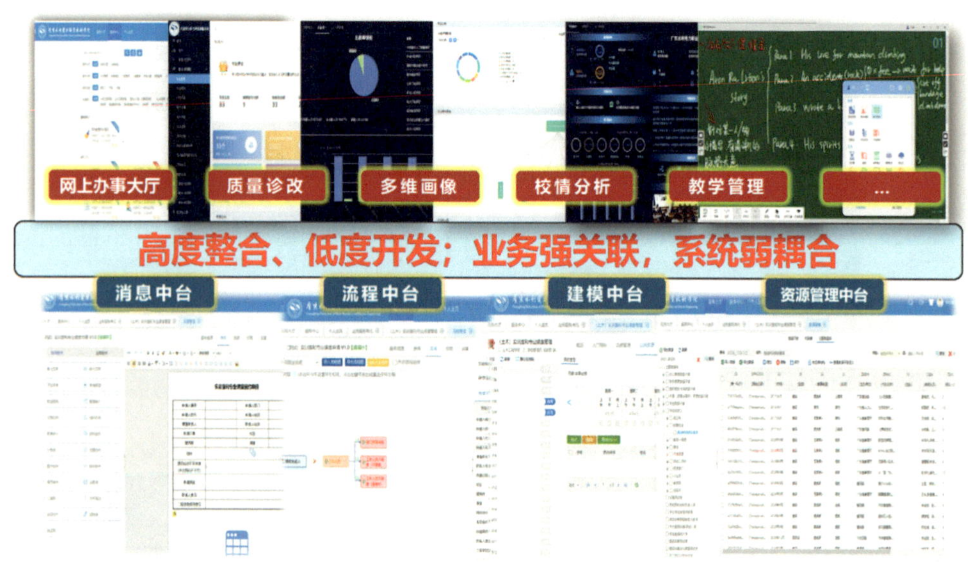

图 6　“双中台”建设成效示意图

（一）数据服务价值——“一站式”网上办事大厅高效服务师生

依托“双中台”架构，数据实现高效汇聚，学校各项管理业务数字化实现快捷上线，业务上线时间由原来的需要近 10 周的开发调试，到现在只需要 2 周内便可完成，资金成本同比下降 90%。到目前为止，学校已改造传统业务 122 项、轻应用 10 个，涉及 11 大类服务主题，全面打造师生“一站式”网上办事大厅（见图 9），全面支持多终端移动式应用，实现“数据多跑路、师生少跑腿”的目标，极大提升用户便捷性。网上办事大厅服务师生 2 万余人，服务次数超 15 万人次/年，日均发起量约 500 人次，80%以上由移动端发起，线上业务办结率达 90%，无纸化办公服务每年可节约 A4 纸张 20 万张以上。

网上办事大厅网页端　　网上办事大厅移动端

图 7 “一站式”网上办事大厅

以“双中台”架构为基础的数字治理实现了建设快捷、应用便捷、管理精准、服务个性、统筹智能的“快响应”院校治理现代化模式，充分展现数据服务价值。

（二）数据决策价值——“云上水院”数字孪生平台辅助决策

依托学校数据治理成果，学校深化数据应用价值，应用 BIM、三维渲染等技术，结合物联网技术应用，建设了高清、实时、全面感知校园状态的“云上水院”数字孪生平台（见图 8）。平台对从化、天河两校区地形及校区内 50 栋楼宇建筑进行数字化建模，并对接加载包括无线 AP 管理、智慧课室管理、考勤管理、学生宿舍管理、物联中控平台、数据中心机房监控、视频监控、门禁、消防等 10 余个业务系统、近百项业务内容，均进行全域可视化呈现。

通过可视呈现，强化智能管理平台与各个信息系统之间的联系，将校园系统由各自独立分离的设备、功能和信息集成为一个相互关联、完整和协调的综合治理平台。以“高可视”特性为学校的管理和决策提供支撑依据和信息保障，极大缓解了学校治理效率及科学决策依据需求，与学校管理人力需求较高之间的矛盾，提高学校的综合治理能力，推进院校治理数字化变革，体现数据决策价值。

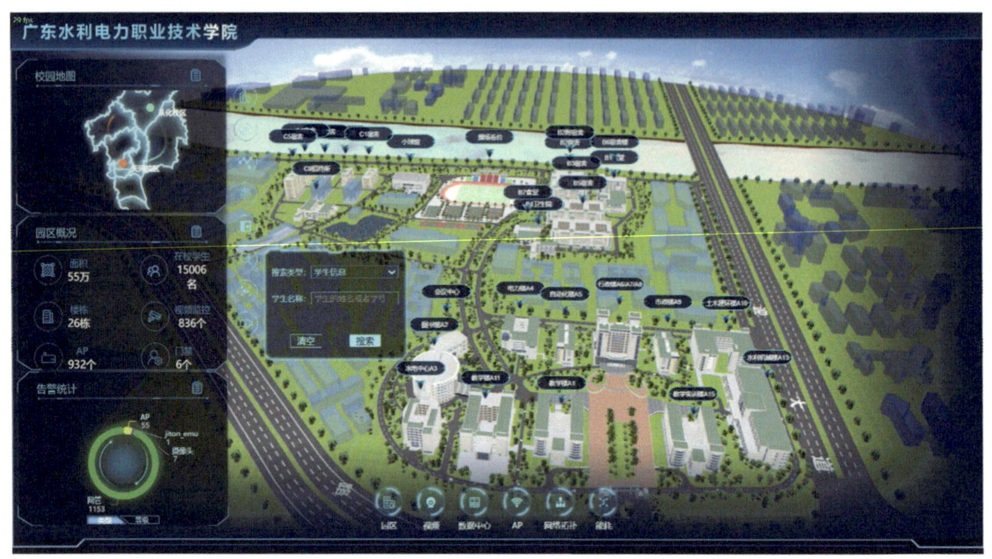

图8 “云上水院”数字孪生平台

（三）数据管理价值——智慧考勤破解传统教学管理难点

智慧考勤是以学校教学管理需求为导向，采用校企合作开发模式，解决传统考勤管理峰值拥堵、无法统一、易于作弊、难以适应课室调度等痛点和难点，运用动态密码广播、防作弊定位算法、智能签到逻辑算法、自定义短信令通信编码等独特技术，实现现代智能教学考勤管理系统（见图9）。

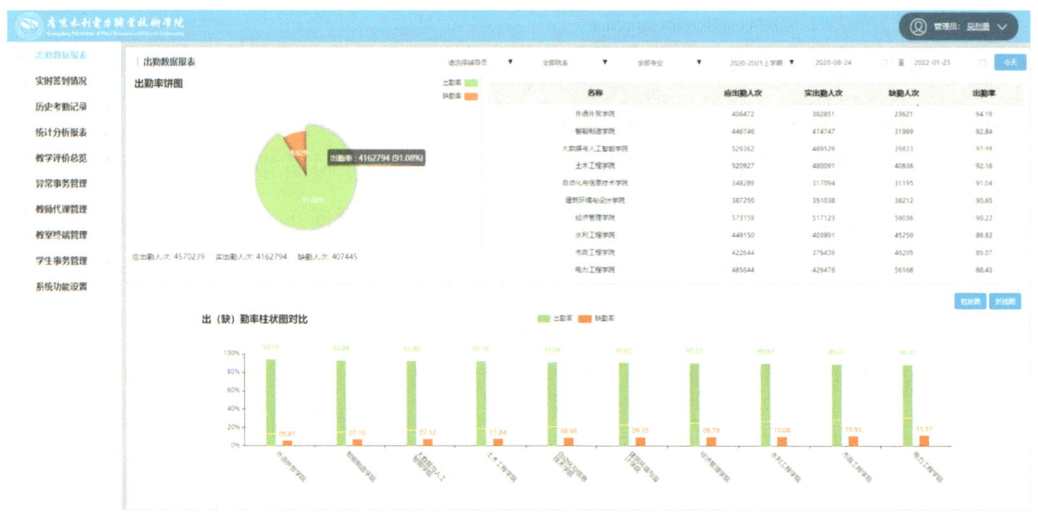

图9 智能教学考勤管理系统

智慧考勤依托数据中心中统一身份认证系统、教务系统、学工系统、流程引擎、学校 Wi-Fi 定位等数据信息，可在 1 分钟内完成全院约 1.8 万名学生的同步考勤操作，实现校园考勤一体化；每学年平均处理约 500 万次的考勤数据，数据准确率高达 99%；覆盖全学院包括教室、实训场、机房等所有教学场所，实现包括智能考勤、数据展示、请假销假、考勤申诉等一系列功能。

通过数据挖掘，可以深入分析课室、实验室等的使用率、教师的调课率，实现动态预警等，以“全覆盖”数据同步实时反馈实现教学管理闭环，为教学管理辅助决策提供重要参考依据，体现数据管理价值。

（执笔人：钱程　吴列勇）

数业融合、智慧决策，信息化赋能现代化内部治理

广西职业技术学院

一、基本概况

广西职业技术学院高度重视职业教育数字化转型工作，积极转变理念、创新方式，推动职业教育数字化转型的探索与实践，充分利用信息技术支撑学校管理、教学和服务，助推学校高质量发展。“十三五”以来，学校有步骤、有计划地推进信息化基础设施与系统应用建设，以卓越管理理念为导向、以数据融合为共生体系，重点加强各系统间互通共享、融合应用及集成整合，推进数据采集与治理，全域开展智慧校园信息化建设，为学校改革发展提供科学决策支撑，提升内部治理现代化水平。

二、主要做法

（一）信息技术+综合管理，蓄力支撑科学决策

一是建设校情大数据平台和大屏大数据平台，涵盖了学校大数据、招生大数据、就业大数据、校友大数据和“双创”大数据，实现对学校重要数据的监测、分析和可视化展示，为科学决策提供依据。二是建设党建工作管理信息系统，构建“报表化、数据化、可视化、积分化”的特色党建工作信息化管理体系，利用“一页纸管理法”提升党建工作过程质量控制的能力。三是建设学校 KPI 绩效考核信息管理系统，从质量决策、质量管理、过程质量、绩效考核 4 个层次构建体系，融入 BI 数据分析、一页纸项目管理法，实现部门、个人考核的指标化、精细化、科学化，强化执行过程监管，帮助学校实现高效精准的内部工作质量管理。四是建成学生发展大数据平台，汇聚学生概况分析、消费统计、奖助、社团、图书馆、成绩、校园预警等多个方面数据，构建直观的数据模型，支持多维度数据探索，自助式报表分析，对管理和培养学生的决

策工作提供数据支持。五是建成平安校园系统，通过物联网技术和公共云技术，将门禁系统、防火预警系统、视频监控系统等各个监控区域数据汇聚处理，为校园安全事件预测与应急处理提供决策依据。六是以卓越管理理念为指导，对学校重点业务流程进行全面梳理优化，将数据收集、分析及优化提升作为整个流程必不可少的闭环环节，用数据说话、用数据证明，强化日常管理数据应用习惯，依托数据落实各管理环节。

（二）智慧技术+高端人才培养，有效提升人才培养质量

一是依托信息化平台，融入教师教学管理全过程，搭建超星泛雅教学平台、实训室绩效管理平台、慧职教 App 等信息化教学管理平台，从课程质量、课堂质量、教师能力发展入手，建设教务管理系统、听课系统、课堂智能评价系统、教师教学能力大赛管理系统等平台，实现对日常教学、实训教学、顶岗实习等过程的全方位监控与管理。二是利用线上教学平台进行课程大数据监控，对师生教与学全过程数据进行跟踪，从不同用户视角进行分析，形成课程自画像，为针对性改进、提升教学质量提供依据。三是引用大数据、区块链等信息技术支撑高水平专业群建设。通过智慧农业、智慧物流，建设数字茶叶服务平台，改造升级茶树栽培与加工技术专业。通过“产教”升级，“数智”对接，虚拟仿真+实景搭建，实施实景化、精益化和智慧化结合的实训基地教学管理云平台，培养适应跨境农产品冷链物流产业的数字化技术技能人才。

（三）信息技术+高水平教师培养，高效推进师资队伍建设

一方面，依托大数据平台搭建教师发展预警及诊断体系，提高教师队伍管理靶向性。学校开发了包含教师整体画像、教师个人画像共计 112 项质控点的教师发展数据管理平台，通过分析全校教师数量、学历、职称、年龄、“双师”比例、生师比等数据，勾勒学校教师发展全貌；通过实时采集教师师德、教育教学、教研科研和社会实践四维度业绩和成果，形成教师个人职业素质和业绩标准雷达图，帮助学校师资队伍规划及建设及教师个人自我诊断与改进。另一方面，信息化助力深化新时代教师评价改革，有效提升教师评价科学性。在教师绩效考核与分配方面，学校充分利用教师管理信息系统、教师绩效考核平台等信息化工具，基于各类教师年度业绩量化积分的收集、分析情况，形成教师年度考核积分量，为落实以“积分”为基础的专任教师岗位分类聘用以及绩效考核分配制度提供了保障；在职称评审方面，学校依托职称评审系统对申报教师教育教学实绩进行量化评价，激励教师回归高职教育教学、科学研究、社会服务本质，有效对接学校职称评审导向，进一步提高了教师评价科学性。

（四）信息化+特色应用，全方位提升服务师生质量

一是以“师生少跑路，数据多跑路”为宗旨，建设学校网上“一站式”服务大厅，实现校内教务系统、学工系统、资产管理系统等11个常用系统对接，梳理上线了师生常用事务流程60多项。二是建成OA信息系统，利用OA信息系统集成公文流转、事务通知、后勤保障、请假申请、耗材管理、合同管理、廉政监督等123项业务流程，实现办公过程的规范化、便捷化，并且可监控、可追溯。三是建成统一信息推送平台，实现各类数据精准推送，实现待办事项、评价反馈、会议通知、节假日去向提醒等18个应用推送模块，预警信息直接发送到个人微信，已发送信息200多万条。四是建成微服务门户，通过虚拟校园卡，帮助学校连接学生、教师、家长、校友、临时到访人员，将实名信息与微信ID关联，构建统一身份认证体系，融合校园的人、服务和生态。五是建成网上报修平台，基于微信公众号提供报修服务，实现维修服务的过程跟踪，提高后勤管理工作信息化水平，加快维修响应速度。六是建成食堂物联网监管平台，运用物联网技术，建立起一体化高校食品安全智慧监管平台，实现“人、物、空间”三位一体监管，对食堂后厨的食材采购、保鲜、加工、售卖、留样等关键环节设置监管，采用分级告警策略，强化食品安全工作，确保师生“舌尖上的安全”。

（五）信息化+智慧决策，推动内部治理模式向智慧治理变革

学校围绕学生工作、人事、教务、财务、后勤等核心业务，深度定制开发“广职大脑智慧决策平台”。重点加强业务模型梳理和数据结构重塑，对数据进行全面统计、深度分析，推进数据高价值转化，为学校在管理、运行、监控等方面提供涵盖面更广、更可靠的管理支撑。一是立足卓越管理理念梳理业务数据，构建层次分明的数据库。立足部门职责全面分析业务相关数据项，细化数据的维度和度量，梳理形成以个人（教师、学生）数据为基础，依次向上支撑二级学院、职能管理部门、学校层面的金字塔形数据结构，并根据不同层级的工作角色及关注焦点，标志数据等级。二是结合决策事项及业务管理需求设计算法场景，促进数据高价值转化。通过深入分析学校议事决策制度，以及相关管理制度、办事流程、业务实际，梳理明确学校、部门和二级学院三个层面的决策重点、决策关节及决策依据，构建同领域不同数据、不同领域数据、不同层次数据之间的逻辑支撑、关联关系，构建学校标准数据链，针对学校不同的业务场景，设计建立不同算法模型，以有效应用与支持各层面的决策。三是根据决策需求，量身定制平台功能。将不同业务场景的算法场景进行模型封装，让各级管理层可

以更快捷地访问数据分析结果，辅助快速决策。同时也可全面呈现过去、当前和将来教育工作中有价值的研究分析成果，为管理层决策提供更全面的价值参考，提高决策的科学性。当前已构建教师招聘预测模型、教师评价分析模型、学生成绩评级模型、学生成绩预测模型、学生奖助评定模型、收支关联分析模型等，进一步提升学校智能化管理水平。

三、取得成效

学校将信息化建设与业务深度融合，以解决管理问题为目标，将卓越绩效管理理念融入智慧校园信息化建设。每个信息化管理模块，都是以实际需要为出发点，注重根据实际业务进行设计，按需开发建设，形成企业支持人员、校内信息中心人员、各部门信息主管及信息员、计算机类专业教师、学生创新团队的“五方”合力机制，共同形成“生态圈”的信息化建设与内部治理模式。近年来，学校先后成为教育部首批“全国信息化能力提升培训基地”和全国职业教育信息化标杆校建设单位、广西首批信息化标杆校。2020 年、2022 年学校均被评为全国高等职业院校治理体系建设典型院校。学校以“优秀”等级通过自治区“双高计划”建设终期验收以及国家“双高计划”建设中期验收。

（执笔人：李思倩　邓朝辉　周治）

以强化内控为抓手，打造高职院校内部治理典范

——预算内控一体化财务治理模式创新与实践

重庆电力高等专科学校

财务治理方面，学校加强顶层设计，引入先进信息技术，在一体化思维模式下开展“预算内控一体化信息系统”建设，将所有经济业务活动纳入一个功能完整、相互融合的系统中进行整体数据交互和逻辑关联，并将制度的管控要素嵌入系统，形成以绩效为导向、预算为主线、内控为保障的全过程、全方位、标准化、信息化的管控体系，优化了财务服务模式，创新了财务治理机制，提升了财务治理能力和水平，加快了财务数字化转型步伐。

该模式的创新与实践受到了广泛关注和高度认可，入选财政部 2023 年管理会计典型案例库，并在全国职业院校财经人员业务提升培训班、中国教育会计学会高职分会年会上多次进行经验分享。项目相关成果获省级科研项目 1 项、软件著作权 1 项，公开发表论文 3 篇，入选“全国职业高等院校财务治理十佳案例”，入编社会科学文献出版社出版的高职院校蓝皮书《中国高等职业院校财务治理研究报告（2022—2023）》。

一、创新背景

党中央、国务院提出关于应用现代技术手段加强内部控制管理、建立预算绩效管理体系、提升财务治理水平的要求，为职业院校打破相对封闭保守的财务管理理念、树立“大财务”观、创新财务治理模式提供了制度依据。《财政部关于全面推进行政事业单位内部控制建设的指导意见》指出，单位应依托制度规范和信息系统，将制约内部权力运行嵌入内部控制的各个层级、方面和环节，充分利用信息化手段推动内部控制建设，提高内部控制的科学性和有效性。《国务院关于进一步深化预算管理制度改革的意见》明确提出用信息化手段深化预算管理现代化、实施项目全生命周期管理的目标。《会计改革与发展“十四五”规划纲要》要求“切实加快会计审计数字化转型步伐，为会计事业发展提供新引擎、构筑新优势”。

二、主要做法

（一）夯实基础

重庆电力高等专科学校以“双高”建设为契机，以内部控制建设为抓手，成立了以校长任组长的内部控制建设领导小组，组建以财务部门牵头，审计及业务部门参与的内部控制建设工作组。以学校章程为统领，围绕6大经济业务领域，推动校内规章制度的“废、改、立”，形成《内部控制流程手册》和《内部控制管理手册》，明晰了经济领域学校、职能部门、二级学院的职责，为财务治理模式改革和信息化建设提供了坚实的人力保障和制度基础。

（二）建设系统，重塑模式

按照顶层设计、分步实施、稳妥推进原则建设预算内控一体化信息系统，重塑财务治理模式，实现以预算为主线，将各种业务场景贯通关联，实现数据相互融通、彼此制衡，达成经济业务活动一体化运行，预算内控一体化管理（见图1）。

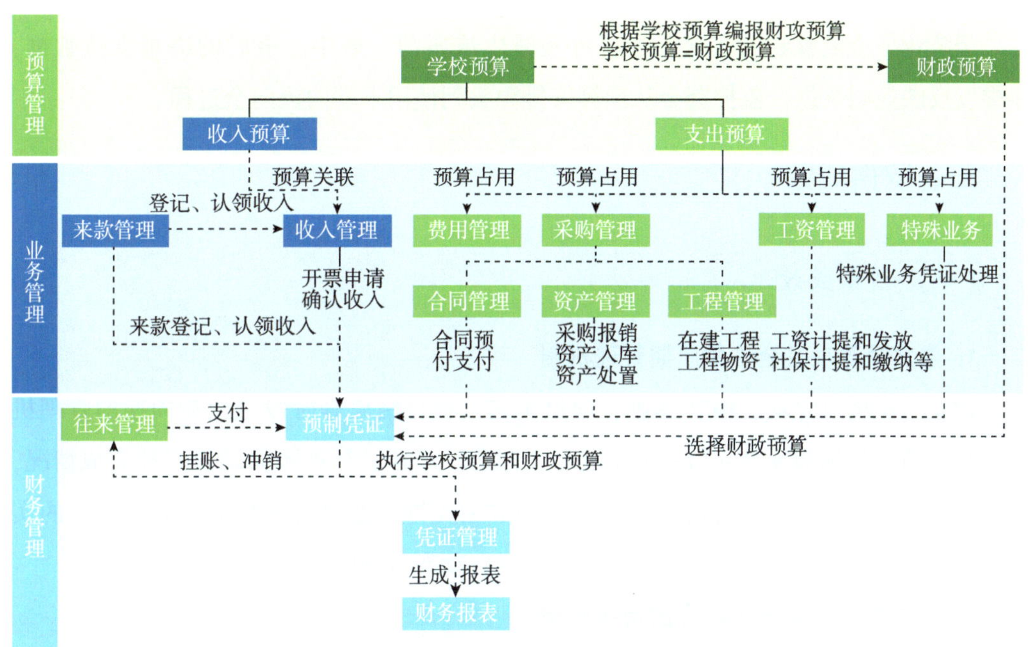

图1　系统整体运行流程

1. 预算管理

将收入预算、项目立项、支出预算及绩效指标编制与下达均纳入系统管理。支出预算按照财政预算体系和校内预算体系进行精细化管理。支出预算细化到具体部门、资金来源、经济分类、具体事项、采购品目，确保每一笔支出需求都有责任部门、有资金来源、有支出依据。从预算到决算的每个环节都纳入系统管控，强化预算执行刚性约束能力。

2. 业务管理

将制度的内控方法与风险防控措施内化到系统中，设置人员控制关口、预算控制关口、合同控制关口、业务经办标准关口、经费支出合规关口、资产控制关口等六大关口。系统控制关口严格遵照规则，所有经济活动实行分事行权、分岗设权、分级授权，按照固化的权限、流程和单据进行。系统可以清晰反映出每个预算项目分解成了哪些经济业务活动，每个经济业务活动由哪些业务要素、审批要素构成，每个要素标准、依据和操作规程是什么，全程透明、可控、可监督，充分发挥系统管人、系统管事、系统留痕的作用，杜绝人为因素、人情因素。预算、采购、合同、资产、工程等业务数据相互融通、无缝衔接。

3. 统计分析

经济业务全流程数据互联互通，可实时生成事前、事中、事后的决策支持数据，多维度反映业财数据，监控资金从预算安排源头到使用末端的流向全过程。

三、取得成效

（一）创新成效

1. 建立预算项目全生命周期管理机制

建立了从项目立项、预算编制、项目实施、项目结束等阶段全生命周期的管理机制。预算绩效指标随预算项目一并下达，全过程、全覆盖反映预算绩效指标完成情况，为学校资源分配和财务决策提供及时有效的数据支撑。通过财务数据和业务数据的实时交互，强化了顺向环环相扣的管控控制和逆向动态可溯的反馈机制。

2. 建立制度与系统相融合的衔接机制

将预算、支出、采购、合同、资产等制度的管控要素嵌入一体化系统中，实现制度与系统的无缝衔接，确保制度的有效实施。例如在费用报销环节，将外出差旅的交通费、住宿费、人员职级等各项标准嵌入系统，自动校验；将会议费、接待费的管控要素嵌入系统，对超标准、超范围的报销进行预警提示。

3. 建立智能网报与财务核算的衔接机制

智能网报融合了内控制度规定的金额标准、审核标准、岗位职责、附件依据等内控要素。通过单据流转实现预算占用及释放、线上审批、凭证生成，所有单据及附件均与凭证关联。

4. 建立采购与合同、资产的衔接机制

通过采购管理功能与合同、资产管理功能的一体化融合，环环相扣的管控，促进合同内容与采购结果、资产入固的一致性。

5. 建立预算“双体系”财务核算模式

创新了学校预算项目和财政预算项目相互衔接又彼此独立的预算“双体系”核算模式，实现财务会计和预算会计的精准确认和相互衔接，有效落实了政府会计制度中“单位会计核算应当具备财务会计和预算会计双重功能，实现财务会计与预算会计适度分离并相互衔接，全面、清晰反映单位财务信息和预算执行信息”的要求，推动预算管理精细化。

（二）管理成效

1. 全面提高工作效率

全流程线上审批提升了全校教职员工的工作效率，实现了“数据多跑路，师生少跑腿”的目标。2023 年，距离老校区 100 余公里的潼南校区正式运行，一体化模式下的全流程线上审批有效解决了教职员工往返奔波的困扰。

2. 有效促进降本增效

一体化运行促进降本增效，一方面减少了教职员工多校区往返的次数，节约了工作时间，也降低了运行成本。按每年 9600 人次往返预测，一人次交通成本为 75 元，预计一年能节约 72 万元。另一方面，财务资产处（采购中心）在不增设分部、不增加人员的前提下，从容应对多校区运行和管理。

3. 推动资源合理分配

一体化系统中，预算绩效全过程可监控，业财数据全流程可追踪、可查询，提高了管理的透明度。通过绩效目标设定、绩效运行监控、绩效结果评价及应用全过程管理机制，为学校决策提供有效支持，推动学校合理分配资源，提升资金使用效益。

4. 推动数字化转型

一体化系统中，存储了预算项目全生命周期的所有支撑材料，包括采购、合同、

报账等业务的所有资料和发票，为将来实现财务数字化转型、无纸化管理打下坚实基础。同时，系统支持财务数据、业务数据以及学校数据中心进行数据交互，实现数据一次治理、多次使用，提高了数据利用和分析的权威性、准确性和时效性。

5. 防范财务风险

将财务制度的内控要素嵌入系统中，流程固化、风险提示，系统管控、系统留痕，降低了业务审核过程中的人为因素和人情因素。同时，发票查重验真功能嵌入一体化系统中，有效防范了发票失真和重复报销的风险。

（执笔人：田华　张曦　雷玉生）

顶层夯实、应用导向、数治赋能、提升质效、服务师生，推进数字校园建设

云南国土资源职业学院

云南国土资源职业学院以接续推进职业院校数字校园实验校、样板校、试点校、标杆校建设为契机，落实《职业院校数字校园规范》，依照《智慧校园总体框架》国家标准，执行《职业院校数字基座高职数据标准及接口规范》，坚持应用为王，数据治理赋能数字化转型，持续推进数字校园建设。

一、优化数字校园顶层设计，夯实安全基座

学校成立网络安全和信息化工作领导小组，整体设计、统筹规划数字校园建设，将学校“十四五”和“双高”信息化建设任务同步规划、同步部署、同步推进，按照“时时能学、处处可学”思路建设跨校区、多出口校园网络，稳步实施信息化建设“五大平台、九项工程”（见图 1）。

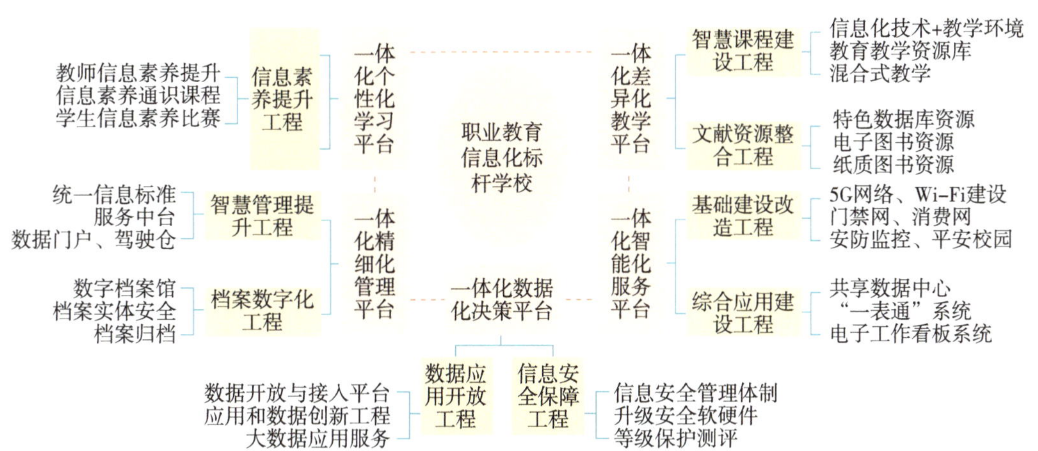

图 1 “双高”信息化建设任务的“五大平台、九项工程”

学校党委高度重视网络信息安全建设，全面落实网络安全工作责任制，维护网络意识形态安全，以落实“网络安全等级保护 2.0”为抓手，升级软硬件安全设施，开展“网络安全宣传周”活动，强化安全管理服务，增强师生信息安全意识，确保数字校园建设的同时保障校园网络与信息安全。

二、坚持服务师生应用导向，创新应用场景

近年来，学校陆续建设并使用“一站式”工作平台、全流程数字化采购管理平台、财务信息化平台、人力资源管理、“一站式”学生社区服务平台、网络学习平台、科研管理系统、图书馆集群管理系统、档案管理系统等管理信息系统，提升信息管理水平，服务内控治理实践。

通过整合集成多应用、多平台、多异构数据，打造统一信息门户、统一身份认证平台、移动终端门户，实现办公自动化系统、教务系统、采购管理平台等 20 多个业务信息系统身份的统一认证对接，为全校师生提供“一站式”服务，使用 OA 系统、网上办事大厅（见图 2）等在线办事服务数字化流程应用。规范并开发服务师生的线上办事流程 30 多个，包括合同办理、印章使用、职工收入证明、师生请销假审批、设备故障报修、在职证明打印、收入证明打印、电子屏幕播放审批等，努力让“数据多跑路、师生少跑路”，提升行政办公效率。

图 2 网上办事大厅

此外，学校通过自主研发、敏捷开发补充业务应用短板，实现从需求到应用落地

的闭环，自主研发“灵动校园”移动平台、共享数据中心平台、信息资源管理平台，其中“灵动校园”移动平台入选电教馆职业院校信息化建设与应用成果案例；探索合作开发模式，引入软件服务商研发基于统一接入规范的教育事业调查统计数据平台、项目工作法协作系统，共享数据中心平台等个性化应用。

三、赋能教学环境数字技术，贡献优质资源

学校紧紧围绕国家优质资源供给需求和《云南省教育高质量发展三年行动计划（2023—2025 年）》重点任务要求，积极建设资源勘查与环境保护虚拟仿真实训基地、现代化智能制造数字孪生与虚拟仿真综合实训基地、建工类专业虚拟仿真实训基地等省级和校级虚拟仿真实训基地和实训中心，以及多个校内实训室、实训场，进一步打造智慧教学空间。通过校企协同，开发教学资源、虚拟仿真课程、数字教材、智慧教室数字化场馆等，助力教育教学新模式改革。

同时，学校积极开展校本在线共享课程建设，在 2 个省级高水平专业群线上精品课程建设的基础上，推进专业基础课、公共基础课程在线共享课程建设；在“学堂在线”“学银在线”平台上以慕课形式提供优势、特色课程数字资源 50 余门；在“智慧职教”平台上建设教育部宝玉石鉴定与加工专业教学资源库课程“宝玉石矿物肉眼及偏光显微镜鉴定”、在线精品课程“环境地质”、课程思政经典案例“地质学基础”，进一步提高优质资源贡献度，实现资源价值最大化。

四、构建校园数据治理体系，提高治理质效

自开展教育部第一批数字校园试点学校建设以来，学校认真研究《全国职业院校大数据中心建设指南》《职业院校数字基座高职数据标准及接口规范》，积极探索数据治理和数字赋能模式，构建以数据治理为核心的“一个中心、五个层次、八个数据域、N 个应用”的数据治理体系（见图 3）。数据中心集成人事、财务、资产、教学、学工、科研、后勤、管理等八个主题域数据，建成教务系统、人事系统、办事大厅、一卡通、门禁系统等数据资产目录。

学校结合工作实际，按照“理思路、统标准、创协同、拓应用、保质量”五项举措推进数字校园试点项目，完成 10 大数据集、98 张数据表数据的持续上报（见图 4）。

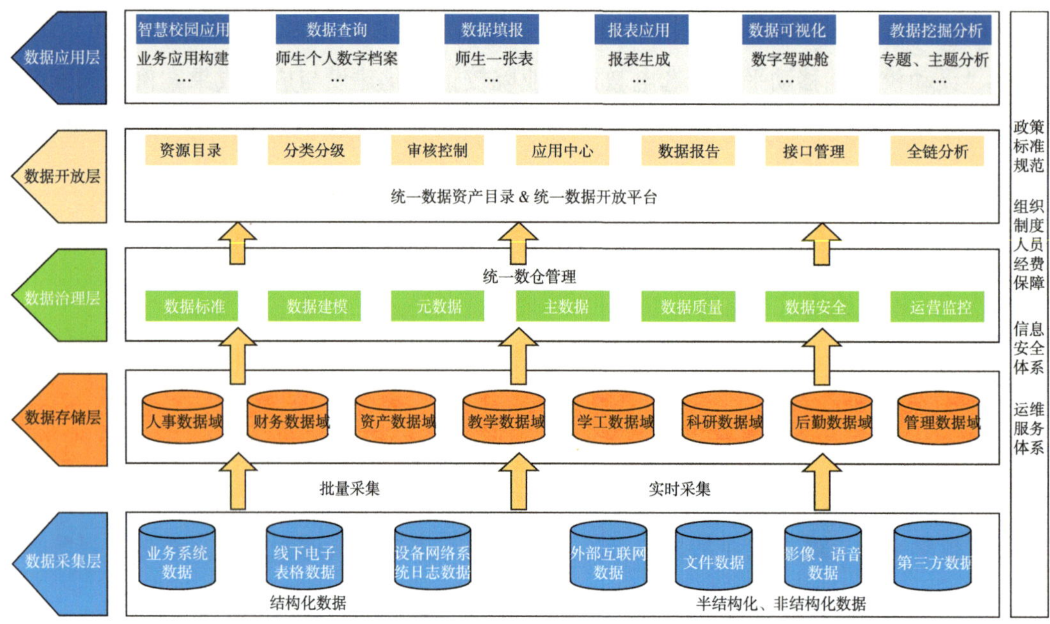

图 3　校本数据中心架构

图 4　数字基座数据上报情况

五、多措并举服务师生发展，提高数字素养

学校积极落实国家《提升全民数字素养与技能行动纲要》任务部署和《教师数字素养》行业标准，大力引导师生使用国家智慧教育公共服务平台、在线教学平台、虚

拟仿真系统、优质教学资源，学习成果导向教育（OBE）理念，探索多元化的课堂教学模式，增强数字化意识，提高师生信息素养水平。自 2018 年以来，师生在国家、省级各类信息素养比赛中，获国家级奖项 3 项，省级奖项 60 余项。

下一步，学校将积极响应国家教育数字化战略行动，以数字校园建设为契机，营造教育数字化转型氛围，提升内在数字化转型能力，辅助推动治理体系现代化。

（执笔人：李光祥　赵国庆　赵心亮）

基于预算绩效内控一体化的财务治理创新实践

——数字创新赋能，业财融合助推学校“双高”建设

云南机电职业技术学院

2019 年 2 月，中共中央、国务院印发《中国教育现代化 2035》，该文件聚焦教育发展的质量与效益，将“推进教育治理体系和治理能力现代化”作为十大战略任务之一。2020 年财政部印发的《预算管理一体化规范（试行）》，该规范要求有序推进预算管理一体化建设。基于此，各高校纷纷开展数智财务建设，以信息化为切入口，着力构建预算管理一体化生态体系。

一、基本概况

在财政预算管理一体化规范的指引下，许多高校都开启了业财融合的预算管理一体化建设的探索和实践。云南机电职业技术学院（以下简称“机电职院”）先后对国内多家高校进行了调研，发现高校在预算管理一体化建设方面已经取得了一些成效，比如大多数高校都建立了线上网报系统、核算系统、项目库管理系统、资产系统、工资系统、预算管理系统等，但项目与预算、核算与资产、支付与财政一体化等模块相互独立，未能实现互联互通，不能实现真正的一体化。

鉴于此，机电职院通过系统整合、流程再造、数据共享来构建学校预算绩效管理一体化平台，将“业财融合”理念和“内部控制”概念结合起来的创新型管理方式应用于教育经费管理，打造业财融合预算绩效内控一体化平台，全面提升财务工作总体服务和综合管理水平，实现全校财务信息资源共享、业务联动，全面实现财务管理精细化和决策服务的信息化，实现学校财务管理及服务跨越式可持续发展。

二、主要做法及经验

（一）完善内控制度建设，构建制度协同体系

加强内控管理，全面贯彻落实预算法、政府会计制度及绩效管理等最新规定，按

照内控建设要求，结合学校实际，在建设“预算绩效管理一体化平台”前，引入了第三方机构针对具体经济业务，梳理流程，明确各项具体业务的办事流程和工作标准，制定针对性管控措施，完善组织架构，明确职能分工、支出审批权限等，最终建立学校整体的内控体系制度，全面控制经济活动风险。下一步也将持续健全完善财务、资产、采购、合同等内控管理制度，优化流程、严格执行。

（二）运用科技手段，实现业财智慧协同管理

2022 年初至今，为推进大数据平台搭建和应用，支持院校决策和管理水平的全面提升，充分做好内部控制建设的“后半篇”文章。机电职院财务处牵头先后与六家内控信息化建设软件公司进行了方案对接及试用工作，最终确定了以“业、财、管”一体化的构建理念来搭建“预算绩效管理内控一体化平台”。该平台搭建项目库管理、预算管理、绩效管理、支出报销管理、合同管理、采购管理等 15 个模块的全面建设，将流程和规则固化到信息系统之中，构建现代信息技术条件下“制度+技术”的管理机制，形成预算管理全流程的闭环管理体系，实现预算指标“顺向可控、逆向可溯”，各级数据“严丝合缝，动态追踪”。同时，财务人员深入参与业务部门的项目，针对资金预算与支出给出专业的指导意见，尤其是对电气工程学院“双高”专业群的二级学院进行了调研，聚焦业务，实现业财融合，共同创造价值。

（三）搭建智慧决策场景，驱动财务数字化治理

预算绩效管理内控一体化平台规范了各业务系统的数据标准、打通了各业务流程，包含项目、预算、采购、合同、报账、基建等基础数据及实时活动数据、效益产出数据，借助数据挖掘技术，进行多维度、多层次的深度分析和可视化呈现，反映真实信息，真正摸清底数，辅助科学决策。平台设置包括预算管理业务报表、预算管理各阶段对比报表、预算管理各相关信息多维度组合分析报表等功能，实时查询和分析预算执行体系情况。同时决策分析场景还结合了 3D 指标追溯，通过三维可视化技术，将数字孪生模型、以更加直观、真实的方式展示给用户，用户可以通过计算机屏幕，观察并与虚拟模型进行互动，这种交互式的体验，使得用户能够更加深入地了解模型，找到业务中的问题，快速做出决策。从而提高预算资金的使用效益，提高风险防控能力（见图 1）。

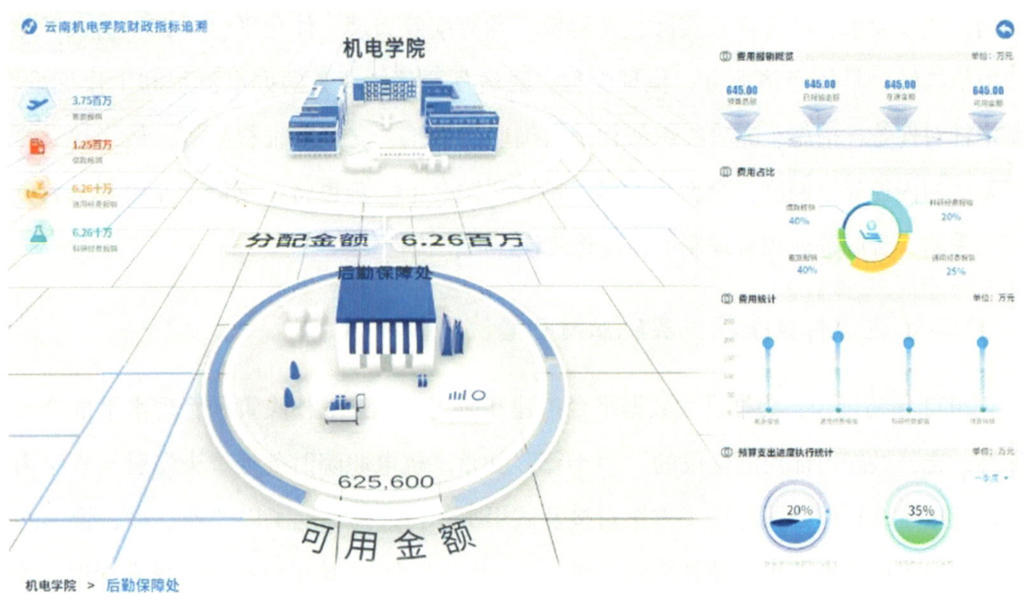

图 1　智慧决策场景 3D 指标追溯（模拟数据）

（四）破解系统模块壁垒，提升财务数据共享和服务能力

一是打通预算绩效管理内控一体化平台与财政预算一体化的数据接口（见图 2），包含项目信息、预算信息、支付信息、采购申请信息、核算信息。解决以往人工录入数据的繁复以及数据不一致问题，目前平台已实现每 10 分钟发起一批国库支付，打破

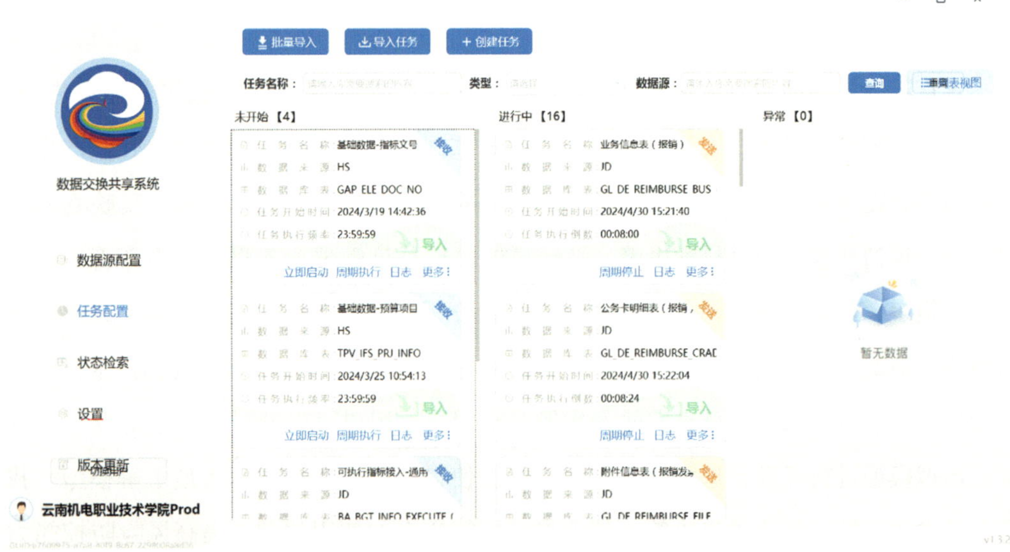

图 2　学校内控一体化与财政预算一体化接口支付平台（模拟数据）

支付的时间空间限制，真正解决预算一体化“最后一公里”问题。二是优化整合周围模块信息系统。打通学校现有OA系统、信息中心数据中台，实现身份认证、单点登录、电子签章等功能。集成第三方短信平台，实现待办、预警及时提醒。集成第三方发票接口，实现发票识别、验真、查重。集成公务之家，实现内部差旅、报账流程无缝衔接；集成银行接口，实现学校自有资金付款自动结算。

三、取得成效

1. 形成项目全生命周期滚动管理，管理质效提升

项目库加强项目申报入库过程管理，通过项目类别实现归口管理，全流程动态记录和反映项目信息变化情况。预算编制通过挑选项目库中的项目安排预算资金，形成预算执行库。预算项目实行逐年滚动管理，经常性项目、延续性项目及当年未安排的预算储备项目，自动滚入下一年度储备。通过项目库管理，建立科学、规范、高效的运行机制，增强规划性和时效性，减少项目计划编制的盲目性，提高项目资金使用绩效。学校在2023年度有效应用项目库争取到中央及省级专项资金共计4738万元。每月通过预算绩效管理内控一体化平台发送各部门预算执行进度，有效监督预算执行情况。

2. 形成“智能+创新”的新智慧财务模式，服务效率提速

通过学校预算绩效管理内控一体化平台的建设，预算及绩效目标“二上二下”执行数据分析、绩效评价等都可以直接通过系统填报完成，形成预算管理全流程的闭环管理体系，实现预算指标“顺向可控、逆向可溯”。实现“细化、深化、优化、简化”财务服务，业务经办人利用系统智能填报、汇总查询等功能轻松完成报销，与财务人员共同构建财务治理命运共同体，真正做到把烦琐留给后台，把便利留给师生。

3. 形成大内控智能监管平台，财会监督提质

预算绩效管理内控一体化平台实现了对项目库、预算、收支、资产、采购、合同等业务的全面覆盖，强化管理职能，形成以内控制度为指导、以风险管理为核心、以业务流程为重点、以自动化预警为手段，通过设定监督预警规则，自动融入财务处理环节，对触发预警的会计核算事项进行相应的警示、拦截、跟踪。实现数字化、智能化的统一财务内控管理，保障学校财务管理规范、健康、有序运行。

四、优化完善系统平台的对策及建议

在内控制度、数智化平台、多元创新工作机制的基础上，下一步探索方向建议：一是引入成本管理工具，优化学校的成本管理，做好分析控制并结合绩效考核进行成

本控制；二是推进学校绩效自评结果的应用，加强政策引导，引导各部门二级学院开展绩效自评结果应用，把项目评价结果拓展应用在部门考核、评优评先、人员晋升等环节；三是高度重视财务复合型数智化人才的培养，实现财务数智化的转型，不仅要具备专业的财务知识、业务知识，还要具备业务能力、数据分析能力的专业人才。此外，财务处将更加注重在创新上用力，在细节处用心，在服务上用情，不断改进工作机制，以高标准提升财务管理能力及治理水平，推动高职院校高质量发展。

（执笔人：赵耀宏　杨萍）

服务求发展　数智畅治理

新疆轻工职业技术学院

党的二十大首次将“教育数字化”写进报告。2023 年 3 月，中共中央、国务院印发《数字中国建设整体布局规划》，再次指出大力实施国家教育数字化战略行动。新疆轻工职业技术学院把推进教育数字化转型列入学校中长期发展规划，借助数字化支撑全面赋能学校各类管理服务，为提升学校治理能力、推动教育现代化提供了有力的支持，取得显著成效。

一、基本概况

在“尊重人、了解人、关心人、提高人、规范人、激励人、依靠人、凝聚人”的“八个人”党建工作方向指引下，学校树立“智能、协同、亲和”的管理理念，紧紧围绕师生主体需求，扩大有效服务供给。通过搭建“互联网+教育管理”“大数据思维+教育技术”技术服务管理模式，从方案设计、设备更新、系统建设、人员培训、运行维护等方面，全方位推进学校“放管服”数字化和智能化转型，营造了全流程服务生态，形成了多部门协同工作机制，提升了制度育人水平，进一步推动完善了内部治理体系建设。

学校治理数智化建设是以数据资源为基础，结合人工智能技术，打通“数据孤岛”，建设目标是场景化解决校园实际问题。学校接入互联网出口宽带 20. 2GB，设置有线信息点 3000 余个，无线网络 AP 接入点 2955 个，建成微模块化机房 2 个，安装高性能服务器 50 台，实现校园无线网络全覆盖；“一站式”智慧校园管理平台高效运行，集成业务平台 30 余个，服务人数达 3 万余人；网络安全加固可及时主动应对新型复杂的威胁和风险，保障网络环境绿色安全；全面升级改造 IPv6 网络，智慧教室、智慧教学平台、智慧学工、智慧财务、智慧办公等应用，全面提升了师生工作学习生活的幸福感，学校的办学水平、教学质量、校企合作、信息化水平等得到了不断提升。

二、具体做法

（一）优化升级数据管理体系，巩固夯实治理的技术基础

1. 建立公共数据平台

制定《新疆轻工职业技术学院基础信息编码规范》，采用“大平台+微应用”技术架构，覆盖 PC 端及移动终端，建成的大数据平台汇聚了 19 个业务系统数据，建立标准库 19 个，创建标准数据元 73178 个，建立标准字典表 5 个，主题库 1 个，其中原始层 1350 张表、标准层 85 张表、主题层 22 张表，每天进行的数据交换任务超 47 个，交换数据 593849 条，数据总量 45. 32GB。打破“数据孤岛”，实现数据标准统一，为学校管理数字化畅通奠定了坚实基础。

2. 实现数据资产沉淀转换

集中规划数据框架，优化跨部门的数据融合运用体系，通过对数据进行统一治理、清洗、整合、存储、管理、分析、应用等加工处理，目前已实现了教学、人事、学工、科研、管理等 26 个业务系统数据无缝对接与交换，解决数据孤岛，形成高质量的数据资产，释放数据价值，为学校管理服务工作奠定坚实基础。

3. 健全数据基础制度

参考国标、部标，结合学校已有的数据，制定符合学校实际需求的数据标准，出台学校《管理数据标准》《基础信息编码规范》等多个管理规范和制度，涵盖包括数据权责约束、数据共享交换、数据管理考核、数据安全管理、数据质量保障、数据开发调用规范、数据结构变更流程等。

4. 优化线上工作流程

学校业务流转面临部门多、人员多、校区多，过去许多还通过原始的书面和手工操作，办事效率和快速反应能力不强。按照“全院一套系统、一个平台、一个门户、二级应用”的总体建设思路，上线各项日常管理审批流程 40 余项，满足新疆轻工职业技术学院跨时间、跨区域、跨部门的学校化协同管理要求，建立分类的学校知识库，形成学校的知识地图，将部门、人员、流程和业务、数据、管理等紧密集成在一起，促进信息的有效利用和科技创新，不断提高学院各项事务的办理签批效率，近 1 年内已线上审批各种事项 5000 余项。让“数据多跑路，师生少跑腿”，提升师生工作学习的优越感。

（二）丰富拓展治理应用场景，提升数智融合业务的有效供给

1. 数智赋能学生从“入口”到“出口”的全链条管理

智慧校园平台完成学生全生命周期的管理与服务。在新生注册环节，智慧学工系统实现从学生录取信息导入，到自动生成录取通知书打印，再到学生录取通知书邮寄，自动分配学号、班级、宿舍。学生在拿到录取通知书时，可以通过学校迎新管理系统查询到新生班级、学号，填报相关信息，线上缴纳学费等完成预报到；日常管理中，创新学生考勤、精准资助、评优评先、学分银行、智慧课堂等应用场景；离校时，自动收集学生的个人信息、学业成绩和奖惩记录，形成学生档案，快速生成离校手续和相关证明。

2. 数智赋能专业建设从思路、方向到模式、方法的全过程迭代

适应新质生产力发展，拓展办学思路，创新人才培养模式，基于学校以往“校企合作、产教融合”模式迭代升级的需要，申报开展“数智产业学院”项目试点，采用“数智+”方式赋能传统专业；把握行业企业数智化转型动向，分析核心岗位关键能力的数智化要求，重点培育扶持有潜力的交叉专业和新兴专业，夯实基础实验研究；基于“互联网+教育”模式搭建专业教学资源平台，提供优秀师资、教育数据共享渠道；创设模拟仿真测验、虚拟任务场景、协作学习环境，运用人工智能分析评价工具对教学课堂环境、课堂结构、执行效果、教学内容方面的效果进行全面分析，实现课堂教学基础大数据的常态化、伴随式采集，以精准评价动态改革教学组织，促进教学效果持续提升。

3. 数智赋能管理从人脑决策到人机协同决策的范式变革

构建精确、稳定、开放、安全的人力资源信息数据库，实现对人员信息、岗位编制、收入分配等进行统计分析和数据挖掘，便于精准动态掌控学校人力资源的分配和使用情况，从学校发展战略层面进行组织机构与人员配置的优化，运用薪酬系统对整个学校的人力成本进行有效控制，从整体上提升学校管理决策能力。通过创建 OA 督查督办信息化平台，强化对党委会决策部署，主要领导交办、批办的重大事项等执行监督，学校党委在把方向、管大局、做决策、抓班子、带队伍、保落实的核心作用上有明显提升。

三、取得成效

（一）为职业教育数字化转型提供了宝贵实践经验

学校认真学习贯彻习近平总书记关于教育的重要论述，落实教育信息化 2.0 行动

计划，以全面服务师生为导向，强化规划设计，坚持项目统筹、资金统筹、技术统筹，聚焦热点难点，加大学校数字校园基础设施建设，促进信息资源深度融合共享，赋能专业建设和教育教学提质增效，努力为学校治理体系和治理能力现代化建设提供重要支撑和保障。2022 年，学校获批立项自治区虚拟仿真实训基地、全国第一批数字校园建设试点院校；2023 年，自治区教育厅批准学校“新疆职业院校教师素质提高计划信息技术应用能力提升实践实训教师基地”项目立项。

（二）信息化与教学、科研、管理深度融合

学校以教育数字化转型为契机，积极构建数字校园支撑体系，成功入选首批全国职业教育智慧大脑院校。围绕数据驱动“一条主线”，聚焦应用、数据“两个架构”，梳理服务、系统、数据“三个目录”，将行政、教务、科研、学工等管理信息系统投入应用；打通 13 个项目系统，确保了服务的全面性和便捷性。“职教大脑数据治理赋能学校高质量发展”典型案例入编教育部数字化赋能教育管理信息化建设与应用典型案例。

（三）实现数智优化学校教育治理

全面梳理学校物理空间传统业务流程，构业务的完整数据流程，运用人工智能技术统筹数据的处理、流转、存储，以数据治理简化业务流程，最终在数字空间建立新的业务逻辑闭环，完成业务流程再造。教育将以数据治理为核心、数智技术为驱动，提升管理精细化、服务精准化、决策科学化水平，真正实现教育管理向教育治理的系统性跃迁。

（执笔人：马玲　史娜　狄亮）

多元治理

产教融合目前已成为高职院校探索多元共治的重要实践与路径探索。从公共管理理论的视角来看待产教融合，发现其在探索高职院校构建现代治理制度中不失为一种有效的尝试路径。不同类型的产教融合形式，对于跨越组织边界、更新治理理念、打破观念藩篱等方面具有重要参考价值。高职院校通过多元治理实现了教育资源的优化配置和管理效能的显著提升。多元治理模式引入了政府、企业、行业协会等多种力量，通过促进校地、校企、校校之间的资源共享、合作互助，集聚各方力量，形成合力，不仅拓宽了办学途径，而且为学校带来了新的发展机遇，增强了学校的社会适应性和办学活力。

从下述案例能够看出，各高职院校都在探索不同形式、不同类型的产教融合新模式，从早期的探索诸如职教集团、产业学院、工程师学院、大师工作室等模式，逐步衍生至产教融合共同体与行业产教联合体等跨区域、跨行业、跨专业的校企融合新模式，高职院校试图通过引进政府、企业、科研机构等多部门力量的参加，使高职院校在构建治理模式中能够站在更高的视野与视角，源源不断获得新思路、新方法、新路径。

案例中高职院校多元治理的主要经验做法有：一是强化校地、校企、校校之间的横向纵向联系机制的建立。注重将行业产教融合共同体和市域产教联合体等国家决策结合地域、院校特点落实落细。形成利益共享、风险共担的格局，是高职院校多元治理的重要做法。二是构建开放型的治理结构。在多元治理的框架下，高职院校通过激励机制的创新、建立反馈与沟通渠道等多措并举激发了校内外各方参与院校治理的积极性，使得各方能够基于各自优势和资源，共同参与学校发展过程，形成开放型、包容性的治理结构，增强了治理活力和效果。三是促进产教融合组织实体化运作。案例院校通过创新治理结构，如建立校企联合管理委员会、引入企业管理模式等，激发内部活力，实现决策的民主化和科学化，提升决策的适应性和前瞻性，增强产教融合组织的实体化运作水平。四是注重国际化合作资源的拓展。多元主体共同参与国际化办学合作更加活跃，通过引进国外高质量教育资源和输出中国优质职教资源，践行“走出去”和“引进来”并举的国际合作策略，提升学校的国际化水平，增强院校的国际影响力。

当前，高职院校多元治理的主要经验呈现出以下特点：一是合作主体多样化。不仅涵盖校内的各种资源，还广泛地涉及校外资源，包括政府、企业、行业协会、国际教育机构等。多样化的合作主体能够为高职院校带来更丰富的资源和更广阔的视野，有助于学校更好地适应产业的快速变化。二是合作模式灵活。行业产教融合共同体、市域产教联合体、产业学院、职教集团等合作形式多样。这些合作模式不仅限于传统的教育活动，还扩展到联合研发、技术转移等更加多元的领域。三是合作效能的及时反馈。通过定期的评估、满意度调查、成果展示等方式，收集合作各方的反馈信息，及时了解合作项目的运行效果，以便及时调整和优化，确保治理活动的透明性和持续改进。

区别于本科院校，高职院校长期扎根并逐步摸索适合自身特点的校企融合发展新模式和新思路。本科院校在校企合作与产教融合方面更倾向于以“科研”为纽带，带动学校的人才培养、师资建设、技术攻关、社会服务等方面，而高职院校由于其办学定位是培养技术技能型人才，因此，高职院校在产教融合方面的显著特点是：政府、学校、企业、社会组织等以培养适应区域经济、产业经济、行业经济发展的技术技能型人才为出发点，双方通过建立产教融合共同体、行业产教联合体等多种形式的校企合作新模式，通过多方“共建”“共谋”“共促”，培养高度契合社会经济发展的应用技能型人才。

多元主体参与高职院校外部治理是学校民主化管理的具体体现与基本价值逻辑。从多元主体的角度来看，政府、企业、社会组织等各有其特点与边界性，不同主体具有异质性，双方通过参与学校多边治理从而达到多方“共赢”与“共生”状态。高职院校内部治理体系支撑其产教融合发展，产教融合又促进学校形成多元治理新格局，反哺内部治理体系的提升。政府、企业等多元主体的参与为学校建立外部治理新格局提供了新思维与新方法，通过政、校、企等多元主体协同创新治理新格局，推进高职院校的职普融通与产教融合，促进高职教育校企协同创新的良序运行。多元治理不仅为高职院校带来了资源、信息和技术上的支持，推动产教融合的持续深入，也为学校的长远发展注入了新的活力。随着职业教育改革的推进，多元治理将成为高职院校持续适应社会发展、提升办学质量的重要方式。

多元治理在绿色石化行业产教融合共同体的实践

天津渤海职业技术学院

一、基本概况

2024 年 1 月 20 日，全国绿色石化行业产教融合共同体成立大会在天开高教科创园举行。共同体聚焦产业链、教育链、人才链、创新链贯通融合，不断形成产教高度匹配、供需无缝对接、助力产业发展的创新生态，搭建多方共同参与合作、协同创新的重要平台，为天津市乃至全国石化化工产业绿色、安全、高质量发展做出应有贡献。

（一）完善运行机制

充分发挥企业、高水平院校、职业院校、科研机构、行业协会各方作用，打造符合产业转型升级要求的新专业、新课程、新教材、新标准；每年召开一次理事会，不定期召开由企业、院校、科研机构参加的成果发布及研讨会。将共同体打造成全国石化行业高水平人才培养高地、企业创新发展的助推器、产教融合办学的旗帜，切实满足绿色石化产业的快速发展和技术需求。

（二）增强师资力量，丰富教学资源

打造一批“双师型”教师队伍，培育一批新时代工匠人才；积极开展教学能力提升培训、产教融合交流、教学能力比赛等活动，切实提高教师的理论教学素养和实践教学能力。开发专业教学资源库、精品在线开放课程和典型生产实践项目，构建教育教学和人才发展相适应、职业教育与石化化工产业相匹配的工作机制。

（三）多方联合开展技术创新与成果转化

搭建政、行、企、校、研五方联动的跨学科、跨专业化工联合研发平台，建立健

全协同创新机制，由专业委员会牵头，组织相关企业、院校深入绿色石化行业生产一线，瞄准产业需求，调研征集企业实际面临的生产性技术难题，建立共同体科研项目库，开展调研评估与遴选立项，共同体建设单位共建产品质量检测中心，面向区域化工类企业开展产品质量检测；共建协同创新平台，开展以“纵向+横向”结合、成果转化为途径、团队智力支持为支撑的“两改一升级”技术服务。

二、建设举措与成效

（一）德技并举，打造“红绿双色”化工教育思政育人新模式

依托天津渤海化工集团有限责任公司（以下简称“渤化集团”）“千年盐业、百年化工”的厚重文化积淀，开展品海洋文化、悟科学精神、扬青春风帆、聚创新力量等系列研学实践活动。围绕“锤炼忠诚红、提炼生态绿”开展课程教学资源建设，依托国家职业教育智慧教育平台，采用“平台+自主资源”开发模式，建设以劳动素质教育、生态文明教育及工匠精神为核心的人文素养类教学资源库，以及环境监测技术、水污染控制技术等“特色绿”专业核心课程资源库。

（二）校企共研，制定“双化”协同行业人才职业能力标准

共同体面向绿色石化行业，深入京津冀区域上下游重点企业开展实地调研，形成了绿色石化行业发展分析报告、行业人才需求预测报告。安全生产管理工程技术人员、环境监测服务人员和农产品食品检验员获批第二批国家职业标准共建互认项目。在“鲁班工坊”中泰合作办学的基础上，进一步拓宽与“一带一路”共建国家的合作领域，推动共同体内各成员单位“走出去”，面向海外实施“中文+职业技能”项目，共建海外国家职业标准，加强“本土化”绿色石化化工技能人才培养力度，助推中国石化行业职业教育专业、课程和标准的国际化，提升教师的国际化教学能力。

（三）虚实结合，构建绿色化工专业核心课程体系

集合共同体各院校教学资源，融合企业培训资源，联合科研院所和行业协会，共同体成员单位对标国家和天津市的重点石化行业，聚焦化工安全生产控制、安全管理、应急管理和安全专业技术服务等重点领域，共同体内院校和企业共同建设化工安全技术专业教学资源库。现已完成16门课程资源建设，实现注册用户6000人，开发课程标准、教学项目、优质教材、精品在线课程及特色化教学资源。开发完成金砖国家职业

技能大赛实验室安全技术赛项的虚拟教学资源及智能化新装备，建设完成7门省部级在线精品课程。

（四）双栖双聘，建设校企互选互聘、理论实践相结合的高水平“师资库”

实施双栖双聘制度，打通校企人员双向流动渠道，优选校企优秀人才，建设互选互聘“师资库”。深度挖掘红色化工企业文化和绿色化工内涵，建设师德师风教育平台；培育天津渤化永利化工股份有限公司等5家企业成为“双栖教师培养示范单位暨应用技术技能人才培养实训基地”；与渤化发展开展“甲醇制烯烃生产实践”教师企业实践项目；成立化工检验分析和环境监测大师工作室各1个；遴选5名教师作为科技特派员，入驻5家企业开展科技服务；建立由60名企业技能大师组成的“双师型”兼职师资库，开展校内实践教学和社会培训。

（五）面向产业，充分发挥开放型产教融合实践中心服务功能

基于天津石化南港工业区产业布局，围绕石化产业链延伸、补齐和强效目标，规划设计了智慧化工开放型产教融合实践中心，在学院和南港工业园区两地建设形成“一厂三基地”主要构架：在南港工业园区新建“新材料改性工厂”，升级改造校内“智能工厂生产控制实训基地”“化工产品分析检测实训基地”和“化工安全技能训练实训基地”。共同体与天开高教科创园进行业务对接4次，与化工领域初创企业10余家开展服务需求沟通，在污水处理、智能巡检等方面达成合作共识。

整合共同体内行业、企业、科研院所、高校等多方资源，发挥实践中心的功能，承接“一带一路”暨金砖大赛实验室安全技术赛项，天津市2024年海河工匠杯技能大赛水处理技术、化学实验室技术赛项，申报天津市安全生产资格考试点。

（六）产教对接，校企共建专业特色鲜明的产业学院

围绕绿色石化关键技术、化工安全管控，汇集校企优质资源，共建“渤海智联化工安全产业学院”，校企联合开发了一批专用设备，打造了一批基于化工物联网产业的校本合作教材，将说明书变成参考书，积极培养一批具备熟练掌握企业运行生产技术的校内企业工程师，对成员企业开展员工培训、支持师生开展研发转化，助推创新创业、小微企业孵化。与共同体内成员单位合作建立“现代学徒制班”，联合中国建筑材料联合会、国家环境保护工业副产石膏资源化利用工程技术中心等多家协会、行业企业，开展工业副产石膏产业技术技能人才培养。制定“石膏专业现代学徒班”人才培

养方案1套，核心课程标准5门。

（七）校校合作，构建绿色石化行业职普融通实践新路径

共同体内职业院校与本科院校携手开展“一主线，两环节，三融合，四分支”本科层次人才培养模式实践，构建“三层次四模块”实践教学体系，实施“3+1”校内校外双线育人教学运行模式。

实施现场工程师专项培养，围绕绿色石化相关岗位的高技术技能型人才需求，已完成30名学员选拔，实施第一阶段专业基础能力培养，完成校内专业基础能力、岗位核心能力等课程学习及首次现场工程师培养班“送教进厂”工作；整合政校行企优质资源，确定年度建设任务清单，优化运行和管理制度；根据岗位需求变化，优化岗位专业知识、职业能力、职业素质，完成人才培养方案修订；校企联合共同构建了基于企业岗位真实生产任务的专业课程体系，完成系统化、实践性强的教学素材、案例分析、实训项目和测试题库等岗前实训教学资源包开发；建立了“文化素质+职业技能”考试招生办法。

（执笔人：王潇　王佳山　边焘）

"校校企园"多元协同 提升职业教育国际化治理现代化水平

天津工业职业学院

天津工业职业学院积极参与共建"一带一路"倡议，与埃尔贡乌干达技术学院和天唐集团共建乌干达鲁班工坊，并以鲁班工坊为契机，通过校内治理与校外协同治理途径大幅提升学院国际化治理现代化水平。

校内治理通过制定10余项鲁班工坊制度、外事相关制度、国际化相关制度，以及鲁班工坊实训相关制度，不断完善国际化治理制度体系；通过开发国际化标准并获得乌干达高等教育委员会和乌干达人民认可，丰富国际化治理路径；通过开展国际化相关科学研究近10项，不断丰富国际化治理理论并指导实践，多措并举提升校内国际化治理能力。校外协同治理通过明确乌干达鲁班工坊校企校三方主体协同共治责任，建立共商共建共享、常态化沟通机制、信息报送机制、责任清单机制和协调解决机制，实现校企校三方共同推动职业教育国际化治理。

一、多措并举，提升校内国际化治理能力

（一）完善国际化治理制度

天津工业职业学院制定《鲁班工坊翻译工作管理制度（试行）》《鲁班工坊管理制度（暂行）》《乌干达鲁班工坊风险防控机制和应急预案》等鲁班工坊制度；《因公临时出国（境）管理办法》《因公临时出国（境）纪律规定（试行）》《因公出国（境）人员行前教育管理办法》《教职工因公出国（境）管理办法》《出国经费管理办法》《外宾接待经费管理办法》等外事相关制度；以及《国际化教学工作量管理办法》《国际合作项目管理办法（暂行）》《境外项目和人员安全管理规定》《境外项目人员安全风险防控机制》《境外项目人员应急预案》等国际化相关制度，健全完善国际化治理体系，通过制度建设提升校内国际化治理能力。

同时，为保障乌干达鲁班工坊项目的顺利开展，在鲁班工坊 4 个专业实训室和 5 个专业实训区制定了安全管理制度和 8S 管理制度，保障在工坊学习实践的学员们安全、规范地按照制度要求完成实习实训内容，为学院国际项目管理奠定坚实的安全基础。

（二）开发国际化专业标准

国际化专业标准开发是专业国际化建设高水平的显著标志，天津工业职业学院为《黑色冶金技术》和《钢铁智能冶金技术》国际化专业教学标准开发单位，体现出学院冶金专业高水平建设能力。

天津工业职业学院与埃尔贡乌干达技术学院和天唐集团共建的乌干达鲁班工坊开设“黑色冶金技术”和“机电一体化技术”专业，学院教师团队协同乌干达校企双方共同开发完善的“黑色冶金技术”和“机电一体化技术”两个国际化专业教学标准于 2022 年通过乌干达高等教育委员会认证，纳入乌干达国民教育体系，得到了乌干达高等教育委员会和乌干达学生的高度认可。其中，“黑色冶金技术”专业填补了乌干达冶金类高等职业教育的空白，“机电一体化技术”专业提升了乌干达机械与电气类高等职业教育水平。

天津工业职业学院通过开发国际专业标准和课程标准，实现专业教学与国际化共同治理，为学院国际化治理能力提升丰富了治理路径。

（三）注重国际化科学研究

自乌干达鲁班工坊开始建设，天津工业职业学院重视对国际化相关问题的科学研究，完成国际化相关科学研究近 10 项，形成系列化科研成果，不断提升国际化科学研究水平和能力。

依托教育部中非信托基金（CFIT）完成《中国高职走进乌干达国别研究》，对乌干达社会、经济、产业、教育等进行了国别研究，深入了解了乌干达对专业技术技能人才的需求，为中国职业教育走入乌干达奠定了良好的基础；依托非洲职业教育研究中心完成了《乌干达与中国职业教育合作调研报告》和《中国职业教育服务中乌产能合作报告》，为中外职业教育合作以及中国职业教育服务国际产能合作贡献优秀方案；先后完成天津市鲁班工坊与研究推广中心《鲁班工坊建设与发展报告 2021》、一项重点课题和一项一般课题；完成天津市高等职业技术教育研究会重大课题和重点课题；立项 2022 年天津市教育科学规划课题“共同体视域下非洲鲁班工坊的持续建设与发展研究——以非洲三国为例”等。

天津工业职业学院在国际化治理中融入科研力量，对国际化治理理论与实践进行研究，能够为学院提升国际化治理能力与水平奠定理论基础。

二、“校校企园”，推进多元协同国际化治理

（一）建设规划，明确多元主体协同共治责任

天津工业职业学院、埃尔贡乌干达技术学院和天唐集团共建的乌干达鲁班工坊采用“校校企园”四位一体的建设思路。“校校企园”四方联动开展校校合作与校企合作，并依托中乌姆巴莱工业园开展国际校企合作产教融合，持续推进鲁班工坊建设，实现可持续发展。

天津工业职业学院、埃尔贡乌干达技术学院和天唐集团均选派鲁班工坊专项负责人员组成乌干达鲁班工坊联合管理委员会，负责中乌职业教育交流合作项目实施。明确在乌干达鲁班工坊的建设运行中，埃尔贡乌干达技术学院提供鲁班工坊场地，并负责本地招生、为企业培养推荐需求人才，联合举办中乌职业技能大赛。天唐集团提供实训基地场地，并协助场地、设备建设，参与共建专业标准、资源，提供实习、指导培训、反馈入园企业需求，积极推荐企业及企业家，并为工坊建设做好当地沟通。天津工业职业学院全程支持工坊专业建设，投入设备仪器、为中乌姆巴莱工业园提供技能培训并与埃尔贡乌干达技术学院和园区企业共享网络资源。

（二）完善机制，校企协同推进国际化治理

天津工业职业学院、埃尔贡乌干达技术学院和天唐集团建立了共商共建共享、常态化沟通机制、信息报送机制、责任清单机制和协调解决机制，保障乌干达鲁班工坊顺利运行。

1. 共商共建共享机制

天津工业职业学院、埃尔贡乌干达技术学院和天唐集团三方共商共建乌干达鲁班工坊，共同建设鲁班工坊场地和鲁班工坊实训基地，校企校三方注重资源整合和信息共享、共同出台乌干达鲁班工坊专业标准和资源、合力提升双方师资水平、共享中国优质职业教育资源和成果。

2. 常态化沟通机制

天津工业职业学院、埃尔贡乌干达技术学院和天唐集团建立了常态化沟通机制。

天津工业职业学院校长、埃尔贡乌干达技术学院校长与天唐集团董事长每季度至少沟通一次，在顶层设计上指导产教融合深入、顺利开展；天津工业职业学院项目负责人、埃尔贡乌干达技术学院负责人和天唐集团鲁班工坊负责人每个月至少沟通一次，持续跟进乌干达鲁班工坊建设情况，确保鲁班工坊具备发展的可持续性。

3. 信息报送机制

埃尔贡乌干达技术学院与天唐集团配合报送鲁班工坊管理制度要求的各项信息，配合完成对乌干达技术技能人才需求的调查，及时反馈师资培训、学生学习、员工培训的有关情况，并及时报送乌干达鲁班工坊及鲁班工坊实训基地的动态信息。

4. 责任清单机制

天津工业职业学院、埃尔贡乌干达技术学院和天唐集团签署《中乌职业教育三方合作协议》，明确规定三方各自的权利和义务，在此基础上，划分三方各自的责任清单。

5. 协调解决机制

天津工业职业学院、埃尔贡乌干达技术学院和天唐集团在遇到问题时，采取协商解决办法，共同解决问题，顺利推进乌干达鲁班工坊的建设与运营。在问题不大的情况下，由三方项目实施人员协商解决；解决不了的，由项目负责人协商解决；项目负责人也解决不了的，由项目总负责人协商解决，以此保障乌干达鲁班工坊的持续建设。

（执笔人：刘红　梁国勇　宋佳）

四方联动　四双培养　打造晋技工坊创三晋产教融合新品牌

山西机电职业技术学院

一、基本概况

随着全球化的发展，职业教育国际化已成为必然趋势。共建“一带一路”倡议的实施，为职业教育国际化提供了广阔的发展空间。但是，“一带一路”共建国家的职业教育发展不均衡，存在师资水平低下，培训资源紧缺，民众受教育程度较低等问题。这就产生了当地职业教育人才培养供给不足与产业一线对高素质高技能人才需求的矛盾。因此，职业院校协同企业“走出去”面临诸多难题，比如无先例可循，无标准可依，亟须师资支撑等，这些问题对于“走出去”企业匮乏的内陆省份来说，更是难上加难。

山西机电职业技术学院积极响应共建“一带一路”倡议，致力于培养具备国际视野和职业技能的海外工匠。通过“晋技工坊”构建了“四方联动”海外办学新模式和“四双人才”培养新模式，为海外院校和企业提供人才配套支撑，助力中资企业“走出去”，服务“一带一路”共建国家，实现了教随产出、共育海外工匠。

二、主要做法

（一）四方联动共建晋技工坊，搭建国际交流平台

学校立足自身专业特色，积极助力企业培育海外技能人才。“政、校、企、行”四方联动，在长治市高新区和泰国教育部职业教育委员会的支持下，山西机电职业技术学院与泰国民武里技术学院紧密合作建设“晋技工坊”（见图1），致力于培养正泰新能科技有限公司（泰国）所需的当地技术技能型人才，共同开展学生海外文化交流活动，开展“语言+职业技能”培训工作，推进交换生项目，与此同时，学校作为山西省职业院校对外开放专家咨询委员会的主任委员单位，将带领委员会成员单位共同搭建省内

协同发展的国际交流新平台，实现共同“走出去”（见图 2）。

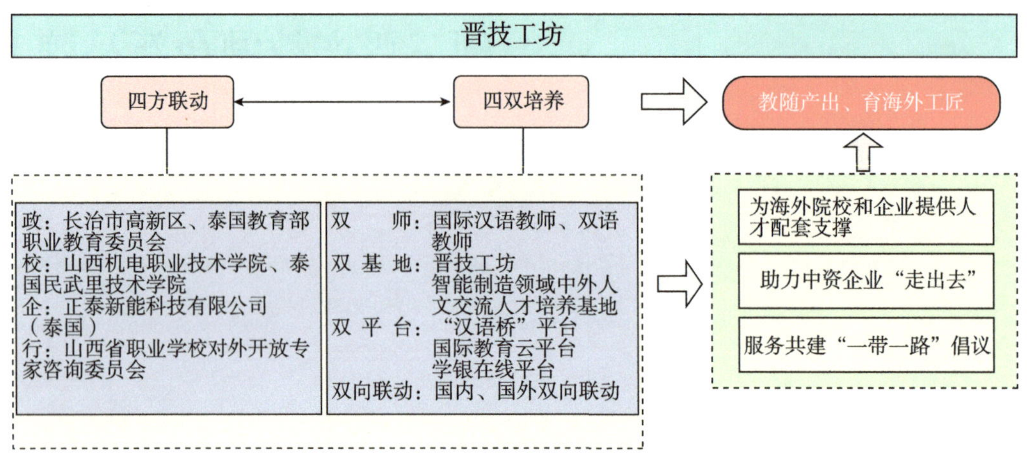

图 1 晋技工坊建设模式示意图

图 2 四方联动，共建“晋技工坊”示意图

1. 校企协同，共同开展“中文+职业技能”培训

学校在探索过程中，跟随中国有色金属行业赴赞比亚开展中资企业海外员工培训和金诚信赞比亚、刚果（金）海外员工来华培训，积极助力企业产能“走出去”；同时，与亚龙智能装备集团股份有限公司等企业合作，为泰国东部职教院校教师和学生开展技术技能培训。

2. 产教融合，共同开设中资企业驻泰“国际班”

学校牵头与正泰新能科技有限公司（泰国）开设“国际班”，为企业持续输出技术技能人才。双方共同在泰国民武里技术学院定制化培养企业需要的“会中文、懂技术”的技术技能型人才。

3. 紧跟需求，开发“中文+职业技能”双语资源

学校承建教育部中外语言交流合作中心“数控机床结构数字化资源建设项目”1个，独立自主开发相应的国际人才培养方案，形成16门中英双语课程资源及12门中英泰三语课程资源。其中，4项课程标准获得泰国认证，4门课程标准获得哈萨克斯坦认证。课程面向泰国22所职业院校，塔吉克斯坦1所职业院校，为120余名职教院校教师开展培训，推广成效显著。此外，学校还连续承接教育部“汉语桥”中文+职业技能线上交流培训。

（二）“四双”培养共育海外工匠，创新人才培养模式

1. 打造国际化双师队伍，保障国际人才培养师资

学校着力培养4名国际汉语教师，25名双语教师（见图3），为海外教学及来华留学教育提供了坚实保障。作为山西省唯一一家招收留学生的职业院校，已累计培养“一带一路”共建国家留学生100名。

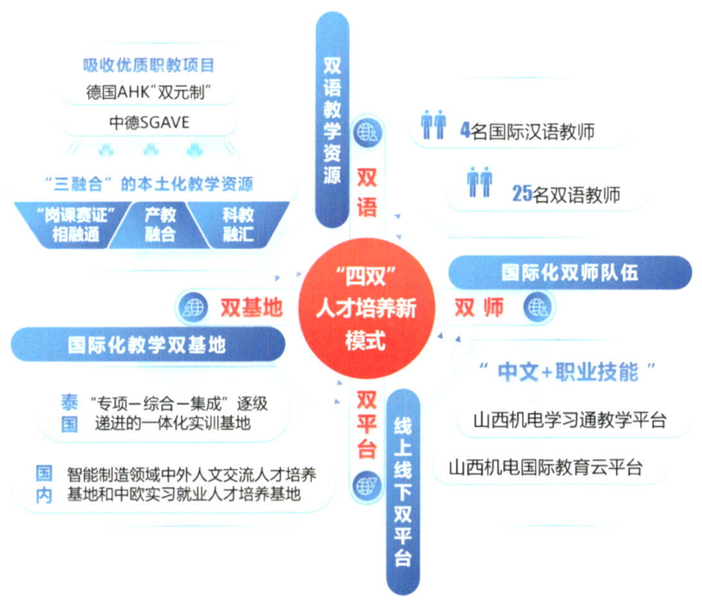

图3 “四双”培养，创新人才培养模式示意图

2. 建设国际化教学双基地，确立国际人才培养场所

学校在泰国民武里技术学院设立“晋技工坊”，在国内成立教育部“智能制造领域中外人文交流人才培养基地”，并入选鲁班工坊建设联盟发起单位和中欧实习就业人才培养基地。

3. 形成线上线下双平台，完善国际人才培养体系

打造线上+线下教学双平台，通过教育部“汉语桥”平台、学院国际教育云平台及学银在线平台，构建“中文+职业技能”教学体系。

4. 国内与国外双向联动，形成国际人才培养闭环

“双高”建设期间，助力“走出去”中资企业及“一带一路”共建国家职教建设，承担教育部中外语言交流合作中心“汉语桥”中文+职业技能线上团组交流项目 2 项，累计开展海外培训达 2205 人日。与泰国、新加坡开展师生交流，组织学生赴日本、越南实习就业，累计海外交流 2053 人日。师生多次参加国际技能赛项，获奖 20 余项。

自此，实现了与海外院校、企业共育高素质、本土化、复合型技术技能海外工匠的建设路径（见图 3）。

三、取得成效

（一）资源建设成果

学校先后构建 3 个平台：中外语言交流合作中心“汉语桥”平台、“山西机电国际教育云平台”和“学银在线平台”；建成教育部中外人文交流中心“智能制造领域中外人文交流人才培养基地”1 个；建成教育部中外语言交流合作中心“中文+职业技能”教学资源建设项目 1 个；承办教育部中外语言交流合作中心“汉语桥”中文+职业技能线上团组交流项目 2 个；在泰国建成山西省首个职业院校海外基地“晋技工坊”；建成中欧实习就业人才培养基地 1 个；教学标准及资源得到泰国东部职教集团、塔吉克斯坦驻华大使馆和行业的高度肯定（见图 4）。

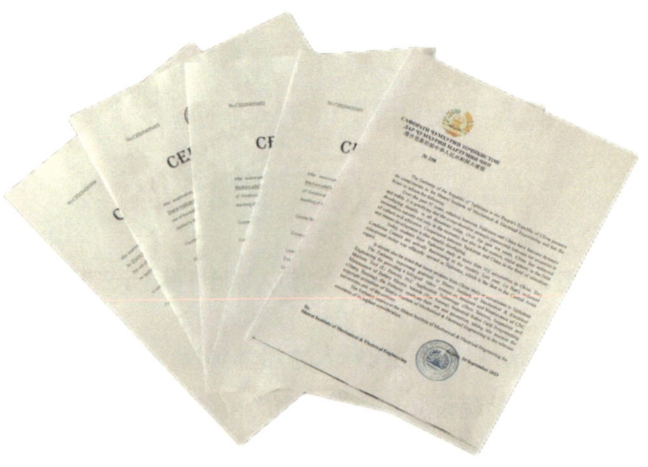

图 4　课程标准及资源获得泰国及塔吉克斯坦认定

（二）海外人才培养成效

在中华职业教育社主办的“一带一路”职业教育国际论坛和世界职教大会上作典型交流，获评典型案例 2 项，产生较大影响力。申报省级以上国际化课题 3 个；获评省级以上教学成果奖 2 个，被评为中德职业技术教育网对德合作试点示范单位、中德职业教育产教融合示范项目、2023 职业院校国际合作典型院校。

（执笔人：李炯）

“五位一体　四链融通”校企协作新模式的实践

无锡城市职业技术学院

一、实施背景

新时代以来，无锡从“两个大局”的时代大背景出发，锚定厚植新质生产力目标，在“打造具有国际竞争力的产业创新智造强市和具有卓越影响力的新时代工商名城”的现代化实践中，对技术技能人才提出了更高的要求。无锡城市职业技术学院始终以助推市场开放发展与产业转型升级为着力点，始终坚持“立足地方，面向区域，服务产业”的特色发展之路，以创新驱动引领，深入推进产学研合作，完善激励保障机制，通过搭建“政、行、校、企、研”五位一体协同育人平台，实现教育链、人才链、产业链与创新链“四链融通”，不断提高办学质量，为高职院校治理创新提供经验和典范。

二、主要举措

（一）以现代学徒制为抓手，全方位开展校企合作

学校高度重视校企合作协同育人改革，不断探索产教融合、协同育人机制，先后与国联证券股份有限公司、浪潮大数据有限公司等企业签订校企合作协议 800 余项。总结现代学徒制和企业新型学徒制建设经验，开展校企协同育人。先后与宜家家居集团、无锡惠山文旅集团等单位共建订单班、冠名班，大幅提高毕业生在锡就业率。由江苏华诚工程管理咨询有限公司、无锡中构绿色建筑科技有限公司投资 200 余万元，共建校内“装配式建筑实训基地”，并获批“江苏省新型建筑工业化创新基地”。浙江驿栈网络科技有限公司投资 195 万元在校内共建“智慧物流末端综合实训基地”。安徽云驴通信息技术有限公司向酒店管理与数字化运营专业群捐赠智慧旅游新零售综合服

务平台，价值108万元。依托工业互联网学院重点专业群，与浪潮卓数大数据产业发展有限公司合作成立的“大数据智能应用工程技术研究中心”获评江苏高等职业院校工程技术研究开发中心。与江苏锡西影视文化产业有限公司共建“校中厂”——8700平方米时建亚洲单体宽度最大的室内摄影棚综合实训基地，与无锡市旅游业协会旅游新媒体分会共建“数字新媒体人才培养基地”。由美国铁姆肯慈善基金会捐赠14万美元设立的美国铁姆肯烘焙与咖啡技能培训中心，成为无锡体验烘焙文化与咖啡文化的主要基地之一，并获批“江苏省第三批中小学生职业体验中心”。酒店管理与数字化运营产教融合集成平台获批“无锡市示范性产教融合集成平台”。

（二）以产教融合共同体为引领，坚持走集团化办学道路

学校先后牵头成立了无锡市农村电商产教联盟、无锡市职业院校思想政治教育联盟、全国数字影视职教集团、江苏省邮政行业职教集团、无锡市学前教育协同发展联盟、无锡市建设职教集团。先后获评“无锡市职教集团人才培养先进单位”“无锡市职教集团服务行业企业发展先进单位”“无锡市先进职教集团”。江苏省邮政行业职教集团，先后承办了无锡市快递员职业技能竞赛、江苏省快递员职业技能竞赛、江苏高校邮政行业职业技能大赛和第三届全国邮政行业职业技能竞赛全国总决赛，引起了社会的广泛关注，并获批国家邮管局“国家邮政行业人才培养基地”称号。

影视学院联合无锡市淘宝影视文化传播有限公司、无锡广播电视集团等单位，共建“全国数字影视职业教育集团”“产学研创联盟”“锡西文化创意产业园”等产教融合平台。旅游学院依托无锡太湖国际旅游度假区，与无锡拈花湾文化投资发展有限公司共同申报的“无锡文旅产教联合体”；贸易金融学院依托京东宇培无锡锡东物流园，与江苏京东信息技术有限公司无锡第一分公司共同申报的“无锡市速递物流产教联合体”成功入选“第一批市级市域产教联合体”。2024年，学校与灵山集团联合牵头组建“全国文化旅游景区行业产教融合共同体”。“校企共育‘信达雅’拈花湾客栈管家的创新实践”项目入选2024年度全国文化艺术职业教育和旅游职业教育提质培优行动计划之学生实践引领计划。

（三）以产业学院为载体，助力校企深度合作

学校对接产业技术创新需求，贯彻交叉融合与协同共享的组织建设理念，统筹布局建设一系列跨学科融合、校企共建的产业学院。共建成8个产业学院，其中“农村电商产业学院”聚焦农村寄递物流体系建设和区域乡村振兴产业重点，开展和实施

“我为家乡代言”等系列兴农助农活动和项目，学校成功入选“江苏省乡村振兴人才培养优质校”“无锡市直播电商重点培育机构”。围绕无锡市“465”现代产业布局紧贴行业和区域发展需求，与杭州安恒信息技术股份有限公司共建的“数字安全产业学院”获评“无锡市示范产业学院”。为推动无锡城市文化与旅游产业深度融合，与无锡市旅游业协会共建无锡城市旅游发展研究院。

通过产业学院建设，校企双方积极开展特色鲜明、精准性较强的合作与研究。形成了以政策、措施为保障，产业学院为“点”，职教集团为“面”的立体式全方位运作平台，校企合作深入，各方交流顺畅，成绩斐然。

三、成果成效

（一）人才培养质量显著提升

学生在全国和省、市职业技能大赛上获奖550余项。2019届罗遵吉回乡创业成为当地创业典型，被《贵州日报》报道；2024届汪洋婷进入中央军委机关事务管理总局京西宾馆管理局工作。学生毕业论文《基于游客感知的恢复性环境声景优化研究——以灵山、拈花湾景区为例》获2021年江苏省优秀毕业论文团队奖。2023年，教师带领学生完成横向课题“拈花湾景区对客服务质量提升调研”，帮助景区提升服务质量。学校连续三年获评“江苏省高校毕业生就业工作量化督导A类高校”。学校获评“2023年度无锡市高校毕业生留锡就业工作先进单位”，也是全市唯一获评的高职院校。

（二）办学经验得到政府采纳

学校制定《无锡市“十三五”旅游人才规划》《无锡市“十四五”公共服务发展规划》;《保护传承利用好无锡运河非遗的策略研究》获无锡市委书记批示,《新格局、新生态、新风口——深化无锡职业教育产教融合的思考》在2023年无锡市政协“促进职业教育高质量发展”专题协商会汇报，提出市政协十五届二次会议第152368号、第152367号、第152369号提案，市政协十五届三次会议第153412号提案、第153413号提案，获无锡市文旅局、商务局、教育局、无锡地铁集团积极回应。

（三）社会影响力不断扩大

无锡城市职业技术学院和无锡灵山文化旅游集团有限公司、北京第二外国语学院共同发起成立全国文化旅游景区行业产教融合共同体，在共同体成立大会上，学校分享了“文旅景区行业产教融合促进高质量发展的灵山实践”；学校提交的《文化互动 标准互补 岗位互通——校企协同培育国际化酒店英才的育人实践》作为“2024年走向世界中国职业教育方案——共建‘一带一路’职业教育合作成果”优秀案例在2024EducationPlus（无锡）国际职业教育大会暨产教融合博览会上发布，这一模式的办学实践与成效被《新华日报》《无锡日报》以及学习强国、中央广电总台国际在线、今日头条、文旅中国、全国基层党建网等中央和省市媒体广泛报道。

（执笔人：瞿立新　张子威）

以创业带动就业打造高质量就业新模式

义乌工商职业技术学院

党的二十大报告提出，要完善促进创业带动就业的保障制度，支持和规范发展新就业形态。近年来，义乌工商职业技术学院不断深化创新创业教育改革，走出一条以“创”立校的特色办学之路，“双创”教育“样板效应”日益显现，被评为全国创新创业典型经验高校、国家级创新创业教育实践基地。学校应届毕业生就业率连年超98%、创业率稳定在12%以上；截至2023年6月23日，2023届毕业生就业率为98.09%、创业率为14.44%，创业带动就业效应明显。

一、顶层设计为统领，变“要我创”为“我要创”

一是系统构建“双创”工作机制，激活“创”动力。坚持“立足市场、以创立校、德技并修”办学理念，将“鼓励扶持学生创业，为学生开展创业活动创造有利条件”写入学校章程，以培养“想创、能创、争创”的“新义商”为使命，构建起学校党委领导、创管处牵头、群团协同、二级学院落实的工作机制，形成了富有活力的“双创”教育工作体系。

二是深入推进“双创”融合发展，提升“创”内涵。强化“思创融合”“专创融合”，坚持以德为本、以创为魂，高标准建设省级课程思政研究中心、“望道行”教学实践中心等思创育人载体；坚持专业带动创业，创业反哺专业，创新推进专创融合课、专创工作室、创业导师制建设，搭建2个示范性产教联盟、4个产业学院、2个混合所有制学院等专创平台，打造有特色、有深度、可推广的专创融合义乌范式。

三是全面健全“双创”保障体系，增强“创”效能。基于链条式创业过程，聚焦导师队伍建设、赛创融合互促、评价机制改革、“双创”国际化4个维度，出台专项制度20余项，为“双创”教育有序展开提供制度支撑；以“职业规划与就业创业指导”为前导课，建设省级在线精品课程“大学生创业与创新教育”和国家级在线精品课程

“跨境电商创业”等“双创”教学资源50余项，形成了“‘双创’通识—专创融合—‘双创’拓展”三级递进式“双创”课程体系；划拨专项资金，对在校生注册企业给予一次性创业补贴，并根据项目类型和经营实况再给予2000元至30000元不等现金资助；设立同创基金，为在校创业学生提供“短期、无息、公益”贷款，成立十年来已累计提供超3000人次的创业资金支持。

二、“双创”实战为导向，变“找饭碗”为“造饭碗”

一是建构一套标准，批量培养“双创”人才。学校在国内首开创业班，推行学分替代，在全省率先出台大学生自主创业认定标准，并通过规范创业班、专创工作室、创业精英班三大载体，实现人才培养模式迭代升级。近三年，在校学生注册在校内的市场主体788家，直接带动就业岗位近3000个。在浓郁创业氛围影响下，2020届毕业生滕智越，在校期间创办浙江恋凝香茶业有限公司，以“群店共创”思维推进公司升级发展，现有员工150多人，其中近百人来自周边高校。

二是打造三大平台，协同构建“双创”生态。学校高度注重产教学研创一体化发展，打造国家级众创空间、浙江省首批直播电商基地——创业园，促进“双创”教育实践有效开展；打造全国首个以“小商品创新设计”为主要研发方向的创意文化园区——创意园，形成“创意—作品—产品—商品”一体化成果孵化、“双创”人才成长链；打造智能制造科创实训基地——科创园，为师生共同参与企业项目研发、技术改造、科创成果转化提供平台。近三年，学校累计立项“双创”孵化项目600多项，学生取得专利、软件著作等创新成果450余件。2021级学生何宇迪创办的宇迪科技有限公司获批浙江省科技型中小企业，申请专利13项，荣获全国“互联网+”“挑战杯”双金奖，带动就业创业60余人，其中带动同学创业5人、就业10人。

三是鼓励多元实战，持续激发“双创”潜能。以“三全育人”综合改革为抓手，坚持以德为本、以创为魂，聚焦“双创”能力锻炼，创新实施“麦穗”计划，唱好“志愿服务—勤工助学—创业实战”大学生成长三部曲，全面提升学生创业技能和创业项目可持续发展能力。学校80%学生有志愿服务经历，60%学生参加过勤工助学，超20%学生“真刀真枪”从事创业实践实战活动，“让自己拥有市场，为同学创设岗位”成为学生共识。浙江省教育考试院发布的跟踪调查结果显示，学校毕业生三年后的创业率分别为14.95%、18.36%、20.32%，呈现稳定增长态势。

三、社会服务为使命，变“受人助”为“能助人”

一是聚焦区域，助力“共富窗口”建设。学校主动服务浙江共同富裕先行示范区建设，充分发挥“双创”教育优势和智力优势，助力山区 26 县共同富裕，年培训 10000 余人次。由创业学院在校生组建的“直播创客”创业团队，深入磐安县双溪乡用编织中国结的红绳串起了当地 200 多名村民的直播创业之路。2020 级学生桑叶以琳大一就开始创业，后成立“巾帼云播”团队，开启“农村女性直播电商公益培训”之路，该团队线上线下培训累计超 10 万人次，帮助 1 万多名女性实现直播创业梦。

二是辐射全国，服务乡村振兴战略。学校承办台盟中央、团中央、人社部组织开展的跨境电商培训班、乡村振兴高级研修班等创业培训项目，面向全国播撒“双创”“火种”，将创业知识和技能带到四川、甘肃、广西、青海等 20 多个省（自治区）。2021 级来自四川大山的贫困生李健松成立了四川旭翌奥科技有限公司，服务 218 户果农，年销售额突破 3000 万元，直接带动就业 100 余人，资助贫困生 10 余人。学校师生团队成功入选人力资源和社会保障部 2023 年专家服务基层示范团。

三是面向世界，践行共建“一带一路”倡议。学校利用义乌与“一带一路”共建国家的广泛联系，建设“中欧（西班牙）跨境电子商务培训学院”“马来西亚义乌丝路学院”等国际合作平台，积极开展以“双创”为主题的国际交流与合作，为“一带一路”共建国家青年提供跨境电商、电商直播等培训 2000 多人次，国际学生留义创业率达 24%，回国创业率逾 50%。来自吉尔吉斯斯坦的米卡，在校期间成立义乌市幂卡进出口有限公司，作为在义乌优秀国际青年代表参加 2023 年亚洲青年领袖论坛。

（执笔人：尚凤标）

“城产教科创”融合 多元共治打造现代职教体系生态域

浙江工业职业技术学院

一、基本概况

浙江工业职业技术学院（以下简称“浙工院”）长期以来坚持工科办学特色，面向实体经济及实体经济服务业，主动与地方、产业、教育和创新等各类要素开放重组，“政校行企研与国际”多元主体协同，“城产教科创”融合，办学主体由“单一”转向“多元”，推动“专业学科服务一体化”，致力于打造形态丰富、动态感知的现代职教体系生态域。在“教育、科技、人才”三位一体结构化发展中找准定位，着力培养高技术技能人才大军，助力地方将先进技术和设备投入生产应用，转化为现实生产力；着力打造博士工程和工匠大师工程，努力成为市域经济发展的高层次应用型创新人才蓄水池；深耕“从 10 到 100”的应用技术和生产运维创新，在科技创新服务的产业体系结构中，重点服务于专精特新中小企业、“小巨人”企业、隐形冠军企业等，助力市域经济社会的高质量发展。

二、具体做法和主要成效

（一）协同多元主体和创新要素，推动“城产教科创”融合

浙工院以“城产教科创”融合助力构建现代高等职业教育体系，更新合作理念，丰富合作形态，整合资源和要素，形成专业学科服务一体化办学模式。

（1）多元共治，丰富合作形态。对标地方产业发展和技术技能人才培养需求，引入校外多元主体共同参与治理。成立工科类高等职业技术教育创新发展智库，集合校内外职业教育研究者、实践者，及关心支持职教发展的社会人士，为工科类高职发展改革提供智力支持；筹建由行业专家、政府企事业单位、校友代表和学校负责人组成

的发展理事会，提升学校发展战略决策的科学性；运行产教融合联盟，培育市域产教融合联合体、产教融合型企业、产教科融合型科研基地，共建行业产教融合共同体，促进教育链、产业链、人才链、创新链“四链”融合，助力区域“教育、科技、人才”三位一体化建设。

（2）多方协同，坚持“三育”共赢。在办学过程中坚持企业家精神，着力提升“育学生”“育教师”“育企业”的关键能力。在“育学生”方面，落实立德树人根本任务，加强企业家精神、工匠精神培养，提高学生创新素养和实践能力；在“育教师”方面，引导和鼓励教师走出教室、走出校园，走进企业、走进行业，融入企业发展，提高教师的人才培养能力和社会服务能力；在“育企业”方面，通过校企科技合作助力企业高质量发展，提高学校在人才培养、技术创新、智库思想等方面服务企业的能力。企业行业则提升教育家情怀，既肩负起“育员工”的责任担当，同时通过产教融合、科教融汇，协同学校履行“育学生”“育教师”的使命，发挥企业资源和技术优势，与学校共建学生实习实训基地和教师企业实践基地，实现校企双方双向赋能、合作共赢。

（3）多策并行，适应多样现场。推行“一企一策”，打造多样化的企业学院。紧扣绍兴市域内国家专精特新“小巨人”企业和省级专精特新“小巨人”企业众多且科教产资源丰富的特点，精准对接企业人才需求，细化人才培养“颗粒度”，强化“因产办学”“因企施教”“因岗施教”，创建一批模式定制化的“企业学院”。例如，“海亮企业学院”实施“双轨多段、交互训教”的“双主体”培养模式；“康思特企业学院”采用“‘双元’场所、‘双元’师资、共研教材、育训一体”的人才培养模式，推进现场工程师培养；“博盟企业学院”采用成果导向模式，校企“双导师”协同培养学生试制试验、测试装调等能力。通过不同模式的企业学院适应不同企业现场需求，优化学校人才供给、学生发展诉求和企业人才需求之间的循环。

（二）深度推进“六大合作”，探索构建现代职教体系生态域

浙工院积极推进与地方政府、行业协会、企业机构、高校、科研院所与国际合作，积极融入地方经济社会发展，服务地方产业发展需求，响应国家战略、助力共同富裕，促进职普融通、产教融合、科教融汇。

（1）政校合作，“因产办学”，促进产教融合。与新昌县合作，政府投入 25 亿元，借鉴现代产业学院模式，共建浙工院新昌学院，创建“小县大学堂”；联合新昌高新技术产业园和万丰奥特控股集团有限公司，共建绍兴市新昌千亿级高新技术产业产教联

合体；与绍兴市政府共建市公共实训基地，为国家级示范性实训基地，政校合作投入2.5亿元，年均培训3万余人次；与市经信局共建市工业设计基地，为省级工业设计中心、省“双创”示范基地，入驻企业37家，年营业额超过2000万元；与政府各部门共建中国劳动关系学院长三角学院、市退役军人学院、市知识产权学院、市老年大学分校、市网络空间安全学院等，形成“两基地五学院”的政校合作大格局。

（2）校企合作，“因企办学”，促进产教融合。积极响应企业需求，不断丰富合作载体与路径。依托浙江海亮集团有限公司等企业申报现场工程师学院，与保时捷浙江公司共建保时捷人才培养基地，连续9年开展品质实习生项目，与杭钢职教集团合作打造的职业教育产教融合智慧云，被列为教育部提质培优计划省政府项目、长三角一体化发展重大项目。近三年，浙工院牵头成立全国智慧建造人才培养创新联盟、全国黄酒产业产教融合人才培养联盟、全国智能建造产教融合共同体；获批中国食品工业黄酒产业产教融合示范基地、全国高职院校非遗人才培养基地、教育部双师型教师培养培训基地等；入选省级产教融合联盟2个、教育部“产教融合校企合作典型案例”1个。

（3）高校合作，协同创新，促进职普融通。与浙江科技学院合作开设四年制高职本科人才培养试点专业，已培养4届200余人毕业学生；与中国劳动关系学院、市总工会共建中国劳动关系学院长三角学院，培育劳模工匠、传承工匠精神；与普通高校合作研究成果获省部级科技奖一等奖1项、二等奖3项、三等奖2项，参与制定国家标准、团体标准等12项；与普通高校共建省级重点实验室分中心3个、硕士研究生联合培养点3个，联合培养硕士10余人。

（4）产学研合作，科研反哺教学，促进科教融汇。近三年，立项省部级课题近20项，主持市文化工程重大项目，年均科技合同经费1000万元，科技转化产生经济效益2.55亿元；建成国家职教新能源汽车技术专业教学资源库，获国家级教师团队2个、全国职业院校教师教学能力竞赛一等奖1项，主持完成教育部教育标准2项。以技术服务助力共同富裕，推动科技特派员服务地方政府和企业，科技服务专家团走访丽水市缙云县、江山市等地，指导酿酒、茶油、菜干、中草药等地方重点发展产业。

（5）国际合作，促进国际产教融合、职普融通。与美国菲迪大学、腾讯云等共建国际互联网学院，开设中外合作办学项目2个，年均在校生近400人，今年首批毕业生毕业，深受用人单位欢迎；获批教育部留学生招收资格，获批教育部中外人文交流中心基地2个；与尼日利亚埃邦伊州立大学、马来西亚拉曼技职学院等共建“丝路学院”2个；为马来西亚、乌兹别克斯坦等“一带一路”共建国家本科高校开展“中文+职业技能”培训；立项埃塞俄比亚国家职业标准开发项目 3 项；连续承办中国（绍兴）工业设计国际邀请赛与“一带一路”工业设计大展，创办全球公益直播《中国黄酒技艺与人文大讲堂》，国内外受众 10 余万人次，在国际会议上作主旨报告 10 余次。

（6）中西部合作，促进共同富裕，推动中西部产教融合。实施“组团式”援疆，连续选派青年干部、骨干教师对口支援新疆，帮扶阿克苏教育局、塔里木职院引入教育资源 60 余项，持续做好新疆阿克苏地区“职教未来名师”培训等服务项目，以团队服务阿瓦提县、阿拉尔市等地一批企业；与市人社局合作开办中西部高校来绍培养高职班，与江西制造职业技术学院、江西工业职业技术学院开展联合培养，年均招生 450 人，搭建两地三方人才培养、技能培训、就业创业平台，推动两地在教育教学、实习实训、就业等方面合作共赢。

现代职业教育体系是开放系统、动态系统，高职院校的办学治校必须坚持开放合作、多元共治。浙工院正以自身的多元化实践响应教育部“一体两翼”的现代职业教育体系部署，落实改革重点任务，探索多元主体共同参与治理的新模式、新机制，打造现代职教体系生态域，推动合作主体互为动能、共同发展、生生不息。

（执笔人：毛建卫　徐丹阳　冯旭芳）

党建引领　推进校企共同体迭代升级

杭州职业技术学院

杭州职业技术学院坚持以习近平新时代中国特色社会主义思想为指导，深入学习贯彻党的二十大精神、省第十五次党代会和杭州市委市第十三次党代会部署。坚持以党建统揽发展全局，以立德树人为根本，以高水平“双高”建设为抓手，忠实践行“八八战略”。围绕杭州打造世界一流社会主义现代化国际大都市，及浙江奋力推进“两个先行”的战略目标，逆势奋进、勇毅前行，扎实推进产教融合“深水期”改革，探索校企共同体迭代升级新路径，以新的发展成绩彰显职业教育赋能助力地方发展的杭职担当。

一、基本概况

学校党委将全面从严治党工作与事业发展同谋划、同部署、同推进、同考核，制定《深化推进党建工作高质量发展的实施方案》，开展党建“四大工程”“六大行动”，构建高质量党建工作体系，实施人才强校、数智杭职、“三全育人”、马克思主义学院建设、清廉杭职等 5 个三年行动计划，推动党建与学校改革发展深度融合。近年来，学习宣传贯彻党的二十大精神走深走实，依托校企共同体资源共享优势，紧扣服务地方企业转型升级和经济发展需求，校企党员结对带头大力推进科技创新。校企联合完善了现代职业教育研究中心、杭州市产教融合研究院等一批产教融合研究平台建设，产教融合校企合作呈现生动发展活力，“国字号”成果库频添新成员，干部人才队伍整体水平量质齐升，工匠型人才培养体系加快形成，科技创新与社会服务提质增效，国际交流与合作逆势奋进，职业本科教育工作迈出铿锵步伐。党委把方向、管大局、作决策、抓班子、带队伍、保落实的统领作用更加彰显，党对学校事业发展的全面领导持续强化。

二、工作举措

（一）建立完善产教融合发展机制

深化“放管服”改革，落实科研管理自主权，优化科研管理体系，加大科研项目绩效激励力度，为科研与技术服务释放新活力。坚持把科研与技术服务作为助力区域企业升级和经济高质量发展的重要抓手，强化顶层设计，构建政策制度激励、科研项目支撑、专项经费等制度体系。修订出台《二级管理实施办法》《科技成果转化管理办法》《教科研配套及奖励实施办法》《教科研高水平成果建设管理实施办法》等系列政策，明晰学校、二级学院及职能部门在科研与技术服务工作中的责权利关系，打通学校科技创新与产教融合发展“最后一公里”，进一步激发校企合作开展科技创新服务工作的内生动力。以学术委员会建设为引领，统筹学术事务的决策、审议、评定和咨询等事项，健全教学、专业技术职务评聘等专门委员会，形成分工负责、协同共治、运行高效的科研工作新格局。

（二）创新搭建校企合作发展平台

积极推动产教融合校企合作迭代升级，围绕杭州“5+3”产业集群规划布局，出台《校企合作管理办法（试行）》，使校企合作管理运行更加规范。与华为集团开展战略合作，建成华为云计算学院，共建鲲鹏适配中心、成果转化中心，开展科研与技术服务项目，搭建产教融合协同创新与育人平台，着重培养鲲鹏生态及产业人才。与联想集团、钱塘区签署战略协议，共建“联想工业互联网研究院”，瞄准数字浙江发展，着力打造国内工业互联网人才培养高地。与安恒信息有限公司开展战略合作，共建杭州数智工程师学院，创新探索混合所有制办学模式，校企联合培养“亚运卫士”“护网尖兵”，打造“立足杭州、服务浙江”的数字安全人才培养高地。聚焦浙江共富示范区和技能型社会建设，积极推动建德校区建设，启动成立 7 个现代产业学院，培养适应和引领现代产业发展的高素质应用型、复合型、创新型人才，打造引领改革、支撑发展、中国特色、世界水平的高水平职业技术大学。

（三）推动教育链、人才链、产业链、创新链有机衔接

围绕增强办学适应性和服务高质量发展，积极推动学校优质职业教育资源下沉。与嘉兴平湖市教育局、平湖市独山港经济开发区、平湖市职业中等专业学校四方合作

共建“独山港新材料产业学院”，与嘉兴海宁许村镇、海宁职高、海宁家纺行业协会四方合作共建“杭海龙渡湖时尚产业学院”，紧扣地方产业升级发展需求，开展五年一贯制人才培养、技术技能培训、技能鉴定和技术服务，着力打造高水平技术技能人才培训基地。联合平湖、海宁等地产业园区企业，共同成立产业联盟，共建企业研究院，推动人才交流、科技创新、技术研发、智库支持、党建共建等多维合作、协同发展。通过合作各方“资源共享、优势互补、互利互惠、共同发展”，创新“政行企校”“政校企园”等跨界合作人才共育新模式，打造理念先进、水平一流、特色鲜明的产教融合职教样板，推动教育链、人才链与产业链、创新链有效衔接，为地方产业升级和经济社会高质量发展培育急需人才。

三、主要成效

（一）立德铸魂，隐性化“工匠精神”润物无声

学校出台《工匠摇篮建设实施方案》，系统构建工匠人才培养体系。推进工匠精神融入思政课程和课程思政，融入课程教学和实习实训，将企业文化、职业精神、岗位要求引入思政课教育，实现“润物细无声”的育人效果。完成马克思主义学院整体改造提升工程，建成“必由之路”主题馆、研习中心、虚拟仿真中心、明德讲堂、润心书屋，成为浙江省高校红色场馆联盟单位。举办长三角高职高专院校思想政治理论课建设联盟2022年轮值理事会第一次会议及联盟理事会专题研讨会；承办“党的二十大精神融入思政课高端论坛”暨第一届长三角高职高专院校思政理论课建设联盟年会。与桐庐县钟山乡魏丰村、石岭湾家庭农场共建思想政治教育实践基地。电梯检测技术、服装立体裁剪等2门课程获教育部课程思政示范项目，2门课程所在教学团队同时获国家级课程思政教学名师团队。服装立体裁剪课程作为全国轻工纺织大类课程的优秀代表入选首批“国家级课程思政示范项目”展示作品。

（二）崇德塑身，高水平“工匠之师”引领教学

发挥学校与企业育人“双主体”作用，120余名企业技师常驻校内，学校专业带头人与企业师傅、技术能手联合开展教学实训，共同深化德技并修、课证融通、育训结合的工匠人才培养模式改革。出台《杭州职业技术学院科研创新团队建设与管理办法》等制度，重点打造“教学创新团队、科研创新团队、人生导师团队”三类团队，成功培育2支国家级职业教育教师教学创新团队和1支省级教学创新团队。以“双师

型”教师团队建设为抓手，改革创新教育教学方法，优化教学评价方式，打造“能说会做”的“双师型”工匠之师。学校入选国家级职业教育“双师型”教师培训基地；8 支团队获浙江省教学能力比赛特等奖 2 项、二等奖 1 项、三等奖 5 项，浙江省高职教育类教学成果奖特等奖 2 项、一等奖 2 项、二等奖 3 项；全国职业院校教学能力比赛二等奖 2 项，实现历史性突破。

（三）以文化人，新时代“工匠苗子”茁壮成长

“浙江工匠精神研究”课题列入浙江文化研究工程重大研究项目，扎实推进工匠研究院、工匠学院、工匠书院、工匠博物馆、工匠培训中心、工匠科普教育基地建设，将工匠精神融入校园文化建设和人才培养全过程。出台《杭州职业技术学院“拔尖人才培养计划”实施管理办法》，启动“拔尖人才培养计划”“金顶针”计划，以工匠文化铸魂育人。围绕“建党 100 周年”“党的二十大”等主题开展“青春夜学”“青马工程”等系列活动，以先进理论武装学生思想；开展大国工匠进校园、校友讲座等“我与工匠面对面”活动，以先进榜样引领青年成长发展；组织“工匠技能节”“文化艺术节”“社团嘉年华”等活动，以匠心育苗铸魂，引领青年学生走匠心筑梦、技能报国成才之路。承办浙江省第六届大学生机器人竞赛、第五届红十字应急救护大赛并取得优异成绩。学生获国家级技能竞赛奖励 9 项、省级奖励 100 项；斩获第八届中国国际“互联网+”大赛国赛银奖和铜奖各 1 项、“振兴杯”职业院校创新创效比赛国赛银奖和铜奖各 1 项。连续两届摘夺大学生国家奖学金特别奖。

迈向中国式现代化新征程，作为国家“双高”校，杭职院将以更务实的举措，聚焦关键点、找准发力点、打好组合拳，高位谋划、高标部署、高效推进，高水平推进产教融合、科教融汇迭代升级，不断增强适应性，努力办好人民满意的教育，打造职业教育高质量发展“杭州样板”，为浙江推进建设“两个先行”添彩赋能。

（执笔人：陶启付　郑永进　庄熊）

三个“+”工程打造赋能产业三条链，产教融合跑出加速度

聊城职业技术学院

一、基本概况

聊城职业技术学院于2000年10月经山东省人民政府批准成立的全日制公办学校，是山东省技能型人才培养特色名校、山东省首批示范性高职院校、山东省优质高等职业院校。

学校践行“扎根聊城，服务聊城”的神圣使命，围绕提高新时代职业教育供给质量做文章，精准做“+”法，实施三个“+”工程：一是“集团+”，建成国家级示范性职教集团，破解职业教育供给规模小、专业同质化和人才成长通道不顺畅、职业教育体系不完善的问题，为聊城市产业抱团赋能，打造“人才链”；二是“专业+”，对接聊城市产业链重构专业群，优化专业群动态调整机制，完善专业建设保障机制，解决了专业设置与产业发展对接不紧密、设置与调整滞后的问题，无缝匹配聊城市产业，打造“专业链”；三是“技术+”，政企校共建聊城市工业互联网产教融合创新中心、乡村振兴科技帮扶平台、企业技术服务平台等“一中心两平台，破解技术服务能力不强的问题，为产业打造技术“服务链”。通过三个“+”工程，打造赋能产业三条链，探索出一条“立足当地、抱团做大、集群供给、精准赋能”的新路子，用实践诠释了“职业教育前途广阔，大有可为”，形成职业教育创新发展高地建设的“聊职样板”。

二、具体做法与主要成效

（一）“集团+”：对接产业打造人才链

实施“集团+”工程。学校牵头建立的聊城市第一职业教育集团，是国家级示范性职教集团培育单位，拥有理事单位80个，包括1所高职院校、2所本科院校、5个协会组织、14所中职院校和58家企业。

一是“集团+产业学院”，实施“企业主导型”培养模式，定制企业需求。为中通客车、东阿阿胶、乖宝宠物食品集团等量身定制培养模式，建立了“企业主导型”的中通学院、阿胶学院、乖宝学院等 12 个产业学院。将学校搬到企业中，将企业设在学校里，建立“国家、省、校”三级现代学徒制试点体系，实施校企双主体育人。“聚焦农村健康扶贫，医教联合体支撑下高职护理人才培养的创新实践”国家级职业教育教学成果奖二等奖；“企业主导型二级学院育人模式研究与实践”获山东省职业教育优秀教学成果一等奖；集团理事长徐龙海在全国职业院校产教融合研讨会上做专题发言（见图 1）。

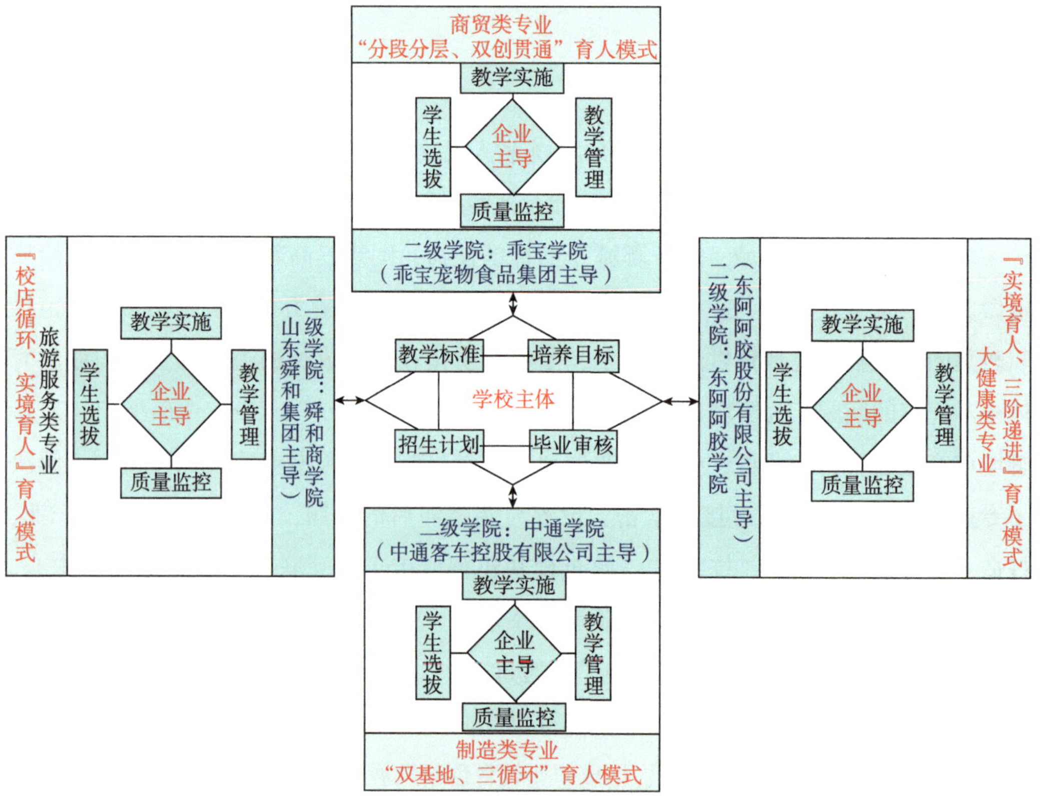

图 1　企业主导型产业学院育人模式结构

二是“集团+贯通培养”，实施集团内贯通培养，做大人才供给规模。打通人才培养梗阻，实施“2+2+1”中高职贯通培养、“3+2”专本贯通培养，建立技术技能人才“中高本一站式”成长成才通道。目前，职教集团共建专业 41 个，各职业院校年招生总人数已突破 3 万人，职业院校每年毕业生大约 1.8 万人，其中在聊城市就业比例超过 40%，为聊城市打造制造业强市和创新型城市提供主力军，培育了生力军，建立了“蓄水池”。

三是“集团+交流平台”，打造系列高端论坛，做新产教融合交流平台。学院先后承办了全国职业教育赋能聊城先进制造业暨职教专家进企业现场会、山东省职教集团联盟2020年秘书长扩大会议、职业教育集团化办学高质量发展论坛暨山东省职教集团联盟年度工作会议等，齐聚职教专家、企业高层共商职业教育赋能产业发展事宜，打造了产教融合交流平台。

（二）“专业+”：对接产业打造专业链

一是立足“三个十大”布局专业群。围绕聊城市九大产业，重构医养健康、精密智能制造、现代农业服务、网络安全技术四个高水平专业群，带动其他专业群52个专业协同发展，打造“4+N”专业集群发展矩阵，精准匹配聊城市支柱产业。优化专业群动态调整机制，建立“专业评估清单”制度，建成一批“植根聊城，伴生企业，动态调整”的专业集群。

二是聚焦产业链打造专业链。通过建设生产性实训基地“延链”，对接聊城20条重点产业链，与聊城市35家企业联合建设生产性实训基地，与东昌府区政府、高新区管委会等11个县、局共建人才培养基地，将“培养链”延伸至各县市区“产业链”。通过打造产业学院“强链”，植根产业链条，与新凤祥集团、东阿阿胶、中通客车等大型企业共建产业学院，创新“内外联动、校企融通”产业学院运行模式，围绕企业打造人才培养、技术服务和社会培训的集聚地和孵化器，让“专业链”和“产业链”无缝对接起来。通过以混促改“补链”，围绕聊城市产业链100个延链补链项目，与杭州喜马拉雅信息科技有限公司、泰康珞珈（北京）科学技术研究院有限公司等共建增材制造（3D打印）产业学院、大健康产业学院等混合所有制学院，与诺亦腾科技等共同实施混合所有制项目3个。校企合作共建专业14个，增设专业方向16个，与20家企业共同设立现代学徒制项目26个，订单培养项目15个、校企一体化项目5个。每年为聊城产业链条定向培养人才2800余人，产教深度融合密织“培养链”，让“专业链”牢固扎根“产业链”。

截至目前，学校获批国家级现代学徒制试点单位、国家级生产性实训基地1个、国家级骨干专业3个、山东省高水平专业群2个，获批山东省校企一体化办学项目3个。

（三）“技术+”：对接产业打造服务链

一是“技术+工业互联网”，打造工业互联网产教融合平台。与海尔卡奥斯、高新区管委会、青腾科技等四方共建了聊城市工业互联网产教融创中心，下设工业互联网示范线体验、教育赋能、科研、创新创业四大功能板块，为聊城市企业打造集体验、展示、科研创新、应用推广、创新创业和人才培养示范等功能为一体的赋能平台。为乖宝宠物食品集团提供了基于 ABB 机器人的自动生产制造服务，为山东日发纺织机械有限公司提供物流管理和运营服务。

二是“技术+乡村振兴”，打造乡村振兴科技帮扶平台。成立乡村振兴学院，整合省、市级工程技术中心，建立了由企业专家、省市科技特派员、校内技术专家构成的乡村振兴科技帮扶团队。与临清市牧青种植家庭农场对接，帮助牧青农场冬暖式大棚蔬菜每亩效益提升 2000 余元，吸纳周边农户用工 1500 余人次，年人均务工收入增加 5000 多元，并成功申报山东省省级示范家庭农场、山东省新型职业农民乡村振兴示范站、山东省智慧农业应用基地。王闯教授主持山东省重点研发项目《基于循环式水肥一体化的番茄高效基质栽培技术体系的集成与应用》，获取纵向资金 437 万元，为乡村振兴注入科技力量，带来惠民实效。中国教育网、新浪网、山东广播电视台等媒体对聊城职业技术学院在服务乡村振兴方面的做法进行了专题报道（见表 1）。

表 1　2019 年度山东省重点研发计划（公益类科技攻关第二批）项目

项目编号	项目名称	起止年限	项目牵头单位	项目负责人	项目主管部门	经费总额（万元）
2019GNC20900	泰安市科技支撑乡村产业振兴技术集成与示范应用	2019—2020	泰安市农业科学研究院	孙海伟	泰安市科技局	244
2019GNC21000	威海市科技支撑乡村产业振兴技术集成与示范应用	2019—2020	山东生产力促进中心	夏国强	威海市科技局	119
2019GNC21100	日照市科技支撑乡村产业振兴技术集成与示范应用	2019—2020	日照市农业科学研究院	王云鹏	日照市科技局	86
2019GNC21200	临沂市科技支撑乡村产业振兴技术集成与示范应用	2019—2020	临沂市生产力促进中心	殷洪涛	临沂市科技局	583
2019GNC21300	德州市科技支撑乡村产业振兴技术集成与示范应用	2019—2020	德州市科学技术情报研究所	牟德智	德州市科技局	341
2019GNC21400	聊城市科技支撑乡村产业振兴技术集成与示范应用	2019—2020	聊城职业技术学院	王　闯	聊城市科技局	437
2019GNC21500	滨州市科技支撑乡村产业振兴技术集成与示范应用	2019—2020	山东省农业科学院玉米研究所	李宗新	省农科院	368
2019GNC21600	菏泽市科技支撑乡村产业振兴技术集成与示范应用	2019—2020	菏泽市农业科学院	曲　杰	菏泽市科技局	159

三是“技术+企业服务”，打造技术服务创新平台。整合优质科研和技术资源，建成 1 个省级工程技术研发中心、1 个省级高等学校应用技术优质协同创新中心、2 个山

东省职业教育技艺技能传承创新平台、13 个聊城市工程技术研发中心和重点实验室的基础上，搭建技术服务创新平台。该平台覆盖现代农业、新能源汽车服务、新一代信息技术、现代商贸服务、文教旅游和医养健康等六大新动能产业，为区域行业企业转型升级及产业发展提供良好的技术研发与服务支撑。依托此平台，学校先后承担了全国轴承保持器单项冠军企业——“金帝集团”的订单班培育项目、200 万元的冲压产线自动化研发项目以及七类轴承保持器单项冠军企业——“鲁珠精密保持器有限公司”的产线工艺优化研发项目；协助山东天工集团改造两条口罩生产线，帮助企业渡过难关，为聊城市疫情防控贡献力量。

（执笔人：曲江波　逯义军）

3+1+N：产教融合科教融汇职业教育新模式探索与实践

驻马店职业技术学院

一、举措背景

（一）贯彻落实习近平总书记关于职业教育重要指示批示精神和党的二十大精神的政治要求

党的十八大以来，职业教育被摆在前所未有的突出位置。习近平总书记关于职业教育的重要指示精神，为职业教育发展把舵领航，“深化产教融合、校企合作”成为职业教育发展的重要要求。党的二十大报告指出，“统筹职业教育、高等教育、继续教育协同创新，推进职普融通、产教融合、科教融汇，优化职业教育类型定位”，进一步明确了职业教育的发展方向。

（二）推动现代职业教育高质量发展的迫切需要

产教融合、校企合作是职业教育的基本办学模式，是办好职业教育的关键所在。中共中央、国务院相继印发《关于深化现代职业教育体系建设改革的意见》《关于加强新时代高技能人才队伍建设的意见》《关于推动现代职业教育高质量发展的意见》等文件，对“以深化产教融合为重点、以科教融汇为新方向”，有序有效推进现代职业教育体系建设改革和“完善产教融合办学体制、创新校企合作办学机制”，推动现代职业教育高质量发展作出顶层设计和重要部署。

（三）破解产教深度融合瓶颈的具体举措

近年来，在各级政府大力推动以及高校和社会的积极参与下，产教融合取得了可喜的进展，在主动面向、融入、服务并引领地方经济社会发展方面发挥了重要作用。

在肯定成绩的同时，产教融合依然存在融合范围窄、程度浅、形式单一等亟待解决的问题。校企双方的开放性和社会化程度不够，在人才、信息、知识、技术、智力、资源、环境等方面的互补优势尚未得到充分挖掘、利用和发挥。

因此，驻马店职业技术学院（以下简称“驻职院”）牢牢把握职业教育正确办学方向，紧紧抓住推进现代职业教育高质量发展的“生命线”，创造性地提出“‘3+1+N’产教融合科教融汇职业教育新模式”。这是贯彻落实习近平总书记关于职业教育重要指示批示精神和党的二十大精神的政治要求，是推动现代职业教育高质量发展的迫切需要，也是破解产教深度融合瓶颈的具体举措。

二、具体做法

（一）基本思路

坚持立德树人、德技并修理念，整合政校企三方优势资源，以“‘3+1+N’产教融合科教融汇职业教育新模式”共建混合所有制现代产业学院，促进教育、科技、人才一体化发展。通过“校园+产园”“专业+产业”“基地+实验室”等形式，实现“把大学办到科技园，把课堂搬到车间”，全面优化专业结构布局、优化师资力量结构，搭建技术研发平台、加强科技成果转化力度，推动教学方法改革、推动多方协同育人，服务区域经济社会发展与服务地方支柱产业转型升级。秉持“1+X+N”人才培养模式，着力培养高素质技术技能人才，真正实现“招生即招工、入企即入学、入学即就业”，实现“校园、科技园、产业园”三园合一。

（二）具体举措

1. 顺势而为，提出产教融合科教融汇职业教育新模式

驻职院智能制造类、电子信息类、数字经济类等专业群紧密对接地方支柱产业，紧盯产业高端和高端产业，精准服务地方产业需求。驻马店经济开发区科技园占地423亩，作为地方重点打造的高新技术孵化器和高端企业集聚地，汇聚了人工智能、装备制造、信息技术等领域一大批具有国际竞争优势的人才、设备、技术等资源。驻马店经济开发区管委会充分发挥政府统筹、协调、管理职能，搭建校企合作平台。驻职院抢抓机遇、顺势而为，创造性地提出“‘3+1+N’产教融合科教融汇职业教育新模式”。具体而言，“3”即政府、学校、企业三方共同合作创办混合所有制现代产业学院；“1”即省级科创平台，充分发挥实验室人才、技术和资源优势，开展技术攻关、科技研发

和成果转化，为产业学院的发展提供人才依托和技术创新支持；“N”即学校与各产教融合企业共建 N 个二级产业学院、孵化出 N 个科技企业和技术产品落地企业（见图 1）。

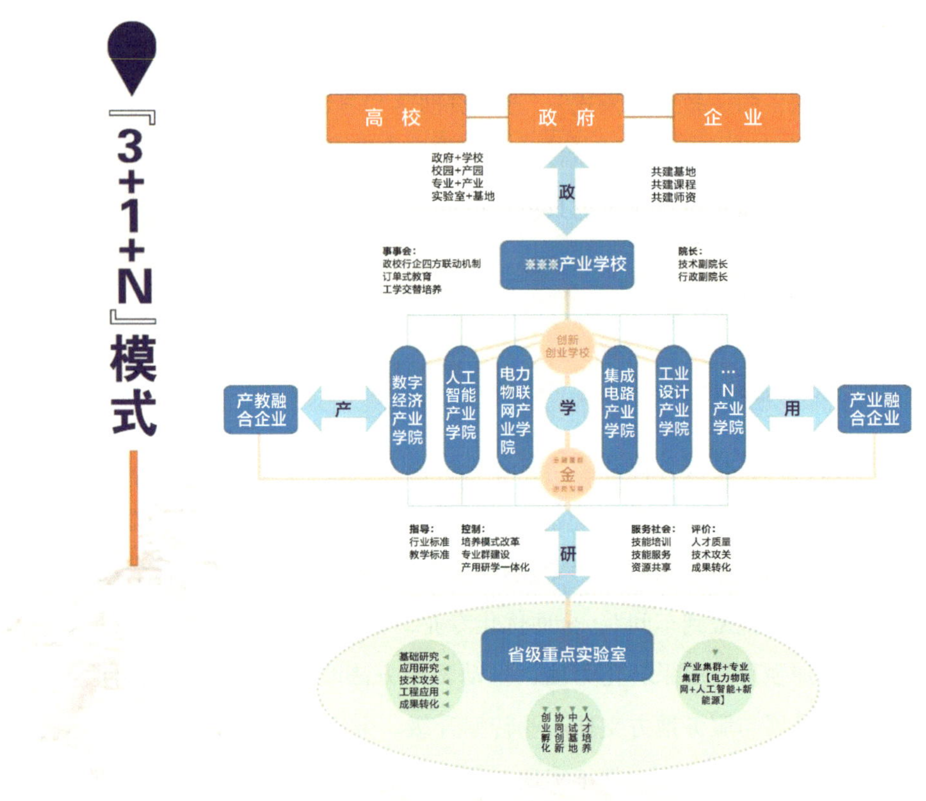

图 1 “‘3+1+N’产教融合科教融汇职业教育新模式”

2. 齐抓共管，加快推动混合所有制现代产业学院建设

2022 年，驻职院与驻马店经济开发区管委会、产教融合型企业签署了《驻马店职业技术学院科技园产业学院项目协议书》，共同成立了河南省首家混合所有制现代产业学院——驻马店职业技术学院科技园产业学院（见图 2）。自成立以来，科技园产业学院主动适应地方经济发展需求，深度聚焦电力物联网、人工智能、数字经济等新兴技术领域，以“共建、共管、共享、共赢”为基本准则，充分发挥政府、学校和企业的协同作用。在政校企三方的共同推动下，科技园产业学院现已完成硬件设施建设，建筑面积 33 万平方米，6.7 万平方米实验室已经初具规模，3.6 亿多元的实验仪器设备已经进驻运转。

图 2 驻马店职业技术学院科技园产业学院

3. 把握内涵，明确混合所有制现代产业学院鲜明特征

驻马店职业技术学院科技园产业学院作为混合所有制现代产业学院，具备其鲜明特征。驻职院牢牢把握混合所有制产业学院内涵，梳理科技园产业学院建设思路。一是推行“1+X+N”人才培养模式。在“1+X”证书制度基础上改革创新，“N”代表以“德、智、体、美、劳”五育为基础的多元评价体系，采用激励措施从不同方面充分挖掘高职学生闪光点，使之自信、阳光，坚持社会主义办学方向，落实立德树人根本任务。二是举办主体多元化。由地方政府、驻职院、产教融合型企业三方共同合作创办。三是产权结构多样化。学院举办主体的多元势必带来产权结构的多样，同时积极争取政府、社会团体、行业组织、企业对科技园产业学院发展提供项目和经费支持，吸纳不同主体，兼容不同类型的产权性质。四是治理模式社会化。科技园产业学院实行理事会领导下的院长负责制，由学校、企业、政府等多方代表组成理事会，实现所有权、决策权、监督权分离，又相互制衡，保证决策民主科学。五是运营模式市场化。产教融合型企业为科技园产业学院提供基础设施及运营服务，并深度参与市场交易、商品流通、市场竞争等市场经济活动。六是运营效益最大化。科技园产业学院的不同所有者以资金、设备、技术、知识等要素投入，在参与过程中多方合作共赢，无论经济效益还是社会效益，都能达到“1+1>2”的效果。

4. 筑巢引凤，聘请院士团队知名专家硕博人才齐助力

为进一步增强科技园产业学院核心竞争力，努力打造一支素质过硬的师资队伍和

创新团队，驻职院先后聘任中国科学院院士、西安交通大学自动化系智能与网络化系统研究中心主任管晓宏教授和中国科学院院士、北京航空航天大学学术委员会主任房建成院士，分别担任驻马店职业技术学院省重点实验室学术委员会主任、副主任。聘任清华大学教授、博士生导师、校科研院院长助理、国家 863 计划专家组成员孙富春为省重点实验室首席科学家。聘任国家工程技术中心主任、国内电网安全行业的资深专家翟富昌和厦门大学教授、人工智能系主任李绍滋等专家为学校“天中学者”和专职教授。管晓宏、房建成、孙富春等专家学者的加入，有力促进和提升科技园产业学院的科研实力，推进产业学院和实验室取得重大突破。同时，驻职院扎实推进“3300”招才引智工程，利用三年时间引进 300 名硕博人才，优化学校师资队伍。

5. 六链耦合，依托科技园产业学院打造职教示范高地

驻马店职业技术学院科技园产业学院以实际生产场景为依托，将人才培养、技术研发、实训实习、创业就业、教师专业化发展与服务企业科技创新有机结合，不断增强专业服务产业、人才培养服务地方经济社会发展的能力。科技园产业学院注重人才培养供给侧结构性改革，以“社会需求”为导向开展课程改革、设计课程体系、优化课程结构，促进教学内容与技术发展衔接、教学过程与生产过程对接。校企双方联合授课、联合指导实践，形成校企人才双向流动格局，打造实践创新能力突出的高水平教学团队。校企双方以省级科创平台为载体，共同开展技术攻关、产品研发、成果转化、项目孵化，最终实现技术服务产业和成果产业化。学生入驻科技园产业学院园区后，融合“在校学生”和“技术工人”于一身，工学交替培养，在真实生产线或工程环境下开展实景、实操、实地学习，赢在就业起跑线。同时，地方政府全程进行指导，为科技园产业学院相关企业提供政策、土地、税收等支持；金融机构为企业资金需求、学生创新创业提供便捷优惠的金融服务。科技园产业学院由此形成“政、产、学、研、用、金”六链耦合的完整闭环。

6. 复制推广，引领多所混合所有制产业学院落地生根

目前，“‘3+1+N’产教融合科教融汇职业教育新模式”已经实现了复制推广。近期，驻职院运用此模式与驻马店市经济开发区管委会，上海金东唐科技有限公司签约，共建河南省高端装备智能制造公共实训基地；与平舆县政府、河南蓝翎环科防水材料有限公司完美牵手，共建驻马店职业技术学院智慧制造产业学院。学校与京东物流集团、360 科技集团有限公司等国内知名企业共建产业学院有关事宜正有序推进中。

三、反思提炼

（一）多方深度合作，不同要素良性互动

驻马店职业技术学院科技园产业学院实行多主体办学，建立多元投入机制，发挥产业学院理事会企业管理、项目化运作的优势，积极争取政府、社会团体、企业对产业学院发展提供项目和经费支持。一方面，在科技园产业学院的建设和管理过程中，相关企业全过程参与，为驻职院带来企业的组织、人力、设备、市场等资源。另一方面，科技园产业学院打造“政、产、学、研、用、金”完整闭环，可以使不同办学主体间的人、财、物相互融通。如师资队伍方面，企业技术人员以兼职教师的身份进入课堂为学生传授最新科技和前沿资讯，学校教师以兼职工程师的身份到企业参与产品开发、技术研究和课题攻关，不同要素间在碰撞交流中实现良性互动。

（二）创新培养模式，提升协同育人质量

驻马店职业技术学院秉持“1+X+N”人才培养模式，对学生进行赏识教育，充分挖掘每位学生身上的闪光点，提升学生自信心和进取心。在科技园产业学院里，各个岗位都有学生的身影，学生不仅实现自我管理、自我服务、自我监督，而且直接参与实验室、车间、企业的日常运行管理与维护。科技园产业学院中的安保、后勤、保洁等岗位，也都由学生自愿承担，并通过劳动获取合理薪酬。学期末，学工部门会根据不同学生的不同表现，颁发基于“德智体美劳”等各个方面的评价证书，完善学生评价体系，更加客观立体地评价学生。同时，在真实的职业体验中，帮助学生树立“劳动最光荣”“幸福是奋斗出来”的理念，培养学生形成“劳动精神、劳模精神、工匠精神”。

（三）注重实操实训，练就学生过硬本领

驻马店职业技术学院科技园产业学院“把大学办到科技园，把课堂搬到车间”，以“双元双真”“项目贯穿”“赛教融合”“产学结合”助力学生掌握扎实学识，练就过硬技能。“双元双真”是面向企业工作岗位，构建以实际项目为背景的实践教学体系，引入企业真实项目案例。“项目贯穿”是以校企合作为途径，应用能力培养为主线，系统设计“实验、实践、综合实训”等实践教学环节贯穿人才培养全程。“赛教融合”是分阶段针对不同专业组织校级竞赛，在竞赛中营造学习氛围，巩固教学实践成果。“产学结

合”是依托合作企业成立大师技能工作室，吸纳部分学生，由企业工程师指导学生承接企业真实外包项目。

（四）推进教法改革，提升教育教学成效

第一，实践嵌入式教育，创新教育教学方法。以培植和提高学生的综合能力为重点，构建以实践嵌入式教学为核心的生态系统，不断创新教育教学模式，使教学过程与行业企业生产服务过程对接，加快建设能够满足学生多样化、个性化需求的信息化教学环境，完善课堂教学质量检测评价体系。第二，项目牵引的项目实训体系建设，以校企合作为途径，以应用能力培养为主线，系统设计“实验、实训、实习、社会实践”等实践教学环节，并将“学中做、做中学”实践贯穿教育教学全过程。

（五）聚焦地方产业，精准服务区域发展

驻马店职业技术学院科技园产业学院紧紧围绕区域重点产业规划，形成“产业园中办大学，大学园中办产业”的良好态势，畅通“基础研究—应用研究—技术攻关—工程应用—成果产业化”衔接路径，促进教育链、人才链、专业链、产业链、创新链紧密衔接与深度融合。此外，科技园产业学院建设实训基地，打造实践教学、企业真实生产、社会培训、技术服务、考试服务等生产性公共实训基地，开展“人人持证，技能河南”职业技能提升服务。

四、评估效益

（一）学校综合实力大幅提升

驻职院依托科技园产业学院，相继获批河南省示范性产教融合型职业院校培育单位（全省高职院校仅有 14 个单位获批）；获批河南省职业教育信息化标杆学校、河南省电动车辆智能制造工程技术研究中心、河南省乡村智慧农业工程研究中心；获批河南省职业教育教学改革研究与实践项目重大项目（全省共 6 项）；获批省级“5G+智慧教育”创新应用试点项目、省级科普教育基地、河南省职业院校教师技艺技能传承创新平台、河南省大学科技园等众多省级重点教科研成果、项目、平台；全国工商联在全国范围内遴选 30 家产教融合示范实训基地，驻职院成功入选。两年来，学校在校友会排名从全国 800 多名跃升至全国 139 名，学校跨越式发展效果显著，实现了换道领跑。

（二）学校社会影响日益扩大

科技园产业学院成立以来，受到各级领导和社会各界的亲切关怀。各级领导多次主持召开专题会议和实地参观考察，听取和察看科技园产业学院建设情况，对学校下一步工作提出殷切希望。学校专题版面“科技园产业学院系列报道”刊发新闻稿件百余篇，被人民网、《河南日报》、河南高教、今日头条等知名媒体密集转载，对学校“‘3+1+N’产教融合科教融汇职业教育新模式”持续关注。驻职院主要领导相继受邀参加光明日报《教育家》杂志线上圆桌论坛、“产科教融合”共享平台建设发展高端论坛、“分类评价与高质量高等教育体系建设”学术研讨会暨全国院校战略规划专委会第二届换届大会等具有全国影响力的高端论坛，并作现场报告，分享学校推进产教融合、科教融汇，实现教育、科技、人才一体化发展的经验做法，“‘3+1+N’产教融合科教融汇职业教育新模式”得到教育部、省市级领导、省内外院校以及与会专家学者和线上线下观众的高度关注和充分肯定。

（三）学生职业素养更加夯实

科技园产业学院依据专业特点，利用真实生产线等环境开展浸润式实景、实操、实地教学，有力提升了学生的动手实践能力，有效提高了学生对产业的认知程度和解决复杂问题的能力，学生职业素养显著提升，就业前景一片光明。一方面，“招生即招工，入企即入学，入学即就业”模式彻底解决了学生初次就业问题。另一方面，夯实的职业素养使学生在二次择业中颇受用人单位欢迎。驻职院就业率常年保持在95%以上，处于全省领先方阵。学校有近60%的毕业生留在当地创业就业，有近40%的毕业生服务小微企业，为当地经济社会发展提供了强有力的智力支持和人才支撑，学校人才培养质量受到用人单位和地方社会的广泛赞誉。

（四）服务社会能力显著增强

科技园产业学院充分发挥“头雁效应”，引领驻职院进一步增强服务地方经济社会的能力和水平。2022年，5万台知乐途新能源车陆续从驻马店出发经港口装船运往西班牙。河南知乐途新能源有限公司在研发方面得到了科技园产业学院的大力支持，人工智能创新团队研发的智能网联智能开关接合彻底解决了当下电动车自燃和起火的瓶颈问题，切实保障了人民群众生命财产安全。这次新能源车出口意义非凡，是科技园产业学院自主研发产品走向世界的里程碑，也是驻职院产教融合和科技创新的重大成果。2022 年来，在“‘3+1+N’产教融合科教融汇职业教育新模式”的带动下，驻职院科研成果同比增长 45%。先后获批组建驻马店市工业互联网重点实验室、驻马店市鸿蒙生态开发重点实验室、驻马店市 5G 智能制造重点实验室三个市级科研平台。与京东物流、郑州云时代、新道科技股份有限公司等多所规上工业企业进行合作，共建数字建筑创新研发中心、学前教育研发中心、智能制造系统集成应用研发中心、物联网生态研发中心、智慧物流研发中心、智能财务工程研究中心等 6 个研发中心。与河南小狮智能科技有限公司、上海锐变信息技术有限公司、河南杞乐生物科技有限公司等 17 家企业对接交流，全年完成地方服务项目 17 项，合同总金额六千多万元。目前，驻职院建成 3 个高水平产教融合实训基地（数字经济产业产教融合育人基地、现代智慧物流产业产教融合育人基地、电子商务产业产教融合育人基地）和 132 个校内实训基地、120 个校外实习实训基地，形成了电子信息类、智能制造类、财经商贸类、教育类、土木建筑类 5 大专业群，为培养更多高素质技术技能人才，全方位助力地方经济社会发展贡献职教力量。

（执笔人：魏亚辉）

产业学院搭台　政校行企协同　共商共建专业群

湖北工业职业技术学院

湖北工业职业技术学院地处秦巴山区的，是十堰市本土唯一的高等职业院校，特殊的地理位置和学校服务地方的办学思路，成就了学校深耕十堰本土、服务地方经济、促进产业发展的生动实践。学校积极融入区域发展大局，对接行业企业需求设置专业、布局专业群，校地、校企共建产业学院。以专业群为载体，以产业学院为平台，政校行企协同合作，推动区域经济高质量发展。

一、服务地方产业发展的专业群布局

（一）理念思路

学校坚持“服务区域经济、助推产业升级”的办学理念，深入实施“五化同步”（即本土化、一体化、精准化、智慧化、国际化）发展战略，紧密对接湖北省“51020”（即打造 5 个万亿级支柱产业、10 个五千亿级优势产业、20 个千亿级特色产业集群）现代产业体系战略布局，全力服务十堰市“一主四优多支撑”产业体系，形成“一个专业群引领一个地方特色产业”的格局，有力推动“绿色低碳发展示范区”建设。

（二）专业设置

为贯彻落实湖北省第十二次党代会精神，十堰市锚定“绿色低碳发展示范区”新定位，围绕打造“山水车城、宜居十堰”，加快推进城市转型、产业转型、经济转型，突破性发展“一主四优多支撑”现代产业体系。学校针对区域发展布局，针对新能源和智能网联汽车“一主”产业，开设新能源汽车技术、智能网络汽车技术等专业；围绕文旅康养、新型电池、绿色食品饮料、生物医药健康等“四优”产业，开设旅游管理、酒店管理、绿色食品生产与检验、药品生物技术等专业；对接循环经济、卫浴、清洁能源、数字经济、供应链物流等多点支撑产业，开设大数据与会计、商务数据分析与应用、现代物流管理、网络管理与直播电商等专业，合计开设专业 51 个（见图 1）。

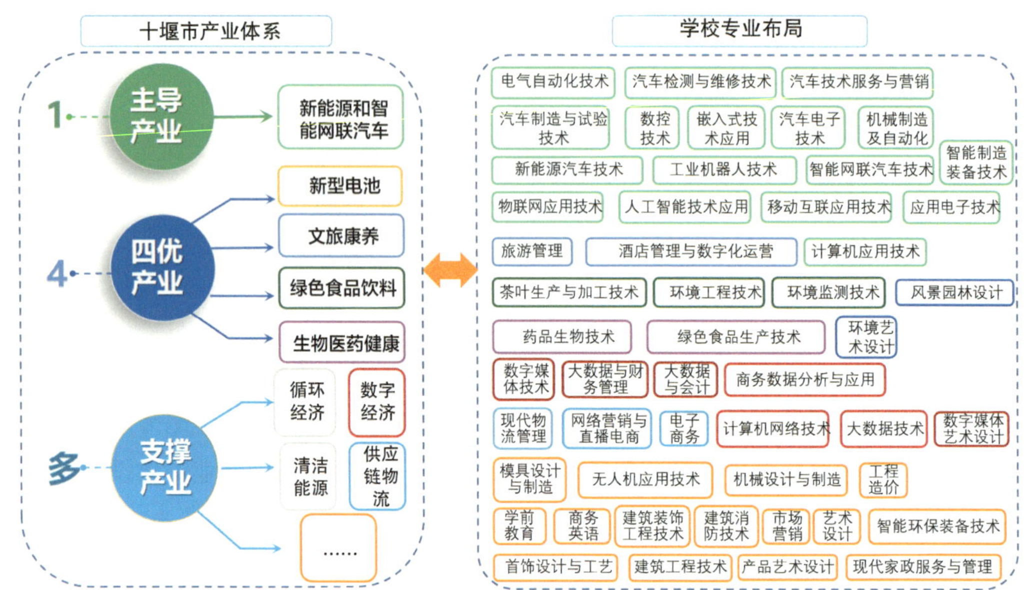

图 1　学校专业布局支撑十堰市产业体系情况

（三）专业群布局

为适应产业集群式发展，培养创新型、复合型技术技能人才需要，学校将 51 个专业整合为 9 大专业群。为服务支撑“一主”的汽车产业，以汽车制造与试验技术专业为龙头，组建商用车智能制造专业群。基于绿松石产业链对跨界综合性人才的需求，组建艺术设计（绿松石+）专业群。围绕数字经济发展，针对高端装备和智能装备，服务汽车产业转型升级和东风老工业基地改造的需求，构建新一代信息技术专业群、智能制造专业群。为支撑十堰市大旅游大康养产业发展需求，大力发展现代服务专业群。保障“一库清水永续北送”，完成“保水质”这一十堰市最大的政治任务，不断坚持和加强生态环境专业群建设。巩固扶贫成果，助力乡村振兴，确保智能建造、现代农业专业群建设新突破。根据区域学前教育人才急需，持续优化完善学前教育专业群。

二、政校行企协同共商共建专业群的做法

（一）产业学院促融合

学校深入实施以本土化为核心的“五化同步”发展战略，深度融入十堰经济社会

发展的大战略，与各县市区地方政府分别签署校地合作协议，支持地方特色主导产业发展，助推地方企业转型升级。以县域特色产业的龙头企业为支撑，以特色资源和产品开发利用为主体，先后与地方政府联合建立竹山绿松石产业学院、房县特色产业学院、茅箭智慧环保产业学院、竹溪茶产业学院、郧西天河文旅产业学院等，产业学院基本覆盖各县市区。依托产业学院，实施生源本土化、教师融入地方行动计划等重大举措，着力实现多数本地技能人才“学习在当地、就业在当地”，助力乡村振兴，走出了一条山区高职教育的特色发展之路，成为鄂西甚至欠发达地区助推县域产业发展的典范。

湖北工业职业技术学院竹山绿松石产业学院是学校落地最早、第一个实现实质招生的特色产业学院。湖北十堰属于世界罕见的绿松石富矿区，被誉为“中国绿松石之乡”。围绕十堰市委、市政府提出的打造绿松石城市新名片战略，依托竹山县雄厚的绿松石产业资源背景，借助高等职业教育办学经验和地方职教集团新建校区优势，学校与竹山县人民政府开展深度合作，构筑绿松石产业学院平台，共建省级艺术设计（绿松石+）高水平专业群，为竹山县绿松石等县域特色产业发展培养高端技术技能人才。自 2019 年 9 月首批首饰设计与工艺专业学员招收以来，累计培养绿松石珠宝产品设计、精密加工、电商销售等人才近 200 人，面向行业人员开展各类培训 1600 人日。“秦巴山区乡村振兴‘乡土化’艺术设计人才培养模式的创新与实践”获湖北省第九届教学成果三等奖，学生在省级以上设计和技能大赛获奖 79 项，创新创业大赛获省级奖 7 项，学生获“中国大学生自强之星” 1 人，长江学子 1 人，吸引顺德职院、武汉职院等 43 所高校前来调研学习。

（二）校企合作促改革

近年来，学校进一步深化“双园融合”（校园、产业园）办学模式，拓展校企合作广度和深度，深入对接优质企业，优化双主体育人模式。围绕绿色低碳示范区建设，搭建了京东十堰数字经济产业平台，与东风汽车集团有限公司联合开展新能源汽车制造现场工程师培养，与东风本田、一汽大众等优质企业开展特色订单班 10 余个，与江苏汇博机器人技术股份有限公司、山东莱茵科斯特智能科技有限公司等联合搭建智能制造产业平台，建成工信部重点领域（智能制造）产业人才基地，持续与东风林泓开展现代学徒制试点培养。在校企深度合作办学的实践过程中，双方共同组织招生和就业、制定人才培养方案、开发课程、组织教学、共建实训基地和产学研服务平台，在产业培育、人才培养、科技创新等方面深度合作，形成资源共享、优势互补的协同机制，实现校地合作良性互动、互利双赢。

十堰市作为南水北调中线工程核心水源区，承担着“一库清水永续北送”的政治任务。为服务“保水质”任务，学校开设环境工程技术、环境检测技术等专业，引入湖北山鼎环境科技股份有限公司，校企共建智慧环保运营平台、山鼎检测平台、环保装备制造车间等，将公司建设运营的十堰市东部新区污水处理厂等30余个项目作为学生实习实训基地。2021年，企业牵头成立智慧环保产业学院，校企双方在人才培养、技术攻关、社会服务等方面开展深度合作。企业每年为学校提供兼职教师20余人，接受专业教师企业锻炼10余人等，累计培养环保技能人才2000余人；完成污染源普查、支沟治理可行性研究、丹江口市铸尔丰精铸废水处理项目等40余项，培训环保从业人员1000余人；完成省市级科研项目10余项，获市级科学技术发明奖1项，各类专利10余项，成果转化经济效益达5000多万人；获得各级财政支持500余万人，企业投入600余万人。建成国家级南水北调核心水源区水处理运营协同创新中心，企业获批为产教融合型企业并成功上市，成为湖北省第一家从高职院校走出的上市公司。

三、下一步建设思路

未来，湖北工业职业技术学院将以现代职业教育体系改革为契机，进一步优化产业学院运行机制，持续推进政校行企协同办学模式改革，主动融入区域产教联合体和相关行业产教融合共同体，以现场工程师项目等为载体，优化人才培养模式，提升专业内涵，打造区域高水平人才培养和技术服务高地。

（执笔人：李爱萍）

佛山职业教育校企合作联盟（集团）贡献佛职方案

佛山职业技术学院

一、基本概况

党的二十届三中全会提出，要“统筹推进教育、科技、人才体制机制一体改革”“加快构建职普融通、产教融合的职业教育体系”。佛山是中国第四个规上工业总产值突破 3 万亿元的城市，全国唯一制造业转型升级综合改革试点城市，拥有发展职业教育的独特优势。超 10 万家工业企业，涵盖 31 个工业大类、130 多个中类、600 多个工业小类，9 成以上产业可在本地实现配套。这正是佛山职业技术学院（以下简称“佛职院”）矢志办好新时代高质量职业教育的信心与底气所在。学校秉持“立足地方、服务企业、质量为本、校企联动”的办学理念，大力推进教育链、人才链、产业链、创新链有机融合，促进产教科创融汇模式创新，依托国家示范性职业教育集团（联盟）单位，启动职业教育国际合作特色品牌“功夫工坊”，坚持服务“制造业当家”，与优质企业同频共振，深入探索“三依托、三协同、三精准”产教融合办学模式，与华为、美的、比亚迪、科达、佛山飞驰、四季文旅、原点智能、华数机器人等近 1600 家行业龙头企业、领军企业、专精特新企业深度合作，不断拓展校企合作优质“朋友圈”，构建产教融合新生态。

二、具体做法

（一）治理结构优化，成立顾问委员会

佛山职业技术学院构建了政府、学校、行业、企业等多方参与的协同治理结构。2024 年 9 月，佛职院顾问委员会成立并召开第一次工作会议，成员包括政府部门代表、兄弟院校教师、行业协会负责人、企业高管以及学校领导等。顾问委员会的工作任务

是为学校长远发展与规划建言献策、对新“双高”校和整体升本等重大工作进行指导、对学校重点项目或平台建设提出咨询与建议、协助学校建立校政企行战略合作伙伴关系等工作。

（二）治理模式创新，深化产教融合

佛职院在推进产教融合中紧扣“六个服务”主题：一是服务广东头号工程“百千万”工程；二是服务工业软件国产化战略；三是服务佛山制造业当家；四是服务区域经济发展；五是服务重点企业发展；六是服务学校高质量发展。产教融合、校企合作是持续提升职业教育质量水平及适应性的不二法则，政校行企四方联动是持续增强职业教育服务力的基本路径。佛职院坚持服务“制造业当家”，与优质企业同频共振，深入探索“三依托、三协同、三精准”产教融合办学模式，依托龙头企业协同育人、依托骨干企业协同培训、依托中小微企业协同创新，分类精准施策，实现产教科创融会贯通；实施“标准引领、技术引领、创新引领”的校企协同人才培养路径；探索“成果源头精准创新、成果供需精准对接、成果产出精准转化”的“三精准”科技成果转化途径，建设国家工业园区科技创新与技术转移转化中心和省级工程中心，提升学校服务中小微企业中试产业能力。

（三）治理能力提升，出海“功夫工坊”

为落实国家有关职教出海的部署，佛职院主动发挥佛山职业教育总部单位、佛山职业教育校企合作联盟牵头单位作用，立足佛山作为中国制造业大市的肥沃产业土壤，于2024年初，正式启动职业教育国际合作特色品牌“功夫工坊”。宗旨是服务“一带一路”共建国家中资企业员工技术技能培训，推动“教随产出、产教同行”，努力打造成具有一定影响力的职业教育国际化公共产品。一年来，学校分别在印尼、马来西亚开展海外人才联合培养，与德国最大的职业教育集团之一（F+U）合作的国际工匠班顺利开班，成功入选“一带一路、产教同行”中国—匈牙利职业教育国际合作计划项目，成为全国首批五所合作院校之一。

三、取得成效

（一）议事决策科学高效

顾问委员会坚持正确政治方向，遵循职业教育法和各项职教法规政策，围绕学校

改革发展等重大议题，深入调查研究，集聚专家智慧，力求提供科学合理、切实可行的决策咨询意见。其工作目标旨在加强学校与外部高端资源的链接，为学校方向性、战略性重大发展事务出谋划策，对学校综合改革方案、重要建设问题、重点建设项目等提供决策咨询，促进学校各项事业高质量发展；对学校机制体制创新、教育教学改革等重点建设项目及重大、疑难问题进行调研诊断、决策咨询、政策制定与执行方案设计；为学校举办各类学术活动、推动科研创新及高质量人才培养提供坚实的智力支撑与资源保障；具体参与和指导学校“扩容、提质、强服务”工程推进、“十五五”规划研究、新“双高”校建设、整体升本等重大工作。

（二）校企合作联盟优势凸显

联盟内组建订单班、现代学徒制班32个、中高职贯通三二分段培养3267人，专本衔接1061人。累计开展社会培训48576人次，为联盟开展技术开发服务224项。2个产教融合实践中心、1项校企合作典型生产实践项目、1个行业产教共同体等推荐参评教育部现代职教体系改革项目，1项重点参与的市域产教联合体项目获教育部立项。企业实践教师带领学生参与成果转化全过程，从寻找项目源头到中间研发到成果转化，从调研分析、技术开发到样品制造与测试，全方位实岗闭环教学，实现技术创新与教学高效融合，达成科技研发、人才培养双链融合。学生参与产教融合项目10余项，协助专业教师技术开发50余项，获得大学生科技创新培育专项近20项，打造产教科创融合典范。

（三）“功夫工坊”联盟凝心聚力

“功夫工坊”作为佛职院发起成立的职业教育国际合作公共产品，目前已有近70所市内外中高职院校和“出海”企业正式成为首批联盟成员单位，为兄弟职业院校和企业开展“教随产出、产教同行”国际化交流合作提供平台。联盟启动12个产教融合项目，其中佛职院与华为技术有限公司合作，构建产教融合平台并提升教育基础设施建设水平；与佛山大学、佛山仙湖实验室等发起成立氢能行业产教融合共同体，与广东高校科技成果转化中心探索构建协同创新体制机制，推动科教融汇不断迈上新台阶；广东四季文旅控股有限责任公司投入1000万元，与佛职院共建“百千万产业学院”，主动服务“百千万”头号工程，展现校企合作新模式下共同服务城乡区域协调发展大局的责任担当。助力企业职教出海显担当，在印尼，佛职院与邦普循环共建“技术驿站”，为邦普循环印尼基地员工开展“中文+技能”培训；在马来西亚，佛职院与砂拉越技能中心共建“功夫工坊”，为当地培养熟练使用中文的高素质技能人才；在匈牙利，佛职院携手欣旺达打造“海外订单班”。在中国职业教育扬帆出海的全球版图中，佛职院书写了“教随产出、产教同行”的职业教育国际交流合作新篇章。

面向未来，佛职院将坚持用好改革关键一招，始终以更大力度，服务高质量发展、服务制造业当家、服务学生全面发展，努力打造与中国制造业强市地位相匹配的高水平高职院校，扎实推进中国式现代化的“佛职实践”，奋力书写“制造强市、佛职有为”的时代华章！

（执笔人：陈大力　化雪荟　闫丽平）

法治护航产教融合，打造“芝麻信用积分”校企合作评价体系

广东机电职业技术学院

产教融合是职业教育发展的内在要求，也是职业教育高质量发展的重要举措。广东机电职业技术学院在深化产教融合的推进过程中，针对企业、行业、政府和学校等各利益方诉求不同、动力机制不足、评价标准不一而导致的校企合作“合而不融、利益错位、难以落地”等问题，注入法治理念、法治思维、法治方法，从制度设计上入手，梳理产教融合各方利益诉求，从企业、专业群、项目负责人、学生“四个维度”，聚焦服务师生、服务专业、服务企业、服务产业“四个服务”，构建“芝麻信用评分”校企合作贡献度评价体系，评价教师、企业等不同主体参与校企合作的贡献度，有效激发不同主体的积极性，促使校企合作项目落地生根、发挥实效。

一、结合“机电”专业特色，搭建产教融合平台

广东机电职业技术学院结合自身优势与广东省制造业发展需求，搭建产教融合平台，构建校企利益共享载体，并通过建设产教融合信息服务平台，呈现产教融合各方主体合作成效，吸引优质企业主动参与校企合作，构建“价值引领、目标明确、路径清晰”的产教命运共同体，为提升产教融合的广度、深度和亮度打造样板模式。

二、法治指标纳入“评价体系”，保证项目合法合规

以集团成员单位为样本，选择对企业、学校专业群、项目负责人 3 个层次，联动开展分层分类信用积分评价，建立利益分享分配激励机制，引导各方主动参与办学全过程，形成校企产教融合利益共同体（见表 1）。

表 1 “三层联动”贡献度评价体系

考评激励对象（层）	贡献度评价机制
项目负责人层	校企合作项目负责人贡献度评价标准及办法
学校专业群层	专业群深度校企合作资源配置标准、激励及评价办法
企业层	订单班评价标准、产教融合型企业遴选标准、激励评价机制

针对企业层面，广东机电职业技术学院制定《校企合作企业遴选管理办法》，按照优势互补、信誉良好、规范管理、自愿平等、互利互惠原则，制定涉及资格主体、专业定位和发展需求、企业规模、企业信誉信用度（含历年行政处罚、司法判决、银行贷款记录、有无违法犯罪）等四大类指标体系。学院根据学生实际情况以及合作内容从合作企业中选择合适的企业。

广东机电职业技术学院根据企业人才定制培养诉求，制定订单班《“专业能力+创新能力+企业素养”三合一强化训练标准》，要求企业适当投入资源参与人才协同培养，以提升人才培养的“目标感、匹配性、适应性、竞争力”四个维度指标，针对企业参与“现代学徒制班”和“订单班”不同的贡献度芝麻信用分值，累计分值后对企业进行评价。对深度参与教育教学改革，参与学院产教协同育人综合贡献度评价优秀的企业，分值越高的获得后续项目更多优先权益。

针对学校专业群层，制定专业“1351”深度校企合作资源配置标准、激励和评价机制。出台《二级学院绩效考核指标》，明确各专业“1351”资源配置标准（至少 1 个龙头企业牵头、与 3 个中型企业深度合作、有 5 个实习基地支撑、教师至少参加 1 个行业协会或企业兼职的且当年有合作的专业），并组织年度绩效考核。

为规范校企合作，学院聘请法律顾问，根据不同专业及合作企业特点，完善校企合作合同管理制度，并形成覆盖校企战略合作、产教基地共建、社会兼职、劳务合同（实习生合同）、保险类合同等 11 类合同类型“模板”，重大合同由法治工作机构进行合法审查，不断加强对外合同的审核。

针对项目负责人层，广东机电职业技术学院出台《校企合作贡献度（项目负责人）评价办法》等制度，按照“聚焦贡献、价值赋分；参照目标、分类评价；激励为主，注重实效”原则，把项目负责人的校企合作工作量和工作成效，设定为 19 项贡献度评价指标，如学生培训、横向课题、社会兼职、知识产权、共建产教融合平台、学生就业等，并分别赋予不同芝麻价值积分，按照积分累计值评定校企合作项目等级，有效激活“神经末梢”的负责老师的积极性，促使他们“必须干、主动干、干出成果”，构建起全员参与、可持续发展的校企合作服务机制。与此同时，学校组织校内法律顾问、校外律师团队对项目负责人进行法治教育培训，内容涉及习近平法治思想、知识产权法、合同法、公司法、廉洁教育等，让“法治”入脑入心，不断推进校企合作项目走好走深。

针对学生层面，广东机电职业技术学院始终坚持将“法治”贯穿到学生培养的四个阶段，即入学引导、理论学习、实习实践和就业创业，普及“基础法律知识、职业教育法律培训、知识产权保护、安全生产培训、劳动合同法律以及模拟法庭演练”等六个方面，分阶段开展学生权益保障教育及培训，以点带面、以面促体，构建立体式、多交叉的学生权益“安全网”。

三、实施成效与推广效果

法治护航产教融合打造“芝麻信用积分”评价体系案例获国家发展改革委职业院校产教融典型案例 50 强；学校牵头成立的广东机电职教集团获评为国家首批示范职教集团，学校在“2022 中国职校产教融合活力榜 TOP100”排名全国第 8；培育国家级产教融合型企业 1 家、省级产教融合型企业 112 家；超 228 家全国兄弟院校领导来校学习典型经验，累计为贵州、河南等省 45 所示范校开设专题培训；累计为超 308 家职业院校、技工院校开展校企合作贡献度评价机制、职教集团实体化、建设等专题交流，“贡献度评价机制”形成品牌传播效应。

（执笔人：杨杨）

走向世界中国职业教育方案

——共建“一带一路”职业教育合作成果

广西工业职业技术学院

一、合作背景

《国家职业教育改革实施方案》、国务院办公厅《关于深化产教融合的若干意见》等文件政策为校企提供广泛的合作空间，为地方经济建设和社会发展提供源动力。广西工业职业术学院与广西菲中教育科技股份有限公司秉承“优势互补、资源共享、互惠双赢、共同发展的宗旨，在产学研等方面建立互相支持、互相依托的长期、紧密的战略伙伴关系，并签订战略合作协议书，一年多来合作成绩显著。

二、具体做法和经验

（一）成立国际教育基地

广西工业职业技术学院医药健康学院紧紧围绕广西“构建面向东盟的国际大通道，打造西南中南地区开放发展新的战略支点，形成‘一带一路’有机衔接的重要门户”的“三大定位”，聚焦广西大健康产业发展，对接菲律宾企业，与菲律宾健康科学学院、菲律宾 Cartel 科学教育学院、菲律宾 La Finns Scholastica 学院等东盟院校合作，共建中国—东盟（菲律宾）国际护理康养教育基地。该基地面向全国，辐射东盟，推进职业教育交流合作，助力构建更为紧密的中国—东盟命运共同体。

（二）引入国际标准

学校面向东盟引入菲律宾家政康养标准，成立“菲中慧理”订单班，第一期招收学员 43 人，组织菲方、中方师资共编教材、共同管理，为高职人才提供国际化、专业化的康养护理专业教学服务。

（三）输出中国标准

学校根据康养领域技术前沿发展要求不断更新教育培训资源，开展跨国远程教学，促进中国和东盟国家在技能培养、教学改革和技术应用方面的交流合作，开展面向东盟国际化职业教育培训，推动中国标准在东盟地区的传播与应用。

（四）举办职业技能大赛

学校积极响应共建“一带一路”倡议，面向东盟充分发挥自身专业办学优势，与企业联合主办2023年中国—东盟养老服务技能大赛，吸引了18支来自菲律宾、福建泉州和广西各地的职业院校、社会机构的参赛队伍，进一步对标世界先进养老服务标准，提升了广西养老服务行业国际化水平。

三、取得成效

（一）进一步夯实了高水平实训基地

学校以智慧康养专业群为核心，以数字信息化为驱动，立足东盟构建了“建设一体化、管理数字化、教学实景化、标准国际化”的中国—东盟智慧康养产教融合开放性实训基地。该基地获批国家“十四五”教育强国推进工程项目。实训基地在满足学生专业基础实训、单项技能实训、综合技能实训外，对企业员工、社会再就业人员开展岗位技能培训、职业技能等级认定等，为壮大区域大健康产业发展提供智力支持和人才支撑。近年来，学校为大健康产业输送专业技术人才2000余人，先后完成药物制剂职业工种培训鉴定700余人次，完成老年照护、药物制剂、医养个案、药品购销、药物制剂5个“1+X”技能项目鉴定400人次。2023年6月，实训基地产教融合案例——《四化融合　五维联动　校企共育大健康产业人才》入选国家发展改革委发布的50个产教融合典型案例。

（二）进一步深化了专业内涵建设

（1）开发培训资源包。面向东盟国际化职业教育培训开发了家庭护理员、健康照护师两个资源培训包，获自治区教育厅认定项目。

（2）合作共编教材。校企双方将菲律宾的家政标准引入康养照护教育培训，共同编写了双元合作教材《菲式居家药用护理》《菲式家庭教育（核心能力）》《菲式家庭教育（拓展能力)》。

（三）人才培养质量进一步提升

校企合作为高职人才提供国际化、专业化的康养护理专业教学服务，学生的综合素质能力进一步提升。2023 年，23 名学生考取了菲律宾 TESDA 护理技能证书，学生参加自治区级以上各类科技技能、创新创业竞赛，共获得 40 多个奖项，其中 2024 年获广西职业院校技能大赛健康养老照护技能赛项一等奖 2 项，二等奖 1 项。第一届“菲中慧理”订单班学生已全部在全国一、二线城市的养老机构和医院就业实习。

（执笔人：刘昶　黄东　曾伟坚）

构建“1+5+2”协同治理新模式 推动学校治理体系和治理能力现代化

贵州水利水电职业技术学院

一、实施背景

随着我国经济社会的快速发展和产业结构的深刻变革，国家对职业教育的要求不断提高，对职业人才的需求更加呈现出多元化和专业化趋势。贵州水利水电职业技术学院在近几年的发展中，规划编制与实际发展不契合的矛盾日益显现，逐渐暴露出制度体系不健全、治理主体单一、二级管理效能不高等问题，在一定程度上制约了学院发展。基于上述背景，学校以“双高”建设为契机，以现代治理创新理论为指导，借鉴国内外高职院校经验，开展了一系列探索和研究，逐步形成了一套以党建为统领，“法治、德治、共治、自治、数治”的“五治”融合，“考核机制+绩效体系”双向驱动的“1+5+2”（一统、五治、双驱动）协同治理新模式，推动学院内部治理深层次改革，实现了“五治共融、五化一体”（制度化、效能化、多元化、扁平化、智慧化），加快推进学院治理体系和治理能力现代化进程，攻克许多制约学院长足发展的突出问题、瓶颈问题，进一步筑牢学院高质量发展根基，为“双高”院校治理改革创新提供了新的实践经验（见图 1）。

二、主要做法及成效

（一）以党建统领，为学院内部治理改革提供政治组织保障

学校始终坚持和加强党对学院各项工作的全面领导，把加强党的建设全面融合贯穿到办学治校全过程，不断深化学院内部治理机制改革。坚持和完善党委领导下的校长负责制，修订完善以学院《章程》为统领的制度体系，确保决策制度科学、程序正当、过程公开、责任明确。充分履行党风廉政主体责任，制定学校党委《落实全面从

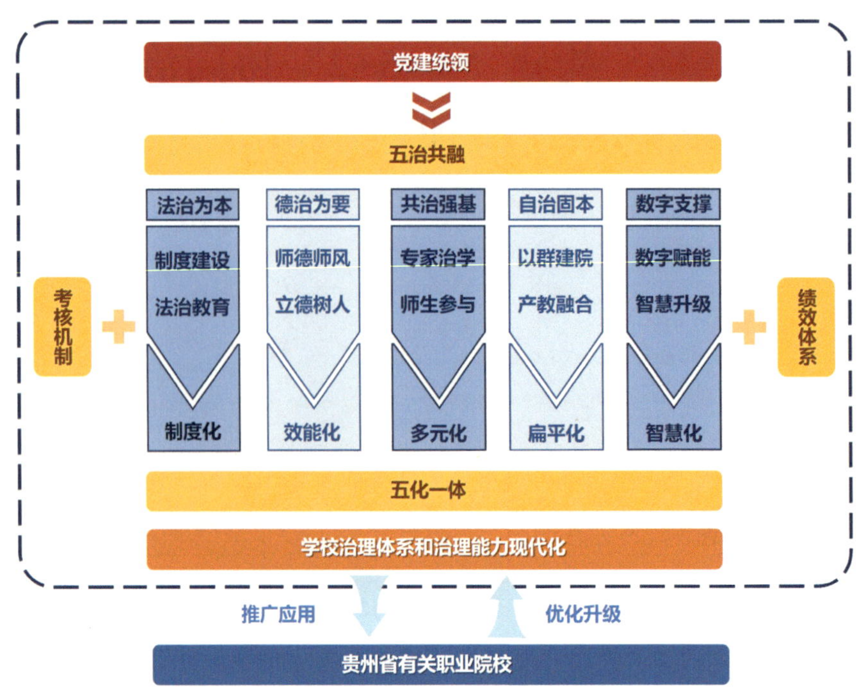

图 1　学院“1+5+2”协同治理新模式

严治党主体责任清单》，召开党风廉政建设大会，组织签订《党风廉政建设责任书》等，督促学院各级“一把手”和领导干部履行“一岗双责”，进一步强化党风廉政建设责任制，着力推进反腐防腐体系建设，建立健全了党委统一领导、党政齐抓共管、全院紧密配合、学生自治管理的治理机制，为学院内部治理改革提供了政治和组织保障。2022 年，学校在全省 39 所高职院校综合考核中荣获“第一等次”。

（二）以五治融合，为学院内部治理改革开辟新路径

1.“法治”为本：立足顶层设计，推进治理制度化

学校认真贯彻党和国家教育方针政策和法律法规，遵循高等职业教育规律，以学校《章程》为引领，编制《学院战略发展规划（2021—2025）》，依据“制度每年一更新，机构职责三年一完善”原则，推动涵盖教学管理、学生管理、人事管理、财务管理等 300 余项规章制度的“废改立”工作，完善 30 余个机构的职责修订，编印《制度汇编》和《岗位职责书》，健全了以章程为核心的现代职业学校制度体系，推进学校治理制度化，以制度力量为依法治校保驾护航。同时，联合属地公检法等部门，开展“法治副校长”进校园宣讲活动、建立王道军依法治校实践基地等多种形式，强化师生法治宣传教育，将法治教育融入日常教育教学活动中，进一步增强了师生的法治意识

和法律素养。此外，学院设立有书记、院长信箱、学生申诉处理委员会等，为师生提供了便捷的维权渠道，师生的合法权益得到了有效保障。

2.“德治”为要：强化价值引领，提升治理效能化

学校紧紧围绕“以水润德、泽被万物”文化理念，聚焦“以水育人、以文化人”，通过强化师生价值引领，切实提升学院治理效能。一是全方位打造蕴含浓郁水文化特色的校园环境，师生在校园文化的熏陶下，逐步形成向真、向善、向美的良好校园风尚。二是致力于加强师德师风建设，通过开展“教师岗前培训”“师德师风教育宣讲”“师德师风年度考核”等，营造“以德治校、以德育人、以德修身”的氛围。三是从“课程培育”“红色资源”“品牌活动”“育人实效”“科研建设”五方面入手，构建“理论教学+实践教育、红色文化+校园场馆、学生社团+品牌活动、队伍建设+教学资源、科研赋能+共同体建设”一体化推进的“五位一体”思想政治教育体系，增强思政教育的温度和效度，落实立德树人根本任务，形成特色鲜明、内涵丰富、成效明显的校本育人模式。近年来，学校先后获“全国学校德育工作先进集体”“全国水利系统先进集体”“全国水利文明单位”“国家级绿色低碳公共机构”等多项荣誉称号。2024 年入选水利部“水利人才培养基地”。

3.“共治”强基：协同多方联动，促使治理多元化

学校立足多元协同的职业教育治理特征，在省教育厅和省水利厅的指导下，建立由贵州水利投资集团有限责任公司、贵州省水利科学研究院、江苏省苏州技师学院等集行业、企业、学校等多元主体参与的理事会；吸纳如贵州三蒲建设工程（集团）有限公司董事长邓阿孜等行业专家、职教专家加入专业建设委员会、学术委员会、教材选用委员会等，建立多元主体利益表达决策参与机制，促使学院治理多元化，为学院科研、人才培养、教材管理、教学资源建设、专业发展等方面提供决策咨询和服务，确保学院各项决策的科学性和可行性。同时，学校有效发挥职代会、学代会等民主管理和监督作用，构建完善的信息公开体系和监管机制，进一步扩大师生参与学校管理的渠道，师生参与学院事务的权利得到有效保障，获得感、幸福感、安全感不断增强。近年来，学校入选“国家级在线精品课程”1 项，首批“十四五”职业教育国家规划教材 1 部。2023 年被贵州省总工会命名为首批“贵州省职工生活幸福单位”。

4.“自治”固本：强化二级管理，促进治理扁平化

学校深化二级管理体制改革，探索“以群建院，以群强院”的运行机制，促进学院治理扁平化。一是调整二级院（系）“人、财、物”等资源的配置，建立学校、院（系）、专业三层构架的管理层级，形成以学校、院（系）、专业负责人组成的扁平式

管理格局，推动“责、权、利”下沉。二是将专业群作为教学资源配置和实施人才培养的基层实体，通过专业资源的共享、共通和共用，科学组建与专业群布局高度吻合的二级院（系）组织架构，赋予二级院（系）在承接企业项目和利益分配等多方面的办学自主权，探索并建立了水利水电建筑工程、发电厂及电力系统专业群等跨专业的教学科研组织。三是实施“双带头人”培育工程，通过二级院（系）书记主任交叉任职，推动党建与业务深度融合，以高质量党建推动院（系）各项业务高质量发展。四是深化产教融合，推进校企共建万家灯火、数字智能产业学院等，强化双主体育人机制，学院学科建设不断优化，人才培养质量不断提高、科研创新能力不断增强。近年来，学院获全国水利职业教育“产教融合”典型案例二等奖 1 项，师生先后荣获全国职业院校技能大赛、大学生创新创业大赛等赛事奖项 500 余项。毕业生就业率和就业质量持续保持在同类院校前列，毕业生就业满意度和用人单位满意度连创新高。

5.“数治”支撑：强化数字赋能，凸显治理智慧化

学校坚持将“数字建设”融入学校治理全过程，面向师生大力推广 OA 办公、线上办事大厅、易班等系统，创建公文流转、公章申请、报修申请、人脸识别请销假、财务智慧报销、智慧迎新、智慧访客、自助借阅、自助打印等线上办事流程 100 余项，覆盖校园重点业务领域，累计服务师生 25.27 万人次，有效打通无纸化办公“最后一公里”。对学校、教师、学生、教学、办公、安防等数据指标进行分析和可视化呈现，勾画数据图谱形成大数据驾驶舱，建成教学情况、请假销假、网络安全等 25 项数据分析预警看板，实现教育管理有据可循，全面助推教学、管理、服务等方面信息化发展，促进学院治理智慧化。近年来，学校成功申报教育部职业教育信息化标杆校，获批教育部第一批职业院校数字校园建设试点院校，入选教育部信息化支撑职业院校校企合作专业共建项目首批共同体成员。

（三）以“考核+绩效”双驱动，为学院内部治理改革提供内生动力

学校坚持“考核+绩效”双驱并进，不断驱动学院内部治理改革创新。一是完善考核评价机制。发挥综合考核“指挥棒”“风向标”“助推器”作用，结合学院实际制定《年度考核工作方案》《党组织书记抓党建述职评议工作实施方案》等，推动学校管理由“过程管理”向“目标管理”转变。通过目标管理考核工作，进一步建立健全竞争机制、激励机制和约束机制，推动学院管理工作的科学化和规范化，保障学院各项建设任务和目标的顺利实现。二是优化绩效工资体系。通过修订《绩效工资分配实施办法》，建立工资绩效动态调整机制，创新绩效改革，打破收入分配“大锅饭”、薪酬激

励"天花板"，破除了制约教师发展的主要壁垒，营造"优绩优酬"绩效文化，教职员工积极性得到充分调动，广大教职员工创先争优、担当作为意识进一步增强。近年来，学校教职工在各项工作中全力以赴，教育教学质量得到极大提升，推动科研成果不断涌现、学生管理成效持续强化，师生参与各级各类比赛、项目的人数及获奖数量连创新高。

三、推广应用

贵州水利水电职业技术学院在推动自身发展的同时，积极发挥"双高"校辐射带动作用，将"1+5+2"协同治理模式在省内多所职业院校推广应用，助力兄弟院校全面提升办学质量与治理能力，成功申报高职和省"双高"项目，产生了积极示范效应。同时，学校在推广应用中，及时总结经验教训，动态调整治理漏洞，并以应用成果为导向，不断优化升级治理模式，为职业教育治理改革创新提供有益借鉴与实践经验。

（执笔人：胡钰　邝娅）

专业群治理

专业群治理对提升学校治理能力和治理水平具有正向的积极意义。高等职业教育作为一种“类型教育”，是以培养高素质技术技能型人才、大国工匠、能工巧匠为首要目标，具有非常明显的服务区域经济发展的特征。因此，人才培养与区域经济适配、专业与产业发展匹配，是高职院校提升办学能力、不断改进治理能力和治理水平的重要观测点。专业群治理是指高职院校根据产业发展需求，通过整合各类教育资源优化专业设置和结构，从而促进产教融合，实现资源共享，使高职院校专业建设更加适应经济社会发展需要。在高职院校治理现代化进程中专业群治理中起到了核心驱动作用，能够显著提升教育质量和服务地方经济的能力。

本部分院校案例在高职院校专业群治理方面的主要经验做法有：一是整合跨专业资源。高职院校通过整合跨专业资源，有效地打破了传统专业间的界限，构建涵盖相关行业的专业群，促进了专业间的资源共享和知识互补，提升了服务经济发展的能力。二是深化校企合作。深化校企合作已成为专业群治理的核心策略。高职院校与行业企业共同制定人才培养方案、共建实训基地，确保教育内容与企业实际需求高度匹配。三是构建专业动态调整机制。为适应快速变化的行业需求和技术进步，各高职院校均建立了专业群的动态调整机制，以便能及时调整课程设置和教学方案，保证教育内容与市场需求同步。四是设计多元评价系统。建立包含教师、学生、企业行业专家等多方参与的评价体系，是专业群治理中的重要实践策略。它系统全面评估了教学效果和专业建设成果，促进了教育质量的持续提升。

案例院校的改革经验呈现了专业群治理的总体特点：一是专业设置更加贴近产业链发展需求。高职院校在专业设置上更加关注产业链的发展方向和人才需求变化。通过调研了解产业技术进步、新增岗位等信息，及时调整专业结构，增设新兴专业，改造传统专业，使专业设置更加贴合产业链发展需要。二是不断强化专业建设中的校企合作深度。高职院校与行业龙头企业建立深度合作，共建产业学院、订单班，合作开发课程和教材，共建实训基地，实现专业建设全过程的校企协同。三是专业群内部资源共享机制日益完善。专业群内部构建课程资源共建共享机制，打破了专业壁垒，提高了资源利用效率。四是质量监控和动态调整机制更加规范。质量监控和动态调整使专业群具有持续适应发展的能力。

专业群建设与构建学校内部治理体系互为因果、相辅相成。其基本建设逻辑为：学校通过及时研判社会经济发展与区域经济建设，通过以群建院、校企合作、专业群建设动态评价等，动态调整与组建专业群。以专业为抓手，推动学校从制度层面完善组织架构和制度体系、为二级学院增权赋能；从课程与教材改革方面推进人才培养模式综合改革，形成特色化人才培养方案；从师资队伍建设方面推进高职院校教师专业发展建设，完善教师培训与激励体系，最终从宏观层面达成提升学治理改革的目的。专业群建设是学校内部治理过程中的重要环节，可以起到承上启下作用，既能够从顶层设计上聚焦学校治理改革，又能够从基础层面促进学校的各项事业建设。

在新一轮“双高”建设背景下，其政策定位更倾向于强调加快构建服务区域经济发展、支撑现代化产业新变革的高等职业教育新格局。目前，高职院校在专业群建设方面还存在诸多差距，专业设置与产业发展需求并非完全匹配，课程体系与人才培养目标还无法紧跟产业与行业的发展变革，未来需继续调整办学策略以满足市场需求，打造从学校到企业完整的产业链、产业集群、职业岗位集群等，实现专业群课程内容与企业应用实践场景的高度匹配，为国家培养高层次的技术技能型人才。

专业群治理案例表明通过构建动态调整机制、深化校企合作、完善资源共享等方式，使专业设置更加贴近产业发展方向。面对快速变化的社会经济形势，专业群的灵活性和适应性能够有效应对新挑战，可以培养出更多符合市场需求的高素质技术技能人才，显著增强了高等职业教育的适应性。专业群治理不仅提升了高等职业教育质量和产教融合水平，也为凸显职业教育的类型特色持续赋能。面向未来，高职院校要以服务国家核心战略为目标，对标国家教育强国战略与区域发展战略，在专业群建设赛道上不断精进，走出一条真正契合于高职院校自身定位的特色发展之路，努力提升高职教育治理现代化水平。

以“双高”“特高”项目为抓手 打造劳职特色高水平发展模式

北京劳动保障职业学院

近年来，北京劳动保障职业学院紧跟国家职业教育改革步伐，以国家“双高计划”和北京市“特高项目”建设为抓手，扎根京华大地、发挥行业办学优势、践行首善标准，举全校之力落实落细各项建设任务，以“双高”“特高”建设推动高质量、特色化、国际化发展。

一、基本概况

学校以“特高项目”建设为抓手，加快建设现代大学治理体系。领导班子靠前指挥、教师全员参与，通过目标一体化、过程一体化、数据一体化的全方位绩效管理，扎实推进“1 个加强、4 个打造、5 个提升”等十大重点任务。充分依靠人社行业办学优势，锻造劳职品牌、贡献劳职模式，集中精力建设首善、融通、卓越、开放的高职学校。

二、主要做法及成效

（一）以重大项目为抓手全面提升学校治理能力

学校以“双高”“特高”等重大项目为抓手，健全现代大学制度体系，汇聚政行企校多方资源，营造干事创业新气象。一是抓治理能力，完善学校治理体系。以专业群建设为核心完成二级管理体制改革，以实绩贡献创新为导向的深化收入分配制度改革。通过项目建设，学校治理水平大幅提升，连续两年获得北京市职业教育质量报告优秀奖，在北京市职业院校教学管理能力提升“五说”行动获奖 5 项。二是抓内部控制，推进预算绩效一体化。紧扣任务书建立项目库，强化事前评估、事后评价，形成“预算编制有目标、预算执行有监控、预算完成有评价、评价结果有反馈、反馈结果有应用”的预算绩效管理工作机制。动态跟踪监控预算绩效目标，做到资源配置合理、经费使用高效。三是抓数字升级，实现项目管理可视化。通过建立重大项目管理平台，开通线上考核管理系统，促进考核工作从事后看结果向事中抓落实转变。推进预算控制、收支管理、采购管理、合同管理、资产管理和建设项目六大经济业务的信息系统一体化建设，实现实物流、数据流、信息流的“三流”合一。四是抓过程考核，营造干事创业新气象。围绕“双高”“特高”项目建设需求，构建日常考核与重点工作考核相结合、定性考核和定量考核相结合、部门单位考核结果和干部个人考核结果挂钩的考核体系。通过制定重点任务清单，明确交办时间、完成指标、主体单位和相关责任人，将部门单位考核结果和干部个人考核、工资绩效分配挂钩，鼓励先进、鞭策后进。

（二）以教育教学改革为抓手全面打造人才培养高地

学校全面落实“三全育人”根本任务，重构个性化学习的模块化课程体系，改革人才培养模式，培育国际通用的技术技能型人才。一是德技并修，全面落实“三全育人”。围绕“双高”“特高”建设任务，成立思想政治工作委员会、思想政治工作研究所、师德考核委员会、教材工作委员会、学生工作委员会等，将立德树人工作融入思想道德教育、知识技能培养、社会实践教育全过程，统筹教学育人、管理育人、文化育人，被评为北京市“三全育人”典型学校。二是以生为本，重构个性化学习的模块化课程体系。组建跨学院、跨专业结构化教师团队，搭建初阶通用、中阶互选、高阶互认的“岗课赛证思”融通、模块化专业群课程体系，用数字化拓展专业办学空间，服务学生个性化学习、多样化成才需求。实现中高阶课程模块实践课时占比超过50%，过程性学业评价课程覆盖率90%以上，获批“1+X”证书试点14个。三是创新驱动，改革“四双两共三三制”人才培养模式。打造双主体育人、双导师队伍、学生双身份、校企双基地，推动3年现代学徒制培养与职后3年企业新型学徒制培训相结合，“嫁接”现代学徒制和企业新型学徒制的政策资源，提高学徒培养的系统性和规范性。四是数字赋能，开展线上线下混合式教学改革。依托“劳职在线”教学资源管理一体化服务平台，建成“老年服务与管理”“人力资源管理”国家级资源库2个，获评国家在线精品课程2门，获评北京市职业教育在线精品课程7门，立项北京市职业教育专业教学资源库3个。开发在线课程917门、慕课38门、微课11093节、SPOC课程1115门，建设教学资源数量711 TB，30门课程在国家职业教育智慧教育平台开放。五是走出去引进来再提升，培育国际通用专才。积极推动建设“茵澳家政管理师学院”，引进全球知名品牌“英国管家协会”标准，聘请境外专家参与教学，组织学生境外交流，为北京培养高端管家型家政人才。在马来西亚开设分院、设立培训中心，30%课程资源用于马来西亚新纪元大学本科教学。在泰国汶干技术学院挂牌成立中文+职业技能基地，培养泰国师资400余人。

（三）以专业建设为重点锻造劳职品牌、贡献劳职模式

学校充分发挥人社行业办学优势，聚焦服务“七有”“五性”需求打造品牌专业，全力打造小而精、精而专、专而特的劳职品牌学校。一是“双融双通”模式为行业办学提供新范式。学校党委立足行业、依靠行业、服务行业，融合教育主管、人社主办两个办学优势，整合学历教育和职业培训两大职能，汇聚两方政策红利和办学资源，打造劳职品牌；贯通职业启蒙、中高本学历教育和继续教育，创新课证融通方式，推动职前教育与职后教育一体化，促进学生学历能力双提升。二是推动“入学即入职”试点。贯彻落实职业教育新“京十条”，探索建立见习职工缴纳社保由财政经费进行合理负担的工作机制、职业学校实习生参加工伤保险办法等做法，与北京首开寸草、北京慈爱嘉等企业在养老专业联合开展“入学即入职、工学结合”试点。从合同中明确学徒的双重身份，从社保缴纳上重点突破。目前，已形成一整套培养方案、课程资源和评价标准，获得财政补贴100万元。三是“一群三双”成果为专业群建设贡献新资源。资源共享是专业群建设的核心问题，也是建好专业群的核心支撑。学校集中优质资源打造专业品牌，形成“一群三双”的标志性成果：“第一双”是主持老年服务与管理、人力资源管理两个国家级教学资源库；“第二双”是老年服务与管理专业团队和人力资源管理专业团队分别入选“国家级职业教育教师教学创新团队”和“北京市级专业创新团队”；“第三双”是孵化出2个北京市级、1个国家级校企合作“双师型”教师培养培训基地。在优质资源的强力支撑下，依托养老服务教师发展中心，与同类院校开展“虚拟教研室”活动，快速提升国内同类专业建设水平。

通过“双高”“特高”项目建设引领，学校办学内涵和培养水平大幅提升。经第三方调查统计，学校在校生满意度96.68%，毕业生满意度97.58%，家长满意度99.57%，教职工满意度96.33%，用人单位对本校毕业生工作能力的总体满意度为98.18%，社会培训学员满意度均在95%以上。学校先后被中央电视台《焦点访谈》《新闻调查》《夕阳红》等栏目报道7次，《中国教育报》、北京电视台等其他媒体报道10余次。

（执笔人：廉月芳　朱配辰　孙辉）

服务首都高质量发展的专业群治理探索与实践

北京经济管理职业学院

一、基本概况

学校以培养服务区域发展的高素质技术技能人才为出发点，以建设引领改革、支撑发展、具有中国特色和世界水平的高等职业学校和骨干专业群为目标，充分发挥两地办学优势，立足北京、对接津冀、面向国际，主动适应首都“四个中心”功能定位，提高“四个服务”水平（见图 1）、促进京津冀协同发展（见图 2）已经成为培养国际化高素质技术技能人才的重要基地、服务地方经济社会发展的重要支撑、推动区域产业转型升级的重要引擎、引领职业教育创新发展的实践高地。

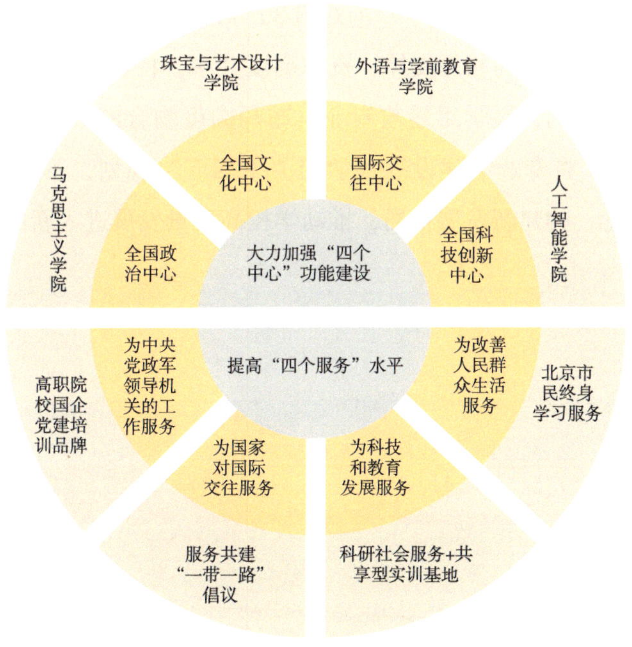

图 1　学校适应首都“四个中心”，提高“四个服务” 水平布局

图2　服务京津冀协同发展

在四十多年的办学历程中，学校始终不忘教育初心，牢记育人使命，秉承践行“积学求是、知行合一”的校训精神，创新发展“厚德强技、慎思笃行”的办学理念，坚持办学为民的价值取向，力求成为对学生最好、最负责任的高职学院。

目前学校已经建立临空经济管理、数字财金、人工智能、宝玉石鉴定与加工、国际教育服务 5 个专业群，并且全部获批为北京市职业院校特色高水平骨干建设专业群。

二、具体做法

（一）以群建院，夯实专业群治理组织基础

学校以服务数字经济为主线，紧扣数字经济发展人才需求，深化专业改革，建立学校、二级学院、专业教研室三层构架（见图 3）对接产业链和岗位群组建专业群学院，构建群内逻辑清晰、群间相互支撑，资源高度共享，特色优势凸显，跨界、协同、共享、创新的专业群格局，科学组建与专业群布局高度吻合的二级学院组织架构。探索实践“以群建院”，将专业群建设纳入学校“十四五”规划，不断深化职业教育改革，贯彻新发展理念，构建新发展格局，推动学校高质量发展进入新的发展阶段。

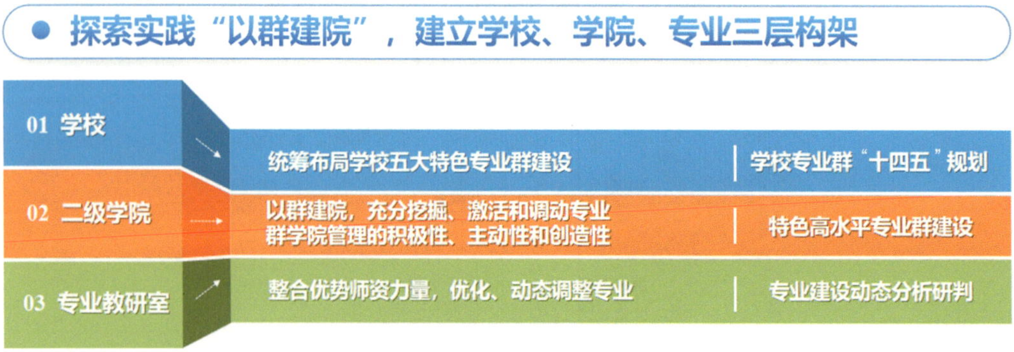

图3　学校“以群建院”三层构架

学校五大专业群均入选北京市特高专业群，获批国家级示范专业、现代学徒制试点专业，形成了以人工智能专业群和国际教育服务专业群为支撑，以临空经济管理专业群、数字财金专业群和珠宝与艺术设计专业群环环相扣的五环布局，以专业为纽带构建了专业群、产业链、岗位群融合共生的生态系统和人才培养体系（见图4）。

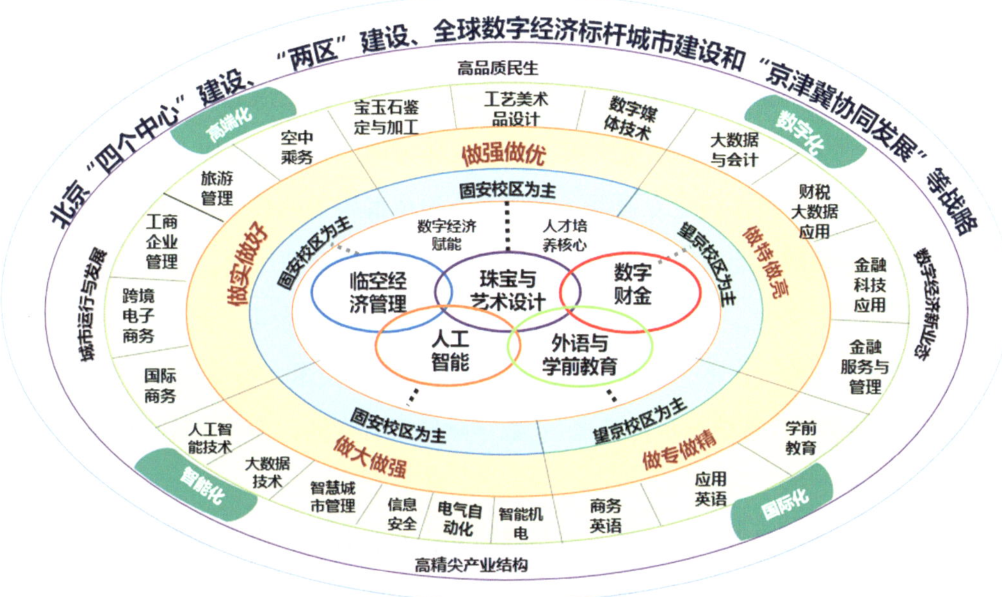

图4 五环融合共生的专业群生态系统布局

（二）找准定位，确立专业群治理逻辑体系

1. 找准服务面向定位，确立专业群产业逻辑

紧紧围绕北京"四个中心"功能建设和全球数字经济标杆城市建设总体要求，聚焦"两区"建设和京津冀协同发展。以CBD中央商务区和临空经济区为依托，立足北京，对接京津冀，面向国际，紧扣高精尖产业结构的新需求、城市运行与发展的新岗位和高品质民生的新机遇；发挥京冀两地办学优势，加强与区域和地方的交流合作，立足两校区差异化定位，唱好京冀教育"双城记"。以数字经济赋能，以智慧管理驱动，以首善服务引领，不断探索学校发展的新机遇和新路径，做北京职业教育改革发展的坚强基石。

聚焦大兴国际机场，服务于大兴机场临空经济区"国际交往中心功能承载区、京津冀协同发展示范区"的定位，做实做好临空经济管理专业群；面向北京"两区"建设，全球数字经济标杆城市建设，服务北京 CBD，做特做亮数字财金专业群；面向智慧城市运行，聚焦智能设备运维与城市信息化管理，做大做强人工智能专业群；对接京津冀地区首饰及非遗文创产业链和珠宝鉴定加工、设计营销、数媒技术等岗位群，做强做优珠宝与艺术设计专业群；对接教育咨询与培训、学前教育等首都高品质民生，做专做精国际教育服务专业群。

2. 对接产业需求定位，确立专业群岗位逻辑

精准对接“高端化、数字化、智能化、国际化”等产业发展趋势，加强对传统专业的“数字+”“人工智能+”改造升级，以岗位群为纲，充分遵循职业分工的逻辑架构，针对岗位群人才需求组建专业群，实现行业岗位群覆盖的最大化。牵头成立服务区域经济、社会发展的北京数字经济职业教育集团，搭建科研平台；整合文创教育资源优势，探索数字文创，与西门子、51CTO、科大讯飞等 100 余家企业进行了合作，共建工程师学院、大师工作室、产业学院，入选“中国工艺美术大师传承创新基地院校”“全国职业院校传统技艺传承示范基地”；数字赋能所有专业，为首都区域经济社会发展培养大国工匠、能工巧匠。

逐步形成专业群“五对接”的人才培养模式：专业对接产业；专业课程对接职业标准；教学过程对接生产过程，通过校企合作开展新岗位实训；学历证书与职业资格证书对接，将人社部的职业资格证书及相关“1+X”证书纳入教学评价标准；培训体系对接终身学习，开发贴合岗位需求与职业生涯发展需求的系列培训课程，实现终身学习的目标。

3. 紧盯岗位需求定位，确立专业群课程逻辑

学校通过确立专业的知识承载属性，将知识关系作为专业关系的核心，以知识的相关性和内在逻辑确立专业群课程逻辑。按照专业与产业、职业岗位对接，专业课程内容与职业标准对接，教学过程与生产过程对接，学历证书与职业资格证书对接，职业教育与终身学习对接的“五对接”原则，对标岗位群，由校企专家共同梳理岗位群必备的三级阶梯式数字化职业能力，包括专业综合素养、数字化工具应用能力、数字化场景应用能力和综合应用数据进行专业分析决策的能力。对标岗位能力，按照“底层共享、中层分流、高层互选”的原则，设置专业群基础课、专业核心课、专业拓展课三层级的课程体系。同时，按照育训并举的要求，设计实训课程体系和终身教育课程体系。

（三）评价牵引，构建专业群综合评价体系

数字化信息技术的有效运用改变了教育评价的旧有面貌，学校启动了“以学为中心”的数字化发展性综合评价体系改革。通过升级评价系统，联通学校相关部门平台及数据，真正将信息系统融入人才培养与管理各项工作的日常开展和改革创新之中，保障人才培养的高质量。

构建专业群评价的四“度”评价体系，从专业群建设目标与产业需求契合度（评判专业群布局与区域产业人才需求的契合程度）、专业群资源投入协调度（评判专业群建设过程中资源投入与配置的效率以及在不同专业投入的均衡程度）、专业群运行实施顺畅度（评价专业群教学运行的融通性、协调性）、专业群建设成效美誉度（评价目标达成度）4个维度对专业群建设成效进行评价，有效牵引专业群建设走向规律性、科学性、整体性的发展方向。

三、主要成效

近年来学校综合实力和办学竞争力得到全面提升，社会认可度和品牌美誉度得到不断加强。

搭乘“数字经济”快车，推进校企深度融合。学校牵头成立北京数字经济职业教育集团——全国首家探索全口径对接服务数字经济产业链发展、引领数字经济产教融合的创新型职教集团。集团目前共有73家成员单位，汇集了众多数字经济领域领军型企业，其中产值超500亿元人民币的企业7家，产值超千亿企业4家，集团成员单位总产值近万亿元。在全国范围内率先成立了由集团内企业全额无偿捐赠设立、专门用于服务地方产教融合事业发展的大额数字经济产教融合发展基金。学校以基金为牵引，推动产教深度融合，促进教育链、人才链、产业链、创新链高度衔接，创新校企合作发展新模式，构建集人才培养、教学科研、实训学习、社会服务于一体的全方位、多层次协调发展的产学研创命运共同体。

教育教学改革也颇见成效。入选教育部首批人工智能学院试点院校、全国职业院校传统技艺传承示范基地、教育部现代学徒制试点学校、全国职业院校产教融合50强、全国高职院校国际影响力50强、全国国防教育特色学校。挺进GDI高职高专排行榜全国70名，北京地区第5名；在“三大国赛”获奖数增幅位居全国第10，居北京首位；获批建设12项北京市特色高水平骨干专业群和实训基地建设项目，拥有北京市

“六个唯一”建设成果，即北京市唯一的数字经济职教集团、唯一全面推进中国特色学徒制高职院校、唯一入选教育部就业创业优秀案例高职院校、唯一连续三年获得平安校园考核优秀的高职院校、唯一建设12个特高项目的高职院校、唯一入选全国职业院校校园文化“幸福学园”德育品牌的高职院校。

（执笔人：吴圣楠　刘文龙　钟莹）

固本培元，匠心打造沧职品牌专业

沧州职业技术学院

一、基本概况

沧州职业技术学院大力推进专业群建设，形成了现代农牧业、建筑工程、智能制造、化工医药、信息技术、现代商贸、文化艺术等 7 个专业群。开设专业 53 个，涉及 14 个专业大类，在校生 16442 人。学校围绕京津冀协同发展战略部署，结合沧州市新兴产业的发展需求，对接沧州市“六大新动能”“五大新引擎”产业，不断优化专业设置，形成动态调整机制，实现了产业需求与人才培养深度契合，市场需求与专业设置精准对接。学校高度重视高水平专业群、特色专业和骨干专业等重点专业建设。制定系列文件制度支持重点专业建设，通过专业层面诊改，建设并应用专业发展中心，为专业分档分层，着力打造重点专业，发挥其示范和带动作用，提升学校专业整体水平和影响力。目前，学校建成河北省高水平专业群 1 个；拥有河北省重点专业 6 个，其中河北省高水平专业 4 个、河北省骨干专业 2 个；校级重点专业 21 个，其中校级高水平专业 7 个、校级骨干专业 9 个、校级特色专业 5 个，各专业群按照本专业的建设规划稳步推进建设进程，在人才培养模式、课程教学资源、实践教学基地、教学模式与方法改革、师资队伍建设等方面取得了阶段性成果，为专业群的发展奠定了良好的基础。

二、具体做法及成效

（一）专业建设质量

1. 加强重点专业建设，提升专业建设水平

学校建成河北省高水平专业群 1 个；拥有河北省重点专业 6 个，其中河北省高水平专业 4 个、河北省骨干专业 2 个；校级重点专业 21 个，其中校级高水平专业 7 个、

校级骨干专业 9 个、校级特色专业 5 个，具体情况如表 1 所示。

表 1　重点专业情况一览表

项目	专业（群）名称
河北省高水平专业群	畜牧兽医专业群
河北省高水平专业	现代农业技术
	动物医学
	畜牧兽医
	电子商务
河北省骨干专业	汽车检测与维修技术
	大数据与会计
校级高水平专业	建筑工程技术
	机电一体化技术
	电气自动化技术
	应用化工技术
	数字媒体技术
	现代通信技术
	商务英语
校级骨干专业	宠物养护与驯导
	建筑装饰工程技术
	工程造价
	移动互联网应用技术
	大数据技术
	云计算技术应用
	图际经济与贸易
	艺术设计
	学前教育
校级特色专业	服装设计与工艺
	表演艺术
	舞台艺术设计与制作
	现代魔术设计与表演
	民族传统体育

学校各专业（群）按照本专业的建设规划稳步推进建设进程，在人才培养模式、

课程教学资源、实践教学基地、教学模式与方法改革、师资队伍建设等方面取得了阶段性成果，为专业（群）的发展奠定了良好的基础。2022 年，畜牧兽医高水平专业群、畜牧兽医专业教师培养培训基地、建筑工程技术专业高水平产教融合实训基地和建筑工程技术专业教学资源库等 4 个建设项目，立项为“河北省高等职业教育创新发展行动计划 2022—2025”建设项目。

2. 探索岗课赛证综合育人机制，持续推进“1+X”证书试点工作

学校自 2019 年开始全面推进“1+X”证书制度试点工作，积极推进课程改革，做到岗、课、赛、证相融通。2022 年，学校新申报获批室内设计职业技能等级证书（初级）、幼儿照护职业技能等级证书（中级）、服装陈列设计职业技能等级证书（中级）等多个等级证书，累计获批 15 个证书试点，覆盖 7 个系部的 16 个专业。

学校为培养复合型技术技能人才，根据专业群所拥有的教学资源，研究职业技能等级标准与专业教学标准的内涵联系，将学历教育与技能等级证书培训有机融合。将 X 证书内容融入人才培养方案中，优化课程体系与课程教学内容，将职业培养目标融合在一起，将证书师资培训、学生培训安排在教学周期中。力求“课程认证、X 证书认证、行业认证”相统一，全面提升学生的综合能力。

（二）课程建设质量

1. 加强课程建设，注重资源应用

在保证信息安全的前提下，为适应“互联网+职业教育”的需求，积极推动课程资源建设。学校共建设国家级精品在线开放课程 1 门，省级精品在线开放课程 11 门，校级精品在线开放课程 18 门，校企合作开发课程 12 门。2022 年，学校验收通过 4 门校级精品在线开放课程。其中“动物微生物与免疫技术”入选国家在线精品课程，实现了课程建设的重大突破。学校以此为契机，继续加大数字化、信息化教学资源建设力度，促进在线精品课程的应用与共享，持续提升人才培养质量。2022 年，依托超星、蓝墨等教学资源平台，建设校内在线课程 1196 门。教学平台有效实现学生学习泛在化、师生交流立体化、资源推送智能化，为学生提供丰富的辅助学习课程资源，有效调动学生学习积极性和主动性。

2. 深化课程改革，推进课程思政

学校秉持知识传授、价值塑造和能力培养“三位一体”的课程思政建设理念，不断推进全员、全过程、全方位育人。成立了课程思政教育教学改革领导小组，制定了《沧州职业技术学院课程思政建设工作方案》等制度文件，为学校课程思政工作提供政策保障。学校全面推进课程思政教学典型案例、课程思政示范课程与示范教学团队的

申报和评选等工作，推动以“课程思政”为目标的课堂教学改革。2022 年学校遴选出 13 门课程，进行“课程思政示范课”的立项培育。全校形成了一种人人讲思政，课课做思政的浓厚氛围。王晓婷老师在 2022 年获得首届高等学校优秀思政教师奖励基金三等奖。“民法典—新时代的人民法典”视频微课，获得河北省社科院、省委讲师团 2022 年度优秀宣讲微视频二等奖。各学科结合不同课程特点、思维方法和价值理念，将课程思政元素有机融入课程教学，在立德树人的教育中实现了润物无声的育人效果。

（三）数字化教学资源建设

学校高度重视教学信息化及数字资源建设，制定了《沧州职业技术学院专业教学资源库建设工作实施办法》，在经费投入、教学管理和网络平台使用等方面提供有力保障。积极组织参与国家、省数字化教学资源建设项目，开展了精品在线开放课程建设工作。学校建设省级教学资源库 1 个，校级教学资源库 3 个；国家级精品在线开放课程 1 门，省级精品在线开放课程 11 门，校级精品在线开放课程 18 门，在线开放课程 1196 门；数字化资源总量 43089GB。2022 年认定校级精品在线开放课程 4 门，刘冬副教授主持的“动物微生物与免疫技术”入选国家级精品在线开放课程，实现学校国家精品在线课程零的突破，还建设新形态教材 10 部。

（四）校企“双元育人”

1. 推进产教融合，深化校企合作

学校重视产教融合，不断拓展校企合作的广度和深度。现有合作企业 448 家，校外实践教学基地 316 个。学校聘请行业企业专家担任专业指导委员会成员，聘请相关企业的总监、经理、部门主任、技术骨干为行业导师，共同制定专业人才培养方案，共同开发课程，开展科研合作。学校与大元建业集团股份有限公司共建的产教融合实训基地获批河北省建筑工程技术专业高水平产教融合实训基地；与河北东风养殖有限公司在共建产业研究院的基础上深度合作，立项建设的畜牧兽医专业教师培养培训基地获批河北省校企共建“双师型”教师培养培训基地，与贤农科技共建博士工作站，咸学亮等 5 名博士入站。

2. 个性化定制人才，校企双主体育人

积极推进现代学徒制和订单培养模式。农牧工程系与河北乐源牧业有限公司、河北大北农农牧食品有限公司签订现代学徒制建设协议，实现校企深度融合，共同招生、共同培养、双向考核、企业录用，以多种形式实现招生招工一体化，现有学徒 39 人，创新并践行了“二元共育、三阶递进”人才培养模式。前两年以校内学习为主，并到

企业进行穿插实习，由企业技师讲授部分定制课程；第三年学生在企业进行轮岗、跟岗、顶岗实习，由学校教师、企业技师联合授课，校企协同合作育人。校企双方签订合作培养协议，企业为现代学徒制班的学生交纳第三年学费5000元，学生上岗实习期间，企业为学生每人每月发放生活津贴3300元。

城乡建设系与大元建业集团股份有限公司成功开展合作，26名学生签订培养订单，涉及工程造价、建筑工程技术、建筑装饰工程技术、道路与桥梁工程技术等专业。化学与生物医药工程系与河北建新化工股份有限公司深度合作，共同开展订单培养，涉及应用化工技术、环境工程技术、药品生产技术、食品检验检测技术专业。校企共同制定人才培养方案，共同开发教材和课程，将企业文化贯穿人才培养全过程，提高人才培养的针对性，实现校企双赢。

（执笔人：孟洪武　汪俊仙　马聪颖）

“以群建院”齐发力 “双高”建设加速跑

长春职业技术学院

一、基本概况

长春职业技术学院于2019年被教育部确定为“双高计划”高水平专业群（A档）建设单位。近五年来，学校以“双高计划”建设为契机，全面启动“一个加强、四个打造、五个提升”十大建设任务，勇毅笃定，深化改革，为吉林省经济社会高质量发展作出了积极贡献。

学校主动对接吉林省主导产业链，以计算机网络技术为引领，跨界融合电子信息和装备制造两个大类的5个专业（计算机网络技术专业、软件技术专业、计算机应用技术专业、机电一体化技术专业、汽车电子技术专业），组建国家“双高计划”重点建设的计算机网络技术专业群。紧密围绕吉林老工业基地全面振兴、全方位振兴战略，对接吉林省卫星及航天信息、大数据、人工智能、物联网等新一代信息技术战略性新兴产业集群，面向以高铁“复兴号”为代表的先进轨道交通装备制造产业、以智能新能源汽车为代表的汽车制造产业、以长影集团为代表的影视文创产业，培养创新与技术融合、技术与产业融合“双融合”的高素质复合型技术技能人才。学生就业专业对口率90%以上，用人单位满意度95%以上，为区域产业发展提供了强有力的技术技能人才支撑和技术转型升级服务支撑。

二、具体做法及成效

1. 项目实战，赛证融通，靶向培养数智化复合人才

政校行企联动组建了吉林省“互联网+新动能”产教联盟，与78家企业开展深度合作，共建产业学院5个；面向企业“专业技能+数字化技能”复合型人才需求，将数字化、智能化技术贯穿人才培养全过程，创新“项目实战导师制”等人才培养模式

（见图 1），相关成果获吉林省教学成果奖一等奖，典型经验在《中国教育报》专稿报道；畅通“岗课赛证”融通育人途径，学生在省级以上职业技能大赛中获奖 137 项，其中全国职业院校技能大赛一等奖 4 项、二等奖 9 项、三等奖 18 项，在同类院校中名列前茅，毕业生高端就业数量显著提升。

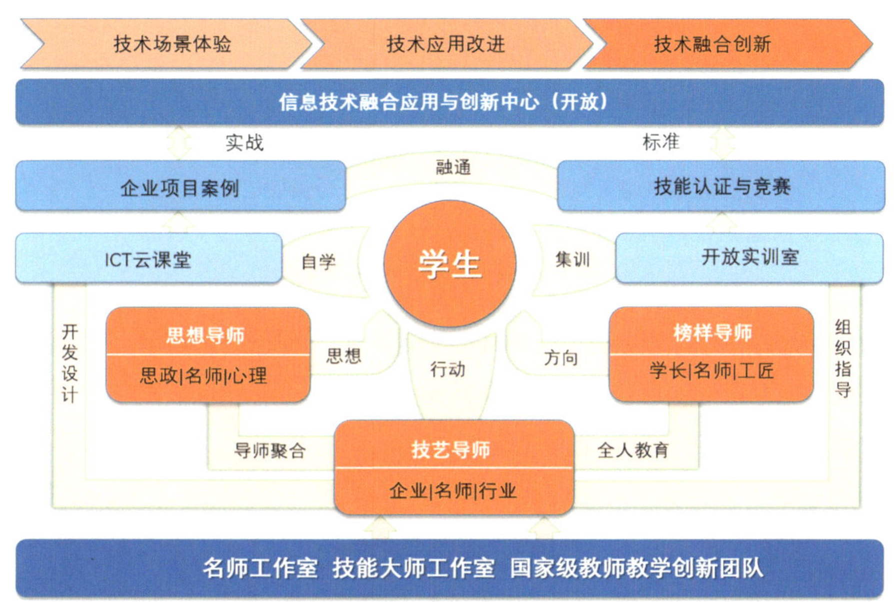

图 1 “项目实战导师制” 人才培养模式

2. 聚焦岗位，多方协同，行企校共建课程教学资源

面向吉林省新动能产业领域，聚集企业需求、依托企业资源，构建多方协同、可持续发展的教学资源建设机制，站位技术前沿，体现教学内容先进性（见图 2）。牵头主持省级专业资源库项目 1 项，参与完成国家级资源库建设项目 3 项；建成在线开放课程 47 门，其中国家精品在线开放课程 2 门，吉林省精品在线开放课程 7 门，吉林省高等学校学历继续教育在线精品课程 1 门，吉林省职业教育一流核心课程 3 门；校企合作开发“1+X”证书培训课程 10 门；引进再开发华为 ICT 认证课程等在线特色资源 7 项。

3.“五位一体”，项目引领，深化教材与教法改革

基于“五位一体”教学模式，建立“项目化+小班”授课模式、“一体化课程”考核评价体系，实施“线上线下”“虚实结合”的混合式教学模式改革（见图 3）。教师在国家及省级职业院校技能大赛教学能力比赛获奖 19 项，其中国家一等奖 1 项、二等奖 2 项、三等奖 1 项；围绕企业典型工作任务场景，按照工作过程系统化，校企合作开发项目式、活页式等新形态教材 36 部，其中入选“十三五”“十四五”职业教育国

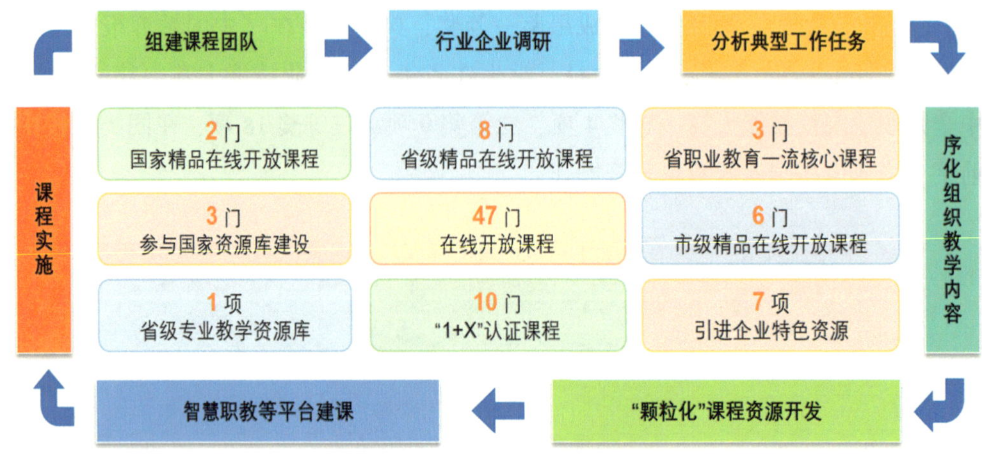

图2　在线开放课程建设流程

家规划教材 8 部，获评首届全国优秀教材二等奖 1 部，获评吉林省职业教育优质教材 6 部；教学改革成果获得省级以上教学成果奖 6 项，省厅级以上教科研奖 45 项，完成省厅级以上课题 75 项，公开发表论文 155 篇。

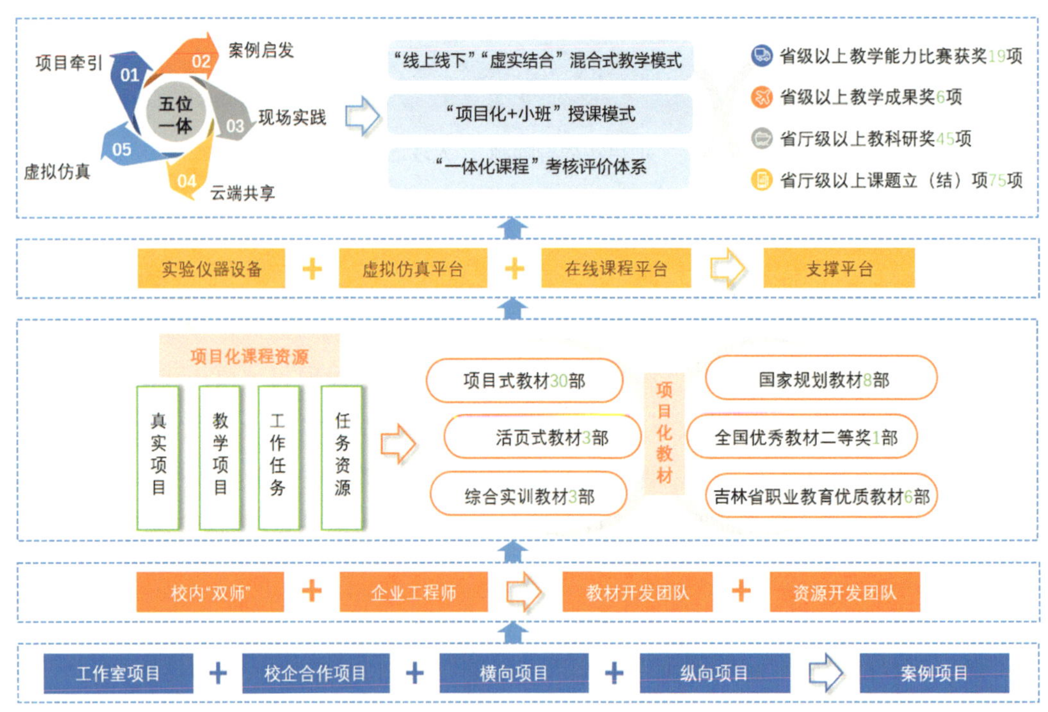

图3　"项目引领式" 教材开发与教改路径

4. 团队协作，匠心传承，打造国家教师创新团队

搭建校企双向人员流通平台，建立"四横六纵四工程"的"双型、双师、双能"

培育体系（见图4），创新构建以师德评价为基础、综合评价为核心、分类评价为导向的人才综合分类评价体系，着力打造“四有三能”的专业群高水平结构化教师团队。目前，建成国家级职业教育教师教学创新团队2个，吉林省职业教育教师教学创新团队3个，吉林省黄大年式教学团队1个，大国工匠和长白山技能名师工作室13个；团队成员获评国务院政府特殊津贴2人，全国最美教师1人，教育部新时代职业学院名师（名匠）1人，入选国家教指委和行指委委员3人，获评吉林省D类及以上高层次人才15人，受聘吉林省科创专员1人。团队建设模式获评首批全国职业院校“双师型”教师队伍建设典型案例。

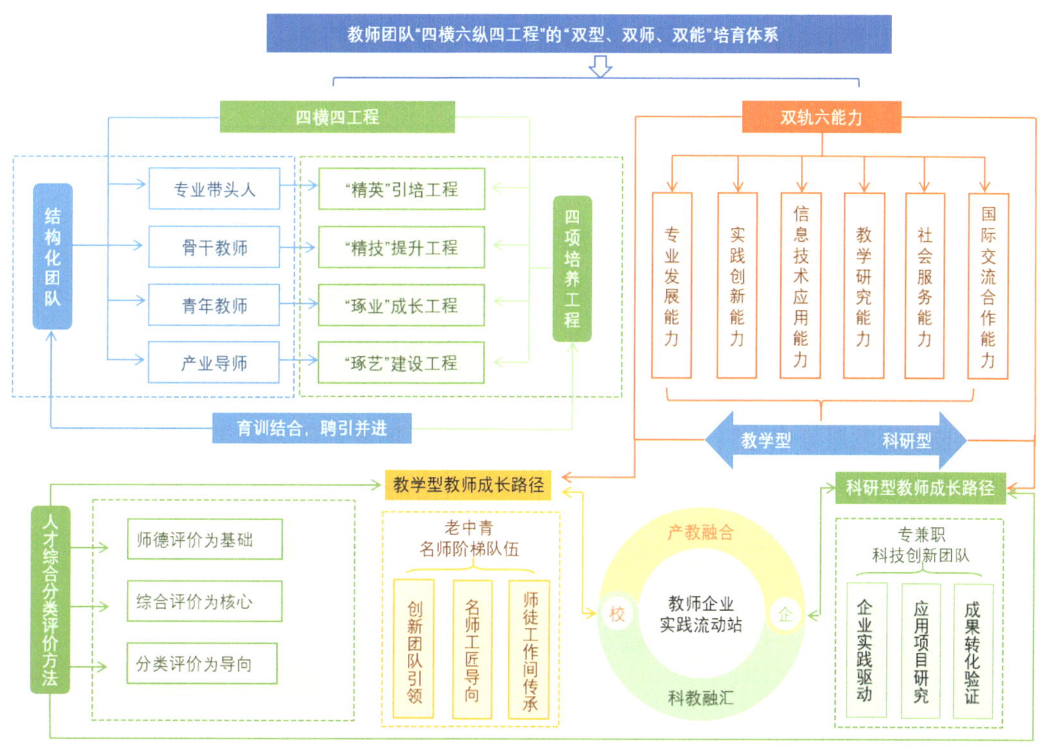

图4 “四横六纵四工程”的“双型、双师、双能”培育体系

5. 精心规划，设施升级，构筑产教融合实训基地

学校吸引社会资金超千万元，共建产教融合实训基地5个；搭建新一代信息技术联合研发中心1个、课程资源制作中心1个；建成了“54352”效能模式的产教融合体（见图5），形成了“产学研训培创”一体化运行机制，创造价值近700万元。打造国家级生产性实训基地2个、省职业教育示范性虚拟仿真实训基地3个、省校企联合技术创新实验室7个、省职业教育校企合作典型生产实践项目2个、省级开放型区域产教融合实践中心2个。

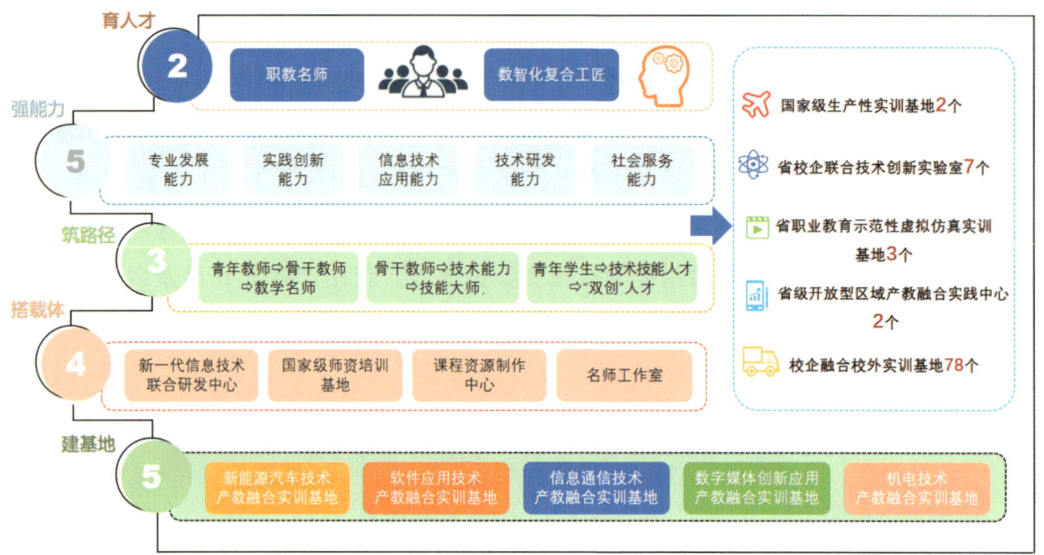

图5　实训基地"54352"效能模式

6. 创新引领，数智融合，搭建技术技能创新平台

专注于"新一代信息技术""高端装备制造""智能网联汽车"等关键领域，夯实吉林省产教融合信息平台基础（见图6），培育2个国家级职业教育教师教学创新团队；集聚ICT行业精英，邀请12位资深专家加盟，深化校企合作，共同打造6个"产教协同应用技术研发服务中心"；激发创新潜力，孕育35项原创研发成果，累计申请专利与软件著作权93项，成功转化8项成果；点燃学生创新活力，学生积极参与31项研发项目，申请4项知识产权，实现2项成果转化，孵化2家新兴创业公司。

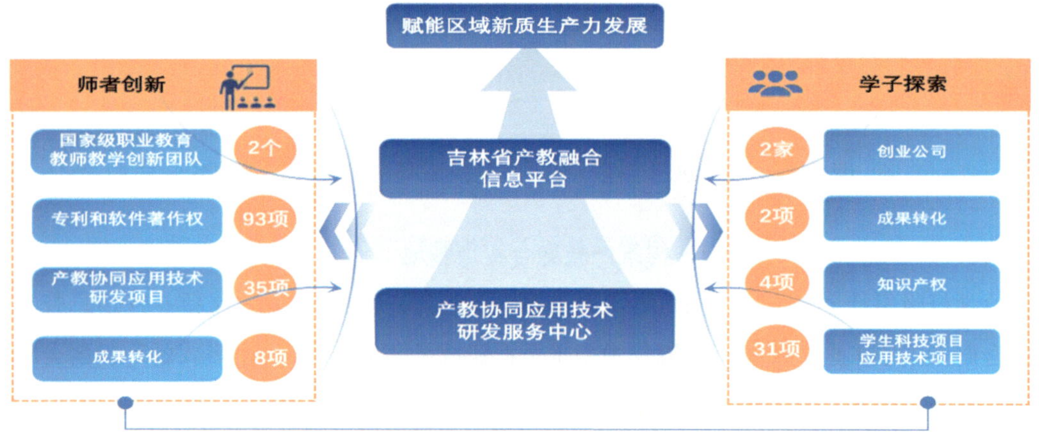

图6　产教融合信息平台

7. 服务拓展，能力提升，强化社会培训与技术服务

整合专业群和学校科研与培训资源，发挥多学科、多领域、多资源等交叉融合优势，面向“六新产业”，形成“技术服务+技术培训+技术鉴定+师资培训+社区讲堂+终身教育”的“六位一体”现代社会服务体系（见图7）。依托7个省级创新应用实验室科研平台，助力专精特新中小企业完成了设备技术改造、升级项目10项，技术服务20项，为企业服务产生经济效益1500余万元；开发培训项目18项，开展技能培训22996人天，完成职业技术鉴定1493人次，实施师资培训24项、培训教师9553人天，开展中小学生启蒙教育1806人天，完成社区讲座6次。

图7 “六位一体”现代社会服务体系

8. 国际合作，海外办学，构建职业教育国际化新范式

服务共建“一带一路”倡议，获批教育部职业教育“走出去”试点项目建设，建成中国—赞比亚职业技术学院长春职院汽车学院，为“走出去”中资企业员工开展技术培训1102人次，构建职业教育国际化新范式，实现中国职业教育模式“走出去”；牵头开发制定的“车身与汽车舒适系统维修”专业教学标准纳入赞比亚国民教育体系，制定的“新能源汽车技术员”职业标准纳入赞比亚职业教育体系，实现标准“走出去”；向赞比亚分院捐赠9台（套）专业群自主研制汽车专业实训教具及配套设备工具，输出16门专业课程教学资源，立项开发教育部“中文+职业技能”教学资源开发项目和“国际中文教育课题”项目4项，实现资源“走出去”。学校荣获“职业教育对外交流与合作典型院校”“亚太职业院校影响力星级学校”，提升了中国职业教育国际影响力。

9. 持续优化，机制创新，巩固可持续发展保障体系

学校成立由专兼职教师组成的专业建设管理委员会，制定专业标准、教学标准、

实训基地建设标准等，构建专业群建设推进机制；定期召开职业教育集团年会，增加合作企业，开展校企互聘、高峰论坛、专业群建设质量评价等活动，建成集招生、实习和就业等校企信息互通共享平台，创新校校、校企深度合作长效机制；制定专业群内部动态优化机制、建设质量评议制度、教学考核评价制度、学生评价体系等系列管理制度，形成常态化的人才培养质量保障机制（见图8）。

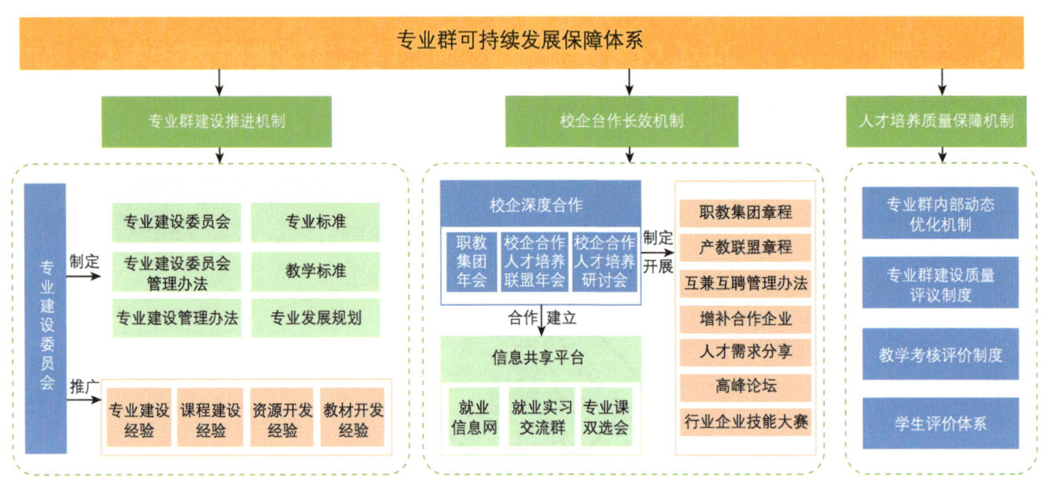

图8 专业群可持续发展保障体系

（执笔人：刘立志 马朝阳 王欲晓）

校企共建专业群，以群建院展新局

上海城建职业学院

上海城建职业学院是国家优质专科高等职业院校、上海市一流专科高等职业院校。学校以城市建设、管理和服务为特色办学领域，致力于培养具有劳模工匠精神和实践性、创新性、发展性的高素质技术技能人才。学校立足上海、面向长三角、辐射全国、服务共建“一带一路”，聚焦行业发展和产业升级，对接产业链、岗位群重构专业群，实行“以群建院”、校企共建，深化产教融合。专业设置布局持续优化，专业建设体系不断完善，为实现“建设职业强校、早日建成本科职业技术大学”的目标积蓄了更强实力。

一、基本概况

学校通过行业调研及时准确掌握上海、长三角以及全国城市建设、管理与服务领域相关行业产业的发展趋势和人才需求变化，认真分析现有专业结构和布局；以增强职业教育的适应性作为专业群建设的先导，按“需求优先、符合定位、比较优势、集群发展”原则，持续推动专业设置优化调整、重组专业群。近三年来，停招了 2 个市场需求不足、特色优势不显著的专业，新增了人工智能技术应用、智慧城市管理技术、智能建造技术等 5 个适应智能建造、智慧管理发展的专业。同时，适应产业数字化和智能化发展需求，大力推进传统专业的内涵提升。

按照“学科专业类相近，产业链衔接紧密，岗位群支撑互补”的原则，学校统筹规划、重新凝练 45 个专业，组建了 8 大专业群：数字建造、生态市政、城市智慧运营管理、人工智能应用、健康养老服务、工商管理、文化艺术传承、食品旅游。其中，人工智能应用专业群对接上海“3+6”产业体系中的“人工智能”先导产业，健康养老服务专业群培养老龄化社会急需的康养医护人才，数字建造和生态市政专业群对接建设行业向数字化升级、城市建设向数字化绿色化转型，城市智慧运营管理专业群服务“宜居韧性智慧”城市运营需求，食品旅游、文化艺术传承、工商管理专业群则紧密对接“上海服务”“上海文化”“上海购物”品牌建设。学校实行“以群建院”，深化产教融合，校企共建专业群；深化放管服改革，实施校院二级治理，激发专业群建设发展活力。

二、主要做法及成效

（一）主要做法

（1）扎实开展行业调研。专业群构成了办学的骨架，牵一发而动全身；组建专业群必须慎之又慎，要在充分扎实的行业调研基础上作出科学决策。为此，学校组织所有专业深入企业及行业协会，开展行业产业发展趋势及人才需求调研，涉及 700 多家规模以上企业，如在城市建设领域包括了建筑施工、装配式建筑、智能建筑、绿色建筑等各类企业 340 家；城市管理领域包括物业管理、房地产经纪等类型的企业 165 家；城市服务领域包括医院、养老院、食品安全卫生等类型的企业 280 家，为专业布局结构优化和专业群组建提供了翔实的依据。

（2）以群建院集约发展。学校打破原有的学院设置和专业布局，以 8 个专业群为骨架重构了二级学院。以数字建造专业群为基础，将原有的土木与交通工程学院改设为数字建造学院；以人工智能专业群为基础，将原有的机电工程与信息学院改设为人工智能应用学院；以城市智慧运营管理专业群为基础，将原有的建筑经济与管理学院改设为城市运营管理学院；以食品与旅游专业群为基础，将原有的公共管理与服务学院改设为食品与旅游学院；以工商管理专业群为基础，将原有的经济贸易学院改设为工商管理学院；整合学校市政类和环境生态类优质办学资源，增设市政与生态工程学院。

（3）产教融合校企共建。专业优化调整及“以群建院”，为专业抱团与行业企业建立更加全面紧密的产教融合关系提供了平台和便利，合作企业发展到 400 多家，合作领域迅速拓展，合作能级明显提升。与上海建工、中建八局、宝业集团、东湖集团、光明集团等龙头企业共建了 16 个产业学院；校企合作共建了大师工作室、产教研协同创新中心、“双师型”教师实践基地等 32 个产教融合平台，以及 15 个生产性实训基地。企业兼职教师稳定在 280 名左右，校企共同实施现代学徒制、“1+X”证书试点等 50 余个人才培养项目。

（4）科学构建保障机制。学校构建了专业群建设、管理和协调机制，由校领导主抓，教务处主管，科技处（产教融合促进办公室）、人事处、实验实训中心、规划管理与质量评估办公室等职能部门协同配合，保证专业群内各专业间实现资源共建共享、师资共用、人才共育。学校制定了共享实验实训室（基地）管理办法，聚焦人才培养、技术研发和社会服务功能，围绕建设、使用和管理，理顺了跨专业（群）的实验实训平台管理运行机制。

（5）二级治理释放活力。校院二级治理的要点是合理界定学校和二级学院在人、财、物等资源的配置、使用和管理方面，以及在教育教学运行中的责权利关系，目的是提高治理效能，激发办学活力。学校以“以群建院”为契机，深化探索二级治理模式改革，将人员聘用、绩效考核、薪酬分配、经费使用等重大管理事项的部分权限下放给二级学院，促进二级学院从过去的“执行单位”向综合办学实体转变，实现赋权、压责与增效的统一，营造良好的干事创业氛围，为干部教师提供施展才能的更广阔平台。

（6）分类评价错位发展。评价是重要的指挥棒。学校认真落实深化新时代教育评价改革国家《总体方案》和上海市《实施方案》，对专任教师进行岗位分类设置、业绩分类考核、职称分类评聘；借鉴上海高校分类评价的经验，构建二级学院分类评价体系，充分考虑各二级学院的专业特点、专业群的特色优势，设置了共性和差异化评价指标，并鼓励二级学院自定评价指标和任务标准，从而构建起错位发展、良性竞争的机制。

（二）基本成效

（1）专业质量大幅提升。在 2023 年的 GDI 智库发布的《高职专科专业评估榜》中，全校 45 个专业有 24 个位于“A-”档及以上。在金平果 2023 高职院校专业评价结果中，学校 7 个专业获得五星评价结果，位居全国前 5%；17 个专业获得四星评价结果，位居全国 5%~20%。现有 14 个国家骨干专业，8 个上海市一流专业，并牵头成立了中高贯通培养联合体。

（2）专业群建设成效显著。在学校 8 个专业群中，数字建造、健康养老服务、城市智慧运营管理、生态市政等 4 个专业群被上海市教委立项为“高水平高职专业群”建设项目。各专业群遴选的首批重点专业建设成效显著，9 个专业通过上海市教委本科专业设置专家评审。其中，学校作为组长单位牵头制定了教育部文物修复与保护本科专业标准，专业教师作为副组长执笔制定现代物业管理职业本科专业简介。

（3）专业技能水平提高。学校在 2020 全国职业院校技能大赛改革试点赛排名上居全国第 6，2021 年全国职业院校技能大赛排名全国第 3，连续两年入选中国高教学会“学科竞赛百强院校”。近 3 年来，学生在世赛选拔赛、全国技能大赛等省部级以上赛事中获奖 579 项，其中国赛一等奖 3 项，第一届全国技能大赛银牌 1 枚、优胜奖 8 个。3 名学生为第 45 届世界技能大赛作出重要贡献，受到人社部表彰；8 名学生入选第 45、46 届世界技能大赛中国集训队，2 名学生获全国技术能手称号，1 名学生获全国行业技术能手称号，1 名学生获上海市技术能手称号，1 名学生任第 45 届世界技能大赛中国教练。学校是第 46 届世界技能大赛砌筑项目中国集训基地，第 47 届世界技能大赛砌筑、混凝土建筑、家具制作等 12 个赛项的上海市集训基地，数量位居全市高校首位。

（4）专业服务能力增强。通过专业群建设，专业教师中科技服务团队数量增多、能力增强、拳头效应显现。每年为中小微企业解决技术难题、优化生产流程、开展技术咨询和培训的项目增加到 200 多项，横向科技服务经费到款额从五年前的 70 多万元增加到 2022 年的 1600 多万元，技术转让实现零的突破。教师主持或参与制定国家、行业、教学标准等 55 项。

（5）职业强校初具模样。学校连续五年位居上海高校分类评价（应用技能型）第一梯队；多次进入第三方评价榜单前 100 名，在“聚焦职教”综合金平果、武书连、GDI、神针评价四大榜单的“2023 年全国高职高专院校聚合排名”中，学校进入“百强榜”。在国家级教学成果奖和省级教学成果最高奖均实现了零的突破。学校成为中国建设教育协会副理事长单位、全国乡村振兴产教融合联盟常务副理事长单位、中国—东盟职业教育国际合作联盟副理事长单位、中国职业技术教育学会国际合作交流工作委员会副主任单位、中国教育国际交流协会“一带一路”教育国际交流分会副理事长单位。学校还是长三角地区职业院校创新创业实践联盟等多个区域性组织的理事长单位，上海对口支援喀什职业院校的牵头单位，职业教育贡献度不断提升，在国内外的影响力不断增强。

（执笔人：叶银忠　荣司平　刘文华）

立足“三服务”“以群建院”服务交通强国战略，深化“六个治理”赋能交通特色专业群高质量发展

广西交通职业技术学院

一、基本概况

党的二十大报告强调要“加快建设交通强国”，习近平总书记指出“交通成为中国现代化的开路先锋”。广西是共建“一带一路”有机衔接的重要门户之一，是构建中国—东盟命运共同体的开放窗口，也是国家首批交通强国建设试点单位。2023 年 4 月，教育部和广西壮族自治区人民政府联合印发《推动产教集聚融合　打造面向东盟的职业教育开放合作创新高地实施方案》（以下简称“实施方案”）。广西交通职业技术学院是广西唯一一所专门培养交通运输高素质技术技能人才的高等学校。

学校主动立足“服务新时代开路先锋的全面发展”“服务广西向海经济建设”和“服务交通强国、教育强国战略”的“三服务”，以交通特色高水平专业群建设为主线，以产教集聚融合为突破口、科教深度融汇为新方向，以推进治理能力现代化为保障，通过深化集群治理、多元治理、质量治理、数字化治理、国际化治理、人才治理等“六个治理”，系统性、体系化推动学校高水平专业群建设，努力当好建设新时代壮美广西的开路先锋，有效服务中国—东盟命运共同体建设。专业群人才培养成果《西南喀斯特地区交通土建专业“集团化、集群化、多样化”现代学徒制创新实践》获得 2022 年国家级职业教育教学成果一等奖。

二、具体做法

（一）以群建院打造“四高四优”专业群，深化交通特色专业“集群治理”

学校主动对接国家西部陆海新通道建设、平陆运河建设和广西“交通强国”试点建设需求，建立专业动态调整机制。基于产业链、岗位群、专业类的逻辑，按照结构

有序、优势互补、资源共享原则“以群建院”。以道路与桥梁工程技术、汽车制造与试验技术等 4 个高水平专业群为引领，辐射带动智能交通技术、航海技术等 4 个优势专业群协同发展，形成校企双主体育人的“四高四优” 8 大交通特色专业群集群化发展格局，并实施“集团化、集群化、多样化”的现代学徒制人才培养，全面服务“铁、公、水、航、邮”五位一体的广西现代综合交通全领域发展。

（二）搭建“一行三体 N 学院”发展平台，深化专业群“多元治理”

聚焦交通运输行业高质量发展需求和面向东盟职业教育开放合作创新高地建设需要，学校发挥作为广西交通行指委秘书长单位的优势，牵头组建区域性的广西交通运输行业产教融合共同体、国际化的中国—东盟智慧港航产教融合共同体；在南宁市人民政府统筹指导下，依托南宁市国家级经济技术开发区，牵头建设南宁市电子信息产教联合体；联合广西北部湾投资集团等行业龙头企业，建立路桥科技、智能汽车等 13 个产业学院，形成体现广西区位优势、彰显交通行业特色的“一行三体 N 学院”实体化产教融合发展平台，实现多元治理、共建共治、共享共赢。

（三）创建“六个一”产教深度融合发展模式， 深化专业群“质量治理”

立足“四高四优”交通特色专业群发展，依托产教融合发展平台，持续深化校企共同研究专业设置、共同设计人才培养方案、共同开发课程、共同开发教材、共同组建教学团队、共同建设实训实习平台、共同制定人才培养质量标准等校企合作“七个共同”，探索形成校企共建“1 个高水平专业群、1 个教学创新团队、1 个产教融合实训基地，1 个示范性产业学院、1 个技术技能创新服务平台、1 个工程技术研究中心”，即“1 群 1 团队 1 基地，1 院 1 平台 1 中心”的“六个一”专业群产教深度融合高质量发展模式，助推专业群人才培养质量和服务发展质量持续提升。

（四）实施“信息技术+传统交通专业”升级改造， 深化专业群“数字化治理”

依托国家级示范培育项目西部陆海新通道（广西）综合交通运输虚拟仿真实训基地建设，一是实施“信息技术+传统交通特色专业”升级改造，大力发展交通大数据、智能网联汽车等智慧交通领域新兴专业，综合运用新一代信息技术赋能传统交通运输专业升级，成果获全国虚拟现实先锋应用案例；二是发挥“校级—省级—国家”三级智慧职教平台优势，推动新形态教材、在线精品课程、专业群教学资源库等数字资源的一体化建设，形成“一书一课一空间”的专业群平台课程（即一本新形态纸质教材、一套数字化课程资源、一个课程网络教学空间）。

（五）构建“西鉴—中融—东输”国际合作路径，深化专业群“国际化治理”

一是“西鉴”，借鉴先进职教理念和国际标准。发挥专业群建设委员会作用，指导专业群学习发达国家先进职教理念、模式和标准，确保交通职教标准的规范化与先进性。二是“中融”，本土化融合创新形成中国方案。基于国际职教先进教学体系和经验，结合专业群教学改革成果，融合交通行业新技术、新标准，提供面向东盟的标准统一、互通互认的交通职教标准“中国方案”。三是“东输”，面向东盟共建共享，实现可持续发展。专业群协同区内行业龙头企业走进东盟，通过先进的职教标准、行业技术标准等，与东盟国家开展教育、技术、培训等多方位的交流合作。

（六）实施“评聘一体”评估管理运行机制，深化专业群建设“人才治理”

一是实施专业带头人聘任制度。推行专业群负责人和专业带头人制度，建立专业团队推荐、二级学院考核、学校聘任管理机制，配齐配强专业群负责人和专业带头人。二是建立专业群评估管理机制。综合专业教学实训达标条件、广西高职教育教学工作审核评估、内部质量保证体系诊断与改进工作等要求，制定出台校内《专业（群）评估管理办法》《标志性成果奖励办法》等。对每个专业（群）实施年度考核和积分排序管理，并与评优评先、职称评聘、KPI 考核、绩效分配挂钩，充分激发专业群负责人、专业带头人和专业教师建设专业（群）内生动力。

三、主要成效

（一）形成交通人才培养高地，荣获国家教学成果奖一等奖

通过深化“六个治理”赋能交通特色专业群发展，交通运输类专业就业率稳定在95%以上，学校入选全国高校就业创业工作典型案例；15 万余名毕业生（年均新增6000 多名）活跃在西部陆海新通道、平陆运河等交通重大项目建设一线；广西交通龙头企业 30%以上的管理层、40%以上的一线班组长均出自学校，已成为广西交通战线的核心力量，为交通强国试点和西部陆海新通道建设提供强有力的人才支撑和智力保障。“集团化、集群化、多样化”现代学徒制人才培养、“西鉴—中融—东输”国际合作

路径相关成果分别获得2022年国家级职业教育教学成果一等奖、二等奖。

（二）助推学校综合实力提升，跻身中国高职院校百强行列

2022年，学校以“优秀”等次通过广西“双高”终期验收；2023年获广西新一轮“双高”A类院校立项，4个高水平专业群获得立项。近年来共获得包括国家级教师创新团队、国家级虚拟仿真实训基地、全国教材建设先进集体、中国—东盟高职院校特色合作项目等100多项国家级和700多项省部级标志性成果，先后获评国家优质专科高等职业院校、工信部产教融合专业合作建设试点单位、黄炎培职业教育“优秀学校”、与东盟国家“杰出合作院校奖”等。入选2023西部地区高职院校“人才培养50强、服务贡献50强、产教融合50强”三大卓越榜单，位列2024年中国高职院校竞争力排行榜第143位和GDI智库高职高专排行榜第76位。

（三）服务交通行业能力增强，技术突破填补国内外空白

“四高四优”交通特色专业群依托牵头成立的中国—东盟（广西）交通运输教育培训中心，承担区域行业40%以上的在职员工继续教育任务，学校成为交通运输部唯一授权面向东盟颁发中国交通土建“八大员”资格证书的单位。聚焦“水下爆破技术与防护”等7类关键技术进行攻关，破解了“智能驾驶”等6项技术瓶颈问题（其中液压柱破岩、水下爆破气泡帷幕防护等多项技术填补国内外空白）。将10余项新技术和40余项技术服务转化应用在平陆运河等项目建设，直接带来了约2亿元的经济效益。

（执笔人：陈正振　罗宜春　潘柳园）

跨融结合，多元协同，创新“双高计划”高水平专业群建设路径

重庆工商职业学院

跨界融合、多方协同是“双高计划”高水平专业群建设的重要理念与实践路径。《教育部　财政部关于实施中国特色高水平高职学校和专业建设计划的意见》提出：发展跨专业教学组织，优化内部治理结构，建立健全多方协同的专业群可持续发展保障机制。跨学院、跨专业、跨产业、跨企业的教学组织不仅是职业院校深化资源整合、促进资源共享、创新教学管理的实践载体，实现跨学科专业发展、增强专业社会适应性的重要手段，而且还是“双高计划”高水平专业群建设的重要任务和重要内容。重庆工商职业学院大力推动跨学院、跨专业、跨产业、跨行业的教学组织建设，积极促进产教融合校企合作，在“跨融结合”中持续推进教学组织形态变革和办学资源共建共享，深化与类型教育相适配的学校内部治理改革，提升治理体系和治理能力现代化水平，不断为高水平专业群建设注入新的活力与动力。本案例实践成果助推学校在国家和重庆市“双高计划”中期绩效评价中皆获得优秀等次，入选2021全国高职服务贡献、教师发展、学生发展优秀院校，2021年在GDI高职高专排行榜位列第64名、在金平果高职高专竞争力排行榜中位列第72名，是2022全国高职院校治理体系建设50强，并于2023年成为重庆市首批“新时代依法治校示范校”。

一、跨学院跨专业组建高水平专业群，创新多元集群发展逻辑

只有突破专业所属学院的界限，整合校内相关学院的专业建设力量协同攻关，才能真正为高水平专业群建设消除路径障碍，发挥专业群建设的合力。重庆工商职业学院依据优势突出、资源共享、相互支撑的思路，以核心专业群为牵引，依托学校的优势特色专业，全面优化专业相互联合的组群逻辑，打破专业所在二级学院的界限，将具有内在关联的专业有机结合成专业集群。学校层面对专业群建设进行“一盘棋”谋划，遵循系统联动的原则，以国家“双高计划”高水平专业群—物联网应用技术专业

群为核心，以重庆市级“双高计划”高水平专业群——建筑室内设计专业群、影视动画专业群为两翼，同步推进4个校级高水平专业群建设，形成国家、市、校三级联动的“1+2+4”高水平专业群体系，开创学校跨学院进行专业群建设的新模式。持续发挥专业群的集聚效应，建立专业集群内部优质课程资源共建共享机制，促进专业群资源整合和结构优化。积极推动企业深度参与专业建设，促进人才培养供给侧和产业需求侧结构要素全方位融合，更加充分地实现新型产业集群和岗位人群能力需求与学校人才培养方案的有效衔接，优化专业集群建设路径，提高专业集群的社会适应与社会服务能力。

二、跨行业跨组织拓展校企协同育人，创新融合育人实践载体

创新高等职业教育与产业融合发展的运行模式，促进专业建设与产业发展相适应，推动高职学校与行业企业形成命运共同体，深入探索高水平专业群产教融合育人的新机制与新途径，这是增强高水平专业群内生发展动力的关键。重庆工商职业学院积极拓展与行业企业集团的合作，共建新型产业学院，探索产业学院双元运营新机制。校企共建产教融合特色高水平专业群，共建共享一体化教学资源，协同创新教学管理模式，合作开展专业人才培养。学校成立密切联系地方经济社会发展现实需要的职业教育集团，强化校际、校企合作，促进优质资源集成和共享，深入推进区域职业教育资源优化配置，创新教育资源共享机制。牵头组建职教集团2个、双主体产业学院3个，建成省级示范职教集团1个、校企合作示范项目1个、现代产业学院1个、特色化示范性软件学院1个。依托教育强国推进工程项目等实践载体，加快产教融合公共实训基地建设，探索学校、地方政府、行业企业、社会组织等多元共建实训基地模式，创新集“企业办班、教学工厂、生产实训一体化车间、产业学院”等功能为一体的校企融合育人新路径，充分发挥行业、企业、社区的咨询、协商和监督作用，构建更加紧密、合作共赢的校企命运共同体。建成国家级物联网与大数据应用技术协同创新中心等技术创新平台10个，新增农业农村部、国家卫生健康委2个国家级培训基地。

三、跨类型跨层次开展教学改革实践，创新人才培养工作机制

深化教学模式与教学方法改革，创新实践教学实施路径，推动课堂革命，是打造高水平专业群的根本要求。重庆工商职业学院以“1+X”证书制度、“书证融通”项目、“课证融通”项目、学分银行等为载体，深入推进专业群内部各个专业融合发展和各类学习成果互联互通，促进信息技术与教育教学深度耦合，实现专业之间以及专业群之

间教师、教材、教法改革相互融通、相互促进。“1+X”证书通过率达 95.06%，位居重庆市域“双高”学校前列。整合相关专业资源，组建经济社会发展急需的新兴专业及人才孵化基地，聚合各个专业原有的师资队伍、教学资源、实训条件等优势，创新跨类型、跨学院、跨专业、跨班级的专业选修课教学与管理机制，建立教师教学创新团队，分工协作开展教学模式和教材教法改革，探索更加个性化的人才培养方案和教学支持服务实现路径。参与土建大类、软件技术、数字媒体等 15 个国家专业教学标准研制，以及 3 个职业技能等级标准制定。建成国家级世界技能大赛集训基地 1 个、省级 3 个，国家实训基地 2 个，开放共享生产性实训基地 6 个，“1+X”考核站 41 个。依托虚拟现实、增强现实等新兴技术力量，联合跨学院、跨部门的力量，协同打造虚拟仿真实训基地，构建多元化虚拟仿真实训中心体系，着力解决职业教育实训教学过程高投入、高损耗、高风险及难实施、难观摩、难再现的“三高三难”痛点难点，切实推动线上线下相结合、教学实训相融合的教育教学活动创新，持续改革传统教学育人模式。

四、跨业务跨部门推进治理能力建设，创新协同一体治理模式

健全现代职业学校制度和内部治理体系，推动跨业务、跨部门的一体化治理路径设计与实践，推进学校治理体系和治理能力现代化，是高水平专业群建设的必然要求。重庆工商职业学院全面贯彻落实党委领导下的校长负责制，不断优化党委领导、集体决策、分工负责、民主管理的工作机制和运行模式，形成目标明确、活力充沛的组织架构和治理职能。以赋能“双高计划”建设和高质量发展为目标，以顶层战略部署为依循，以学校章程为核心，强化依法依规治校，建立健全制度体系，加强组织体系和保障体系建设，推动业务协同、部门协同，破除管理壁垒，着力构建层次清晰、相互协调的治理体系，优化内部治理机制，提升内部治理效能。2022 年获评重庆市教育系统法治宣传教育工作先进集体，2023 年被评为重庆市首批“新时代依法治校示范校”。学校发挥规划的统领作用，研究制定由“总体规划+专项规划+行动计划”构成的事业发展规划体系，为一体化推进跨业务、跨部门的教育教学改革以及治理体系与治理能力建设提供规范依据。建立二级学院改革发展专项会议等相关制度，强化各部门之间的协调配合，推动跨学院跨部门重点工作落地落实。

随着技术更迭的加速、产业结构的升级、工作模式的演化以及岗位边界的模糊，高职院校若要使学生拥有更强的社会适应力和职业发展力，深入推进“双高计划”高水平专业群建设，就应跨学院跨专业、跨行业跨组织创新人才培养模式和优化育人环

境。重庆工商职业学院深入推进“双高计划”高水平专业群建设路径创新，通过多主体、多层面、多层次协作，共同打造多元融合、多维互动的教学组织，构建功能完善的一体化协同运行机制，支撑跨学院跨专业的专业群建设及特色化发展载体建设，持续优化高水平专业的建设机制，从而为实现“双高计划”高水平专业群建设目标和深化学校内部治理改革提供了更加有力的保障。

（执笔人：郑绍红　南旭光）

党建统领　分类统整　校企协同：高水平专业群建设新模式

——安全技术与管理专业群建设典型案例

重庆安全技术职业学院

一、实施背景

2018 年，党中央组建应急管理部，把应急救灾和安全生产的综合管理职能进行统筹，以适应更加严峻复杂的安全形势，满足人民日益增长的安全需求。党的二十大进一步明确要建立大安全大应急框架，完善公共安全体系，推动公共安全治理模式向事前预防转型。重庆安全技术职业学院作为全国仅有的五所安全类高职院校之一，在服务国家安全战略与区域经济社会安全发展、普及安全知识与应急技能、培养应急安全高素质技术技能人才等方面发挥更多作用，肩负更重使命。基于安全应急类专业技术技能人才培养存在培养规格缺失、课程设置滞后脱节、教学实施僵化呆板等现状，学校以安全技术管理专业群为依托，进行了一系列探索，并取得了阶段性成果。

二、具体做法

（一）党建统领，培根铸魂育时代新人

（1）打造“应急先锋　红安筑梦”党建品牌。坚持党建和应急安全人才培养“双融合、双促进”协同发展。创新实施“五同三管三融”的党建工作模式，即党建与业务的谋划、部署、落实、检查、考核“五同步”，师生思想、作风、纪律的“三管”齐下，“三会一课”、主题教育与教学、管理和文化的“三融合”。持续完善“七化”工作体系，全力打造“应急先锋　红安筑梦”党建品牌。

（2）打造“青蓝救援队”专业特色团学品牌。依托安全技术与管理专业群，组建重庆市第一支以学生为主的应急救援队。主要聚焦“思想政治引领、创新创业孵化、安全技能培养、文体活动实践、社会责任担当”五大主题开展第二课堂活动。

（3）建设课程思政数字化育人资源。充分融入“课程思政”理念，将“人民至上、生命至上”“坚持统筹发展和安全”理念融入专业课程的教学当中，挖掘提炼专业课程蕴含的思政元素，开展“课程思政”资源建设，强化育人效果。

（二）标准引领，创新专业群人才培养

为适应应急安全技术技能人才的社会需求，创新“标准引领、分类统整、能力进阶”的专业群人才培养模式。

（1）构建以完整事故链为主线的专业群。着眼于服务国家“全灾种、大应急、大救援”应急管理格局和任务，以“安全生产管理（事故前）、风险监测监控（事故中）、应急处置恢复（事故后）”完整事故链为主线，构建以安全技术与管理、信息安全技术应用、应急救援技术专业为骨干，建筑工程技术（安全方向）、建筑消防技术专业为支撑的专业群。

（2）构建“中高本”人才贯通培养体系。2019 年，教育部采纳了学校提交的《中等职业学校安全类专业设置优化调整建议报告》，在中等职业学校专业目录中增设了安全技术管理、应急管理与减灾技术 2 个安全类专业，开展中高职衔接培养。专业群与本科院校的安全工程、消防工程专业等开展专本贯通培养，搭建人才成长立交桥。

（3）构建人才培养标准体系。联合安全类高职院校，共同开发专业群专业教学标准、课程标准、数字教育资源建设标准、岗位实习标准、学生学业质量评价标准等人才全程育人标准包。在此基础上，构建校内培养、校外实习、就业实践 3 个阶段的初级、中级、高级职业岗位胜任力人工智能诊断模型，明确安全应急类专业人才培养规格。

（三）分类统整，深化专业群课程改革

（1）构建“三线进阶”专业群课程体系。构建专业群“三线进阶”课程框架体系。课程线：由公共基础课和专业基础课组成的平台课程—以学生职业能力核心部分为主要内容的方向课程—以学生职业生涯发展的拓展课程。项目线：“岗位基础项目—岗位综合项目—跨岗位复杂项目”。思政线：“生命至上—匠心安全—家国情怀”，即引导学生树立“人民至上、生命至上”理念，培育学生“求真务实、精益求精”的工匠精神，激发学生报效祖国、为国争光的家国情怀。

（2）“岗课赛证”融通综合育人。以课为核心、岗为先导、赛为检验、证为目标，

构建“岗课对接、课证衔接、课赛融通”的课程体系，将公共安全课程建设与职业证书、技能大赛对接，以双向导向实现“分层教学、因材施教”，通过创设学习情景，将工作领域要求转化为学习领域任务。

（四）校企协同，创新混编“双师”培养模式

（1）组建政行校企混编教学团队。基于协同理论，依托重庆市安全职业教育示范集团，采用“专业（群）+企业（群）”的形式，将政行校企紧密衔接起来，组建由学校教师、产业导师、名师名匠、领军人才构成的混编教学团队，共同开展教学改革、课题研究、技术攻关和技术培训。

（2）创建四阶段工坊式研训场域。探索创建“创始场”“对话场”“系统场”和“实践场”四阶段工坊式研训场域，促进教师的专业素养和能力在真实的职业情境中螺旋上升，打造政行校企“共生共长共赢”的“双师”结构教学团队新范式。

（五）数字赋能，建设智慧实训基地

（1）建设虚实结合的实训基地。对接安全管理、安全评价、安全检测、灾害防治、教育与培训、建设安全生产技术、隐患排查、防火防爆、应急救援等领域，基于工作过程建设开发虚拟仿真实训资源，建设应急安全虚拟仿真实训中心，运用虚拟软件开展沉浸式、交互式实训教学。

（2）建设“一平三端”智慧教学平台。以在线教学平台为中心，将整个教学过程融会贯通，实现对“线上+线下”教学全过程的即时数据采集、云端分析处理和即时结果反馈，促进学校教学模式、组织模式与服务模式变革。

（六）科教融汇，提升服务区域经济发展支撑力

（1）开展安全教育培训。依托国家安全生产监管监察执法综合实训西南基地，开展“千师万讲”活动，面向企事业单位广泛开展安全生产执法人员培训、高危行业生产经营单位主要负责人和安全生产管理人员培训、非高危行业企事业单位安全培训、特种作业培训及其他的公共安全培训。

（2）开展应急安全科普特色服务。依托市级安全科普基地和青蓝救援队，开展“安全5进”（进企业、进社区、进学校、进农村、进家庭）活动，面向社区、学校、乡村等广泛开展安全应急宣传教育、应急疏散演练、应急技能培训、逃生场景体验等科普活动，大力营造“人人讲安全、个个会应急”的良好氛围。

三、建设成效

（一）全国党建样板支部

专业群中安全技术与管理专业、信息安全技术应用专业所在的党支部获批立项建设全国党建工作样板党支部；专业群教师荣获重庆市教书育人楷模、最美教师等荣誉称号；专业群学生组建的青蓝救援队大学生社团获“重庆市大学生十佳社团”荣誉称号。

（二）人才培养

人才培养质量不断提升，专业群学生获国家职业技能大赛、职业生涯规划大赛一等奖 2 项、二等奖 2 项，获互联网+创新创业大赛全国三等奖 1 项；学生质量得到社会普遍认可，专业群在校生数量连年递增，较 2020 年翻了一番，达到 4000 人；毕业生就业率保持在 95%以上，位居重庆市高职院校前列。

（三）教师团队建设

专业群教师获“重庆市职业教育领军人才”荣誉称号，获重庆市“课程思政教学名师团队”荣誉称号；主持国家级课题 2 项、重庆市级课题 74 项；获重庆市职业教育成果重点培育项目 1 项；在教师教学能力大赛获市级二等奖 3 项。

（四）专业教学资源建设

参与安全技术与管理专业国家级职业教育教学资源库建设，专业群中的应急救援技术专业获批重庆市专业教学资源库建设，专业群核心课程“安全生产法律法规”获重庆市在线精品课程，建成一批在线开放课程资源。

（五）制定国际国内标准

学校主持制定了教育部《救援技术专业教学标准》《安全技术与管理专业教学标准》2 项国家专业教学标准。参与“联合国教科文组织职业教育中心南亚中心发展中国家数字经济职业标准开发”项目，主持研制了《职业安全与行业健康》（L5/L62）项国际标准。

（六）实习实训基地建设

建成全国学校急救教育试点学校、重庆市深化新时代教育评价改革试点学校、重庆市安全职业教育示范性集团以及重庆市公共安全科普、危化品企业从业人员、网络安全人才、安全文化动漫创作等多个市级安全教育培训实习实训基地。

（七）开展社会服务

开展安全知识科普活动，受益人群 2 万人次/年；开展安全教育、安全管理培训，受益人群 1.5 万人次/年；专业群教师承担政府、企业委托技术服务项目 10 余项，获得专利、软件著作等 134 项。

（执笔人：李盟　张立明　张丽珍）

数字赋能　聚力打造高水平专业群建设新模式

——铁道交通运营管理专业群建设典型案例

西安铁路职业技术学院

一、实施背景

2019 年 9 月 19 日，中共中央、国务院印发《交通强国建设纲要》指出：大力发展智慧交通，推动大数据、互联网与交通行业深度融合，推进数字赋能交通发展。通过引入先进的信息技术，建设智能交通系统，提高交通运输的安全性、便捷性和智能化水平，实现交通运输的智能化、数字化和网络化。2020 年 8 月，《新时代交通强国铁路先行规划纲要》指出：到 2035 年率先建成智能高铁，加快建设智慧铁路进程，大力发展铁路客运智慧服务、铁路货运智慧场站智能化服务、智能综合调度指挥系统水平应用。铁道交通运营管理专业群基于 67 年办学历史，肩负培养新时代掌握铁路先进信息技术、智能运营技术的人才责任担当，以数字资源建设、智能技术应用为主线开展专业群内涵建设，已取得了阶段性成果。

二、具体做法

（一）数字党建引领，助力“三全育人”

1. 构建“一平台二主线三载体”数字化育人体系

将数字思维应用到育人工作中，加强数字化党建，创新育人手段，丰富育人载体，实现学生德技兼修。通过职业教育国家级专业教学资源库建设，搭建数字化党建育人平台，把思想政治教育和技术技能培养两条主线贯穿育人全过程，通过课程育人、实践育人、服务育人 3 个载体强化育人效果。

在数字化党建育人平台上，创设手语讲党史、手语讲两会、数字化铁路教育馆、大国工匠、千站百段、铁路科普等模块。通过数字资源，将轨道交通优秀传统文化、智慧交通新技术、绿色出行新理念、最美铁路人故事、职业素养培育等融入育人过程。创新育人载体，校企合作开发“教授说专业”“专家讲技术”“劳模宣事迹”“工匠展技能”系列主题活动数字资源；组织学生深入“铁路巴山精神展览馆”等开展多样化的社会实践；开展铁路、地铁、全运会志愿者服务等，强化服务育人效果。

2. 建设课程思政数字化育人资源

学校教学充分融入“课程思政”理念，挖掘提炼专业课程蕴含的思政元素，开展“课程思政”数字化资源建设，强化育人效果。

3. 创新“手语+思政”数字化教学模式，点亮育人新品牌

借助学习强国 App、人民日报公众号、西安教育 eTV 等多种数字媒体，着力打造“手语+思政’线上课程育人新品牌。立足“三个课堂”，深入挖掘轨道交通客运服务中的手语思政元素，服务轨道交通残障旅客顺畅出行，助力轨道交通高素质技术技能人才培养。

（二）数字赋能发展，创新人才培养

为适应轨道交通数字化转型升级，创新推出“双主体育人、课证融通、专创融合”的专业群人才培养模式。

1. 双主体育人，开展中国特色学徒制和“2+1”联合培养

总结国家第二批现代学徒制试点成功经验，与陕西宝麟铁路有限责任公司、西安市轨道交通集团有限公司等合作，融入铁路 CTC 调度集中、城轨 FAO 全自动运行等新技术，中欧班列 CR Express、高铁快运等新产品，共建数字化资源，全面推行中国特色学徒制，落实“双主体”育人模式。

利用学校和铁路运输企业不同的育人环境，实现课堂教学和企业工作交替进行。与中国铁路西安局等企业开展“2+1”联合培养，加快学生职业适应过程。

2. 岗课赛证融通，组织 X 证书培训和各类技能大赛

融合“城市轨道交通站务”“物流管理”职业技能等级证书要求，修订城市轨道交通运营管理、铁路物流管理专业课程标准；对接国铁集团助理值班员、联结员、铁路客运员、列车员等职业技能等级证书要求，开发铁道交通运营管理、高速铁路客运服务专业岗位培训模块化课程包，实现“课证融通”。

以国家、省、市及行业各类技能大赛及互联网+创新创业大赛为标杆，构建“团队指导，梯队培养”的赛训模式；完善激励机制，将技能大赛竞赛活动与强化实习实训教学、提升师生专业技能水平有机结合。

（三）数字资源开发，推动课堂革命

1. 开发数字化教学资源，构建“资源库+精品课+虚拟仿真课”资源体系

校企合作开发培养与培训功能并重的“专业建设+课程学习+企业实训+继续教育+社会服务+就业创业”专业课程资源，建设国家级专业教学资源库、大规模在线开放课，数字云虚拟仿真系统，形成“资源库+精品课+虚拟仿真课”教学资源体系。

2. 推行混合式教学改革，打造生态课堂

推动线上线下混合式教学模式改革。课前线上发布任务单，引导学生进入学习情境；课中线下讲授关键知识，示范核心技能，组织学生完成真实工作任务；课后线上铁道交通运营管理专业群拓展，引入生产案例，引导学生完成高阶性、创新性、挑战性的拓展任务。

3. 适应数字升级，打造教学创新团队

创新“名师引领+训赛研创+平台支撑”的教学团队建设路径。

（1）名师引领，推动教师团队数字化转型。学校成立信息化名师工作室，以工作室为牵引，搭建“专家+名师+骨干+教师”的引领机制，组织开展教师信息技术应用技能培训及网络教研，提升教师团队数字化素养。

（2）训赛研创，提升数字化素养和应用能力。应用国家智慧教育平台和学校网络教学平台开展数字化学情分析、教学设计、教学实施、学业评价等教育教学活动；组织教师参加教学能力大赛和课堂创新大赛，指导铁道交通运营管理专业群学生参加技能大赛和创新创业大赛；以网络学习空间为研修载体，通过集体备课、观课磨课、课题研究、优质资源分享等方式开展教研活动；线上线下开展教师数字化教学能力研训，提升教师数字化素养；组织教师到企业考察观摩、技术培训、挂职锻炼、参与企业技术技能创新项目，提升团队数字化应用能力。

4. 服务数智人才培养，实施模块化教学改革

（1）以能力本位为核心，重构模块化课程体系。围绕人才培养三维目标，构建“通用能力+专业能力+拓展能力”专业模块化课程体系；基于专业领域生产过程，构建若干课程模块；对照工作流程和岗位技术要求，构建课程项目和任务。专业群内各专业形成四层结构的模块化课程体系。

（2）重塑教学新形态，实施模块化教学改革。依据模块化课程体系，开发模块化课程标准，重组模块教学资源，组建结构化教学团队，制定模块化教学实施方案，以真实任务为载体，组织分工协作的模块化教学，探索模块化评价方式和学分换算办法。

5. 虚实场景融合，建设智慧实训基地

（1）建设虚实结合的实训基地。对接智能高铁行车指挥、智慧城轨全自动运行、智慧物流仓储与配送技术，基于生产过程开发虚拟仿真实训资源，建成轨道交通虚拟仿真实训中心。使用虚拟软件开展沉浸式、交互式实训教学。

按照“先进性、示范性、实用性、生产性”理念，引入铁路运输站段最先进技术设备，突破列车停车自动摘钩、调车作业自动连挂、驼峰溜放自动缓解等关键技术，参照铁路现场真实工作环境，开展列车运行、客流组织、货运营销、票务处理等生产任务，建设生产性实训基地。

（2）打造数字化实训教学管理平台。运用大数据、云计算等技术，建成集虚拟实训、实训指导、成绩管理于一体的实践教学管理云平台。实现全过程数据采集管理，为教学持续改进提供数据支撑；实现实训过程成绩的在线评定，采用多元评价激发学生主观能动性。

6. 产教数字赋能，提升社会服务能力

（1）广泛开展职工培训，构建区域一流培训基地。广泛开展国家铁路、地方铁路协会、城市地铁调度员、站长、货运客运值班主任等岗位业务培训，拓宽社会公务人员、复转军人、新型农民工等急救专题培训。

（2）开展行业咨询及科普特色服务。成立西安西站、汉中车务教师校外企业流动站，与西安地铁联建“高水平城市轨道交通产教融合实训基地”，与西咸轨道交通公司共建全自动运行研发中心。依托基地开展咨询及技术服务。开放校内实训基地，为省内中小学生提供轨道交通科普宣传及研学服务。开放数字化铁路教育馆，面向全社会普及铁路知识。

三、取得成效

（一）全国党建工作样板支部

学校专业群核心专业铁道交通运营管理专业党支部获批立项建设全国党建工作样板支部。团队成员荣获省级“黄炎培杰出教师”荣誉称号 1 人、省级“师德标兵”称号 1 人，高校网络教育名师 1 人。获得全省高校校园文化建设优秀成果二等奖 1 项，“手语+思政”系列 6 期短视频在《人民日报》、西安 eTV、学习强国等多平台宣传推广。

（二）国家级职业教育教师教学创新团队

学校铁道交通运营管理专业教学团队成功入选第二批国家级职业教育教师教学创

新团队立项建设单位。主持国家级课题 2 项、省级课题 15 项；获国家级教学成果奖 1 项、省级教学成果奖 2 项；教师教学能力大赛获省级二等奖 2 项，三等奖 1 项；团队获得西安市劳动竞赛优秀班组。学生获得国家级技能大赛三等奖 1 项、行指委及省级一等奖 16 项。

（三）国家级专业教学资源库

学校主持建设的国家级“铁道交通运营管理专业教学资源库”通过教育部验收。该资源库用户覆盖全国 31 个省市、1420 家院校、1141 家企业，学习用户达 155953 人，标准化课程被引用搭建个性化课程 759 门（智慧职教 44 门、职教云 715 门），用户总量年均新增 30%。

入选职业教育国家级规划教材 8 部，开发活页式、工作手册式新形态教材 16 部；建成省级职业教育在线精品课程 5 门、院级 24 门，形成“课堂革命”典型案例 13 个院级，“课程思政”示范课程 16 门，校级课程思政教育案例 9 个。

（四）国家标准制定

学校主持制定教育部《铁路物流管理专业（高职）教学标准》《高速铁路客运服务专业（高职）教学标准》等 4 项。参与制定国家铁路局《铁路接发列车作业标准》（TB/T 30001）、《铁路调车作业标准》（TB/T 30002）、《铁路车机联控作业标准》（TB/T 30003），并向全国铁路局集团公司和职业院校宣贯。

（五）国家级生产性实训基地

学校自主研发的铁道交通运营管理专业生产性实训基地被认定为国家级生产性实训基地，该基地获得国家专利 4 项。

（六）社会服务

学校专业群 6 人应国铁集团邀请，担任职工职业技能竞赛裁判长和裁判员。为中国地方铁路协会铁路专用线分会，西安局、郑州局、兰州局和青藏铁路集团公司等企业开展职工新技术培训 8712 人次。参与西安铁路监督管理局安全监察工作，团队成员多次应邀承担铁路安全检查、高速铁路运营安全评估工作；承担企业横向课题 8 项，获得专利 18 项、软件著作权 3 项。

（执笔人：刘奇）

师资队伍建设

师资队伍建设是高职院校内部治理活动中的重要环节，而高职院校的组织管理机制、组织文化等，也能够从不同角度促进学校师资队伍建设。高职院校治理现代化离不开师资队伍的高质量建设。教师作为教育活动的主导者，其师德师风、专业能力、教学科研水平等，都是推动教育教学质量提升的关键因素，也是学校持续发展的根本保证。

组织文化常常是决定组织气质的根本原因，通常情况下认为，一个组织具有较为宽松的组织氛围、能够给予教师更多自由发挥的空间，教职工的成长会更快速，学生与教师的关系也会更加融洽、和谐、稳定。同时良好的组织文化与团队精神能够稳定学校的人才队伍，教职工的工作效率也会大幅度提升。但如果学校的领导层或其组织文化更多倾向于控制型，突出科层组织与行政权力，则将会直接影响教师的积极性，师资队伍建设也就无从说起。高职院校作为高等教育的重要组成部分，通常具有较为宽松的学术氛围与组织文化氛围。案例院校教师与学生都能在这样宽松的组织文化氛围下积极进取，不断提升自我。

案例院校在逐步从学校的制度建设、管理体制、组织文化、激励机制等多方面给予二级学院更多的管理权，为教职工创造更为宽松的学术氛围以及较为顺畅的职业晋升通道。案例院校通过让教师攻读博士学位、与企业共建师资培训基地、让教师参与企业实践等方式不断壮大学校师资队伍建设，同时也在组织文化层面树立尊重教师、尊重学术、尊重知识的组织文化与价值观，坚持以人为本，这也从积极层面加强了学校治理建设。

案例院校师资队伍建设的主要经验有：一是强化师德师风建设。高职院校普遍注重师德教育，将其视为师资队伍建设的基石。通过建立严格的师德考核机制，确保教师能够以身作则，保障教育质量和校园文化的健康发展。二是建立多元化引才与培养机制。高职院校通过校企合作，实施灵活多样的人才引进策略，不断强化师资队伍的专业性和实践能力。三是开展系统化的师资培训。各院校针对不同发展阶段的教师，设计和实施了分类分层的培训和发展计划，明确每个发展阶段教师的需求和目标，提供针对性的培训和资源，支持教师持续地专业化发展。四是激励与评价机制的优化。通过科学的激励与评价体系，不断激发教师工作积极性。探索和采取多样化的符合职业教育特点的教师绩效考核和职称评审方式，力图为教师发展打造公平、透明且具有竞争力的职业发展环境。

案例院校在师资队伍建设中的特点和趋势如下：一是教师分类培养机制日益完善。案例院校根据教师的专业方向、职务职称、工作年限等情况，把教师分为不同类别，并针对每一类教师的专业发展需求采取针对性的培训方式，清晰界定了不同阶段教师的发展目标和培训方向，使师资培养更具有针对性和系统性。二是校企合作共建教师队伍成为趋势。案例院校与行业企业建立深度合作，共建教师培训基地，与企业联合开展“双师型”教师培养。引入企业技术人员到校进行教学，选派教师到企业进行锻炼，实现校企师资双向交流。这种校企深度合作共建混合式教学团队模式，正在成为案例院校建设“双师型”师资队伍的重要趋势。三是对“双师型”教师更强调实践能力的培养。案例院校通过校企合作建设实训基地，定期组织教师下企业实践等方式深化实践教学。同时采用项目驱动的教学方法，将真实企业项目引入课堂，从而提升教师的教学质量和学生的实际操作能力。

以上经验和特点表明，构建结构合理、能力素质过硬、具备国际视野的师资队伍，不仅是提升职业教育质量的必要措施，也是增强学校的社会影响力、提升学校办学水平的重要保证。师资队伍无疑是学校最重要的资源，未来，高职院校也会继续向构建多维度的师资队伍建设而努力，高职院校应不断加强教师的终身学习和职业发展规划，鼓励教师持续提升综合素质，以适应快速变化的社会经济形式和教育需求，建立与教师岗位职责挂钩的绩效考核制度并不断优化激励分配机制，在机制上保障教师的基本权益，促进师资队伍的“新陈代谢”，努力建设成为适应国家战略需求、区域经济发展、学校学科专业发展的梯度合理的师资队伍。

搭建"三二四"人才培育体系，建设高水平"双师型"教师队伍

北京财贸职业学院

一、基本概况

北京财贸职业学院深入贯彻《国家职业教育改革实施方案》《新职教法》对于职业教育教师及队伍的要求，按照《北京市职业院校教学管理通则》，系统规划和引领学校教师队伍建设工作。坚持"党管人才"原则，形成党委统一领导，党政齐抓共管、组织人事部门牵头、二级学院主责落实的"三二四"人才培育体系（见图1），"三"即传承发扬商道精神，以"诚实守信、爱岗敬业、精益求精"为价值核心，实施师德师风建设"聚力""领航""强基"三大工程，传承师德精神，培养首善之区的"四有"好老师；"二"即聚焦教师能力提升，实施分层分类的"折子工程""苗圃工程"双工

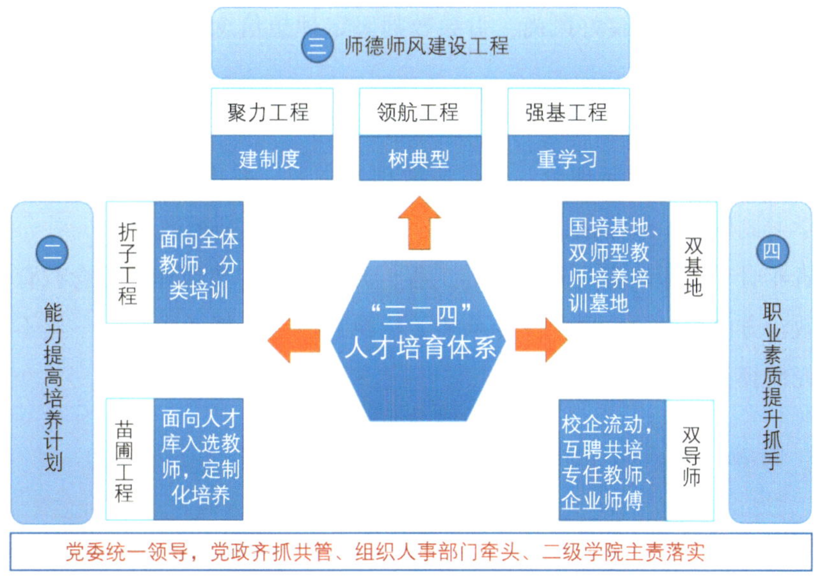

图1 "三二四"人才培育体系

程培养计划，以培育创新团队及教学名师为引领，搭建教师专业发展阶梯，形成高水平人才发展“雁阵格局”；“四”即依托“双基地”“双导师”，紧抓双师双能培养，引聘产业领军人物、畅通校企流动，建立“教师企业实践流动站”，提升“双师”素质，形成具有财贸特色的“双师”教师培养机制，为建设完成“中国服务精品商学院”目标，培育师德师风高尚、梯度结构合理、双能质量优化的“双师型”教师队伍。

二、主要做法

（一）抓好“三大工程”建设，以首善标准筑牢师德师风

1. 实施精管善治“聚力工程”，培育“诚实守信”品质

学校组织开展主题鲜明的师德主题党日活动，突出全员全方位全过程师德养成；建立师德承诺制度，有效落实教书育人“一岗双责”；修订师德考核办法，完善教师年度师德考核机制，将其纳入个人年终考核体系；在教学督导、人才引进、岗位聘任、职称评审、培训进修等环节建立考核协同联动机制，实行师德失范“一票否决”，引导教师坚守学术规范和科研诚信，主动发挥社会服务功能，关爱社会、心系行业、担当作为。

2. 实施精业笃行“领航工程”，弘扬“爱岗敬业”精神

学校加强评优选先工作的制度化和规范化，完善教学名师、优秀教师、优秀教育工作者、师德标兵（财贸好老师）等评选办法，建立典型人物培育体系，形成人人争当财贸好老师的良好氛围；利用融媒体持续推出“最美财贸人”人物故事，用身边人、身边事，弘扬尊师重教的良好风尚，引导教师坚定理想信念，牢记为党育人、为国育才的初心使命。

3. 实施精学深研“强基工程”，厚植“精益求精”情怀

学校持续开展党的创新理论、现代职教理论学习，并出台教职工集中学习规则，推进理论学习制度化、规范化；创新建立与新入职教职工师德教育“一对一”谈话制度；实施青年骨干教师“青马班”培养工程，开展中青年教师理想信念教育，确保队伍建设的政治方向，引导教师大力传承和弘扬执着专注、精益求精、一丝不苟、追求卓越的工匠情怀。

（二）实施“双工程”培育计划，打造梯队合理人才队伍

1. 实施“折子工程”，赋能教师可持续发展

开展面向全校专任教师的培训需求调研，通过数据分析，设计针对不同教师群体的培训内容和培训组织方式。对于“初出茅庐型”教师，采取必选的方式，实现师德

师风、教学基本能力、课程思政、企业实地实践等培训内容全覆盖（见图 2）。对于骨干教师，采取必选和自选相结合的方式，提供职教理论和教科研能力、校内外进修等高阶培养；对于团队领军人物如教学名师、职教名师、专业带头人、专业创新团队等，采取定制工程，聚焦标志性成果、团队建设和示范引领作用的强化培育。

图 2　新教师教育教学培训内容

2. 实施“苗圃工程”，构建高水平人才梯队

制订“名师计划”，实施“苗圃工程”，校院两级从人才储备库中精心选“苗”，依托教材建设、教学能力比赛、教科研课题申报、实践能力提升等实际问题，以导师制、项目制方式为入选者量身定制培训方案；对标高级别人才项目评选标准，指导入选教师补短板、强弱项，助其成长为更高级别的教学名师。

（三）依托“双基地”“双导师”，全面提升教师“双师”素质

1. 校企流动，构建双师培养长效机制

以现代学徒制建设为契机，制定“双导师”教师管理办法、校企人才流动管理办法。坚持校企互聘共培“双导师”，互派人员、双向兼职；引聘“产业领军人物”“特聘专家”，深度参与校企合作协同育人活动，协助学校培育专业（群）带头人，加强创新团队建设，形成“双师”素质培养和“双师结构”专业教学团队建设的长效机制。

2. 多措并举，提高教师企业实践能力

结合财经类院校的专业特点，制定出台教师企业实践管理办法；与头部企业建立“教师企业实践流动站”（见图 3），设计贴合我校专业的定制化实践岗位，积极寻找优质教师企业实践项目资源，申请校内专项资金支持，多措并举，增加教师企业顶岗实践年均天数，促进高质量成果产出与转化，辐射专业建设与课堂教学，提高人才培养质量。

图3　学校在联想集团举办授牌仪式

3. 精准管理，提升“双师型”教师占比

依托学校国家级师资培训基地、双师型教师培养培训基地所提供的专业培训，从理论到实践，助力参训教师“双师素质”的提升；建立“双师型”教师动态数据库，对未认定的教师逐个分析，实行“一人一策”精准管理，有效提升“双师型”教师占比。

三、工作成效

（一）财贸特色师德师风建设成果丰硕

扬师德、铸师魂，争做既为“经师”更为“人师”的“大先生”蔚然成风。近五年，学校以首善标准筑牢师德师风，评选师德先进标兵（财贸好老师）27人，获评“北京高校优秀德育工作先进集体”1个、“北京高校优秀辅导员”1名、“北京高校优秀德育工作者”1名、“首都劳动奖章”1名、“北京高校优秀共产党员”“北京高校优秀党务工作者”“北京市优秀党务工作者”各1名，各级各类先进典型人物比例提升到35.13%。立足专业讲师德，《打造立德树人的“北京财贸模式”——以北京财贸职业学院“中国红色财经人物展”思政工程为例》成功入选教育部高校思想政治工作创新发展中心职教文化与红色文化融合育人实践创新典型案例，师德教育助力专业发展，去“两张皮”成“一股劲儿”。

（二）高水平人才发展“雁阵格局”逐步形成

通过“双工程”的实施，学校各级教学创新团队建设更加规范，教师个人专业成长取得了长足发展。2022 年，共为教师提供 19 项，986 课时的培训项目；2023 年至今，已为教师提供培训 15 项，共计 836 课时。通过完善校—市—国三级人才培育体系，逐步形成以国家级教师教学创新团队为“头雁引领”，以市级名师、专业带头人及创新团队“三翼驱动”，校级人才“多点支撑”的“雁阵格局”人才队伍（见图 4）。

近五年，学校 1 支团队被教育部正式认定为国家级职业教育教师教学创新团队；2 名长城学者、3 名市级职教名师、3 名市级专业带头人、2 支市级专业创新团队完成结项；2 名校级职教名师、2 名专业带头人、4 名优秀青年骨干教师及 2 支教学创新团队、1 支科研创新团队成功入选 2022 年度市级人才项目，成绩在北京高职院校中名列前茅。

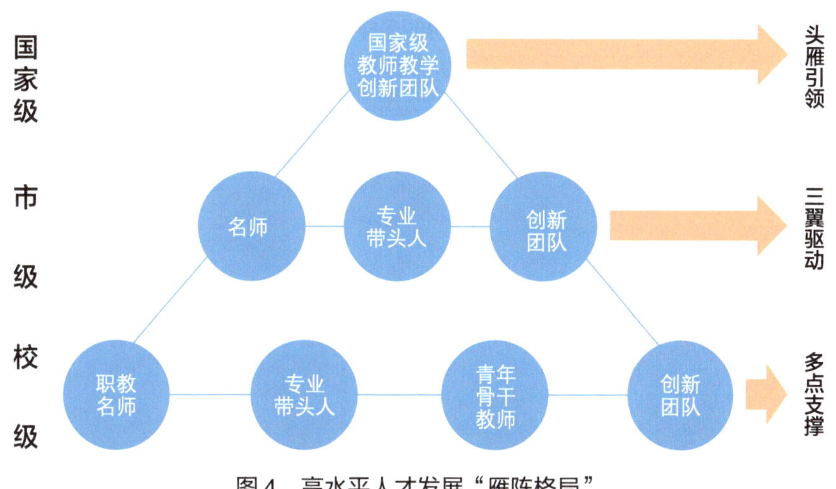

图 4　高水平人才发展“雁阵格局”

（三）师资队伍双师素质显著提升

学校通过提供优质培训资源、专项经费支持等方式，最大限度解决教师下企业实践及双师型教师比例问题。截至 2022 年底，专业课教师人均企业实践天数达 56.15 天/年，共有 129 位教师参与到实际的企业服务工作中，其中 113 位教师在企业的真实工作环境下开展或承担企业科研项目、培训项目，参与企业技术革新，为企业提供智力服务，较 2021 年有大幅提升；“双师型”教师占比逐年提高，由 2021 年的 89.81%提升至目前的 95.15%；旅游与艺术学院贾宁老师入选全国“双师型”教师个人专业发展成长典型案例，建筑工程管理学院入选全国“双师型”教师队伍建设典型案例，立信会计学院成功申报国家级“双师型”教师培训基地，成为全国“双师”队伍建设的“排头兵”（见图5）。

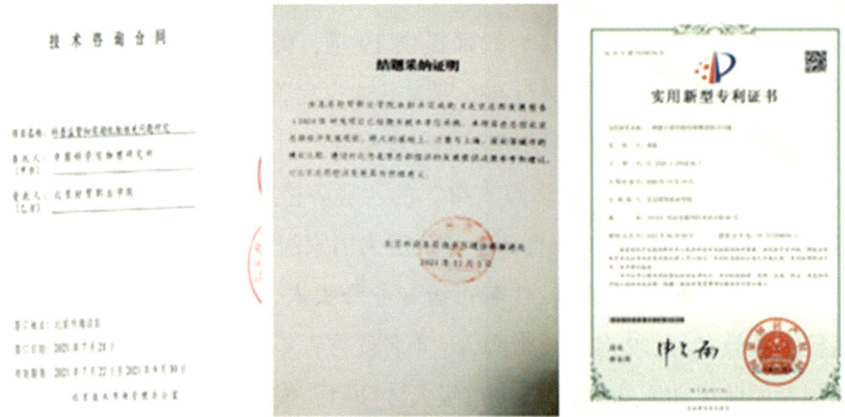

图5　学校教师取得的多样成果证明材料

（执笔人：袁蕊　张佳　武岳）

聚焦立德树人根本任务
建设高质量“双师型”教师队伍

北京工业职业技术学院

一、基本概况

北京工业职业技术学院（以下简称“北工院”）始终坚持以习近平新时代中国特色社会主义思想为指导，以《国家职业教育改革实施方案》《全面深化新时代教师队伍建设改革的实施意见》《深化新时代职业教育“双师型”教师队伍建设改革实施方案》等政策文件为指引，紧密围绕服务首都城市建设运行办学定位，坚持把思想政治和师德师风放在师资队伍建设首位，实施思想铸魂、课堂育德、典型树德、管理立德“四位一体”师德建设工程。制订“‘卓越人才’教师队伍建设支持计划”，以培育国家级教师教学创新团队和国家级教学名师为引领，建设国家级、市级、校级人才培育三级体系。加大对高层次高技能人才的引进力度，实施“不为所有，但为所用”的柔性引进机制，建立健全人才激励机制，引进技术技能大师等行业领军人才。创建具有北工院特点的“一体三翼”教师培养模式，全方位促进教师发展，形成校企双方互派人员、双向兼职、双重身份、双岗一体的专兼职教师队伍常态化管理机制。多措并举，努力打造一支师德高尚、数量充足、专兼结合、结构合理，具有行业影响力和国际视野的“首善标准”的“双师型”教师队伍。

二、具体做法

（一）师德为先，落实立德树人根本任务

学校出台《教师思想政治和师德师风建设实施意见》，推进“思想铸魂、课堂育德、典型树德、管理立德”四位一体师德建设工程（见图1）。

思想铸魂。坚持落实理论学习制度，重点学习习近平新时代中国特色社会主义思

图1 “四位一体”师德建设工程

想和党的二十大精神。编写《师德师风学习资料汇编》，定期组织“师德培训”“师德师风大讨论”等活动，深化师德师风建设。

课堂育德。进一步发挥课堂教学的育人主渠道作用，充分发挥马克思主义学院专业优势，推动“课程思政”与“思政课程”协同育人。

典型树德。持续开展师德师风典型宣传活动，深入挖掘宣传优秀教师典型，通过教师节庆祝表彰大会、师德宣传月、“我（我们）的育人故事”榜样人物等活动，弘扬高尚师德，彰显榜样力量。

管理立德。落实学校《师德考核实施办法》，将考核结果作为职称评审、岗位聘用、评优奖励的首要标准。开展师德排查等工作，建立健全师德警示、曝光机制，依法依规严肃查处师德失范问题。

（二）团队引领，实施“卓越人才”教师队伍建设支持计划

研究制订“‘卓越人才’教师队伍建设支持计划”，作为学校师资队伍建设的重点系统性工程，每年给予足额的经费支持，构建教师教学团队三级建设体系。以国家级教师教学创新团队和国家级课程思政教学团队为引领，建立国家级、市级、校级教师团队三级建设体系（见图2）。打造人才培育三级梯队，统筹三级人才项目，强化师资队伍人才培育。设置校级“专业教学创新团队”“特聘专家”“拔尖人才”和“优秀中青年骨干教师”四个人才项目，培育了大批校级优秀人才。

（三）大师引领，加大行业企业人才引进

学校积极推进以“双师素质”为导向的专业课教师准入机制，近三年编制内人才

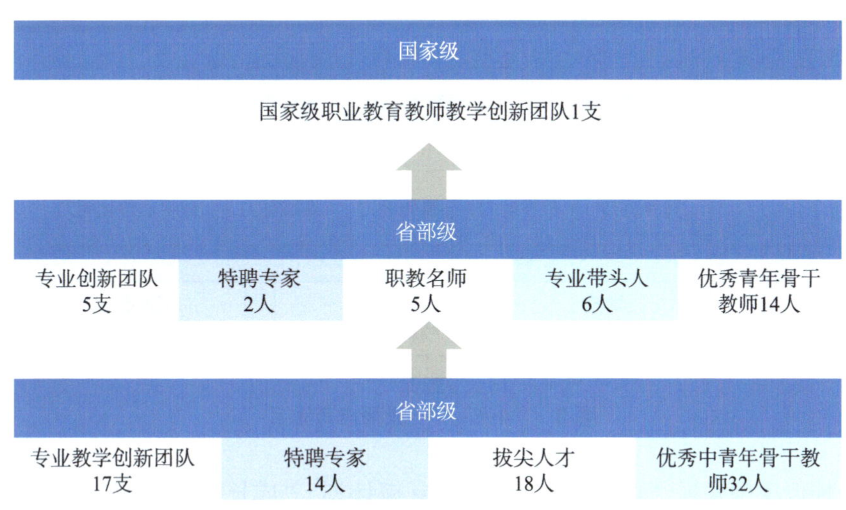

图2 教师团队三级建设体系

引进中，引进优秀博士占比46%，行业企业人才占比47%，具备海外经历者占比11%。加大对高层次高技能人才的引进力度，突出企业经历和实践技能，如2020年引进汽车检测维修专业的高技能人才郭凯，被誉为汽车维修领域的“郭超人”“北京大国工匠”，也是“中国技能大赛”全国新能源汽车关键技术技能大赛国家一类赛技术专家，多次斩获教学大赛、技能大赛、发明大赛等各类奖项，培养了千余名优秀毕业生。

实施“不为所有，但为所用”的柔性引进机制，建立健全人才激励机制，引进技术技能大师、“工匠大师”、“国家教学名师”、“行业特殊技能人才”等。加大柔性引进人才支持力度，在科研经费、薪酬等方面提供针对性支持。学校先后聘请了测绘专家刘先林院士，成立了高凤林大师工作室，成立了以中国工艺美术师郭卫军为代表的首饰设计与工艺专业大师工作室等。

（四）以“4-5-3”教师培育工程为主体，“一体三翼”促进教师全面发展

创建北工院特点的“一体三翼”教师培养模式，以“4-5-3”教师培育工程为主体，以搭建数字化教师发展平台，构建教师培养新格局（见图3）。

1. 主体——实施“4-5-3”教师培育工程

基于学校发展方向与教师职业发展需求，实施“4-5-3”教师培育工程。分层分类、定向发力，全方位、多途径提升教师综合素质。

2. 侧翼——搭建数字化教师发展平台，推行教师发展“四大计划”

启动数字化教师发展平台建设，深入探索“互联网+教育”新形势下的教师培育模式，构建数字化、智能化的校本培训体系，为教师搭建学习、交流、记录、成长的发

4个 培训层次	新入职教师	青年教师	骨干教师	专业群带头人
5类 培训内容	育德能力	教学能力	科研能力	实践能力	数字信息化能力
3级 培训平台	学校 教师发展中心	省部级 师资培训基地	国家级 师资培训基地	

图 3 “4-5-3” 教师培育体系

展平台。推行教师发展“四大计划”，即“青椒计划”“成长计划”“名师计划”“领航计划”，制定专属培训课程体系，构建教师专业发展梯级攀升体系，形成教师梯队“长链式”的发展模式见图。

3. 尾翼——加强师资培训基地建设

学校现有机电类与测绘类国家级师资培训基地 2 个，新教师与辅导员北京市师资培训基地 2 个和北京市“双师型”教师培养培训基地 4 个，取得了明显成效（见图 4）。

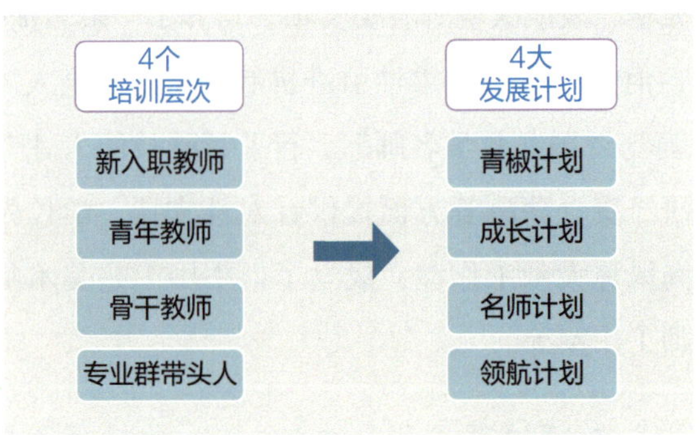

图 4 教师梯队“长链式” 的发展模式

（五）校企合作，筑好专兼结合的“双师型”教师培养蓄水池

打造校企命运共同体，采用专兼职教师一体化建设、一体化培养模式，统筹专兼职教师发展需求，以合作共建、互聘互用为基础，打造由校企合作共建、校内外专兼结合、双师结构合理的模块化专业教学团队。

开展专业教师企业实践，提升“双师型”专业教师比例。制定《教师企业实践管理办法》，建立教师企业实践管理系统，完成企业实践专项档案。同时，学校作为市教委职业院校教师企业实践专家组秘书处单位，牵头制定全市职业院校教师企业实践工作规范，引领全市教师企业实践工作的管理与检查工作。2021 年学校专业课“双师型”教师比例达 92.75%，学校企业实践工作被评为教师企业实践优秀案例。

学校建立并完善兼职教师聘任制度、培训制度、考核评价制度，校企共建兼职教师资源库，通过职业教育集团、校企合作、校际互聘、公开招聘等形式，吸引企业高技能人才加入兼职教师队伍。学校与西门子、施耐德、BIM、京东、中青文旅、华为、大疆等企业建立工程师学院 7 个，成立“中法能效管理应用人才培养和研究中心暨施耐德电气城市能效管理应用工程师学院”。机电一体化教学团队先后与知名专家、大国工匠合作建立技术技能大师工作室，形成校企双方互派人员、双向兼职、双重身份、双岗一体的专兼职教师队伍常态化管理机制。

三、建设成效

近年来，学校党委始终坚定不移加强教师队伍建设，取得丰硕成果，师资队伍建设在全国影响力不断提升。

（一）师德建设成果丰厚，营造了尊师重教的校园氛围

立足学校“工匠精神”特色文化内核，制定《推进“三全育人”工作实施方案》。学校获评北京职业院校“三全育人”典型学校；《工匠精神引领高职院校“三全育人”新路径》入选教育部高校思想政治工作精品项目；《“课程思政”与“思政课程”同向同行构建“大思政”育人格局》案例获评北京职业院校“三全育人”典型案例，智慧建造技术教学团队获北京市工人先锋号荣誉称号。

张春芝老师获北京市人民教师提名奖，入选国家级教学名师；郭凯老师被评为北京市优秀共产党员、北京市先进工作者；孙川老师被评为北京市优秀教师；张亚英老师荣获“黄炎培职业教育杰出教师奖”；杨晓雪老师被授予“2023 年首都劳动奖章”荣誉称号。评选出 18 名校级育人先锋、5 名教师入选北京市级育人先锋。

（二）以“双高”建设为契机，教学团队三级建设体系成果丰硕

近五年，学校入选国家级教师教学创新团队 1 支、北京市专业教学创新团队 5 支，培育校级专业教学创新团队 17 支和科技创新服务团队 18 支；入选全国课程思政优秀教学团队 3 支、北京市课程思政优秀教学团队 3 支，形成了国家级、市级、校级三级团队建设新格局。2022 年，学校教师团队获北京市教学成果奖 10 项，国家教学成果奖一

等奖 1 项，二等奖 2 项，有学校参与的获得一等奖 2 项，获奖总数位列全国“双高计划”高职院校第 12 位，位列北京市高职院校第 1 位。

（三）师资培训成果丰硕

2021 年，在新冠疫情防控的大背景下，学校国家级师资培训基地累计开展培训活动 6 期，累计培训教师 216 人次，3850 人天。北京市级师资培训基地全年开展培训活动 5 场，完成 152 人次，2136 人天的培训量。有效提高了教师“双师”素质，教师培训满意度高，培训效果得到广泛认可。

（四）形成在全国有影响力的经验做法

2021 年，在教育部 2021 年首场新闻发布会上，高喜军书记作为首批国家级职业教育教师教学创新团队的代表，介绍了机电一体化国家级教师教学创新团队建设经验，机电一体化技术国家级专业教学创新团队入选全国职业教育教师教学创新团队建设典型案例。中国高等教育学会发布我校教师发展指数连续三年在全国 1400 多所高职院校中名列全国前十。张亚英老师入选教育部职业院校优秀教师 2023 年全国巡回宣讲团成员，进行全国巡回宣讲，分享作为职教教师的典型事迹。

（执笔人：朗博　曹静　姚宝珍）

基于实践共同体的职教本科“双师型”教师队伍建设

山西工程科技职业大学

一、基本概况

山西工程科技职业大学是统筹独立学院和高职院校资源合并转设的省属公办职业本科大学，赢得了职业科教育发展先机。学校瞄准山西同步推进产业转型和数字转型的战略任务，聚焦山西重点产业链和专业镇建设，紧密对接产业高端和高端产业发展需求，着力在智能建造、交通工程、智能制造、新能源汽车、物流工程、信息技术等14个专业群建设上，打造与产业链、产业集群共生共长的专业链。学校现有40个职业本科专业，专任教师1300多人。但是，具有博士学位的高层次人才、正高级专业带头人、活跃在国家职教领域和我省重大工程领域的创新人才以及高水平教师创新团队等方面的人才严重不足，成为制约学校高质量发展的关键薄弱环节。

高水平“双师型”师资队伍建设是加强专业（群）内涵建设、产出系列标志性成果、加快职业本科大学高质量发展的重中之重。学校确立人才强校战略，以打通校企人员双向流动“旋转门”为原则，通过人才引育并举、引企驻校改革、企业实践培训、研发团队建设等“组合拳”创新举措，校企共建混编式结构化的教师创新团队，为校企跨界协同创新和协同育人打造深层交互的实践共同体。

二、具体做法和建设成效

（一）引企驻校，以产业学院为载体深化实践共同体建设

为了解决校企人员多元交互不深入的现实问题，学校建成1.7万平方米的产教融合大楼，用于深化引企驻校改革，企业技术研发团队常驻学校，校企共建特色产业学院，打造行业专家、企业人员、学校教师、学生多元深层交互的实践共同体。学校推

动产教融合实践共同体建设，呈现“五个融通”：企业人员与学校教师融通、企业技术与教学科研融通、生产性项目与岗课赛证教学项目融通、生产施工现场与校内外“学习工厂”融通，实习实训与就业创业融通。

以引企驻校、引产入教方式建立产业学院，以共同促进产业发展为立足点，校企人员在协同创新、协同育人和社会培训的双向嵌入、深层交互实践中，深化混编式结构化的实践共同体建设。学校主要负责提供研发中心和产业学院的场地，并利用人才引育的专项资金优势，有针对性地引进能够开展企业技术研发创新、具有较高技术技能的高层次人才。企业带着技术研发创新团队和生产性研发项目入驻学校，负责产业学院硬件环境建设和部分高精尖生产研发设备的投资建设，便于将企业新技术、新工艺通过教材编制、课程建设、实践教学、教师培训等方式融入育人过程。建有实体化产业学院的专业和专业群，来自企业一线行业导师的授课课时达到专业总课时量的30%左右。

目前，已有6个大中型企业陆续入驻学校产教融合大楼。山西喜跃发集团公司的路管家产业学院，在研发设备投入、校内情境化“学习工厂”建设、产业学院软硬件建设等方面，已累计投入1000多万元。山西四建集团的古建筑产业学院，在研发设备投入、大师工作室建设、古建筑标准库建设和校内情境化“学习工厂”建设等方面，已累计投入1000多万元。

（二）企业实践，以产业园为载体深化教师实践基地建设

针对职业院校人才培养与产业高端化、智能化发展的新要求不相适应，企业重要主体作用发挥不充分，真实情境大型产教融合实训基地建设不到位等校企合作的痛点，政行企校协同发力，以产业园区为载体，构建“政府推动+行业指导+企业主体+学校实施”四螺旋驱动机制，聚力、聚智、聚能协同共建基于综合交通真实生产场景、融产业园与校外实训场为一体的产教融合“学习工厂”，为现场工程师人才培养和教师实践提供情境化的实训实验基地。对标我国建设世界建造强国、交通强国，提升“中国智能建造”核心竞争力的目标，主动对接山西省科技赋能综合立体交通发展的新要求，集聚行业龙头企业优质资源共建的“智能建造产教融合实训基地”，纳入省发展改革委开放性、高能级产教融合重大平台载体和实训基地重点建设项目，得到国家发展改革委教育强国推进工程8000万元的专项经费支持。

山西路桥建设集团有限公司投资建设的产业园区，总占地面积近1000亩，目前已投资5000多万元，建成占地200多亩基于综合交通真实场景、集产教研训赛于一体的

“1环10区N室”产教融合“学习工厂”，可开展交通工程全过程的智能化建造和智慧化运维95%以上技能训练项目。产业园区配套建有可容纳1500多人的师生公寓，为学生沉浸式实训、教师企业实践轮训、企业员工培训提供了重要平台。校企双方面向公路施工建设、运营管理、机械设备操作及维修工等一线工种，以共建学习场所与工作场所融为一体的“学习工厂”为目的，以共建山西交控现代交通产业学院为载体，以解决实践和现实问题为导向，将真实的工作环境、生产项目融入学生学习和教师实践，在突出生产实践和基于问题学习的情况中，为师生学习实践和员工培训提供一种行动导向和动态延伸的优化高效育训场景，密切了企业、职业院校和师生之间的关系。

以企业产业园和引企驻校产业学院为载体，打通校企人员双向流动旋转门，40余名骨干教师入企参与生产实践和协同研发，同时，聘请20余名企业技术骨干进校园参与教学各环节，实现了校企人员双向流动和双向兼职，使产教融合“动起来”；深化校企协同创新和协同育人，每年毕业生在智能建造领域高质量就业的人数达2000余人，使产教融合“实起来”；校企双方共同组建专业技术培训团队，面向行业企业和社会开展各类技能培训和技术服务，年培训量在10000人次以上，实现了服务全民终身学习和技能型社会建设，使产教融合“活起来”。

（三）人才引领，以研发平台为载体深化科教产融汇改革

学校升格后，生源质量大幅提升，学生学习能力、求知欲、发展潜能、成才期望值同步显著提高，倒逼教师深入思考“不做科研教什么、不掌握企业新技术新工艺怎么教”的根本性问题。同时，在引企驻校的实体化合作过程中，企业研发团队入驻学校，是从根本上看重职业本科大学的人才优势，这也促使教师深入思考“如何深化科教产融汇、如何共建校企协同的研发创新团队平台、如何推进有组织‘立地式’的科技研发”等一系列问题。为此，学校开展了如下实践。

一是引进企业技术研发带头人。以实质性深化合作企业技术创新需求为导向，结合专业（群）建设对企业高尖精技术技能人才的紧迫需求，重点在工科类专业引进具有研发创新能力、熟练掌握企业新技术新工艺的企业教授级高工。目前，在交通建筑材料、智慧交通和智能建造研发创新方向，团队式引进企业教授级高工8人。在智能制造、碳基材料、古建筑、大数据技术、计算机技术、工艺美术等专业，引进企业教授级高工20多人。企业高工的引进，推动了学校“立地式”的科技研发、项目化的教学改革，为深化校企合作、促进校企文化认同、共建共享智库等搭建了桥梁。

二是建立实体化工程技术研发中心。针对学校引进的企业高工和博士人才分散在

不同学院，无法组成科技研发创新团队的现实问题，学校增设两个实体运行的校级工程技术研发中心，智能建造和新材料工程技术研发中心，推动“立地式”有组织的科技研发，加强与企业研发人员共建的实践共同体建设。两个研发中心由引进的企业高工担任学术带头人，立足企业技术创新现实需求，吸引学校高层次人才和有研发能力的教师，以专职和兼职相结合的灵活方式，组建研发创新团队。两个研发中心的专职研究人员，按研究教学型教师考核，根据研发方向和专业方向，承担相关学院的本科教学任务，提升科研反哺教学的育人能力，体现出科教产融汇的职教改革新优势。学校科研经费由合并之初不足 100 万元/年增加到 1000 万元/年以上。

（执笔人：李培凤）

“双链循环”协同推进 注入教师发展“源头活水”

苏州经贸职业技术学院

随着职业教育改革步伐加快，对职业教师的综合素养提出了更高更新要求，苏州经贸职业技术学院回归教师人人出彩的本位理念，系统构建教师从入职到退休的引进、培育、考评的“全生命周期机制链”，通过借助制衡机制来规范把定教师发展主体的价值导向，以“7525”教师队伍建设、绩效工资改革、深化职称评审、优化考核体系为治理载体的“激励机制链”，协同推进机制融合发展，形成“全生命周期机制链”和“激励机制链”双链循环持续改进和提升师资建设的新格局。

一、“双链循环”师资建设情况概述

苏州经贸职业技术学院回归教师人人出彩的本位理念，系统构建教师从入职到退休的引进、培育、考评的“全生命周期机制链”，通过借助制衡机制来规范把定教师发展主体的价值导向，以“7525”教师队伍建设、绩效工资改革、深化职称评审、优化考核体系为治理载体的“激励机制链”，协同推进机制融合发展，形成“全生命周期机制链”和“激励机制链”双链循环持续改进和提升师资建设的新格局（见图 1）。

学校荣登 2022 中国职业教育质量年度报告服务贡献典型院校 60 强、资源建设优势院校 60 强、教师发展指数优秀院校 100 强、学生发展指数优秀院校 100 强 4 个榜单。山高人为峰，教育教学领军者不断涌现，教师中博士占比达 23.41%，位居全省高职前列；拥有国家级职业教育教师教学创新团队 1 个，国家级课程思政教学团队 1 个，省优秀教学团队 9 个，省科技创新团队 2 个；现有省“333 高层次人才培养工程”中青年科学技术带头人 13 人，省高校“青蓝工程”中青年学术带头人 13 人。

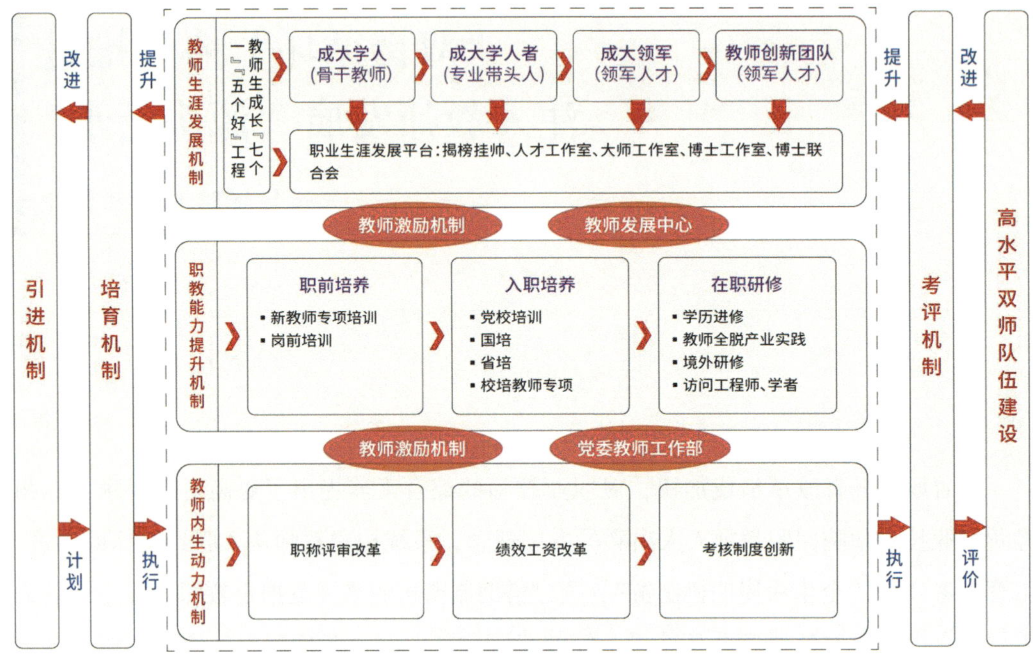

图1 “双链循环”师资建设情况

二、构筑教师全生命周期模式下的机制融合：遵循教师发展规律，把定教师发展价值导向

学校遵循教师成长规律，尊重教师个性发展需求，围绕教师要什么、会什么、成什么转变，形成教师入职到退休全生命周期的培养机制，提高教师职业教育教学能力水平，实现教师从成果共享者向协同共建者的延伸，凸显了教师在高质量发展建设中的主体地位，真正做到高职的水土也养人，为学院高质量可持续发展筑牢人才保障工程。

（一）引进增量，调优教师队伍结构

一是完善高层次人才引进制度设计。修订《苏州经贸职业技术学院人才引进与发展管理办法》等一系列人才队伍建设文件，加大特殊高技能人才的引进力度。二是加大“柔性引进”高技能人才力度，建立教师与企业高技能人才“双兼双聘”机制。三是制定《苏州经贸职业技术学院教师创新团队管理办法》，组建“能生产会教学”结构化教师教学创新团队，探索教师分工协作进行模块化教学的课堂教学模式。

（二）培优存量，竖好教师成长阶梯

一是建立清晰的教师职业发展目标链，通过“七个一”“五个好”“成大”特聘、揭榜挂帅等项目，打造骨干教师、专业负责人直至专业群带头人的教师培养与发展机制。二是以国家级和省级培训为引领，带动高质量校本特色研修，建立起职前培训育德、在职培训赋能和在职研修授技的教师执教能力提升机制。三是优化校企双培双轨培训体系，修订《苏州经贸职业技术学院教师企业实践管理办法》，加强实践过程管理与考核，减免教学工作量，强化教师到行业企业深度实践，提升专业教师“能生产会教学”的“双师”素养。

（三）考好总量，营造“好是真好”价值导向

一是修订岗位设置实施方案及岗位说明书，完善岗位设置分类分级体系，建立起以绩效目标管理为核心的绩效工资动态调整机制，突出各阶段、各层次、各类别的教师自身发展规划，营造干事创业的良好氛围。二是以师德考核为第一标准，以工作实绩为导向，根据不同类型教师的岗位职责和工作特点，制定不同教师任职资格标准，分类、分层设置考核内容和考核方式，形成多维考评与组合激励机制。

三、构建激励模式下的载体互联：尊重个性释放活力，赋能高质量发展

机制运行需要将分散的载体紧密联系在系统内，切实落实到教师成长发展全周期。学院以教师队伍建设、职称制度改革、绩效工资改革、考评体系创新四个维度为抓手，尊重教师价值追求，把教师个人发展融入学院高质量发展进程中，形成比学赶超的竞争机制，大力提升机制的有效供给，让机制能够在学校高质量发展中富有时代性与灵动性，释放教师的内生动力，提高教师热情。

（一）实施“7525”教师能力提升行动

（1）建立清晰的教师“七个一”、教授“五个好”教师职业发展成长链。围绕提高教师综合素质、核心能力以及实践能力等主要内容提炼出七个要素，即追踪一个科学发展的前沿，编著一本得心应手的教材，制定一套科学合理的教案，合作一家真心用己的企业，培养一批真心爱己的学生，打造一批属于自己的成果，参加一个行业学会组织。明确教授“五个好”，即在精气神、先进理念、科学方法上带好头；在形成核

心、凝聚核力、产生核变上组好队；在“做什么”“是什么”“为什么”上定好向；在“谁来做”“怎么做”“做成啥”上用好力；在政府、媒体、行业、用户、同行等五个维度的认可上结好果。对教师成长全周期进行设计并以菜单式提供每个“1”的实现路径和具体内涵，把发展路径交给教师自主选择，形成“一师一案”自我塑造机制。

（2）实施“双百”工程。推进“百名博士”和“百名技师”计划，学院着眼事业长远发展，落实真发展真爱才举措，出实招办实事。一是配建青年教师公寓。为新进教师提供可拎包入住的人才周转公寓，为青年博士补贴购房与安家费30万~100万元。二是校企合作共招共聘高层次人才。与苏州地标性企业、产教融合型企业合作“共招、共用、共育”人才，实现人才校企共享双赢，双岗双薪落到实处。三是提供贴心服务。突出人性化个性化关怀，形成校领导、院党总支书记、党支部书记三级关心谈话机制，积极为人才解决难题，着力满足人才住房安置、子女入学等要求，提高人才获得感。目前正式引进博士89名，柔性引进博士9名，其中“双一流”高校博士69名，有博士后工作站经历7名。

（3）打造教师领军人才五项机制。一是实施“成大特聘”人才工程。分别按照“成大学人”岗位、“成大学者”岗位、“成大领军”岗位要求设置目标任务，分别给予60万元、30万元和15万元的特聘津贴，实现低职高聘、一人一薪，形成骨干教师、专业负责人、专业群带头人的教师培养与发展机制。二是实施揭榜挂帅机制。将影响战斗力生成的重大攻关项目，在全院张榜求贤，破除学历、资历等门槛，以目标专定、对象专培、考核专项、经费专配的“四专”形式建立揭榜挂帅机制，激发干事创业的活力。三是组建人才工作室、大师工作室。围绕名师带徒、技能攻关、成果推广、课程开发、技能培训等内容组建以教授、博士和技能大师为负责人的人才工作室和大师工作室18个，无偿提供办公设施设备齐全的工作用房，真发展真爱才，出实招办实事。四是建立博士工作站、博士联合会。实现博士交流研讨“物理空间”的联合、实现最有战斗力的“组织空间”的联合、实现学术研讨的“学术空间”的联合，为新引进博士提供15万~80万元的科研启动经费，建立传帮带结对导师机制。通过“一站一会”为博士发展提供长期稳定、丰富多元的支持，推动博士们充分发挥团队力量，展现才华、有所作为。五是培育创新创造活力教师团队。学校紧扣重点专业特设创新团队，教师按照结构化团队进入1家企业实践，主攻1个研究方向，面向重大项目攻坚团队，以“目标专定、对象专培、教材专设、设施专供、考核专项、经费专配”的形式进行项目化管理，形成了以高学历、高职称教师为骨干，企业一线研发专家为补充的学科交叉、校内外混编的新型团队工作模式，在形成核心、凝聚核力、产生核变上作标杆。实现省级创新团队数量跃升，国家级创新团队零的突破。

2019 年以来，学校科研成果丰硕，新增国家级科研项目 3 项、省部级 34 项、市厅级 406 项，连续获国家自然科学基金项目、教育部人文社科项目、全国教育科学“十三五”规划课题立项，省社科、省自科、省软科学立项数连续位列全省第一。教师获教学能力大赛国赛二等奖 2 项、三等奖 2 项，省赛一等奖 9 项，成绩居全省前列。

（二）职称评审改革

学校致力探索破除“五唯”的创新举措，打通教育教学、专业实践、教科研发展、学生管理、社会服务、国际合作之间的壁垒，并对相关成果一视同仁，推行代表性成果评价，重构“四维”职称评价体系，设置国家级、省部级、市厅级、院级四个质量维度，遵循“满足条件看质量、质量相同看数量”原则，将参评人员成果排序并在全校层面公开展示，让一些在某个领域学有专攻、育人成效突出的教职工在学校职称改革的大潮中获得晋升、得到认可，极大拓宽教师职称晋升通道，做到评上者硬气、未评上者服气，弘扬正气。自 2018 年自主评审职称以来，学院共有 69 人获评高级职称，其间没有收到任何举报和投诉。

（三）深化绩效分配制度改革

学校以“从岗定薪、责薪一致、多劳多得、优绩优酬”为导向，实行上不封顶、下不兜底，一人一薪绩效分配制度。围绕学院高质量发展的目标，设置多元成果认定体系，制定单列奖励性绩效成果认定规则及分配积分，提高对项目及教师成长的资金扶持力度，鼓励和支持教师在教育教学重点项目工作中多劳多得、优劳优酬，通过合理的绩效工资分配；保障资金使用绩效和规划成果实现。

（四）优化考核评价激励制度

一是深入推进职能部门“成大工程杯”立体考核。围绕“二级学院比发展、职能部门比服务”要求，按照“三个不低于”标准，即“横向上不低于省“双高”校中游水平、纵向上不低于去年完成总量、发展维度上不低于‘十四五’规划目标”，扭转一张 PPT 定全年工作业绩的单一价值取向的评价方式，把攻坚项目、管理规范、工作要求嵌入过程性考核中，通过“数据说话”+“特色展示”定量与定性相结合方式，着力推动工作典型案例共享互鉴，打造“好是真好、优是真优”的价值导向。二是优化教师综合考核机制。坚持“考是真考、优是真优、全程真用”原则，打通师德考核、年度考核、教学考核、民主评议等“优”选通道，按岗设置“度量衡”，不搞轮流平衡，按照成绩实打实、贡献硬碰硬对比，无论是领导还是普通教职工、无论一线教师还是行政管理服务人员，都须从支部推选为候选人向教师代表评审团集中述职汇报，现场投票评出年度优秀人选。2023 年提拔任用中层干部，均有 3 次优秀记录，副科级干部均有 2 次以上优秀记录，实现实绩名利相一致。真正让师生评价成为改进工作的“指向标”，服务师生的“晴雨表”。

（执笔人：万昌烨　於爱民）

多维发力：打造新时代高职中外合作办学高水平“双师型”教学团队

金华职业技术学院怀卡托国际学院

金华职业技术学院怀卡托国际学院是由金华职业技术学院和新西兰怀卡托理工学院于2015年2月共同创办，经浙江省人民政府批准设立，报教育部备案的非独立法人中外合作办学机构。现为浙江省内办学规模最大的高职高专层次中外合作办学机构，开设应用电子技术、计算机网络技术、计算机应用技术、艺术设计、数字媒体艺术设计、建筑工程技术6个专业，在校生1200余名。学校坚持以学生为中心，通过党建引领、中新互融、产教融合、科教融汇等举措，打造一支中西合璧、专兼结合的“双师型”国际化师资团队。目前，学校共有90余名中新专职教师、80余名兼职教师，硕士及以上学位的教师占95%以上，其中博士12名、正高职称18人，双师教师占75%以上。其中，应用电子技术专业群“双师型”教师培养培训基地获批国家级“双师型”教师培养培训基地。

一、突出“党建引领”，加强党对“双师型”教师队伍的全面领导

突出党建引领，坚定政治站位。学校全面贯彻党的教育方针，落实立德树人根本任务，坚持社会主义办学方向，将“党建工作”写进《怀卡托国际学院章程》，将支部建立在各中外合作办学专业上，落实党支部书记“双带头人”培育工程，专业负责人既是党建带头人又是学术带头人，全过程管理各专业中新教师的政治素质，负责组建一对一“中教+外教”课堂教学小组，组织外教参加相关党建活动，坚持用习近平新时代中国特色社会主义思想武装国际化教学团队的头脑，牢固树立“四个意识”，不断坚定“四个自信”，坚决做到“两个维护”，把培养爱国爱党的社会主义合格建设者作为根本任务。历获“浙江省高校先进基层党组织”“金华市直机关先进基层党组织”等十余项荣誉称号。强化师德建设，提高职业素养。学校认真学习贯彻习近平总书记重要讲话精神，严格落实《关于加强和改进新时代师德师风建设的意见》《教育部关于高

校教师师德失范行为处理的指导意见》《教育部关于建立健全高校师德建设长效机制的意见》等文件的要求，结合学校高质量发展和师德师风建设实际情况，制定出台《教师教学工作业绩考核办法》《项目建设业绩点管理与奖励实施办法》等制度，将师德师风贯穿教师教育教学、科学研究和社会服务全过程，实行师德师风“一票否决”制。同时，持续深入开展“工匠精神”主题教育和师德讲坛活动，组织教师参加师德网络培训，开展师德标兵、“三育人”先进个人评比等，着力提高“双师型”教师的师德修养和职业素养，10余名教师获得“全国五一劳动奖章”“浙江省首届师德先进个人”“浙江省高校优秀教师”“浙江省最美教师”“浙江省担当作为好干部”等荣誉称号。

二、推行“中新互融”，共育“双师型”教师队伍的国际化发展

招聘外籍优秀教师，融入团队促发展。学校高度重视师资队伍建设，中新双方分工明确，各司其职，制定外籍师资招聘条件与流程，注重应聘人员的企业工作经历、专业实践能力、海外留学与教学履历，面向全球招聘语言教师与专业教师。中外教师共同开展集体备课、英语角、中新文化节、工会活动等，促进外籍师资融入中方教学团队，促进国际化师资互融共进。引进企业高技能人才，加入团队共发展。学校引进企业高水平管理人才和技术技能人才，纳入学院“双师型”教师队伍建设整体规划。目前，学校共引进外籍专职教师20余名、聘请80余名经验丰富的企业骨干、技术人员及能工巧匠长期担任学校兼职教师，改善学校师资结构、强化技术技能教学效果。建立境外研修机制，推动团队齐发展。依托国际办学平台优势，开展“百师致远”中长期境外研修学习，在提升“双语教学”能力的同时，学习新方“项目化教学”“设计工厂”等先进教学理念，提升模块化教学设计和课程国际化标准开发能力。同时，聚焦教师能力提升，开发教学理念、课程建设、信息素养提升、研究能力提升等系列化培训项目，建设具备教师能力培训、教学改革研究、教学质量评估、跨文化意识等4大功能的师资培训中心。目前，学校共设有1个中新师资培训基地、1个国家级“双师型”教师培养培训基地，培养10余名国家技术能手、全国轻工技术能手称号教师、省技能大师、省拔尖技能人才、省技术能手、省杰出工匠、省青年工匠等各类人才，境外中长期进修教师占比达80%。

三、深化“产教融合”，赋能“双师型”教师队伍的职业化发展

引企入教，营造工学结合的职业教学环境。学校联合华为技术有限公司成立华为ICT学院，建成VUE考试中心；联合鉴丰电子、华强电子、浙中交通等成立双师工作

坊，为“双师型”教师的教学实践、专业发展营造良好的工作环境，使教师在真实企业环境中充分掌握企业岗位工作要求、标准与实际需求，提高教师实操能力与研发能力，明晰人才培养规格与毕业要求。通过引企入教，学校“双师型”教学团队申报的《实体化运行、一体化提升：产教融合培养智能制造工匠人才的探索实践》入选2022年国家级教学成果一等奖，《基于工作坊的高职电子信息类专业——“项目中心课程”教学改革与实践》入选2021年浙江省职业教育教学成果一等奖。推教入企，构建教师企业定岗的流动渠道。学校积极选派具有丰富专业性理论知识和教学经验的教师在相关企业挂职锻炼，与企业组建产教融合综合体，发挥各自优势和特长，共同开展紧密对接企业生产实际需求的技术研发、科技创新等实践活动。目前，学校成立1家实体化运营的金华市信创评测技术服务有限公司，建设示范性校外实训基地13家、紧密型校外实训基地24家，物联网应用技术获批第二批部省共建国家职业教育虚拟仿真示范实训基地专业课程与教学资源建设项目，电力电子技术应用中心获批浙江省“十三五”高等职业教育示范性实训基地和国家级生产性实训基地。

四、推进“科教融汇”，服务“双师型”教师队伍的高水平建设

科研服务成果融入课堂教学，共创“项目中心”课程体系。学校专任教师坚持服务于企业一线，深耕横向课题研究，产品科研成果丰硕。将科研服务成果与企业需求相结合，学校教师与企业导师共同分析岗位能力，按照“能力—项目—关键问题—知识单元”之间的逻辑关系，将课程内容与工作过程融合，职业标准与课程标准融合，教学环境与工作现场融合，对企业服务的真实项目（即融合项目）进行教学化改造，开发与项目匹配的模块化课程，推动课程体系由“科目中心”转变为“项目中心”，形成项目中心课程，从而培养学生会学、会做、会说、会教“四会”能力，提升学生职业适应性。学校历获国家教学成果二等奖1项，浙江省教学成果奖一等奖2项、二等奖1项，获批浙江省教育教学改革项目3项、浙江省课堂教学改革项目3项，已建成国家精品课程2门、国家精品资源共享课2门、国家精品在线开放课程1门，省级精品课程5门，省级在线开放精品课程3门，主持国家级教学资源库子项目4个，参与制定职业本科专业教学标准3个。教学成果融入产业项目研究，持续提升师资队伍综合实力。学生依据兴趣、特长选择进入不同主题情境的双师工作坊和企业工作站，经真实项目制作锤炼后，学校专任教师的职业技能、企业导师的教学能力、学生的项目研发能力持续提升，教师带领学生走入企业从事产品研发与调试。与企业合作项目获政府认可，分别立项2020年浙江省装备制造业重点领域首台（套）产品、2022年浙江省装

备制造业重点领域首台（套）产品、2021年金华市市区工业重点（大）科技项目。学校学生教学满意度达99%，毕业生用人单位满意度达到97%，每年毕业生在央企名企就业占19%以上、毕业后1年月薪居全省同专业前茅；学生连续三届获评省十佳大学生，培养省优秀毕业生101名、国家奖学金特别奖1名、全国高职学生践行工匠精神先进个人1名。

（执笔人：潘雨晴）

分类评价、多维发展，打造教师评价改革新样板

济宁职业技术学院

一、基本概况

济宁职业技术学院深入贯彻落实中共中央、国务院《深化新时代教育评价改革总体方案》文件精神，针对原有教师考核评价中存在的轻业绩内容、轻类别差异、轻成长发展等问题，面向“专兼职教师、辅导员、管理人员”3个岗位类别，分别制定岗位职责与任职、发展评价标准。通过细化四维发展目标、优化教师评价内容、完善五方协同评价机制、拓展教师发展空间等措施，融合打造“教学看效果、管理看效能、服务看成效”评价模式，逐步探索形成“横向分类定位、纵向分级提升”教师发展评价体系，有效激发了教师发展潜能，深化推进了人才评价改革，实现了师资队伍建设与学校治理体系的深度融合。改革成果先后立项省级以上课题8项，获省级成果4项，改革项目入选山东省教育评价改革项目库，改革经验被教育厅官网报道，学校被确定为山东省教师评价改革试点单位。

二、具体做法

（一）根据育人主体差异，完善教师发展目标

学校完善顶层设计，依据教师在教书育人、管理育人、服务育人中的职责差异，将教师分为专兼职教师、辅导员、管理人员3个岗位，制定了“横向分类定位、纵向分级提升”的发展评价标准。分类出台文件，细化教师发展目标。修订《专业技术岗位竞聘实施办法》《“双师型”教师认定标准》等文件，规定不同层级教师的任职条件，明确“新入职教师”到“教学名师”的成长要求；完善《辅导员队伍建设实施办法》，明确辅导员配备选聘、培训发展、管理考核等要求，建立辅导员职级及专业技术职务

晋升机制；制定《部门岗位工作职责》，明确不同级别管理人员工作职责及聘任基本条件，落实干部能上能下制度。

（二）聚焦岗位职责要求，实施多元业绩评价

1. 坚持“四有”标准，健全师德师风建设长效机制

学校完善《师德师风考核评价办法》，将师德考核贯穿教师管理和职业发展全过程，坚持师德考评与业绩考核并重原则，重点考评教师履行职业道德规范和完成工作业绩情况，将师德师风评价结果运用于教师年度岗位考核、岗位聘用、职称评审及评优选先等工作。推行师德考核负面清单制度，构建全方位、多层次的教师师德档案体系。实行师德师风风险防范制度，在人才引进、调配及干部选拔任用中，坚持思想政治素质和业务能力双重考察，切实发挥师德师风考核评价“指挥棒”作用。加强教师思想政治教育和师德培训，定期开展“十佳师德标兵”“优秀教育工作者”评选活动。

2. 聚焦教书育人，实施专兼职教师教育教学评价

学校完善《教学工作量计算办法》，严格教学工作量要求，落实教授上课的基本要求，把专兼职教师承担教学任务作为职称竞聘必要条件。修订《教师教学评价实施意见》，健全教学工作评价标准，构建多元化的教育教学评价主体体系，实施教师自评、学生评教、同行评教、督导评教等教学质量综合评价。健全教学激励约束机制，提高教师教学业绩在校内绩效分配、职称（职务）评聘、岗位晋级考核中的比重。出台《兼职教师管理办法》，严格兼职教师教学管理。强化标志性成果评价，获高水平成果的教师在年终考核、职称竞聘、评优选先中直接推荐。

3. 聚焦管理育人，实施辅导员学生工作评价

学校出台《辅导员队伍建设管理办法》，强化辅导员队伍建设，明确辅导员职责要求、选聘条件、职级晋升通道。完善《辅导员考核评价办法》，落实评价实施细则，横向制定政治素质、能力素养、班级业绩、管理效能四维度的分项指标，纵向围绕学生、系部、学生处、学院等 4 个方面开展辅导员业绩评价，注重过程性考核和结果考核相结合，重点评价管理育人效果。注重评价结果运用，依据考核结果，每年进行一次级别调整。细化学生工作要求，把从事学生工作经历作为青年教师职级晋升的必要条件。

4. 聚焦服务育人，实施管理人员职责履行评价

学校全面推行目标管理责任制，出台《单位年度综合考核办法》，建立“学院—单位—个人”三级育人目标分解制度。出台不同级别管理人员年度业绩考核实施细则，重点考核其服务育人和岗位职责履行情况。建立目标考核责任连带制度，将单位考核

结果以不同比例折算进不同级别管理人员年度考核。强化结果运用，对成绩突出的单位和个人按比例增加月绩效工资，提高评优选先和包干经费比例。

（三）坚持发展为本，引导教师职业成长

持续优化《专业技术岗位竞聘与考核实施办法》，按照专兼职教师、辅导员和管理人员 3 个类别实施职称竞聘和分级聘任，建立不同类型业绩成果灵活替代机制，努力打造一支“专兼一体、四强三化”的教师队伍。突出二级教学单位职称岗位聘用主体地位，下放讲师、助教岗位聘任权，提升人才评价准确性。依托教师发展中心，辅助专职教师实现“新入职教师—骨干教师—专业带头人—教学名师”的成长。健全聘期考核机制，明确聘期内的任务要求，将聘期考核与年度考核、日常考核相结合。完善教师发展培训制度，落实每 5 年一周期培训全覆盖，专业课教师每 5 年到企业顶岗实践不少于 6 个月，鼓励青年教师到企事业单位挂职，前往国内外高水平大学、科研院所访学以及在职研修等。制定不同层级辅导员任职和选拔标准，引导辅导员提升业务素养和管理水平。制定不同等级管理人员选拔任用办法，激发管理人员内生动力。建设师资诊改平台，生成教师个人画像，为教师岗位选择和职业发展提供数据支撑。

三、推广成效

（一）教师素质显著提升，内涵建设成果日益丰硕

通过实施教师评价体系，学校教师素质显著提升。学院重点培育出二级教授 5 人，全国劳动模范、国务院政府特殊津贴专家、全国五一劳动奖章、省级突贡专家、省级教学名师、齐鲁文化英才、省级高技能人才等 51 人，主持和主要参与国家教学资源库 7 个，国家级课程 9 门、省级课程 83 门，“十四五”国家规划教材 10 部，获得近两届国家级教学成果奖 3 项、省级 17 项，教师荣获全国教学能力比赛一等奖。建成教育部协同创新中心、山东省数字经济产业创新中心等省级以上创新平台 21 个，培育出国家和省级黄大年式教师团队、教学创新团队、青创团队等 22 个。

（二）人才培养质量显著提高，学院办学活力显著增强

学校顺利通过“全国文明单位”复核，获批全国职业院校数字校园建设试点单位、国家职业教育示范性虚拟仿真实训基地、全国网络学习空间应用普及优秀学校，3 次荣获“山东省文化创新奖”。学生在职业技能大赛、创新创业大赛等国赛省赛和国际竞赛

获奖536项，荣获全国党建工作样板支部2个、全国高校活力团支部3个、“全国五四红旗团支部”1个；学校入选中央电视台“职业院校百强巡礼”；育人成果被《光明日报》《中国教育报》《中国青年报》《大众日报》等国家级、省级媒体报道，引起社会广泛关注，教书育人、素质教育成为全国示范。

（三）改革成果广泛推广，示范引领作用日趋凸显

学校连续三年荣获济宁市“综合考核先进单位”称号，顺利通过山东省高等职业院校内部质量保证体系诊断与改进复核。“‘业绩引领，类别管理，阶梯提升’高职教师发展性评价体系构建与实施”入选山东省教育评价改革项目库，学校被确定为山东省教师评价改革试点单位，山东省教育厅官网以“四项措施，助推教师阶梯提升”为题报道推广学院教师评价改革工作。相关研究成果荣获山东省2022年省级教学成果二等奖、山东省高等学校人文社会科学优秀成果二等奖、全国“第二批不同类型高校质量保障体系建设优秀范例选树活动”一等奖、济宁市“国家治理体系和治理能力现代化”理论研讨征文二等奖、济宁市政策研究优秀成果三等奖等。常州工程职业技术学院、山东畜牧兽医职业学院等省内外10余所院校陆续学习我院考核评价管理经验，并给予极高评价。

（执笔人：率华娟　赵娟　李陆星）

分类分阶培养，精准施策助推，多举措提升：高职院校“双师型”教师队伍建设创新与实践

山东药品食品职业学院

一、基本概况

自 2018 年 1 月,《中共中央　国务院关于全面深化新时代教师队伍建设改革的意见》提出，要“全面提高职业院校教师质量，建设一支高素质‘双师型’的教师队伍”，以及后续出台的《国家职业教育改革实施方案》《深化新时代职业教育“双师型”教师队伍建设改革实施方案》《职业教育提质培优行动计划（2020—2023 年)》《关于推动现代职业教育高质量发展的意见》等政策文件，都将提升教师“双师”素质、强化“双师型”教师队伍建设作为职教改革的重要内容。山东药品食品职业学院及时深入贯彻落实中共中央关于“双师型”教师队伍建设的部署和要求，以“提质培优”为目标，按照“分类分阶培养，精准施策助推，多举措提升”三个方面，积极探索高水平“双师型”师资队伍建设工作。截至目前，我院“双师型”教师队伍建设成效显著，学院现有专任教师 640 人，其中专业课教师 529 人,“双师型”教师 477 人，占比 90%；具有硕士学位以上的教师 449 人（其中含在读博士 22 人）占比 70. 16%。学院建有院级教学名师 11 个，青年技能名师 13 个，名师工作室 9 个、教学创新团队 6 个。近年来，获评全国第六届黄炎培职业教育“杰出教师”1 人，省级泰山产业领军人才 1 人，省级教学名师工作室 3 个，省级教学创新团队 3 个，省级黄大年式教师团队 1 个，省级技艺技能传承创新平台主持人 4 个，省级教学名师 4 人，省级技术能手 6 人，省级青年岗位能手 3 人。

二、具体做法

（一）分类分阶培养

（1）根据教师不同工作经历及特长，分为青年教师、骨干教师、专业带头人、教

学名师，并定岗定责。青年教师，年龄一般在30岁以下，企业工作经验和教学经历不够丰富，需要进一步实行校内与校外双培养；骨干教师年龄一般在30岁以上，是在青年教师培养成长的基础上，有了一定的理论教学和实践工作经验，可以解决企业实际问题；专业带头人年龄一般在35岁以上，在骨干教师培养成长的基础上，逐渐成长为能把握本专业的发展方向，主导本专业建设，带领团队承担各种教改课题和技术服务课题；教学名师年龄一般在40岁以上，是资深的“双师型”教师，具有丰富教学和实践经验，在行业和企业有一定的知名度，可以借助校企合作平台全面持续推进专业发展。

（2）师带徒，传帮带，共提升。为快速提升新进青年教师的教学能力和理论水平，在骨干教师和教学名师中遴选“师傅”126人，组建青年教师导师库，和新进教师开展“结师徒”培训工作。“师徒”双方职责分明，目标明确，确保师带徒成效。目前，已有180位教师结成了师徒，他们在学校专业建设、课程改革、教材开发、教法创新、教学研究等方面起到了表率作用，极大地促进了学院“双师”队伍建设。

（二）精准施策助推

（1）以师德师风建设为引领，筑牢教师思想根基。坚持将教师思想政治与师德师风建设放在更加突出的位置，作为衡量教师队伍素质的首要标准。一是配齐建强党建工作力量。推进“两学一做”学习教育常态化制度化，开展“不忘初心、牢记使命”主题教育，持续开展“双带头人”培育工程，教师党支部书记均为“双带头人”，建立90人的师德师风监察工作队伍。二是建立健全师德建设长效机制。成立党委教师工作部，印发实施《建立健全师德建设机制实施办法》《师德师风考核管理办法》等制度，开发师德考核系统，常态化开展量化考核。三是深入开展“树师德　正师风”专项活动。编制师德教育学习资料，每年签订师德师风承诺书，组织开展师德系列教育活动、暑期集中师德教育学习、师德警示教育学习、主题演讲等活动16次，深挖自身作风存在问题，汇总风险点20余条，加强对教师师德师风监督，严格落实违反师德师风“一票否决”制。十年来，未发现师德违规情况。每年评选表彰师德师风标兵、优秀教师等先进典型，全面塑造符合新时代要求的“四有”好老师，多名教师获得省优秀教师等称号。

（2）立足于服务区域经济，以“立标准、建基地、引工匠，搭台子”的发展思路，建设高水平“双师型”教师队伍。

①“立标准”。制定《双师型教师认定及管理办法》《教师企业顶岗实践制度》等

制度10余项，明确“双师型”教师的准入资格、聘用管理、激励措施，形成“学院定标准、系部强规范、个人抓落实”的三级运行机制，构建可量化的“双师型”教师认定标准。学院高职现有专任教师640人，其中专业课教师529人，“双师型”教师477人，占比达90%。

②“建基地”。首先是校企合作建成94个“双师型”教师培训基地，与威高集团申报获批山东省教师企业实践基地1个，依托培训基地开展教师交流学习、顶岗实习、智力服务、研发等工作近1000人次，开展省级访学研修3人次；其次是创建“产教融合”基地平台，充分利用平台资源，建立“双师型”教师创新能力培养模式，快速有效地提升“双师型”教师创新能力，提升教师技艺技能，提升人才培养质量。

③“引工匠”。内培外引，组织开展公开招聘考试9次，累计招聘工作人员近300人。引进了一批一流的名师、大师，共聘任客座教授、产业教授和特聘教授累计86人，其中国家“万人计划”教学名师2人、国家技能大师工作室领班人1人、省级及以上技术能手4人、省级青年技能名师1人、省级教学名师2人、省（齐鲁）首席技师5人、泰山产业领军人才4人、泰山学者3人等。

④“搭台子”。搭建多类型、多层次的培训平台，印发实施《教职工培训、进修管理办法》，开展新教师入职培训5次，开展教师岗前教学能力培训、校本培训、赴企业（挂职）锻炼、校际交流等1000余人次，开展海外高校读博13人、国外高校访问学者进修22人、线上德国培训近300人。组建科技研发团队，先后组建绿色制药、中药制剂开发、药品食品检测、化妆品与制剂技术、药品经营与智慧监管、医疗器械工程技术、种质资源及食品精深加工等科技开发团队8个，技术研发队伍达52人，其中教授7人、副教授21人，泰山产业领军人才1人、省教学名师4人、省市场监管科技专家9人、威海市科技智库专家2人，具有硕士以上学位人员占比达84%，拥有企业研发经验占比达42%。

（3）推进实施人才工程项目，畅通双梯进阶式发展路径。出台《专业带头人和骨干教师评选与管理办法》《教学名师评选与管理办法》等制度。基于教师准入、师德师风、培养培训、职称晋升、考核激励的通用性标准，结合教师职称晋升和职业发展的个性标准，采取定性与定量相结合的方式，打造了职称梯级“初级—中级—副高—正高”和职业梯级“新进青年教师—骨干教师—专业带头人—教学名师”双梯进阶式发展标准。建设至今，培养院级骨干教师127人，校内（外）专业带头人56人，青年技能名师13人、教学名师11人，（辅导员）名师工作室9个，教学创新团队6个。

（三）多举措提升“双师型”教师队伍素质

（1）依托校企共建产业学院，在企业建立教师实践基地，设立教师实践岗位。第一，教师可深入了解企业的生产运行方式、管理制度、工艺流程、岗位（工种）职责、岗位技能等内容，并及时将企业实践成果转化为专业教学资源；第二，教师可以接触到行业发展新趋势、新技术、新设备、新标准等，能促进学校与企业开展产学研合作和职工培训，协助企业解决技术难题；第三，选聘企业高级技术人员、技能大师与校内教师组建高水平、结构化教师教学创新团队，建设高素质“双师型”教师队伍。

（2）建立基于创新创业教育的“双师型”教师培养体系。系统化创新创业教育“双师型”教师的培训，第一，通过案例讲解、实践路演、参观考察以及交流研讨等形式打造实践课程体系，强化实践培训，弥补创新创业教育“双师型”教师实战经验不足；第二，创新培训内容。将综合性、多元化的知识和技能融入培训课程里，如企业管理知识、财务知识和必备的法律知识等。通过既有专业理论培训，又有创新创业实践的专项指导，打造了一批“理论扎实、专兼结合、注重实践”创新创业教育“双师型”教师队伍。

（3）基于“1+X”证书制度，建立多层次、多渠道、多步骤的教师培训机制，提升“双师型”教师队伍素质。加强社会资源的深层互动，开展多元化的培养模式。第一，加强校际合作。主动对标“1+X”证书制度试点院校进行针对性的调研与学习，建立校际间的合作关系，选派教师到“双师型”教师培养工作优秀的院校进行学习交流。第二，校企深度合作，学校与企业共同开展教师培养培训工作，促进教师的理论知识与企业的生产实践相结合。第三，积极参与本专业对应技能等级的鉴定，参与相关证书鉴定标准的制定和评价，参加评价组织开展的师资培训或考评员培训班，获取相关证书，使教师深刻理解相关标准，在推动“1+X”证书在课堂教学中落地的同时，有效促进实践技能融入课程教学。

三、主要成效

近5年，通过加强“双师型”教师队伍建设，教师获得国家级教学成果奖二等奖2项，省级教学成果奖特等奖1项，二等奖7项，在省级以上教学能力比赛或指导学生获奖250余人次，主、参编正规出版教材100余部，其中“十三五”国家职业教育规划教材2部，编写新型活页式、工具手册式校本教材21部，5部教材被评为职业教育国家规划教材；发表核心以上期刊论文40篇，已立项省级教学改革科研项目47项，已立项高水平科研项目 28 项，校企合作课题研究 43 项，授权专利 70 项。

学校获评国家骨干专业 4 个，获批省品牌专业群 2 个，省高水平专业群 3 个，省级现代学徒制（试点）项目 2 个，牵头开发国家级专业教学标准 7 个，省级专业教学指导方案 2 个。获批省级工程技术研究中心 4 个，山东省高等学校应用技术优质协同创新中心 1 个；获批山东省高等学校科技成果转化和技术转移基地 1 个；获批市级工程技术研究中心和重点实验室 2 个。建设了产业教授工作室 6 个，专家工作站 11 个，科研与技术服务到款额 3368. 72 万元，社会培训到款额 2803. 90 万元，为企业创造经济效益 3500 万元。

（执笔人：高源　翟乃盛　高绍卿）

优化学校内部治理结构　深化人事制度改革建设高素质教师队伍

青岛酒店管理职业技术学院

青岛酒店管理职业技术学院深入学习贯彻习近平总书记关于教育的重要论述，落实立德树人根本任务，深入实施人才强校战略，大力弘扬教育家精神，牢固树立“强教必先强师”理念，在深化二级管理、强化考核管理、加强教师引育、推进职称改革、优化绩效分配等方面，加强治理体系和治理能力现代化建设，为学校改革发展提供人力资源保障。

一、基本情况

学校是我国第一所独立设置的酒店管理职业技术学院，是中国特色高水平高职学校和专业建设计划建设单位，也是山东省首批特色名校、山东省首批优质高等职业院校、青岛市首批品牌高职院校。学校先后顺利通过了山东省高职高专院校人才培养工作水平评估、全省高职院校人才培养工作评估、德育与校园文明建设评估，并取得了优秀等级。入选文化和旅游部旅游职业教育校企合作示范基地、全国邮政行业人才培养基地，荣获“全国职业教育先进单位”“山东省职业教育先进单位”“山东省先进基层党组织”“省级文明单位”“省级文明校园”“青岛市文明校园”等称号。学校坚持“双师型”教师个体成长和“双师型”教学团队建设相结合，致力于提高教师教育教学能力和专业实践能力，基本建成一支师德高尚、技艺精湛、专兼结合、充满活力的高素质“双师型”教师队伍。探索形成的“专业在前沿、行业有影响、国际可交流”双师队伍经验得到教育部官方网站报道。

（一）完善内部治理体系

修订学校《章程》，编制“十四五”规划，开展制度“废改立”工作。统筹优化机构设置和职能配置，自主设置适合学校发展的职能机构，成立党委教师工作部、教师发展中心等机构，不断健全内部管理体制和治理结构，治理现代化能力和水平日臻提升。推行“清单式”管理，制定二级管理权力清单和责任清单，支持二级学院自主办学，教师培训、教师发展工作事项重心下移，实现二级管理。

（二）建设标准化工作流程

学校把提升治理能力，增强内涵建设，作为打造高水平职业院校的抓手，成为国内首家通过 ISO 21001 教育组织管理体系认证的高职院校。学校依据 ISO 21001 教育组织管理体系标准要求，聚焦人才培养过程，建立了以管理与监控为基础的管理过程，以人才培养流程为基础的核心过程，以教育资源与运行服务为基础的支持过程，形成由 25 个管理单元组成的“一体两翼”管理与控制过程地图，并编写了符合 PDCA 循环的程序控制文件，管理体系架构基本形成。

（三）推动工作运行信息化

坚持“五重一促”理念，推动信息技术深度融入教学、管理全过程，师生信息化能力持续提升，信息技术和教育教学深度融合。完成 5G 双域专网、智慧教室改造等工程，优化数字化教学环境。实现数据中心与教育部智慧大脑全面对接，推进校本数据应用。建设了人力资源管理系统，实现职称评聘、人员管理、教师招聘、人事事项审批等业务的在线办理，有力推动了人事制度改革，提升了人力资源管理水平。

二、建设举措与成效

（一）优化治理结构，深化校院二级管理

完善二级管理体系建设，印发《关于实施二级管理改革的意见》，以二级管理为基础开展了 ISO 21001 教育组织体系建设，并通过认证。推进放权赋能，制定了《二级管理经费划拨办法》《二级院部奖励性绩效二次分配实施细则》，落实二级学院在经费使用，绩效分配上的自主权。修订教师考核、职称聘用、人才聘用等文件，明确二级学院自主考核、自主评价内容，提升了二级学院办学活力。建立监督评价机制，修订《部门绩效考核办法》，对二级管理运行及绩效情况进行考核评价，制定《二级学院党总支会议议事规则》《二级学院党政联席会议制度》等文件，明确议事决策程序和范围，定期开展督导检查，为深化二级管理提供保障。

（二）强化评价改革，增强教师发展活力

完善教师评价体系，分层分类制定考核办法，修订了《师德考核办法》《教师绩效考核办法》《聘期考核办法》等，建立起师德第一标准，构建“日常考核+年度考核+聘期考核”的教师考核体系。坚决破除“五唯”，建立多元多维评价标准，按照“教学型”“教学科研服务型”“科研服务型”标准对教师进行分类评价。建立教学、教研科研、社会服务等多维度评价指标，综合考量教师的专业素质、教育教学能力、教研科研能力、社会服务能力、职业道德与思想素质等综合素质与能力。采用“定性+定量”方式进行发展性评价，切实发挥人才考核评价“指挥棒”作用。

（三）落实自主招聘，会聚优秀人才

落实省属高校自主招聘要求，完善自主招聘工作流程，开展教师招聘工作。制定新招聘教师《思想政治和师德师风考察办法》，落实师德师风首要标准。加快人才标准建设步伐，制定《高层次人才引进办法》，建立人才引聘标准，加大政策扶持力度，在经费保障、薪酬待遇方面给予人才一定比例倾斜，建立不拘一格、以用为本、按需引才的“组合拳”，诚心揽才。创新实施柔性引才，坚持“不求所有，但求所用”、“一人一策”、特岗特薪，聘任方式分为特聘教授、客座教授、产业教授等，不断优化学校师资层次和结构。

（四）推进自主评聘，激发教师创新活力

学校深入贯彻新时代教育评价改革方案精神，积极推进教师评价机制改革，开展职称自主评聘，修订了《专业技术职务评聘办法》《岗位聘用实施方案》《聘期考核办法》，每年开展职称评聘工作。明确评聘指标，坚决破除“五唯”，建立起师德、教学、科研、教研、社会服务等维度的多元评价指标，实行量化评价和定性评价相互补充的评价方式，推行代表性成果评价制度，弱化刊物评价，凸显质量导向，不唯数量唯质量，不看资历看贡献，不看“帽子”看水平，不唯学历唯能力，增强教师队伍活力。

（五）优化绩效分配，营造良好干事创业氛围

学校认真落实收入分配制度改革的有关政策，制定了《岗位绩效工资实施办法》，完善学校绩效分配改革制度，建立起以目标管理和绩效考核评价为基础、以业绩贡献和能力水平为核心的薪酬体系。建立奖励性绩效二级分配制度，各二级学院按照实际

制定了绩效工资分配方案，按照产出成果、工作量、业绩贡献进行分配，实现奖励绩效向教学科研、服务社会成效显著的教师倾斜。

（六）加强校企人才互动，提升人才培养质量

建立起“校企协同、专兼协作、双向赋能”校企人员双向流动机制。制定《专任教师企业挂职锻炼管理办法》，落实教师企业实践常态化，不断提高教师专业实践能力。制定《兼职教师管理办法》，将企业人员引进到校内，担任特聘教授、客座教授、产业导师、实践导师、德育导师、特聘讲师、兼课教师等。创新“分层进阶、分类发展”“双师型”教师培养体系，在企业设立教师培训基地，校企协同搭建培养平台，畅通转型和进阶通道，实施“流动站式”培养模式，建立了“双师型”教师精准培育生态系统。

通过一系列创新举措，学校自主培育出国家级职业教育教师教学创新团队、国家首批教师实践流动站、国家级技能大师工作室、全国技术能手、国家级课程思政教学名师、山东省黄大年式教学团队、山东省职业教育名师工作室、山东省职业教育技能大师工作室、山东省技术技能大师、山东省教学名师等一批有影响力的成果，建立了适应职业教育发展要求的“双师型”人才支撑体系，为学校“双高计划”建设和高质量发展提供了强大人才支撑。

（执笔人：王慧勇　孟鹏　张妍）

念好“引育留用”四字诀 激活学校发展“人才引擎”

莱芜职业技术学院

教师是立教之本、兴教之源。办好新时代职业教育，必须有一支高素质专业化的教师队伍。莱芜职业技术学院（以下简称“学校”）聚焦新时代职业教育对师资队伍建设的要求，大力实施“人才强校”战略，念好“引育留用”四字诀，努力打造一支师德高尚、业务精湛、结构合理、充满活力的高素质专业化教师队伍，为学校高质量发展激活“人才引擎”，奠定坚实基础。

一、基本概况

师资队伍是支撑现代职业教育高质量发展的主体力量，是职业院校高质量发展的关键和基础。学校领导高度重视师资队伍建设，成立人才工作领导小组，健全师资队伍“引育留用”全链条协同工作机制，千方百计“引”人才，内外联动“育”人才，真心实意“留”人才，人事相宜“用”人才，以高质量师资队伍建设推动学校事业高质量发展。

二、具体做法和主要成效

（一）聚焦需求，千方百计“引”人才

优化聚才引才机制，出台《高层次人才引进管理办法》《引进急需紧缺专业人才工作方案》《校企共引共享高层次人才管理办法》，分级分类、多管齐下，对高层次人才、紧缺高技能人才进行全职引进、柔性引进或项目引进，利用校园招聘、公开招聘等多渠道、多形式招揽人才。创新人才引进开发机制，按照“高精尖缺”的引入思路，明确人才引进方向，有选择性地引进人才；不断打破身份限制，对高技能人才放宽学历要求；持续优化人才服务保障，在住房、薪酬、科研启动资金等方面给予优惠政策，

增加吸引力。2023 年，学校引进高技能人才 1 人、高层次人才 2 人，其中，2 名高层次人才均为“双一流”高校博士毕业。

（二）聚焦内涵，内外联动“育”人才

一是持续加强师德师风建设。以党建为引领，以开展学习贯彻习近平新时代中国特色社会主义思想主题教育和党纪学习教育为契机，通过“三会一课”、主题党日等方式，在学懂、弄通、悟透、做实上下功夫，强化纪律要求，涵养师德师风，充分发挥党支部的战斗堡垒作用和教师党员的先锋模范作用，实现了党建工作与师德师风建设的深度融合。出台《师德建设长效机制实施意见》，修订师德师风建设方案，健全师德考评体系，将师德师风纳入教师聘用、考核、晋升、评优等环节。制定《师德师风负面清单和失范行为处理办法》，建立师德重大问题报告和舆情应急处置机制，集中开展师德失范行为专项治理，引导教师严守师德规范。设立师德建设教育月，组织“最美教师”评选活动，开展“身边的榜样”师德报告会、“躬耕教坛”征文比赛等活动，让广大教师学有榜样、做有标杆。近年来，学校先后涌现出 1 名全国优秀教师、1 名全国五一劳动奖章获得者、38 名省级荣誉获得者。

二是加快提升教师队伍的学历层次。出台《教职工在职攻读博士和出国（境）进修提升学历学位层次的管理办法》，学校教职工在职取得博士学位后，享受当年学校引进高层次人才的政策待遇。目前，学校有 9 名教职工在职攻读博士学位。

三是开展各类教师培训。为促进新入职教师的专业成长，使其尽快适应育人目标的需求和教育教学岗位要求，举办为期一周的新入职教师培训班，并为新入职教师遴选配备指导教师，采取“一对一”、个性化帮带等方式，助力新入职教师成长。为加强高素质“双师型”教师队伍建设，先后出台《教师顶岗锻炼试行办法》《教师企业实践管理办法》，鼓励教师通过多种形式参加企业实践。为提升教师的国际视野和国际交往能力，学校派遣 10 名教师赴德国参加为期 21 天的高端装备技术境外培训。此外，学校每年还定期开展寒暑假教师培训等常规培训和教师教学创新团队建设培训等专项培训，不断提高教师队伍综合素质和业务技能水平。

（三）聚焦服务，真心实意“留”人才

一是用事业留人。着力促进教师队伍能力整体提升，开阔师生学术视野，高标准建设凤鸣大讲堂，诚邀海内海外、社会各界专家学者来学校传经送宝。着力推动高技能教师队伍建设，打造名师品牌，出台《技能大师工作室建设与管理办法》。2023 年，

学校共遴选出 6 个技能大师工作室作为立项建设项目。着力搭建高水平科研平台，推动组建科研团队，充分发挥人才“传帮带”作用。2023 年，学校依托现有的 30 个科研平台，立项纵向课题 64 项、企业委托合作项目 99 项，到位资金 260 余万元，1 项技术成果被认定为山东省首批先进材料产业链新技术新产品，获第十七届济南市自然科学学术成果奖一等奖 1 项、二等奖 2 项。事业留人永远最有效，学校在全省 4 次高等职业院校办学质量年度考核中 3 次获得“A”等次、1 次获得“B”等次，蝉联济南市高质量发展综合绩效考核一等次，极大提振了广大教师的积极性和精气神。

二是用待遇留人。学校党委始终聚焦人才所思所忧所盼，着力强服务、暖人心、优环境，打造真心、精心、用心的全方位服务体系。创新人才激励机制，加大高水平成果的奖励力度，对优秀人才给予特殊的支持政策。提高高层次、高技能人才津贴、科研启动费和安家费。优化绩效工资分配制度改革，让实干者得实惠、苦干者得褒奖。

三是用情感留人。通过教职工代表大会、工会代表大会或其他形式赋予教师参与民主管理的权利，增加教师参与教学改革、实践创新、学术交流的机会，保障教师群体在职教改革中的话语权和参与权。实施“办学条件优化提升”工程，为师生打造一个更加绿美、文明、和谐的工作、生活和学习环境。持续做好教职工体检、子女入托、困难教职工帮扶救助、离退休教职工走访慰问等工作。开展女教职工素质提升活动，组织教职工开展羽毛球比赛、徒步比赛、演讲比赛等文体活动，切实增强教师的职业幸福感和获得感。

（四）聚焦发展，人事相宜“用”人才

一是打通职务和职称晋升“双通道”。从学术前沿、教学一线发现专人能人，大胆起用学术带头人、教学名师等业务骨干。聘用 109 名年轻教授、副教授任管理人员，占学校教授、副教授总数的 32%。目前学校有 10 名系部主任，全部有副教授以上职称，9 人有硕士以上学位，全部具备深厚的学术积淀和较高的专业素养。

二是立好聘期考核“军令状”。出台《专业技术岗位聘期目标考核办法》，通过聘期考核实现岗位能上能下、人员能进能出，从根本上解决了教师积极性不足的问题。对教学科研成绩突出、为学校作出突出贡献的优秀教师，在岗位评聘上适当倾斜。去年以来，25 人通过破格评聘、绿色通道评聘和青年英才通道实现晋升。

三是畅通优秀年轻教师成长“快车道”。服务国家、省、市经济社会发展大局，每年选派优秀教师参加省、市“四进”工作队和驻村“第一书记”，工作队人员和驻村“第一书记”任职期间的工作表现作为提拔任用、评聘职称、晋升职级、评优推优的重

要依据。制定实施《内设机构班子成员年度考核实施办法》《领导干部能上能下实施办法》，破除论资排辈，将工作实绩作为干部选拔任用的“硬杠杠”，细化“上”的标准，明确“下”的要求。通过综合考核，提拔中层干部58名，14名年龄较大的干部退出领导岗位，免去3名不适宜任现职的管理人员职务。调整后中层班子的平均年龄下降了5岁，“80后”达到了42人，占比达43%。特别是教学系班子调整后，“80后”有18人，占比达60%。

（执笔人：李成）

打造“名师+名匠”人才矩阵 锻造“双高”校“金师样板”

广州番禺职业技术学院

一、基本概况

广州番禺职业技术学院系统推进师资队伍建设，成效显著。师资队伍结构全方位优化，人才队伍能力素质全面提升，教师激励评价系统得以重构，成功打造一支全国一流的“金师”队伍。全国黄大年式团队、国家级教师创新团队（3 个）、国家级名师（7 名）等核心指标均位居全国高职院校前列，先后入选教育部首批全国职业院校“双师型”教师队伍建设典型案例、教育部职业教育教师队伍建设典型工作案例。

二、工作思路

学校以打造名师名匠为牵引、数量充足、结构合理、素质优异的师资队伍为目标，围绕“师德师风+素质能力”两大主题，按照“分层进阶、分类发展”建设思路，搭建七类发展平台，完善服务教师全生命周期发展的管理体系，形成“名师名匠引领、分层分类引育”的“金师”队伍建设机制（见图 1）。

三、措施和成效

（一）外引内培聚智育才，优化队伍结构

学校基于人才资源配置矩阵理论，确立“6789”人才队伍建设战略，立足当下，放眼未来 15~20 年，以 10 年为一代，打造名师名匠引领、结构合理的师资队伍。实施“双线工程”，通过一人一议的方式引进省级以上名师名匠 19 人；创设“产业精英”引才类型，面向企业引进副高以上骨干人才 17 人。实施“双百计划”，推进青年教师博士化工程，引进青年博士 99 人，支持教师在职读博 97 名，博士比例超 20%，助力省

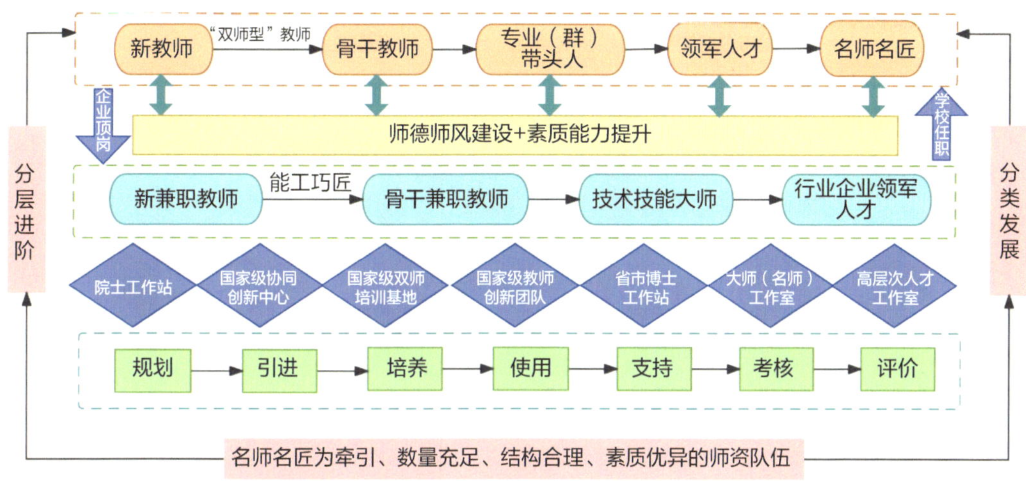

图 1 "名师名匠引领、分层分类引育"的"金师"队伍建设机制

博士人才高地建设。实施柔性聚才，构建灵活的聘用机制与优异的薪酬体系，柔性引进能工巧匠，形成"兼职教师、产业导师、高层次技能型、技能大师"四级队伍结构，建设技能大师工作室 21 个（见图 2）。

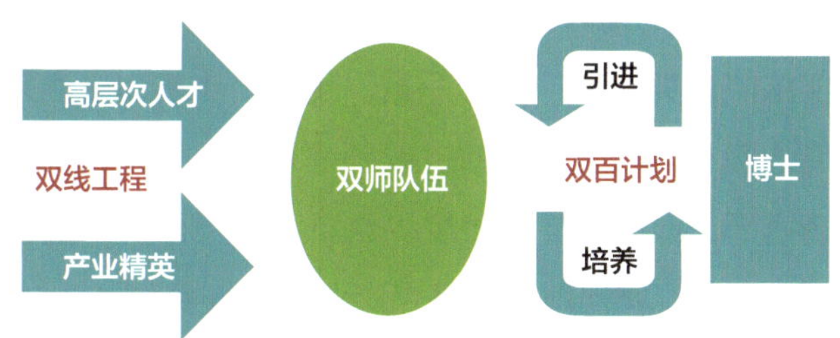

图 2 "双线工程"与"双百计划"

（二）分层进阶分类发展，提升队伍能力

学校基于教师全生命周期成长理论，分层进阶分类发展全面提升师资队伍能力。推进人才培育支持计划，依托双师培训基地和团队重点培育青年后备人才 73 人；依托大师（名师、高层次人才）工作室重点培育优秀骨干人才 62 人；依托院士工作站、国家团队（协同创新中心）重点培育领军人才 18 人，打通"青年—骨干—带头人—领军人才—名师"成长通道。构建校企人员双向流动机制，提升双师素质，设计开发校企人员双向流动网络平台（见图 3），实现人员"双向流动"；组建校企双元的教学团队，实现"双向聘用"；构建多元教师能力培养路径，提升专兼职教师能力，实现"双向培养"。

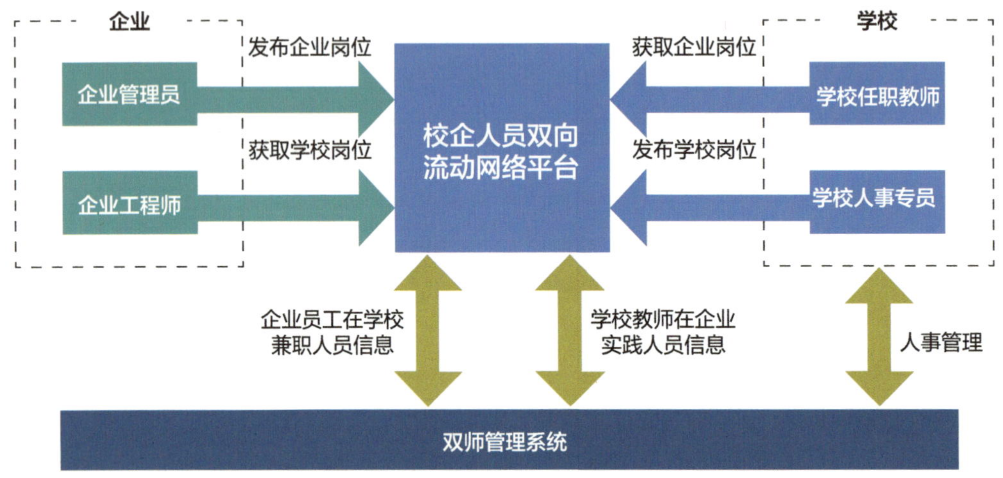

图 3　校企人员双向流动网络平台

（三）靶向施策重构体系，激发队伍活力

学校立足“引（规划、引进）、用（培养、使用、支持）、评（考核、评价）”全环节要素，完善“七位一体”服务教师全生命周期发展的服务管理评价体系，先后出台 55 项制度，建立高效运行的闭环管理机制。建立引才机制，优化揽才政策。专设高层次人才岗位数，实施“三类十型”引才举措。优化培养机制，注重人才与团队协同发展。加大人才培育力度，出台在职进修、双师建设、人才支持等制度。开发双师系统，提升精细化管理水平。推动基层教师组织创新，分层分类打造团队，形成接续培育机制。优先打造重点团队，靶向助力市重点产业发展（见图 4）。完善激励机制，激

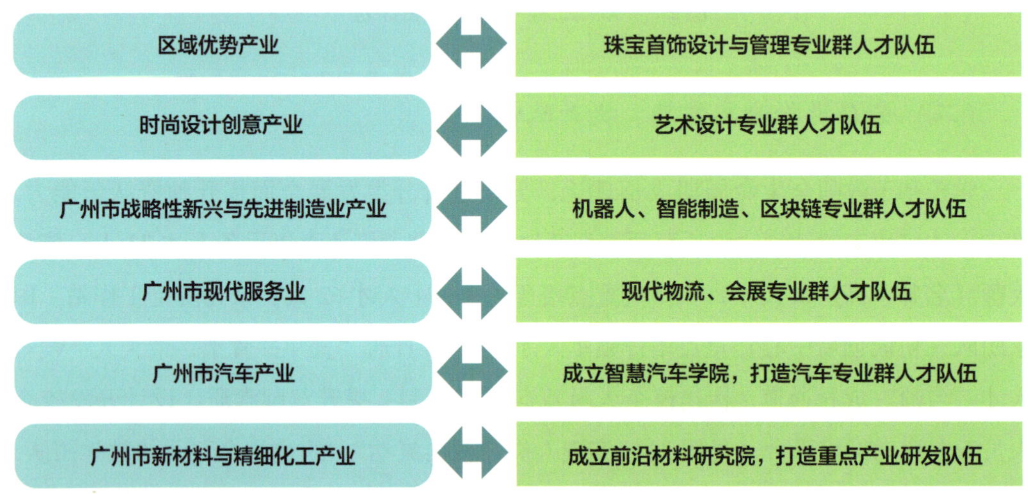

图 4　产业—专业师资对照

活人才引擎。完善绩效考核、岗位聘用等制度，构建以实绩为导向的人才评价体系，建立起多劳多得的“135”考核体系，形成能上能下的岗聘制度。

（四）彰显职教类型特色，打造“金师”队伍

学校师资队伍结构优异，高级职称占比达 35.83%，博士学位占比达 20.09%，研究生学历占比达 90.5%，“双师型”教师占比达 92.44%。培养了一批有影响力的名师名匠，教师获省级以上人才荣誉达 136 人次（见图 5、表 1）。

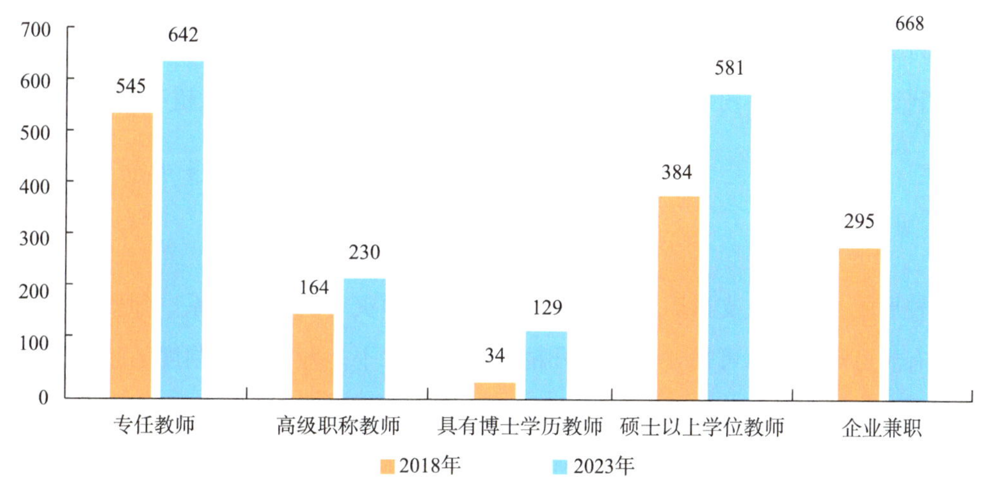

图 5 “双高”建设以来教师队伍结构对照

表 1 主要人才队伍建设指标情况

类别	数量	水平
国家级名师	7	全国第一
国家级教师团队	6	全国第二
享受国务院政府特殊津贴专家	6	全国前列
省级以上教学名师	31	全省第一
省级以上团队	19	全省第一

四、特色与示范效应

（一）以“名师+名匠”人才矩阵为引领，为我国高职教育贡献了建设高水平师资队伍的“番职模式”

学校不断完善形成系统推进“金师”队伍建设工作的模式，贡献了可供高职院校

学习的工作范式。相关建设案例先后荣获教育部首批全国职业院校“双师型”教师队伍建设典型案例、教育部“职业教育教师队伍建设典型工作案例”。全国近 80 所高职学校专门来校学习经验，业内引领示范作用彰显。

（二）擦亮“番职师资”名片，为区域人才高地建设做出了“番职贡献”

学校人才队伍在支撑国家战略和服务地方经济社会发展方面的能力显著增强。国家级人才及团队、省级人才及团队均居全国、全省前列。以博士为主的后备人才队伍初具规模，博士人数达 129 人。建设省博士工作站、市博士后创新实践基地等人才平台，助力了当地职业教育高地建设。众多教师被邀请担任培训专家、指导专家。《三联生活周刊》等权威媒体纷纷报道学院师资队伍建设经验，报道阅读量超 10 万。

（三）系统重构人事制度体系，为高职院校贡献了有效适用的师资管理“番职样板”

学校形成一套有效支撑职业教育高质量发展的师资管理制度体系。师资管理与建设做到有规可守、有章可循，显著提升精细化管理水平。师资管理制度的正向激励作用得到有效彰显，激发了队伍发展活力。多项规章制度被省内外 20 余所高职院校学习借鉴。

（执笔人：尹明柴）

企业参与高职院校治理

江苏金智教育携手浙江纺织服装职业技术学院共创“数智化大内控”新篇章

——数字化大内控提升高校治理能力

江苏金智教育信息股份有限公司

一、企业概况与合作历史

江苏金智教育信息股份有限公司（以下简称“金智教育”）创立于2008年，是国内领先的高等教育数字化服务提供商。金智教育始终秉持“客户第一、合作共赢、诚实守信、奋斗坚韧、勇于担当、平等尊重”的价值观。通过持续的研发投入和产品创新，深刻的行业认知引领行业发展，并深度挖掘场景价值需求，连接校企资源，携手合作伙伴打造开放、合作、共赢的智慧教育新生态。

浙江纺织服装职业技术学院是全国纺织行业人才建设示范校、浙江省高水平高职院校建设单位、浙江省高职优质校、首批国家教育信息化试点单位、首批全国跨境电商专业人才培养示范校、首批浙江省国际化特色高校、首批浙江省数字校园示范校、首批浙江省现代学徒制试点单位、浙江省课堂教学创新校。“十四五”期间，学校争创国家“双高计划”已正式启动，力争将时尚类优势特色专业群建设水平提升至全国同类院校最前列，打造具有国际视域、国内有重要影响、行业特色鲜明的高水平职业院校。

2022年，双方以数字治理赋能大内控体系建设为基本思路，发挥各自优势，共同建设全方位整合学校经济活动、业务活动、人力资源、监督活动等内容的数智化大内控体系，共同打造高职院校数智化大内控品牌，并依托金智教育在优质信息技术平台、优质教育管理系统等方面的长期积淀，共同研发、建设“数智化大内控平台”，实现数智化改革对大内控体系建设的赋能和落地。

二、合作内容

1.“数智化大内控体系”研究合作

双方合作成立教育数智化大内控研究中心，共同开展数智化大内控体系研究。浙江纺织服装职业技术学院从职业院校的内部治理体系建设实践出发，通过对校内经济活动、业务活动、人力资源活动和监督活动的内控分析研究，提供大内控体系建设的理论与实践基础；金智教育依托高校数字化建设经验，结合已有内控治理产品，重点围绕业务中台进行整体规划与系统打造，投入业务专家资源，提供大内控体系各业务集群的系统解决方案；双方在国家级课题申报、校企合作、项目研究、成果发布等方面，开展积极合作，共同促进数智化大内控体系的研究水平。

2. 浙江纺织服装职业技术学院数智化大内控平台合作开发建设

双方共同合作开发建设浙江纺织服装职业技术学院数智化大内控平台，充分依托学校智慧校园建设的整体架构，整合已建设的平台和业务系统，在节约建设成本的基础上，以“整体最优”为目标，共同研发、建设、运营以数字基座体系为“地基”，由“三横”（数据资源体系、业务控制体系、监督控制体系）和“四柱”（规章制度体系、数据治理体系、安全保障体系、内控运营体系）为框架的“浙江纺织服装职业技术学院数智化大内控平台”。

3.“高职院校数智化大内控体系”品牌策划与宣传

双方依托浙江纺织服装职业技术学院为试点进行数智化大内控体系及平台建设，通过研讨会、发布会、新闻媒体报道等多种方式，开展“高职院校数智化大内控体系”品牌的宣传工作，共同推广高校数智化大内控平台建设新模式，打造校企“共研、共建、共享、共宣”的数字化合作建设新模式，为高等教育领域内控治理体系和治理水平的提升贡献价值。条件成熟后，双方将在数字校园建设、教育培训等领域进行深入合作。

三、合作成效

（一）助推高职院校发展

“数智化大内控体系”建设以内部控制理论为基础，以数字治理为手段，从高校内部治理体系建设的实际需求出发，突破传统内部控制范畴，从组织战略与核心价值实现的视角，全方位整合经济活动、业务活动、人力资源、监督活动等内容，整体搭建的全域、全要素、全过程、全风险的全新控制体系。数字治理是实现传统内部控制体系向“数智化大内控”体系整体跃升的关键因素。本次双方合作的“数智化大内控体系”的整体构建充分体现了新形势下，高校内部治理的“大数据”“大融合”“大协同”趋势，同时推进了校内内部控制文化建设、风险意识提升，提高了全校职工对高校教育领域共性风险及本校个性风险的认识，营造了全员参与内部控制的良好氛围。通过内控数字化体系构建，也在一定程度上提升了学校内部控制岗位人员的专业技能和综合素质，为内部控制人才资源保障提供有力支撑。

（二）助推企业发展

通过打造“数智化大内控体系”，金智教育不仅扩展了其产品组合，还显著提升了服务的技术深度和价值，从而在市场中占据了更有利的竞争位置。这一战略举措不仅迅速响应了市场对高效内控解决方案的需求，而且为公司在教育科技行业的长远发展打下了坚实的基础。

在合作实施的过程中，金智教育深化运用了大数据、大模型等创新技术，这不仅锻炼了团队的技术实力，还积累了宝贵的项目经验和多个成功案例。这些成果不仅巩固了公司在行业中的技术领先地位，而且显著提升了品牌的影响力，为吸引高端客户和合作伙伴奠定了坚实的基础。此外，公司还通过合作积累了大量针对教育领域经济和非经济风险的模型，进一步丰富了内控产品的功能和应用范围。

（三）校企合作成果

经过六年探索实践，浙江纺织服装职业技术学院“数智化大内控”体系及平台构建取得阶段性成果。

一是数智化大内控理论研究扎实开展。双方共建教育数智化大内控研究中心，开展相关课题研究，《探索权责清单制度　提升高职院校治理能力》《数字治理视域下高职院校“大内控”体系构建研究——以浙江为例》《新时代高校制度治理的思考与实践》等论文相继发表。《高校数智化大内控体系及平台构建》入选宁波市第四届教育改革创新优秀案例名单。双方共同研发的《高校规章制度治理平台》建设案例入选中国互联网智慧教育工作委员会2023年度智慧校园典型案例。学校郑卫东校长受邀接受中国软件网海比研究院曹开彬总裁专访《浙纺服职院：数智赋能教育高质量发展》。教育数智化大内控研究中心组织召开的“数智化大内控”项目上线发布会暨数智治理研讨沙龙相关报道《构建数智化大内控体系　提升学校数智治理水平》在《浙江日报》刊登。

二是数智化大内控实践探索成效显著。《浙江纺织服装职院：大学应有“大内控”》专访被环球网、新浪新闻等多家媒体转载。学校郑卫东校长相继出席中国互联网智慧教育工作委员会举办的“2023智绘互联校园新生态峰会”和2024年全国高等职业学校校长联席会，分别作了题为《以构建“数智化大内控”体系　提升学校内部治理水平》和《以构建数智化大内控体系　赋能学校高质量发展》专题报告。以“数智化大内控体系”建设为基础，学校成功入选浙江省数字教育试点职业教育信息化标杆学校。

三是学校整体内部控制文化氛围建设与内部控制人才队伍建设效果显著。全校教职工对内控范围、风险认知、内控专业知识等都有了整体提高。

同时本次双方的合作不仅推动了高职院校的内部治理水平提升，也助力金智教育在市场中占据了更有利的竞争位置，增强了企业的盈利能力和可持续发展潜力。

总体而言，这次校企合作实现了资源共享、优势互补，推动了教育数智化的发展，为高等教育领域内控治理体系和治理水平的提升贡献了重要价值。

四、校企合作保障体系

（1）合作双方共同成立战略合作协调推进小组，研究解决合作中的重大事项，推动合作协议落实，明确具体合作项目中的权责。

（2）协调推进小组定期召开建设进度协调会或者专项建设方案研讨会，如遇到需要决策的问题时，应当邀请合作方负责人参与决策，共同协调、处理在项目合作过程中的相关待决事宜。

（3）建立协调推进小组主要成员互访机制和互挂机制，加强合作方人员的深入交流合作，最大限度地发挥合作方优势，最大限度地提升合作共建的优势。

北电科·久其数智产业学院建设项目

北京久其软件股份有限公司

一、企业概况与合作历史

北京久其软件股份有限公司（以下简称“久其”或“久其软件”），是一家专注于政企信息化建设、数字化转型与智能化升级的管理软件供应商（股票代码：002279），在电子政务、集团管控、数字传播等领域为用户提供自主可控的解决方案与产品。通过技术与行业应用场景的深度融合，满足政企客户对数据治理和运营的核心需求，致力于实现数据价值的最大化。

北京电子科技职业学院（以下简称“北电科”），是北京市人民政府举办的公办独立设置高职院校，学校办学历史可追溯至1958年。2007年，北京市仪器仪表工业学校、北京二轻工业学校、北京市机械工业学校、北京市汽车工业学校并入北京电子科技职业学院。2019年，学院入选国家“双高计划”高水平学校建设单位（A档10所院校之一）；在“金平果”2023年中国高职院校综合竞争力排行榜中，综合实力排名全国第5。学校坚持走产城教融合发展道路，连续多年获得“北京市高校毕业生就业工作先进单位”，被评为“北京地区高校示范性创业中心”，跻身全国高职院校创新创业示范校50强。企业和社会认可度显著提高，毕业生就业率在98%以上，企业满意度在95%以上。

二、运行机制

（一）形式

在新机制下，双方共建的特色（创新）产业学院——北电科·久其数智产业学院，在校方党委的绝对领导与监督下，由久其软件与北电科双方共同实施建设、运营和管理。产业学院落地建设大数据技术和大数据与会计两个专业。

（二）定位

办学类型定位：校企合作共建北电科·久其数智产业学院。

办学层次定位：以举办高职层次教育为起点，以努力实现高职本科为目标，打造融合职业教育培训、“1+X”认证的特色创新学院。

人才培养定位：培养复合型高素质应用型、技术技能型人才。

（三）规划

3~5年目标：构建完善“中国特色、世界水平”的现代职业教育体系；形成适应和服务数字经济时代大数据产业新技术、新业态创新需求、“对标先进国际标准、深化产教融合”的大数据高水平专业群；形成引领学校和区域内现代职业教育改革创新方向的校企合作混合所有制办学新典范；

5~8年目标：构建具有“国际化、创新型、复合型”特色思维能力的高素质应用型、技术技能人才培养模式，全面提升人才培养质量和社会服务能力，初步建成国内一流的大数据+产业学院。

（四）运营管理模式

北电科·久其数智产业学院日常运营管理实行校党委绝对领导与监督制度，理事会决策机制下的院长负责制。

联合成立理事会，理事会是北电科·久其数智产业学院的决策机构，理事长由校方理事会成员担任。

三、合作内容

双方以区域产业发展需求为牵引，依托办学特色鲜明、与产业联系紧密的二级学院及专业（群），北电科与久其软件合作建设集人才培养、科学研究、技术创新、企业服务、学生创业等功能于一体的产业学院。

（一）创新人才培养模式

双方面向产业转型发展和区域经济社会需求，以强化学生职业胜任力和持续发展能力为目标，以提高学生实践和创新能力为重点，深化产教融合、校企合作，创新人才培养模式。探索构建符合人才培养定位和产业发展需要的课程新体系和专业建设新标准，形成产教深度融合、多方协同育人的人才培养新格局。

（二）提升专业建设质量

双方围绕国家和北京市确定的重点发展领域，着力推进新一代信息技术、人工智能等新技术与其他专业融合发展，深化专业内涵建设，着力打造特色优势专业，实现多专业交叉复合与专业集群式发展。探索开展国际实质等效的专业认证，促进专业认证与创业就业资格协调联动，提高专业建设标准化、国际化水平。

（三）开发校企合作课程

久其软件深度参与教材编制和课程建设，设计课程体系、优化课程结构。加快课程教学内容迭代，关注行业创新链条的动态发展，推动课程内容与行业标准、生产流程、项目开发等产业需求科学对接，建设一批高质量校企合作课程、教材和工程案例集。

（四）打造实习实训基地

构建基于产业发展和创新需求的实践教学和实训实习环境。统筹各类实践教学资源，充分利用科技产业园、行业协会、龙头企业等优质资源，打造功能集约、开放共享、高效运行的专业群或跨专业类实践育人平台。通过引企入校、驻企建点等方式，建设一批兼具生产、教学、研发、创新创业功能的校企一体、产学研用协同的大型实训实习基地。

（五）建设高水平教师队伍

依托北电科 · 久其数智产业学院，探索校企人才双向流动机制，建立选聘行业协会、企业业务骨干、优秀技术和管理人才到校任教的有效路径。探索实施产业教师（导师）特设岗位计划，完善产业兼职教师引进、认证与使用机制。加强校内教师培训，将产业学院建设成“双师双能型”教师培养培训基地，打造一支由校企联合的高水平教学团队。

（六）搭建产学研服务平台

依托北电科 · 久其数智产业学院，校企共建研发中心等产学研服务平台，围绕产业发展关键技术问题，校企协同开展技术攻关、产品研发、成果转化、项目孵化等工作，促进产教、科教融合，以高水平的研究促进高质量的人才培养，发挥产学研合作示范效应，为区域经济社会高质量发展及产业创新发展提供重要支撑。

（七）建设智慧资产管理一体化平台

为了加强北京电子科技职业学院资产内部动态管理需求，满足市财政局对资产动态监管要求，强化对资产配置、使用、处置等关键环节审批管理及财政上报资产相关报表。资产管理服务平台不但要能够实现固定资产查询、验收、资产信息变动、资产处置、资产盘点、报表统计等一系列基本功能，还要能实现与财政资产系统无缝对接、与财务管理系统进行接口对接、自动对资产进行折旧、对实验室报表进行上报，从而满足校内自身的资产管理工作要求，实现北京电子科技职业技术学院资产全生命周期管理，进一步提高资产管理等业务流程的信息化程度，有效提升学校资产管理工作效率。

随着国家对高校建设的投入和高校自身的发展需要，北京电子科技职业学院固定资产规模急剧增长。资产管理面临着资产量大、资产类别多、牵涉面广、资产财务核算困难等客观问题，传统的资产管理模式逐渐显露出弊端。在云、大、物、移、智的时代，将信息技术引入高校资产管理工作中是当前做好资产管理，解决相关问题的有效措施，特别是在大数据技术发展日新月异的今天，资产信息化管理是必然趋势。

近几年，在各级主管部门、财政部门对资产管理工作重视程度不断提高，工作力度不断加大背景下，学校需要进一步优化管理流程、转变管理理念以适应新时代、新变革的需要。根据财政部《关于加快将资产管理、决算和报告等业务纳入预算管理一体化》(财办〔2022〕2 号)、国家标准化管理委员会《固定资产等资产基础分类与代码》国家标准（GB/T 14885—2022）(以下简称《分类与代码》) 等文件的要求，学院要进一步做好资产管理、决算和报告等业务纳入预算管理一体化实施工作，结合学校管理要求，需要完善及细化目前资产管理信息系统，以更好地响应财政部的要求，完成资产电子信息卡、资产新国标分类改造。为满足北京电子科技职业学院内部资产管理的需要和各级主管部门和财政部门对学校国有资产的监督管理，同时解决现有问题，提高工作效率，开展智慧资产管理系统建设将势在必行。

建立资产管理系统，管理单位资产数据，实现资产信息动态管理。系统支持固定资产国标分类（7 大类）管理，对单位的土地、房屋构筑物、仪器设备、文物陈列品、图书、家具用具、特种动植物、无形资产类资产进行全口径精细化管理，涵盖资产验收建账、资产使用、资产盘点、资产处置、资产财务管理，实现资产信息、资产状态、资产责任人等资产详细信息管理及查询，以及资产的调拨、报废、处置的动态管理，并保存记录的全生命周期管理，满足不同应用层次资产业务管理规范及工作流程，满足不同层次的管理需要。

四、合作成效

北电科·久其数智产业学院以培养高质量的技术技能人才、提供高质量的技术研发及社会培训服务等为核心，以打造校企合作命运共同体、赋能区域经济高质量发展为追求开展建设，取得了良好的合作成效。

（一）人才培养成效显著

人才培养质量达成度高，专业对口就业率、高薪就业率等处于同类院校前列。

教育教学成果明显，获得省部级及以上教改项目立项，获得省部级及以上一流课程、优秀教材或具有影响的产学合作特色教材（案例集）等教学成果。

创新创业成效显著，形成特色鲜明的创新创业教育体系，师生在国家、市级“互联网+”大学生创新创业大赛、“挑战杯”系列竞赛等各类有影响力的大赛中参与度高、获奖数量多。

（二）产学研合作成效丰富

专业建设成效明显，通过跨业界、跨学科、跨专业整合资源，打造特色优势明显的应用学科交叉专业或专业群，实现多专业交叉复合集群式发展。

师资队伍能力突出，构建校企双方教师教学和专业实践能力发展机制，共建校企教师联合工作室（坊）和高素质“双师双能型”教师培养培训基地，打造一支高水平双师双能师资队伍。

科技创新成效显著，共建获得区级及以上资质的技术研发中心、联合实验室等科技创新平台，联合开展企业项目攻关、产品技术研发、项目孵化等工作，取得专利、技术标准等一批标志性成果并实现科技成果转化，探索先进技术辐射扩散和产业化新途径，赋能区域经济高质量发展。

（三）提高学校管理和服务水平

通过资产系统的建立，不仅实现资产验收入账、内部使用、资产盘点、处置等内控业务管理，还能与主管部门、财政部业务及报表数据无缝对接，满足主管部门、财政部门的监管要求；同时，结合移动端应用，真正实现“数据多跑路，老师少跑腿”的服务理念。

1. 全面对接新会计制度，完成折旧初始化工作

改造和完善资产系统功能，如计提折旧、在建工程等，实现与《政府会计制度》的全方位对接。政府会计制度自 2019 年 1 月 1 日起正式实施，按照政府会计制度要求，各单位开始正式计提折旧工作。为确保资产折旧相关工作顺利进行，需结合资产使用年限标准，在系统中完成资产历史数据的折旧初始化工作。

2. 深入开展数据治理，全面提升数据质量

资产数据存在多种数据不实的问题，严重影响向全国人大报告国有资产数据的准确性，因此资产系统应提供数据治理功能，开展资产数据治理工作。通过数据治理功能对历史数据体检，分析错误原因并给出解决措施，解决因业务操作不规范、业务标准不统一、数据录入差错、历史数据问题等因素造成的数据质量不高的问题。

3. 实现财务接口升级改造

资产系统与财务系统已实现接口对接，在资产新增、验收、处置、价值变动等业务发生时自动生成相应的财务凭证，保证资产账、财务账的一致性。同时财务系统向资产系统反馈会计凭证号、记账日期等信息，保证资产系统数据准确。随着政府会计制度正式实施，为保证资产折旧数据与财务账的一致性，需要对财务接口进行升级改造。

4. 全面、全员、全生命周期的资产管理

建设适合北京电子科技职业学院网络化、协同资产动态管理系统平台，满足学校资产管理需求，规范资产管理工作流程，系统将固定资产、无形资产实物和非实物资产都纳入管理范畴，提供了全面的业务处理功能。系统支持条码、二维码等多种资产管理技术应用具备资产使用年限到期提醒和资产超出使用年限查询功能，便于统计处理逾龄资产并进行资产预警。

系统秉持先进的“全面、全员、全生命周期的资产管理”理念，建立了“资产管理部门—资产归口管理部门—资产使用部门—资产使用人”多级资产业务动态管理系统，根据权限进入相应级次下的资产管理模块，通过系统管理员建立“一人一权、一人多权”、职责细化的资产管理体系。

5. 统一身份认证

通过与一网通办对接，系统可以实现统一身份认证功能。用户在一网通办登录后，可以直接使用同一账户密码登录本系统，无须再次注册或输入用户名和密码，提高了

系统的安全性和便捷性。

6. 响应财政部的要求

按照财政最新国标要求，将资产国标分类基础数据升级为全新发布 2022 资产国标分类；卡片资产信息数据指标按照财政预算一体化的标准进行改造更换；响应财政部的要求，对历史数据进行数据治理，完成资产电子信息卡、资产新国标分类的改造。

五、校企合作保障体系

（一）加强组织领导

成立北电科·数智产业学院人才培养领导小组，统筹推进相关工作。设立产业学院的二级学院成立专项工作小组，强化组织领导，明确责任分工，制定产业学院建设方案，扎实推进各项建设改革任务落地，保证在建设期内圆满实现建设任务。

（二）完善体制机制

强化学校、地方政府、行业协会、企业机构等多元主体协同，形成共建共管的组织架构，探索组建产业学院合作管理委员会等治理模式，建立科学高效、保障有力的制度体系。学校对设立产业学院的二级学院将加大政策和资金支持力度，协调各方资源，激发产业学院主体办学活力。

（三）促进交流推广

学校将加强对产业学院建设及运行的科学指导，组织开展产学合作的理论研究与实践研究。定期开展产业学院试点建设工作的交流研讨活动，学习借鉴国内外产学合作经验，拓展产学合作交流的渠道与路径，及时总结推广产业学院建设的成功案例和经验，促进产学合作可持续发展。

附　录

◎ 高等职业教育治理体系建设发展联盟章程

◎ 高等职业教育治理体系建设发展联盟大事记

附录一
高等职业教育治理体系建设发展联盟章程

高等职业教育治理体系建设发展联盟（以下简称“联盟”）由北京财贸职业学院与世界职业教育大会组委会联合发起。面对国家对职业教育发展的高度重视，依托国家“双高计划”建设，贯彻落实《中共中央关于坚持和完善中国特色社会主义制度、推进国家治理体系和治理能力现代化若干重大问题的决定》《国务院关于加快发展现代职业教育的决定》《国家职业教育改革实施方案》等文件精神，高等职业教育治理体系建设发展联盟将全面服务于职业院校高质量发展需要，推进高等职业院校治理体系和治理能力的现代化发展，促进国内外高等职业院校紧密合作交流、资源共享，不断完善现代职业教育体系，推动国家经济社会发展培养高端技术技能人才，推进高等职业教育规模化、联盟化发展。特组建“高等职业教育治理体系建设发展联盟”，并制订本章程。

第一章　总　则

第一条　联盟名称

高等职业教育治理体系建设发展联盟（以下简称“联盟”）。

第二条　联盟性质

联盟由北京财贸职业学院与世界职业教育大会组委会牵头，联合陕西工业职业技术学院、浙江金融职业学院、青岛酒店管理职业技术学院、牛津城市学院等职业教育领域相关国内外职业院校、企业、科研院所和专业协（学）会等自愿参加的多元化、跨区域、非营利性的教育学术联合体。

第三条　联盟宗旨

以服务高等职业院校治理体系与治理能力现代化发展为宗旨，以平等、合作、诚信、创新、共赢为准则，以人才培养、专业建设、职工培训、技术服务、国际合作和文化传承等专项业务为纽带，通过充分深入的国际合作、校企合作、校际联合、学校与行业协（学）会和科研院所合作，整合联盟各方资源，实现联盟各方的责任共担、资源共用、成果共享、互惠共赢，打造职业教育精细化新品牌，更好地为学校高水平建设和职业教育事业发展服务。

第二章　目标和任务

第四条　工作目标

以“双高”建设为引领，以健全内部治理结构、健全质量自治体系、健全社会监督机制为核心，以提升学校治理水平为主攻方向，以满足经济社会发展对职业教育的需求为目标，学习国内外先进的学校管理体系，合理规划政、企、行、校相结合，打造教育链与产业链的融合平台，促进产业与职业教育相融合，激发办学活力、提升职教质量，带动联盟成员共同发展。

第五条　联盟主要开展职业教育领域人才培养、学术研究、实训基地建设、经验推广、治理体系标准建设、治理经验培训传播、国际合作等工作任务。

（一）搭建国际性的校际、校企交流平台。

（二）协调联盟内成员的交流互访、调研、培训等活动。

（三）组建专家智库团队，设立院校治理研究性机构。

（四）整合各方力量，协同研究高等职业院校治理体系建设与评估的共性问题，形成治理体系标准。

（五）广泛宣传联盟成员院校治理经验，推动高等职业院校治理体系标准的应用及推广，组织相关培训。

（六）协助提高职业教育活动及相关服务质量。

第三章　组织机构与管理

第六条　联盟设理事会和秘书处。理事会是联盟最高决策机构。理事会闭会期间，由理事长会行使理事会职能，执行理事会和理事长会决议。秘书处为双秘书处设置，为常设机构，设立在北京财贸职业学院和世界职业教育大会组委会，具体负责联盟的日常工作事务。理事会下设专家委员会。

第七条　联盟设理事长 1 人，常务副理事长 3 人，副理事长单位 20 家，副理事长 20~30 人。秘书长 1 人、常务副秘书长 2~3 人、副秘书长 20 人。联盟成员单位均为理事单位，理事一般由成员单位有关领导担任。常务副理事长和副理事长由成员单位提名、理事会选举产生；每个成员单位原则上设一名理事；理事会任期五年。

第八条　理事会原则上每年召开一次理事全体会议，须有三分之二以上理事出席。如遇特殊情况，可由理事长提议，召开临时理事会。若理事不能出席会议，可委托他人出席，理事会讨论的重要问题应根据平等、公正、互利原则，进行充分友好协商。理事会形成的决议分别须经全体理事的一半以上通过方为有效。

第九条　在理事会长会休会期间，理事长行使理事长会职责。理事长会议根据需要不定期召开，须有三分之二以上人员出席。

第十条　理事会职责

（一）制定和讨论通过或修改联盟章程；

（二）选举和免去理事长、执行理事长、副理事长，推选和免去秘书长、副秘书长；

（三）决定办事机构和指导机构的设置；

（四）制定联盟发展规划和年度工作计划；

（五）审议理事会年度工作计划；

（六）审议通过联盟理事提出的议案；

（七）审议和决定联盟的其他重大事项。

第十一条　理事长会职责

（一）联盟重大事项的酝酿、研究，并提出建设性指导意见；

（二）对理事会的决定提出落实方案及措施；

（三）决定理事大会召开的时间、地点和审议的主要内容；

（四）讨论和决定联盟其他具体工作事项；

（五）审核和接受新的成员单位；

（六）监督联盟理事有无违反法律、法规、章程及各项决议的行为。

第十二条　专委会职责

（一）建立和完善专委会工作机构或机制；

（二）执行理事会、理事长会决议；

（三）制定专委会发展规划和年度计划；

（四）组织实施联盟规划、年度计划和专委会规划、年度计划；

（五）负责向理事长会、理事会报告工作；

第十三条　秘书处设秘书长一名，由理事长提名产生。副秘书长由理事长单位委派，并由秘书长提名产生。秘书处为常设管理机构，受理事会领导，并配备专职人员

2~3名。

秘书处的主要职责是：

（一）负责联盟成员的联络协调等日常工作；

（二）执行理事会、理事长会决议；

（三）组织实施联盟年度工作计划；

（四）向理事会议、理事长会提交促进联盟发展的有关议案；

（五）负责联盟的平台建设、内外宣传和档案管理等工作；

（六）筹备组织理事会、理事长会等会议；

（七）代表联盟接受有关方面的捐赠并做好管理工作；

（八）负责完成理事长、执行理事长交办的其他日常工作。

第十四条 秘书长负责召集理事会会议及理事长会议。秘书长不能履行职责时，由秘书长授权常务副秘书长代为履行。

第十五条 专家委员会设主任委员一名，由理事长任命。副主任委员及委员若干名，由主任委员提名，报理事长会议批准。

第四章 联盟成员

第十六条 联盟成员的基本条件

（一）在我国有关部门注册，具有合法独立法人资格；

（二）自愿申请，承认并遵守本章程；

（三）享受联盟成员权利，承担联盟成员义务。

第十七条 联盟成员共同的权利与义务

（一）联盟成员享有以下权利

1. 优先参与联盟组织的有关高等职业院校治理体系建设的各项课题研究，并优先享受研究成果；

2. 优先参加联盟举办的有关高等职业院校治理体系建设的交流研讨、教师培训和经典案例评选等活动；

3. 优先享受联盟内智库专家团队对院校治理的诊断评估及咨询指导；

4. 优先享受联盟内各种职业教育资源和各类信息；

5. 对联盟工作开展和活动举办的建议权，执行联盟决议；

6. 对联盟内部项目信息、研究信息、活动信息、工作进展等的知情权；

7. 受联盟委托承办相关活动的权利。

（二）联盟成员必须履行以下义务

1. 遵守联盟章程及各项规定；

2. 提供旨在提高高等职业院校治理体系建设的信息，如绩效考评、制度建设、组织架构等方面的新信息；

3. 提供本校治理体系建设的优秀经验、典型案例；

4. 理事单位在人力、物力和经费方面支持联盟重大项目、课题及活动的开展。

第十八条 联盟新成员申请加入联盟，需填写并提交申请表，联盟秘书处按照本章程进行资格审查，符合条件，报理事会批准，由秘书处颁发联盟理事证书。联盟成员要求退出联盟时，应提前三个月向联盟理事会提出书面申请，经联盟理事会批准后，方可退出。

第十九条 联盟成员如违反本章程，损害联盟声誉和利益，情节严重且劝告无效，或长期（两年以上）不履行成员义务、不参加联盟活动，经联盟理事会半数以上表决通过，予以除名。成员除名后两年之内不得再次申请加入联盟。必要时将追究其单位法定代表人相关的法律责任。

第五章 财务和资产管理

第二十条 联盟经费来源

（一）联盟成员单位提供的赞助和支持；

（二）联盟所接受的社会捐助；

（三）联盟所得到的政府拨款；

（四）在业务范围内开展活动或服务的收益；

（五）通过科研项目、课题研究、社会培训、教材编写等多种方式筹集的资金；

（六）专委会工作经费由主任委员单位负责筹集；

（七）其他合法收入。

第二十一条 资产管理

（一）联盟经费主要用于组织会议、开展活动、以及相关专项工作等开支。联盟经费和资产必须用于本章程规定的业务范围和事业发展，不在成员单位中分配。联盟经费由秘书处单位代管，可设立专门账户，实行执行理事长签字审批制度，每年度向理事会报告财务状况。联盟资产任何单位和个人不得私自侵占或挪用。

（二）联盟依据国家有关法律法规，建立严格的财务管理制度，保证会计资料合法、完整、真实。

（三）社会捐赠、资助资金，必须接受审计机关的监督、审查，并将资金使用情况以适当方式向社会公布。

第六章　附　则

第二十二条　本章程如需修改，须经理事会长会议讨论同意后报理事大会表决通过。

第二十三条　联盟因终止、解散或分立、合并等原因需要解体时，由理事会提出提案，经联盟代表大会 2/3 以上成员表决同意，并报批准单位同意。

第二十四条　联盟终止前，须在理事会的领导下成立清算小组，专职清理债权债务。剩余财产须在具有审计资质的财务审计机构监督下，按照国家有关规定，用于发展与联盟宗旨相关的事业。

第二十五条　本章程自联盟成立之日起生效。

第二十六条　本章程的解释权属联盟理事会。

附录二
高等职业教育治理体系建设发展联盟大事记

2020 年 11 月，在教育部职成司的指导下，全国高等职业教育治理体系建设发展联盟在山东青岛正式成立，北京财贸职业学院担任理事长单位，发布全国高等职业院校治理体系建设优秀案例。

2022 年 12 月，在北京召开 2022 高等职业院校治理体系建设交流研讨会暨高等职业教育治理体系建设发展联盟年会。发布 2022 全国高等职业院校治理体系建设典型案例院校。

2022 年 12 月，发布出版我国高职教育领域首个治理现代化报告《中国高职院校治理现代化报告（2022)》。被人民日报、新华网、中国青年报、北京日报、现代教育报等 20 多家主流媒体集中报道。

2023 年 8 月，在湖南长沙组织召开高等职业院校治理现代化交流研讨会，发布了 2023 全国高职院校治理现代化特色案例院校名单，初步构建高职院校治理现代化评价指标体系框架。

2024 年 5 月，在北京举行 2024 高职院校治理现代化交流研讨会暨高职院校治理现代化能力提升培训班，教育部职业教育发展中心主任林宇应邀做主旨报告。研制了高职院校治理现代化评价指标体系，成立了高职院校治理评价委员会。

2023—2024 年，联盟组织成员院校先后赴安徽财贸职业学院、浙江金融职业学院、浙江服装纺织职业技术学院等进行调研交流。

2024 年 11 月 29 日—12 月 1 日，在浙江宁波举办高等职业教育治理体系建设发展联盟 2024 年会，发布高职院校治理现代化数字地图和高职院校治理现代化典型院校名单，成立联盟数智治理专委会。

2025 年 5 月，正式出版《中国高职院校治理现代化报告 2024》。